구속사적 관점에서 본

나그네

| 윤병삼 지음 |

쿰란출판사

책머리에

사랑하는 친구에게

나의 사랑하는 친구인 자네에게 하고 싶은 말이 있어서 펜을 들었네. 그것은 내가 70평생을 살아오면서 나름대로 고민해 보면서 옳다는 결론에 도달한 것이네. 그리고 가장 가치 있고 후회 없는 삶이라고 확신한 것이라네.
과연 사람은 어떤 존재이고, 왜 존재하며, 무엇을 추구하면서 어떻게 살아야 하는가에 관한 것이라네. 그렇다고 내가 철학자는 아니고 단지 70평생을 살아오면서 생각하고 결론에 도달한 것이라네.

사람은 어디론가 가고 있는 존재이다. 수많은 사람들이 어디론가 가고 있다. 공항, 기차역, 버스정류장, 그리고 배를 타는 선착장에는 많은 사람들이 어디론가 가기 위해서 기다리고 있다. 사람은 가고 또 가고 있다.

사람은 이 세상에 영원히 머물 수 없고, 언젠가는 떠나야 한다. 죽어서 떠나든, 변화를 받아 떠나든 사람은 이 세상을 떠나야 한다. 그래서 세상을 호령하던 영웅호걸(英雄豪傑)들도 다 떠났다.

혹자는 인생을 나그네 길이라 했다. 나그네는 머무르지 않는다. 인생을 나그네, 안개, 그림자, 아침 구름, 이슬, 연기 또는 풀과 같다고 했다. 이 모두가 일시적인 것들에 대한 표현이다. 결국 사람은 이 세상에 영원히 머무르지 못하고 떠나가는 일시적인 존재이다.

그러기에 사람은 어디에선가 이 땅으로 보내졌다가 어디론가 다시 가야 하는 존재인 것 같다. 그렇다면 사람이 이 세상을 떠날 때 가는 곳은 어디인가? 이 질문에 시원하게 대답해 주는 사람은 아무도 없다. 그러나 세계의 베스트셀러로 익히 알려진 성경은 분명히 그 답을 말하고 있다. 그곳은 바로 천국 아니면 지옥이다. 그렇다면 나는 어디로 가고 있는 것인가?

사람이 이 세상을 떠날 때 가는 천국과 지옥은 그 사람이 이 땅에 살면서 어떠한 삶을 살았느냐에 따라 결정된다. 따라서 이 땅에 거하며 삶을 유지하는 시간은 그 사람의 영원한 삶을 결정하는 참으로 중요한 요소가 된다. 왜냐하면 한 번 흘러간 시간은 영원히 다시 되돌아오지 않고, 그 시간은 붙잡을 수도 없고, 저축도 불가능하기 때문이다. 그래서 성경은 "세월을 아끼라"[1]고 권면하고 있다. 이 땅에서의 성공도 그 시간을 어떻게 잘 활용하느냐에 따

---

1) 엡 5:16

라 좌우될 수 있다.

그렇다면 사람은 각자에게 주어진 시간에 어떻게 살아야 하는가? 각자 삶의 목표가 있고 그 목표를 추구하는 방식이 있을 것이다. 어떤 사람은 명예(名譽)와 권세(權勢)를 추구하고, 어떤 사람은 부(富)를 추구하기도 한다. 그러나 중요한 것은 명예와 권세와 부(富)도 이 세상을 떠나갈 때는 가지고 갈 수 없고, 빈손으로 왔기에 빈손으로 가야 한다는 것이다. 그래서 '공수래공수거'(空手來空手去)라는 말이 있다.

결국 이 세상을 떠나는 순간 이 세상에서 취했던 아무것도 가져갈 수 없고 빈손으로 가야 한다는 것이다. 그래서 인생이 허무하다고 하지 않았던가!

사람이 어떻게 살아야 늘 보람과 감사 가운데 살아가다가 영원한 소망 가운데 이 세상을 떠나갈 수 있을까? 나는 이스라엘 왕 솔로몬의 고백을 통해서 그 답을 제시하고자 한다. 이 세상에 살면서 인간이 할 수 있는 것을 다 해보고, 소유하고자 했던 모든 것을 소유한 가운데 부귀와 영화를 누렸던 솔로몬은 다음과 같이 고백하였다.

"헛되고 헛되며 헛되고 헛되니 모든 것이 헛되도다."[2]

"일의 결국을 다 들었으니 하나님을 경외하고 그의 명령들을 지킬지어다 이것이 모든 사람의 본분이니라 하나님은 모든 행위

---

[2] 전 1:2

와 모든 은밀한 일을 선악 간에 심판하시리라."[3]

온 우주와 만물을 창조하시고 우리 인간들의 생사화복을 주관하시는 하나님의 말씀에 따라 사는 것이 사람의 본분이라는 것이다. 왜냐하면 하나님은 인간을 통하여 영광을 받으시고 찬송을 받으시기 위해 인간을 창조하셨기 때문이고,[4] 하나님의 말씀이 바로 사람이 걸어가야 할 진정한 길이요 도리이기 때문이다.

친구여! 나의 생각과 권면을 제한된 지면에 다 소개할 수는 없지만, 내가 그동안 나름대로 생각한 것을 적어보았네. 이것은 나의 삶 전체의 고백이기도 하네. 이제 자네도 하나님을 알고 믿고 하나님의 말씀에 따라 진정한 길을 가다가 그 좋은 천국에 가시 않겠는가? 그것이 가장 보람되고 가치 있는 삶이라고 확신하기에 권면하는 것이라네. 이 책에서는 나그네와 같은 인생이 이 세상에서 사람답게 살다가 그 좋은 천국에 갈 수 있는 올바른 길을 소개해 보았네. 앞으로 남은 자네의 삶에 보탬이 되었으면 하네.

인생의 석양이 깃들어가는 환갑에야 미국에서 신학대학원을 졸업하였다. 목사 안수와 더불어 시작했던 10년 4개월의 목회를 마치고 은퇴한 지가 벌써 3년 반이 되어간다.

---

3) 전 12:13-14
4) 사 43:7, 21

이제 와서 필자가 신학대학원 재학 중이던 2006년에 처음으로 펴낸 《나그네는 머무르지 않는다》를 다시 읽어보았다. 그때 미처 생각하지 못함으로 미흡했던 부분들이 발견되었다. 그동안 목회 생활의 경험과 하나님의 말씀을 거울삼아 좀 더 보완해야겠다는 생각이 들었다. 그래서 증보판을 내게 되었다.

나는 비록 부족하지만 이러한 책자를 다시 펴낼 수 있도록 지혜와 능력을 주신 하나님께 먼저 감사드린다. 아울러 이 책이 발간될 수 있도록 격려해 주시고 물심양면으로 지원해 주신 안양이안과의원 원장이신 이동식 박사님께 감사드린다. 또한 이 책자의 원고를 쓸 수 있도록 늘 곁에서 묵묵히 기도하며 힘이 되어 준 사랑하는 아내 미옥에게 고맙다는 말을 전하고 싶다.

아울러 이 책이 아직도 하나님을 잘 모르고 인생을 방황하는 분들에게 힘이 되고, 하나님을 떠난 분들이 다시 하나님께 돌아오는 데 도움이 되었으면 한다.

끝으로 나의 부족한 생각과 무딘 붓에 대한 독자 여러분의 아낌없는 지도편달을 기다린다.

2019년 6월 1일
천국 가는 나그네의 길목에서
하나님의 작은 종 윤병삼 목사

목차

책머리에 _ 02

들어가는 말

Ⅰ. 삶과 죽음

인간이란 무엇인가? _ 16
인간의 존재 목적은 무엇인가? _ 19
왜 인간은 오래 살기 원하며 죽음을 두려워하는가? _ 21

Ⅱ. 지옥과 천국

지옥은 어떤 곳인가? _ 28
천국은 어떤 곳인가? _ 34

Ⅲ. 에덴동산의 불상사

바닥까지 떨어진 인생 _ 46

하나님의 계획과 소원 _ 48

죽음을 극복한 에녹 _ 53

잘못된 선택 _ 58

제 길로 가버린 인생 _ 62

뱀과 선악을 알게 하는 나무 및 그 실과 _ 65

Ⅳ. 삶의 허상

자신이 우주에 속해 있다고 생각하는 것은 착각일 수도 있다 _ 90

보이는 물질로는 결코 만족할 수 없는 인생 _ 95

공동묘지를 향해 전진하는 애꾸눈의 군상 _ 104

애꾸눈의 횡포 _ 108

하루살이에게라도 눌려 죽을 인생 _ 114

생명의 빛을 거부한 인생들 _ 121

되돌아오지 않는 인생의 시간들을 어떻게 살 것인가? _ 138

Ⅴ. 죽음 앞에서

인생 최후의 72시간 전을 맞이하기 전에 _ 144

Ⅵ. 참다운 삶

하나님의 존재하심과 그에 대한 믿음 _ 150

바른 삶이란? _ 320

사랑의 자유 율법 _ 368
자녀 교육은 어떻게 해야 하는가? _ 375
나라를 위해 기도하라 _ 394

VII. 영원한 삶

왜 성경에 기록된 하나님의 말씀을 믿어야 하는가? _ 404
하나님을 모르는 인생들은 영원히 망해야 하는가? _ 408
구원받을 수 있는 방법 _ 410
하나님의 선물인 예수 그리스도를
　　　　　　　　구주로 영접해야 하는 시기는? _ 415
영생에 이르는 길 _ 419
예수님의 눈물 _ 447
천국은 어디에 있을까? _ 461

VIII. 영혼의 목욕

교회란? _ 472
마음의 문을 열어야 한다 _ 477

IX. 하나님을 영접하고자 하는 자의 결심

세 가지의 질문 _ 480
신령한 결심 _ 482

들어가는 말

　'구속사'라는 말에서 '구속'(救贖)은 '해방'과 같은 뜻으로, 죄의 속박에서 그 값을 주고 풀려나 자유롭게 되는 '구원'을 말한다. 따라서 구속은 반드시 어떤 대가를 지불해야 한다는 것을 전제하고 있다. 죄의 결과인 '사망'[1]의 값을 우리 대신 지불하시고 구속을 이루신 분은 천상천하에 오직 예수 한 분뿐이시다.[2]

　구속사란 바로 이러한 예수 그리스도의 죽음과 부활을 중심으로 죄인들을 구원하는 전 역사를 말한다. 좀 더 폭넓은 의미에서 구속사를 정의하자면, 인류의 시조 아담과 하와의 타락으로 잃어버렸던 낙원의 회복을 위해 인류와 만물을 새롭게 하시려는 하나님의 경륜이라 할 수 있다.[3]

　세상의 모든 역사는 하나님의 구원 역사 속에 기초하고 있다. 왜냐하면 하나님이 역사의 근원이자 그 발달과 변화의 근본이기 때문이다.[4] 하나님의 구속사는 세속 역사와 분리된 별개의 역사가 아니다. 하나님은 역사 속에 들어오셔서 역사와 함께, 역사를 통하여, 역사의 지평 위에서 일하고 계시기 때문이다.[5]

---

1) 롬 6:23
2) 마 20:28
3) 계 21:5
4) 대상 29:11-12; 욥 12:23; 시 103:19; 단 4:25; 엡 1:11
5) 박윤식,《창세기의 족보》, 서울: 휘선, 2011, 3판 7쇄, pp. 37-38.

하나님께서는 사람을 만드실 때 하나님의 형상대로 창조하셨고,[6] 오직 그에게만 우주의 소유권과 통치권을 위임하셨다.[7] 그러나 인류의 시조 아담과 하와는 하나님의 말씀에 불순종하고, 불신앙과 교만함으로 말미암아 세상을 정복하며 다스리는 능력을 상실하였다. 하나님께서는 분명히 아담에게 "선악을 알게 하는 나무의 열매는 먹지 말라 네가 먹는 날에는 반드시 죽으리라"고 명령하셨으나,[8] 아담은 하나님의 말씀을 듣기보다 오히려 하와를 통해 뱀의 말을 듣고 타락하여 에덴동산에서 쫓겨나는 신세가 되고 말았다.[9]

하나님의 형상대로 창조되어 하나님과 직접 교제하며 영생할 존재였던 인간은,[10] 허물과 죄로 말미암아 죽을 수밖에 없는 사망의 존재가 되었다.[11] 공중 권세를 잡은 마귀에게 종속되어 그의 지배를 받아, 하나님의 무서운 진노의 대상이 되었던 것이다.[12]

이렇게 타락한 죄인을 구원(救援)하시기 위한 방도가 예수 그리스도께서 이루시는 구속(救贖)이다. '구원'은 한자로 구원힐 구(救), 도울 원(援)으로, '스스로 도저히 빠져나올 수 없는 극심한 괴로움, 질병이나 커다란 위험에 처해 있는 자를 제 삼자가 건져 주는 일'을 의미한다. 또한 '구속'은 한자로 구원할 구(救), 바칠 속(贖)으로, '대가를 지불하고 소유권을 회복하거나 압제로부터 풀려나는 것, 협

---

6) 창 1:26-27
7) 창 1:28
8) 창 2:17
9) 창 3:24
10) 전 3:11; 참고 잠 3:23
11) 롬 5:12, 6:23; 엡 2:1; 골 2:13; 히 9:27
12) 엡 2:2-3

소한 곳에서 넓은 곳으로 자유롭게 해방되는 것'을 말한다.[13]

결국 구속사란 타락한 인간을 구원하시는 하나님의 전 역사라 할 수 있다. 그렇다면 하나님의 구속사의 대상이 되고 있는 인간은 과연 어떤 존재인가? 그 존재 목적이 무엇인가? 어떻게 해야 사람으로서 사람답게 살아가면서 하나님의 구속사에 부응하는 존재가 될 수 있는가? 이러한 문제들에 대하여 저자 나름대로 고민해 보았고 권면하는 내용을 본서에 담아보았다.

이 책자가 혹시나 저자와 같은 생각을 갖고 살아가는 분에게 참고가 되고 도움이 되었으면 한다.

---

[13] 박윤식, 《잊어버렸던 만남》, 서울: 휘선, 2015, 수정증보 1쇄, pp. 25-26.

I / 삶과 죽음

초상집에 가는 것이 잔칫집에 가는 것보다 나으니 모든 사람의 끝이
이와 같이 됨이라 산 자는 이것을 그의 마음에 둘지어다
— 전 7:2 —

인간이란 무엇인가?

내가 있다는 놀라움, 하신 일의 놀라움, 이 모든 신비들, 그저 당신께 감사합니다. 당신은 이 몸을 속속들이 다 아십니다.
/ 시 139:14 (공동번역)

    수천 년 동안 명석하다는 철학자들은 모두 인간의 의미를 논하고 사색해 왔다. 파스칼은 "사람은 생각하는 갈대"라고 했고, 세네카는 "인간은 사교적이며 이성적인 동물"이라고 했다. 성경은 "인간은 흙으로 지음 받은 존재"라고 했다.[1]

    인간은 '사람'을 가리킨다. 그렇다면 사람은 무엇인가? 사람은 여러 가지로 정의될 수 있다. 사람이란 지·정·의(知·情·意)를 갖고 무엇을 알고, 감정과 느낌 그리고 감각을 가지며, 무엇을 결정하고 작정하며 수행하는 존재이다.

    인간은 어떻게 생겨났을까? 그저 땅에서 솟아났을까? 아니면 하늘에서 떨어졌을까? 진화론에서 주장하는 것처럼 고등 원숭이가 진화된 존재일까? 누구도 인간의 존재 근원을 시원하게 설명해

---

1) 창 2:7

주지 못한다.

    그런데 성경은 그것을 분명하게 말씀하고 있다. 즉 성경은 인간이란 하나님이 자기의 형상대로 창조하신 존재라고 말씀하고 있다.[2] 이에 따르면, 인간은 하나님의 형상대로 지음 받은 존재인 것이다.

    인간은 물질적으로는 물리, 화학, 기계, 전기, 전자, 컴퓨터, 광학 등의 온갖 공학적인 요소를 다 지니고 있다. 인간은 정신적으로는 사랑하고 미워하며, 기뻐하고 슬퍼하는가 하면, 내일은 오늘보다 더 나아질 것이라는 미래의 소망 가운데 살아간다.

    무심히 살다 보면 생각할 수도 없는 기적들이 우리 주위에 많이 있다. 실로 사람이라는 존재가 생명을 갖고 살아서 움직이며 사고한다는 그 자체가 기적이 아닐 수 없다. 인간이 살아갈 수 있는 우주의 존재와 나 자신의 존재가 따지고 보면 기적 그 자체이다. 우리는 너무나 큰 기적 속에 살아가고 있기 때문에 그것을 느끼지 못하며 살고 있을 뿐이다. 그러한 것을 깨달은 이스라엘 왕 다윗은 "하나님께서 나를 지으심이 감히 헤아릴 수 없을 정도로 신기하고 오묘하여 기이하다"라고 고백했다.[3]

    그렇다. 인간이란 다윗의 고백처럼 참으로 신기하고 오묘한 존재이다. 혹자는 "인간은 돌아다니는 소우주"라고도 한다. 그것은 인간을 형성하고 있는 물질과 그 구조를 두고 한 말이다. 인체를 분석하면 83가지의 원소로 나누어진다. 그런데 83가지의 원소는 땅을 구성하는 기본원소이다. 이는 인체가 땅의 성분으로 구성되어 있음을 증명한다. 즉 이는 하나님이 흙으로 사람을 지으셨다는

---

2) 창 1:26-27
3) 시 139:14

것이 증명되는 사실이다. 사람의 신체구조는 머리와 지체로 구분될 수 있다. 머리가 위의 것을 생각하는 하늘 차원에 비유될 수 있다면, 지체(팔다리와 몸통)는 아래의 것을 생각하는 땅의 차원에 비유될 수 있다. 인체의 수분이 70%인데, 지구에서 물이 차지하는 비율이 70%이다. 몸의 사지에 비하여 땅에는 동서남북 네 방위가 있다. 체내의 오장육부에 비하여 지구에는 오대양 육대주가 있다. 참으로 오묘한 일치가 아닐 수 없다. 이처럼 하나님의 형상대로, 하나님의 영광을 위해 신기하고 오묘하며 기이하게 창조된 존재가 바로 인간이다.

인간의 존재 목적은 무엇인가?

내 이름으로 불려지는 모든 자 곧 내가 내 영광을 위하여 창조한 자를 오게 하라 그를 내가 지었고 그를 내가 만들었느니라
/ 사 43:7

인간이 삶을 유지하며 존재하는 목적은 무엇일까? 많은 철학자들이 인간의 존재 목적을 논했다. 그들의 설명은 나름대로 다 의미가 있다. 사랑하기 위해서, 먹고 마시며 즐기기 위해서, 지위나 명예, 권세를 누리기 위해서, 부를 축적하며 누리기 위해서라고들 한다. 그 어느 것 하나 틀리다고 할 수 없다. 그러나 그러한 것들은 모두 육체적이요 세속적인 것들에 불과하다.

진정한 인간의 존재 목적은 무엇일까? 그 해답은 인간이 존재하는 이유에서 찾아볼 수 있다. 성경은 하나님이 인간을 창조하신 목적에서 그 이유를 분명히 말씀하고 있다. 즉 하나님은 인간을 통해 영광 받으시고 찬송 받으시기 위해서 인간을 창조하셨다고 말씀하셨다.[4] 하나님은, 하나님의 뜻을 살피며 사는 인간들의 삶을

---

4) 사 43:7, 21

통해서 영광 받으시고 찬송 받기를 원하신다. 여기에서 우리는 진정한 삶의 목적을 알 수 있다. 인간 또한 그러한 삶을 통해서 진정한 기쁨과 행복을 느낄 수 있다. 그것이 진정한 인간의 존재 목적이기 때문이다.

사람이 이 세상에서 할 수 있는 것을 거의 다 해보고 깨달은 이스라엘의 솔로몬 왕은 다음과 같이 고백했다.

"헛되고 헛되며 헛되고 헛되니 모든 것이 헛되도다."[5]
"일의 결국을 다 들었으니 하나님을 경외하고 그의 명령들을 지킬지어다 이것이 모든 사람의 본분이니라."[6]

한편 성경은 비단 인간으로 태어났으나 하나님의 뜻을 깨닫지 못하고 짐승처럼 살다가 죽어가는 인생을 다음과 같이 말씀하고 있다.

"존귀하나 깨닫지 못하는 사람은 멸망하는 짐승 같도다."[7]

이 땅에 인간으로 태어나서 하나님의 말씀에 따라 사람답게 살다가 그 좋은 천국에 갈 것인지, 아니면 육신의 정욕에 따라 짐승처럼 살다가 지옥 유황 불 못에 들어갈 것인지는 각자의 선택이다.

---

5) 전 1:2
6) 전 12:13
7) 시 49:20

왜 인간은 오래 살기 원하며 죽음을 두려워하는가?

하나님이 모든 것을 지으시되 때를 따라 아름답게 하셨고 또 사람들에게는 영원을 사모하는 마음을 주셨느니라 그러나 하나님이 하시는 일의 시종을 사람으로 측량할 수 없게 하셨도다

/ 전 3:11

사람은 누구나 오래 살기를 원한다. 그래서 사람들은 수명 연장을 위한 건강을 유지하기 위해서 좋은 음식과 각종 영양제를 섭취하며 운동도 열심히 한다. 그러한 욕구에 발맞추어 장수 의학이 발달되고 있고, 인간의 평균수명이 연장되고 있다. 그 결과 이제는 사람이 120세까지도 살 수 있다고 한다. 어떤 방법을 통해서든, 사람들의 바람대로 오래 살 수 있다면 얼마나 좋을까? 하지만 그렇게 몸부림쳐 보아야 사람이 얼마를 더 살겠는가? 육체를 가진 인간은 유한적인 존재이다. 설령 사람이 천 년을 산다 해도 하나님의 영원한 시간에 비교하면 밤의 한 경점(更點)[8]에 불과한 찰나의 존재일 뿐이다.

사람이 죽음을 피할 수 없는 것은 시간과 공간을 초월하지 못하

---

8) 경점: 옛날 밤의 시와 분을 가리키는 것

기 때문이다. 그래서 사람은 시간이 가면 늙고 병이 들어 언젠가는 죽는다. 반면에 죽음을 보지 않고, 시간과 공간을 초월하는, 신령한 몸으로 바뀌는 변화의 세계도 있다.[9]

이스라엘의 영도자요 율법의 아버지이며 광야의 지도자인 모세는 "우리의 연수가 칠십이요 강건하면 팔십"이라고 했다.[10] 우리의 앞길에는 죽음이라는 장벽이 가로막고 있다. 그 장벽이 가까이 옴을 느낄수록 사람들은 더욱 조급해지며 초조함을 느낀다. 그러나 사람이 더 이상 어쩔 수 없는 때가 되면 이내 체념해 버리고 만다. 하지만 죽음은 여전히 인간 최대의 두려움과 공포의 대상이다.

사람들은 상대방을 위협할 때 "너, 죽여 버리겠다"라는 말로 윽박지른다. 죽음의 위협을 받을 때는 "제발 목숨만 살려 주시오"라고 애원한다. 이는 죽음이 인간에게 두려움과 공포의 대상이 되고 있다는 증거이다.

인간이 오래 살기를 원하는 것이 잘못된 것인가? 아니다. 오히려 그러한 소망은 지극히 자연스러운 것이며, 인간의 본성이다. 인간은 영원부터 영원까지 계시고 영원히 죽지 않는, 하나님의 형상대로 창조되었기 때문이다.[11] 하나님은 인간에게 영원을 사모하는 마음을 주셨다.[12] 하나님의 말씀에 불순종한 결과로, 인간에게 비본래적인 죽음이 온 것이다. 즉 하나님의 형상대로 창조되어 하나님과 직접 교제하며 영생할 존재로 창조된 인간은, 허물과 죄로 말미암아 죽을 수밖에 없는 존재가 되고 말았다.[13]

---

9) 고전 15:51-52; 빌 3:21
10) 시 90:10
11) 시 90:2; 딤전 16:16; 창 1:26-27
12) 전 3:11
13) 롬 5:12; 엡 2:1; 골 2:13; 히 9:27

왜 인간은 죽음을 두려워할까? 만일 인간의 모든 것이 죽음으로 끝난다면, 죽는 순간 모든 것이 끝나기 때문에, 두려워할 필요도 없지 않은가? 인간이 죽음을 두려워하는 것은, 그것이 무엇이라고 확실하게 표현할 수는 없지만, 죽음 후에 무엇인가 무섭고 두려운 것이 있음을 감지하는 영적 작용이라 할 수 있다.

인간은 영·혼·육의 존재이다. 죽는 순간 영혼과 육체가 분리되며, 시체는 썩기 시작한다. 영혼은 소멸되지 않으며 그 거처를 찾아간다.[14] 그리고 때가 되면 선악 간에 영·혼·육이 하나가 되어 부활 받는 때가 온다.[15] 그때 의인은 영원한 복락의 세계로, 악인은 영원한 형벌의 세계로 들어간다.

부활 때까지 죽은 자의 영혼은 어디에 있는가? 성경은 사람이 죽는 즉시 그 영혼이 육체를 떠나 낙원이나 지옥으로 간다고 말씀하고 있다. 성경은 '부자와 거지 나사로'에 대한 말씀에서 거지는 죽어 천사들에게 받들려 아브라함의 품에 들어가고, 부자도 죽어 장사되매 저가 음부에서 고통 중에 있음을 말씀하고 있다.[16] 성경에 사람이 죽은 후 그 영혼이 낙원이나 지옥이 아닌 다른 곳에 가서 머물거나 기다린다는 말은 없다. 성경은 사람이 죽은 후 그 영혼이 바로 낙원을 상징하는 아브라함의 품이나 지옥의 다른 표현인 음부에 가게 됨을 말씀하고 있다.

'부자와 거지 나사로'에 대한 말씀에는 예수님이 자주 사용하셨던 비유라는 말씀도 없다. 더욱이 골고다 언덕의 십자가에서 자기의 죄를 회개하고 자신의 영혼을 부탁하는 한 강도에게 예수님은,

---

14) 전 3:21; 12:7
15) 요 5:29
16) 눅 16:22-23

"내가 진실로 네게 이르노니 오늘 네가 나와 함께 낙원에 있으리라"[17]고 말씀하셨다. 그날 예수님은 운명하시자 무덤에 장사되었고, 그 강도도 죽어 장사되었을 것이다. 그렇다면 예수님이 말씀하신 '오늘'은 무엇을 의미하는가? 오늘은, 한 강도가 예수님을 영접한 신령한 하루이기도 하지만, 문자적인 의미에서 보더라도 십자가에서 죽는 그날을 말한다. 따라서 예수님의 말씀은 십자가에서 죽은 바로 그날, 그 강도의 영혼이 낙원에 갈 것에 대한 예언이었다.

지옥은 악인 또는 죄를 회개하지 않은 사람의 영혼이 가는 곳이며, 죄에 대한 형벌이 집행되는 곳이다. 그 형벌의 집행은 세상에서와 같이 어느 한정된 기간이 아니라 영원히 계속된다. 즉 그 형벌은 영원히 꺼지지 않는 불 못이라는 지옥에서 세세토록 집행된다. 지옥은 결코 가서는 안 될 곳이다.[18] 반면에 낙원은, 예수님의 십자가 보혈로 죄 사함을 받은, 의인의 영혼이 가는 곳이며, 그 이상 기쁠 수 없는 극락(極樂)의 세계이다.[19]

하나님을 알지 못하고 믿지 않는 사람들은 죽음에 대해서 두려움과 공포를 느낀다. 그것은 자신의 양심 심판에 따른 결과이며,[20] 지옥에서 죄의 형벌을 예감하는 영적 작용이다.

다음과 같은 경우의 예를 들 수 있다.

사람이 캄캄한 밤에 홀로 산길을 가다가 무엇이 다가오는 것을 느끼는 때가 있다. 그 순간 그 사람의 머리카락이 쭈뼛하며 엄습하는 공포와 두려움을 느끼게 된다. 그것은 알지 못하는 대상에 대한

---

17) 눅 23:43
18) 계 20:14-15; 마 25:41; 계 19:20
19) 시 43:4
20) 시 43:4

영적 예지 작용이다. 반면에, 예수 그리스도를 구원의 주로 영접하고 죄 사함을 받은 사람은 죽음을 두려워하지 않는다. 그것은 이 세상을 떠나는 순간 바로 낙원에 가는 확신이 있기 때문이다. 죽음이라는 두려움과 공포에 떨며 살아갈 것인지, 아니면 천국의 소망 가운데 평안한 삶을 살아갈 것인지는 각자의 선택이다.

II / 지옥과 천국

사람은 단 한 번 죽게 마련이고 그 뒤에는 심판을 받게 됩니다.
— 히 9:27(공동번역) —

지옥은 어떤 곳인가?

그들을 현혹시키던 그 악마도 불과 유황의 바다에 던져졌는데 그곳은 그 짐승과 거짓 예언자가 있는 곳입니다. 거기에서 그들은 영원무궁토록 밤낮으로 괴롭힘을 당할 것입니다.

/ 계 20:10 (공동번역)

1. 지옥의 별칭

지옥(地獄)은 악인 또는 죄 사함을 받지 못한 사람의 영혼이 가서 형벌(刑罰)을 받는 곳이다. 성경에서는 지옥을 여러 가지 별칭으로 말씀하고 있다.

첫째, 히브리어로 '스올'(Sheol, שְׁאוֹל) 그리고 헬라어로 '하데스'(Hades, ἅδης)라 불리는 '음부'(陰府)다.[1] 음부는 죽은 사람의 영혼이 머무는 장소 혹은 무덤이라는 뜻 외에 지하 세계, 캄캄한 곳, 형벌의 장소, 얻어맞는 곳, 영원한 고통의 장소 등의 뜻이 있다.

둘째, '무저갱'(無底坑) 즉 '밑이 없는 곳'으로 밑에 받침이 없고

---

1) 창 37:35, 42:38; 전 9:10; 신 32:22; 욥 21:13; 시 9:17; 잠 7:27; 마 11:23; 눅 16:23

기초가 없어서 한없이 떨어지는 곳이다.[2] 무저갱은 캄캄한 곳으로 설명되고 있다. 깊은 바다에서 수영을 하다가 잠시 수영 동작을 멈추면 몸이 자체의 중량으로 빠져 들어가는 것을 느낄 수 있다. 그때 순간적으로 느끼는 공포와 두려움이 마치 밑이 없는 무저갱으로 한없이 떨어지면서 느끼는 공포와 두려움일 것이다.

셋째, '불 못'으로 불이 계속해서 타오르는 못과 같은 곳이다.[3]

2. 지옥에서의 고통

지옥에서는 어떠한 고통을 받는가? 지옥에서의 고통은 크게 세 가지로 요약될 수 있다.

(1) 목마름의 고통

지옥에서의 첫 번째 고통은 목마름의 고통이다. 영원히 꺼지지 않는 불 못 가운데 있으니 얼마나 목이 타겠는가? 성경은 부자와 거지 나사로가 죽은 후, 지옥에 떨어져 불꽃 가운데서 고민하는 부자의 애원을 다음과 같이 말하고 있다.

> "아버지 아브라함이여 나를 긍휼히 여기사 나사로를 보내어 그 손가락 끝에 물을 찍어 내 혀를 서늘하게 하소서 내가 이 불꽃

---

2) 눅 8:31; 계 9:11, 20:1-3
3) 창 37:35, 42:38; 전 9:10; 신 32:22; 욥 21:13; 시 9:17; 잠 7:27; 마 11:23; 눅 16:23

가운데서 괴로워하나이다."⁴⁾

얼마나 목이 탔으면 손가락 끝에 묻은 물기라도 혀를 서늘하게 할 수 있다고 생각했겠는가? 지옥에서의 이 목마름의 고통과 괴로움은 영원히 계속된다.

"또 그들을 미혹하는 마귀가 불과 유황 못에 던져지니 거기는 그 짐승과 거짓 선지자들도 있어 세세토록 밤낮 괴로움을 받으리라."⁵⁾

(2) 뜨거움의 고통

지옥에서의 두 번째 고통은 뜨거움의 고통이다. 지옥의 불은 세세토록 영원히 꺼지지 않는 불이다. 그 불은 무엇을 태워서 소멸시키는 불이 아니고, 구더기도 죽지 않으며, 오직 뜨거움의 고통만을 주는 불이다. 그 불은 유황과 더불어 타는 불로, 유황으로부터 발생하는 독한 냄새는 호흡하는 것도 어렵게 만들 것이다. 아울러 그러한 불 속에 있는 모든 사람이 소금에 절여지듯 절여진다. 성경은 그 뜨거움의 고통을 다음과 같이 말씀하고 있다.

"그 고난의 연기가 세세토록 올라가리로다 짐승과 그의 우상에게 경배하고 그의 이름 표를 받는 자는 누구든지 밤낮 쉼을 얻

---

4) 눅 16:24
5) 계 20:10

지 못하리라 하더라."[6]

"만일 네 손이 너를 범죄하게 하거든 찍어버리라 장애인으로 영생에 들어가는 것이 두 손을 가지고 지옥 곧 꺼지지 않는 불에 들어가는 것보다 나으니라."[7]

"짐승이 잡히고 그 앞에서 표적을 행하던 거짓 선지자도 함께 잡혔으니 이는 짐승의 표를 받고 그의 우상에게 경배하던 자들을 표적으로 미혹하던 자라 이 둘이 산 채로 유황불 붙는 못에 던져지고."[8]

"거기에서는 구더기도 죽지 않고 불도 꺼지지 아니하느니라 사람마다 불로써 소금 치듯 함을 받으리라."[9]

실제로 경험하지 않고, 그 뜨거움을 정확하게 표현할 수는 없다. 하지만 기도를 많이 하신 어느 원로 목사님의 영적 체험을 통해서 그 뜨거움을 상상해 볼 수 있다.

눈이 펑펑 쏟아지는 한국의 겨울날 구공탄으로 시뻘겋게 달구어진 무쇠 난로가 있다. 그 무쇠 난로 위에 바지를 내리고 앉아 보라는 것이다. 그 순간 살이 타면서 익어 들어가고 무쇠 난로에 살이 달라붙는다. 그 순간 뼛속까지 아픔이 파고든다. 장작불 곁에서 불을 쬐다가 조그마한 불티가 튀어 살갗에 닿아도 깜짝 놀라며 머리끝이 쭈뼛하게 치솟는다. 하물며 지옥에서는 견딜 수 없는 그 뜨거움의 고통이 영원히 계속된다니, 온갖 곳에 다 가더라도 지옥에는 가지 말아야 할 것이다.

---

6) 계 14:11
7) 막 9:43
8) 계 19:20
9) 막 9:48-49

(3) 소원대로 되지 않는 답답함의 고통

지옥에서의 세 번째 고통은 단 한 가지도 원하는 대로 되지 않는 답답함의 고통이다. 죽은 뒤 지옥에 떨어져 불꽃 가운데서 고민하는 부자의 소원에서 그 답답함의 고통을 볼 수 있다. 목마름과 뜨거움의 고통 중에서도 부자는 자기 형제들이 제발 자기가 있는 곳에 오지 않기를 간절히 바랐다. 그러나 그것마저 마음대로 되지 않는 곳이 지옥이다. 지옥은 그러한 답답함의 심적 고통이 연속되는 곳이다.

그 심적 고통은 이 세상에서 하는 모든 일이 하나도 제대로 풀리지 않을 때 느끼는 스트레스의 연속과 같다고 할 수 있을 것이다. 부자와 아브라함의 대화를 살펴보자.

"아브라함이 이르되 얘 너는 살았을 때에 좋은 것을 받았고 나사로는 고난을 받았으니 이것을 기억하라 이제 그는 여기서 위로를 받고 너는 괴로움을 받느니라 그뿐 아니라 너희와 우리 사이에 큰 구렁텅이가 놓여 있어 여기서 너희에게 건너가고자 하되 갈 수 없고 거기서 우리에게 건너올 수도 없게 하였느니라 이르되 그러면 아버지여 구하노니 나사로를 내 아버지의 집에 보내소서 내 형제 다섯이 있으니 그들에게 증언하게 하여 그들로 이 고통 받는 곳에 오지 않게 하소서 아브라함이 이르되 그들에게 모세와 선지자들이 있으니 그들에게 들을지니라 이르되 그렇지 아니하니이다 아버지 아브라함이여 만일 죽은 자에게서 그들에게 가는 자가 있으면 회개하리이다 이르되 모세와 선지자들에게 듣지 아니하면 비록 죽은 자 가운데서 살아나는 자가 있을지라도 권함을 받지 아니하리라 하였다 하시니라."[10]

참으로 가서는 안 될 곳이 지옥이다. 세세무궁토록 목이 마르고, 뜨겁고, 답답한 곳이라니 상상만 해도 두려운 곳이 아닌가?

---

10) 눅 16:25-31

천국은 어떤 곳인가?

모든 눈물을 그 눈에서 닦아 주시니 다시는 사망이 없고 애통하는 것이나 곡하는 것이나 아픈 것이 다시 있지 아니하리니 처음 것들이 다 지나갔음이러라
/ 계 21:4

1. 천국의 별칭

천국은 의인 즉 예수 그리스도를 믿고 죄 사함을 받은 사람의 영혼이 가는 곳으로, 영원히 기쁘고 즐거운 곳이다. 성경은 천국에 대해서 여러 가지 별칭을 말씀하고 있다.

첫째, 안락하게 살 수 있는 즐거운 곳으로 '낙원'이다.[11]

둘째, 믿음의 조상 '아브라함의 품'이다.[12] 아브라함의 품은 천국 곧 하나님의 나라를 상징한다.

셋째, 지극히 안락하여 아무 걱정이 없는 '극락'이다.[13]

---

11) 눅 23:43; 고후 12:4; 계 2:7
12) 눅 16:22
13) 시 43:4

넷째, 사도 바울이 체험한 '셋째 하늘'이다.[14]
다섯째, 죄인은 결코 머물 수 없는 '거룩한 성'이다.[15]
여섯째, 하나님이 모든 것을 다스리시는 '하나님의 나라'이다.[16]
일곱째, 하늘나라인 '천국'이다.[17]

2. 천국에서의 기쁨과 행복

천국에서는 어떠한 기쁨과 행복을 누릴 수 있는가? 성경이 말씀하는 천국에서의 기쁨과 행복을 모두 소개할 수는 없지만, 성경이 말씀하는 천국에 대한 대표적인 내용을 소개하면 다음과 같다.

(1) 세세 무궁토록 성도들이 왕 노릇 하는 곳

천국은 하나님의 백성들이 세세 무궁토록 즉 영원히 왕 노릇 하는 곳이다.

> "다시 밤이 없겠고 등불과 햇빛이 쓸 데 없으니 이는 주 하나님이 그들에게 비치심이라 그들이 세세토록 왕 노릇 하리로다."[18]

(2) 어두움이 전혀 없는 곳

---

14) 고후 12:2
15) 계 22:19
16) 눅 13:18, 20, 29
17) 마 13:11, 24, 31, 33, 44, 45, 47, 25:1
18) 계 22:5

천국은 어두움이 전혀 없는 밝은 빛의 세계로, 그 밝기는 햇빛의 일곱 배이다.

> "그 성은 해나 달의 비침이 쓸 데 없으니 이는 하나님의 영광이 비치고 어린 양이 그 등불이 되심이라."[19]
> "여호와께서 자기 백성의 상처를 싸매시며 그들의 맞은 자리를 고치시는 날에는 달빛은 햇빛 같겠고 햇빛은 일곱 배가 되어 일곱 날의 빛과 같으리라."[20]

(3) 하나님께 찬양으로 영광 돌리는 곳

천국은 하나님께 찬양으로 영광 돌리는 곳이다. 즉 천국은 하나님께 대한 찬양이 그치지 않는 곳이다.

> "이 일 후에 내가 들으니 하늘에 허다한 무리의 큰 음성 같은 것이 있어 이르되 할렐루야 구원과 영광과 능력이 우리 하나님께 있도다."[21]
> "또 이십사 장로와 네 생물이 엎드려 보좌에 앉으신 하나님께 경배하여 이르되 아멘 할렐루야 하니 보좌에서 음성이 나서 이르시되 하나님의 종들 곧 그를 경외하는 너희들아 작은 자나 큰 자나 다 우리 하나님께 찬송하라."[22]

---

19) 계 21:23
20) 사 30:26
21) 계 19:1
22) 계 19:4-5

(4) 천사가 성도를 섬기는 곳

천국은 천사가 성도를 섬기는 곳이다.

"모든 천사들은 섬기는 영으로서 구원받을 상속자들을 위하여 섬기라고 보내심이 아니냐."[23]

(5) 시시각각 아름답고 향기로운 꽃들이 피는 곳

천국은 아름답고 향기로운 꽃들이 시시각각으로 모양과 색깔과 향기를 바꾸어 가며 피는 곳이다. 천국은 지루함이나 싫증을 느낄 수 없이 항상 즐거운 곳이다.

"또 그가 수정같이 맑은 생명수의 강을 내게 보이니 하나님과 및 어린 양의 보좌로부터 나와서 길 가운데로 흐르더라 강 좌우에 생명나무가 있어 열두 가지 열매를 맺되 달마다 그 열매를 맺고 그 나무 잎사귀들은 만국을 치료하기 위하여 있더라."[24]

(6) 냄새나 악취가 나지 않는 곳

천국은 먹고 마시는 곳이 아니기 때문에 냄새나 악취가 나지 않는다. 천국은 때마다 식사를 준비할 필요가 없으며, 부엌도 없다. 천국에는 화장실도 없으며, 쓰레기도 없고, 쓰레기 처리장도 없다.

---

23) 히 1:14
24) 계 22:1-2

"하나님의 나라는 먹는 것과 마시는 것이 아니요 오직 성령 안에 있는 의와 평강과 희락이라."[25]

(7) 눈물, 사망, 애통, 곡하는 것 그리고 아픔이 없는 곳

천국은 눈물, 사망, 애통, 곡하는 것 그리고 아픔이 없는 곳이다.

"모든 눈물을 그 눈에서 닦아 주시니 다시는 사망이 없고 애통하는 것이나 곡하는 것이나 아픈 것이 다시 있지 아니하리니 처음 것들이 다 지나갔음이러라."[26]

(8) 썩지도 늙지도 않는 곳

천국은 공기의 영향을 받지 않는 곳이기 때문에 썩지도 않고 늙지도 않는다. 공기가 없으면 어떻게 살 수 있느냐고 반문할 수 있다. 그러나 하나님의 나라는 영적인 나라이기 때문에 육적인 삶의 조건과는 다르다. 천국은 숨을 쉬어야 할 공기도, 먹어야 할 음식도 필요 없는 곳이다. 공기에 영향을 받지 않으니 부패하지도 않는다. 아울러 육신적으로 느끼는 추위나 더위도 없는 곳이다.

굳이 그 조건을 육적인 상태로 설명한다면, 한국의 초가을 날씨같이 춥지도 않고 덥지도 않은, 가장 쾌적한 상태가 항상 유지되는 곳이라 할 수 있다.

---

[25] 롬 14:17
[26] 계 21:4

천국에서의 삶은 육신의 삶과는 다르다.[27] 부활하거나 변화를 받아 천국에 갈 때 우리의 몸은 이 땅에서 사는 것과 같은 더 이상의 육체(肉體)가 아니다. 그때 우리의 몸은 부활체(復活體)나 변화체(變化體)로 신령한 몸 즉 신령체(神靈體)로 바뀐다.[28] 부활체나 변화체 즉 신령체는 혼령(魂靈)과는 달리 살과 뼈가 있다. 신령체는 감각되며 음식을 먹을 수도 있으나, 시간과 공간을 초월하기 때문에 영원히 죽지 않는다.

"내 손과 발을 보고 나인 줄 알라 또 나를 만져 보라 영은 살과 뼈가 없으되 너희 보는 바와 같이 나는 있느니라."[29]

부활하신 예수님이 자신의 부활을 믿지 못하고 어안이 벙벙해 있는 제자들에게 하신 말씀이다.

예수님께서 부활하신 후 전개된 상황들을 살펴보면 신령체의 상태를 더욱 잘 이해할 수 있다.

"그들이 너무 기쁘므로 아직도 믿지 못하고 놀랍게 여길 때에 이르시되 여기 무슨 먹을 것이 있느냐 하시니 이에 구운 생선 한 토막을 드리니 받으사 그 앞에서 잡수시더라."[30]

신령체는 음식도 먹을 수 있음을 알 수 있다. 여드레를 지나 예수님은 다시 나타나셔서 도마에게 자신의 부활을 증거하셨다.

---

27) 마 22:29-30; 막 12:24-25
28) 고전 15:42-44, 51-52
29) 눅 24:39
30) 눅 24:41-43

"여드레를 지나서 제자들이 다시 집 안에 있을 때에 도마도 함께 있고 문들이 닫혔는데 예수께서 오사 가운데 서서 이르시되 너희에게 평강이 있을지어다 하시고 도마에게 이르시되 네 손가락을 이리 내밀어 내 손을 보고 네 손을 내밀어 내 옆구리에 넣어보라 그리하여 믿음 없는 자가 되지 말고 믿는 자가 되라."[31]

문들이 닫혔는데도 예수님이 제자들에게 나타나신 것은, 벽을 통과하신 것, 곧 공간을 초월하신 것을 의미한다.

(9) 무엇이나 원하는 대로 즉시 이루어지는 곳

천국은 무엇이나 원하는 대로 즉시 이루어지는 곳이다. 무엇이 먹고 싶다 할 때는 그것이 이미 내 입에 와 있다. 내가 어디를 가고 싶다 하면 그 순간 이미 그곳에 가 있는 세계가 천국이다.

"그들이 부르기 전에 내가 응답하겠고 그들이 말을 마치기 전에 내가 들을 것이며."[32]

아무것도 원하는 대로 되는 것이 없는 지옥의 답답함과는 정반대인 것을 알 수 있다.

(10) 완전무결한 곳

---

31) 요 20:26-27
32) 사 65:24

천국은 하나님이 통치하시는 완전무결한 곳으로 흠이나 결함이 없는 곳이다.

"오직 흠 없고 점 없는 어린 양 같은 그리스도."[33]
"보좌 앞에 수정과 같은 유리 바다가 있고."[34]

천국은 어떠한 흠이나 결함도 감출 수 없이 다 드러나는 곳이다. 수정과 같은 유리 바다 위에 설 수 있는 자가 천국에 들어갈 수 있다.

(11) 각종 보석과 정금으로 꾸며진 아름다운 곳

천국은 각종 보석과 정금으로 꾸며진 아름다운 곳이다.

"그 성의 성곽의 기초석은 각색 보석으로 꾸몄는데 첫째 기초석은 벽옥이요 둘째는 남보석이요 셋째는 옥수요 넷째는 녹보석이요 다섯째는 홍마노요 여섯째는 홍보석이요 일곱째는 황옥이요 여덟째는 녹옥이요 아홉째는 담황옥이요 열째는 비취옥이요 열한째는 청옥이요 열두째는 자정이라 그 열두 문은 열두 진주니 각 문마다 한 개의 진주로 되어 있고 성의 길은 맑은 유리 같은 정금이더라."[35]

---

33) 벧전 1:19
34) 계 4:6
35) 계 21:19-21

천국에서 가장 흔한 것은 금(金)임을 알 수 있다. 천국의 길이 정금이기 때문이다. 이처럼 천국은 아름다운 곳이다. 한편 천국의 아름다움을 세상의 말로는 다 표현할 수 없기 때문에, 세상에서 아름답다고 하는, 각종 보석으로 비유하여 천국의 아름다움을 설명했다고도 할 수 있다.

사도 바울은 천국의 아름다움을 표현할 수 있는 언어가 아직 이 세상에는 없다고 했다.[36]

(12) 속된 일, 가증한 일 또는 거짓말하는 자는 결코 들어가지 못하는 곳

천국은 속된 것이나 가증한 일 또는 거짓말하는 자는 결코 들어가지 못하는 곳이다.

> "무엇이든지 속된 것이나 가증한 일 또는 거짓말하는 자는 결코 그리로 들어가지 못하되 오직 어린 양의 생명책에 기록된 자들만 들어가리라."[37]

특히 여기에서 주목해야 할 것은 많은 죄 중에서도 거짓말이 속된 것이나 가증한 일과 동등한 중죄(重罪)라는 것이다. 그리고 거짓말하는 자는 결코 천국에 들어갈 수 없다는 것이다.

하나님이 거짓말을 그렇게 큰 죄로 여기시는 것은, 뱀이 인류의 시조인 아담을 거짓말로 유혹하여 타락시켰기 때문이다. 그래서

---

36) 고후 12:4
37) 계 21:27

거짓말하는 자들은 불과 유황으로 타는 못에 참예하며, 거짓말을 좋아하며 지어내는 자마다 성 밖(지옥)에 있게 된다고 성경은 다음과 같이 말씀하고 있다.

> "그러나 두려워하는 자들과 믿지 아니하는 자들과 흉악한 자들과 살인자들과 음행하는 자들과 점술가들과 우상 숭배자들과 거짓말하는 모든 자들은 불과 유황으로 타는 못에 던져지리니 이것이 둘째 사망이라."[38]
>
> "개들과 점술가들과 음행하는 자들과 살인자들과 우상 숭배자들과 및 거짓말을 좋아하며 지어내는 자는 다 성 밖에 있으리라."[39]

이처럼 지옥과 천국은 판이하게 다름을 알 수 있다. 영원히 꺼지지 않는 지옥 불 못 속에서 느끼는 목마름의 고통에 비하여, 천국은 물을 생각하는 순간 가장 적합한 온도의 물이 입 안을 적시는 곳이다. 세세토록 영원히 타는 지옥 불 속에서 느껴야 하는 뜨거움의 고통에 비하여, 천국은 춥지도 덥지도 않으며 항상 쾌적하고 안락한 곳이다.

지옥에서 단 한 가지도 원하는 대로 되지 않는 답답함의 고통에 비하여, 무엇이나 마음먹은 대로 즉시 이루어지는 곳이 천국이다. 어느 곳에 가야 할지는 어린아이도 판단할 수 있을 것이다.

아울러 영생(永生)이란 극락의 천국에서만 적용되는 단어가 아니라 고통의 지옥에서도 적용되는 단어임을 알아야 한다. 즉 천국

---

38) 계 21:8
39) 계 22:15

에서의 행복과 기쁨이 영원히 계속되듯이, 지옥에서의 고통도 영원히 계속된다는 것이다.

"그들은 영벌에, 의인들은 영생에 들어가리라 하시니라."[40]

영원한 행복과 기쁨이냐, 아니면 영원한 고통이냐이다.

"다시 밤이 없겠고 등불과 햇빛이 쓸 데 없으니 이는 주 하나님이 그들에게 비치심이라 그들이 세세토록 왕 노릇 하리로다."[41]

이는 천국에서의 삶을 말하고 있다.

"그 고난의 연기가 세세토록 올라가리로다 짐승과 그의 우상에게 경배하고 그의 이름 표를 받는 자는 누구든지 밤낮 쉼을 얻지 못하리라 하더라."[42]

이는 지옥에서의 고통을 말하고 있다.
그렇다면 우리는 어떻게 해야 하는가?
그 고통스럽고 무서운 지옥을 향하여 가는 세상적이요 정욕적인 삶에서 탈출하여 이토록 좋은 극락의 천국을 향하여 가는 복된 삶을 추구해야 하지 않겠는가?

---

40) 마 25:46
41) 계 22:5
42) 계 14:11

III. 에덴동산의 불상사

여자가 그 나무를 쳐다보니 과연 먹음직하고 보기에 탐스러울 뿐더러
사람을 영리하게 해줄 것 같아서, 그 열매를 따 먹고 같이 사는
남편에게도 따 주었다. 남편도 받아먹었다.

― 창 3:6 (공동번역) ―

바닥까지 떨어진 인생

기록된 바 의인은 없나니 하나도 없으며
/ 롬 3:10

사람은 원래 하나님의 형상대로 창조되어 하나님과 직접 교제하며 영원히 살 수 있는 영생불사의 존귀한 존재로 창조되었다.[1] 그러나 하나님의 말씀에 불순종함으로써 그 허물과 죄로 말미암아 죽을 수밖에 없는 사망의 존재가 되었으며, 그 후에도 타락을 거듭하였다.[2]

그 결과 이제는 상호간의 생각을 전하는 말도 믿지 못해서 종이에 기록해야 하는 단계까지 떨어지고 말았다. 그리고 이제는 글자로 기록하는 것도 못미더워 도장을 찍거나 서명까지 해야 한다. 영적으로 말하면, 바닥까지 떨어진 인생이 되어버린 것이다.

이처럼 바닥까지 떨어진 인생을 불쌍히 보신 하나님은, 그렇

---

1) 창 1:27; 딤전 6:15-16; 전 3:11
2) 창 2:16-17, 3:6; 롬 5:12, 6:23; 엡 2:1; 골 2:13; 히 9:27

게 타락한 인생을 구원하시기 위하여, 말씀이 사람이 되어 이 땅에 오셨으며, 글자로 기록된 성경까지 주셨다.[3] 성경은, 자연 계시 즉 자연을 통해 알려 주시는 하나님의 뜻을 깨닫지 못하는 인생들에게 주신 특별 계시이다. 따라서 성경은 타락한 인간을 구원하기 위한 하나님의 마지막 구원 수단이다. 이제 글자로 기록된 성경까지 깨닫지 못하고 믿지 못한다면 더 이상 인간이 구원받을 수 있는 길은 없다.

이제는 하나님의 말씀인 성경을 통하여 인간 창조 본연의 자리로 되돌아가야 한다. 그리하여 영생 불사의 존재가 되어 하나님과 직접 교제하며 영원히 사는 존재가 되어야 한다. 그것이 하나님께서 우리 인생들에게 성경을 주신 목적이며, 하나님의 소원이다.

---

3) 요 1:14; 딤후 3:16-17

하나님의 계획과 소원

하나님이 그 지으신 모든 것을 보시니 보시기에 심히 좋았더라 저녁이 되고 아침이 되니 이는 여섯째 날이니라
/ 창 1:31

하나님이 원래 창조하신 사람은 흙과 생기의 결합체로 생령(生靈) 즉 산 존재이다.[4] 영어로는 'living soul'[5] 또는 'living being'[6]이라 한다.

"그때 여호와 하나님이 땅의 티끌로 사람을 만들어 그 코에 생기를 불어넣으시자 산 존재가 되었다."[7]

사람은 흙을 원단으로 해서 창조되었다. 거기에 하나님의 기운인 생기가 주입된 상태가 생령인 것이다. 땅과 생기의 결합체인 사

---
4) 창 2:7
5) Gen. 2:7, KJV: King James Version
6) Gen. 2:7, NKJ: New King James Version
7) 창 2:7 (현대인의 성경)

람은 아직 불완전한 미완성의 존재로 영생과 사망의 가능성을 동시에 지닌 과정적인 존재라 할 수 있다.

사람은 하나님처럼 죽지 않는 영생의 존재로 도약할 수 있는가 하면, 죽어서 다시 흙으로 돌아갈 수 있는 이중적인 존재라 할 수 있다. 즉 사람은 흙의 속성 즉 육(肉)의 속성(육신의 정욕, 안목의 정욕, 이생의 자랑)을 하나님의 기운 즉 하나님의 말씀으로 극복하여 하나님과 같이 영원히 살 수 있는 존재로 도약할 수 있는가 하면, 땅의 속성에 굴복하여 하나님의 기운을 상실함으로 다시 흙으로 돌아갈 수도 있는 존재이다.[8]

하나님은 사람을 에덴동산에 두시고 관리하며 지키라고 하셨다.[9] 그리고 하나님께서 사람과 언약을 세우셨다.

> "이렇게 이르셨다. '이 동산에 있는 나무 열매는 무엇이든지 마음대로 따 먹어라 그러나 선과 악을 알게 하는 나무 열매만은 따 먹지 마라. 그것을 따 먹는 날, 너는 반드시 죽는다.'"[10]

하나님이 사람을 에덴동산에 두신 것은 그 동산을 관리하며 지키는 임무도 있지만, 사람이 먹고 살 수 있는 각종 나무의 열매가 그곳에 있기 때문이다. 에덴동산 가운데에는 생명나무와 선악을 알게 하는 나무도 있었다.[11] 하나님은 선악을 알게 하는 나무의 열매를 제외한 각종 나무의 열매를 마음대로 따 먹도록 하셨으며, 거기에는 생명나무의 열매도 포함된다. 사람이 하나님의 명령에 순

---

8) 요일 2:15-17
9) 창 2:15
10) 창 2:16-17 (공동번역)
11) 창 2:9

종하여 선악을 알게 하는 나무의 열매는 따 먹지 않고, 각종 나무의 열매를 따 먹고 생명나무의 열매까지 따 먹었다면 어떻게 되었을까?

하나님이 사람을 생명나무가 있는 에덴동산에 두신 것은, 생명나무의 열매를 따 먹음으로 땅의 속성을 극복하고 영적으로 도약하여, 하나님처럼 영원히 살 수 있는 존재가 되기를 원하셨기 때문일 것이다. 하나님은 영이시며, 신령한 분[12]으로 영원히 죽지 않는 분이시다.[13]

사람은 생령(生靈)이 되었지만, '생'(生)이라는 말이 붙어 있는 한, 불완전한 존재이다. 왜냐하면 '생'이라는 말은 곧 죽고 사는 세계 즉 생사가 공존하는 세계에서 사용되는 말이기 때문이다. 즉 이 세상에는 '생'의 반대인 '사'(死) 즉 '죽음'도 있음을 뜻한다. 반면에 하나님의 세계는 생사(生死)와는 전혀 상관이 없는 영(靈)의 세계로 신령(神靈)한 세계이다. 즉 하나님의 세계는 '생'(生)이라는 말까지도 사용되지 않는 세계이다.

성경에는 이 땅에서 죽음을 보지 않고 변화를 받아 바로 승천 곧 하늘로 올라간 두 사람을 기록하고 있다. 그들은 에녹과 엘리야이다. 여기에서는 에녹을 잠시 소개하고자 한다. 에녹은 아담의 7대손이다.[14] 성경은 에녹에 대해서 다음과 같이 말씀하고 있다.

"에녹은 육십오 세에 므두셀라를 낳았고 므두셀라를 낳은 후 삼백 년을 하나님과 동행하며 자녀를 낳았으며 그는 삼백육십오

---

12) 요 4:24
13) 딤전 6:15-16
14) 대상 1:1-3

세를 살았더라 에녹이 하나님과 동행하더니 하나님이 그를 데
려가시므로 세상에 있지 아니하였더라."[15]

그로부터 먼 훗날 히브리 기자는 에녹에 대해서 다음과 같이 기록하고 있다.

"믿음으로 에녹은 죽지 않고 하늘로 옮겨 갔기 때문에 아무도
그를 볼 수 없었습니다. 하나님께서 그를 데려가신 것입니다.
그는 옮겨 가기 전부터 하나님을 기쁘시게 하는 사람으로 인정
을 받았습니다."[16]

에녹은 하나님과 삼백 년 동안 동행한 자이다. 하나님과의 동행은 하나님과 함께 가는 것은 물론이며, 다른 것을 생각하지 않고 하나님의 뜻을 따라 철저히 한 걸음씩 옮겨 놓는 것을 말한다.
그러므로 엄밀한 의미에서의 동행은 몸만 다를 뿐 한 사람이 가는 것과 같다. 즉 에녹은 늘 하나님의 말씀을 묵상하고, 그 말씀을 온전히 믿음으로 하나님과 동행하며 하나님과 친밀한 관계를 누린 자이다. 하나님은 하나님의 말씀을 믿는 자를 가장 사랑하신다. 에녹은 하나님의 마음을 기쁘시게 함으로써, 하나님께서 천국으로 데려가신 자이다. 에녹은 하나님의 말씀으로 땅의 속성을 극복하여, 죽음을 보지 않고 하나님과 같이 영원히 살 수 있는 존재로 도약한 표본적인 사람이라고 할 수 있다.
에녹은 아담의 바른 형상이다. 동행으로 말미암은 영생, 그것은

---

15) 창 5:21-24
16) 히 11:5 (현대인의 성경)

바로 아담이 범죄하지 않았다면 영생에 이를 수 있었다는 사실을 세상에 보여주신 것이다. 에녹이 죽지 않고 승천한 비결, 곧 동행은 그 뜻만 보아도 처음 아담을 창조하셨을 때 하나님이 원하시고 바라셨던 삶의 방식이 무엇인지 알려준다.[17] 즉 하나님의 계획과 소원은 '사람이 하나님과 온전히 동행하는 삶을 통하여 영생하는 것'이었음을 알 수 있다.

---

17) 박윤식, 《창세기의 족보》(서울: 휘선, 2011, 3판 7쇄), p. 159.

죽음을 극복한 에녹[18]

믿음으로 에녹은 죽음을 보지 않고 옮겨졌으니 하나님이 그를 옮기심으로 다시 보이지 아니하였느니라 그는 옮겨지기 전에 하나님을 기쁘시게 하는 자라 하는증거를 받았느니라

/ 히 11:5

　창세기의 족보에는 에녹에 이르기까지 죽음이 당연한 듯 모두 "죽었더라"로 도장을 찍으면서 한 장 한 장을 마무리하였다. 창세기 5장에는 "죽었더라"가 8회 등장한다.[19] 그런데 죽음이 그의 생을 이기지 못한 사람이 있다. 바로 아담의 7대손 '에녹'이다. 그는 캄캄한 밤하늘에 반짝이는 샛별같이 영롱한 빛을 발하고 있다. 에녹은 하나님과 동행하다가 영생 불사함으로 경건한 삶의 극치를 보여주었다. 참으로 죽음을 뛰어넘은 신비는 이제까지 볼 수 없었던 최고의 축복이었다.
　에녹이 이 땅에서 행한 행적은 단 한 번 기록되고 있는데,[20] 당

---

18) 박윤식,《창세기의 족보》(서울: 휘선, 2011, 3판 7쇄), pp. 153-161.
19) 창 5:5, 8, 11, 14, 17, 20, 27, 31
20) 유 1:14-15

시 팽배했던 '경건치 않은 일'과 주님을 향해 거스려 했던 모든 '경건치 않은 말'에 대하여 심판을 예언하는 일이었다. 그러므로 에녹은 그의 아버지 야렛의 기대대로 그 시대를 대표하는 선지자이자 예언자로서 하나님께 바쳐진 생애를 살았던 것이다.

그러한 에녹은 인류에게 중대한 교훈을 가르쳐 준 선생이었다. 첫째, 에녹은 믿음으로 하나님과 동행하고 하나님을 기쁘시게 함으로 하나님의 신임을 받은 자이다.[21] 둘째, 에녹은 믿음으로 하나님과 동행하는 사람이 영생한다는 진리를 처음으로 가르쳐 준 인류의 선생이다.[22] 에녹이 인류에게 가르쳐 준 중대한 교훈은 죽지 않고 천국에 갈 수 있는 '변화 승천'이 있다는 사실이다.

그렇다면 에녹이 신령한 몸으로 승천할 수 있었던 비결은 무엇인가? 창세기 5장 24절에서는 에녹이 하나님과 동행하였기에 하나님이 그를 데려가셨다고 말씀하고 있다.

에녹의 승천은 아담 타락 이후 잊혀져 가는 하나님의 최고의 선물, 곧 죽지 않고 살아서 변화하는 영생의 빛, 불멸의 빛을 환하게 밝혀 준 사건이었다.

이 일로 에녹은 생명이 사망을 이기는 일에 대한 확신을 심어주었다. 이로써 죄와 사망의 그늘 속에서 신음하며 영생의 소식에 목말라 하던 당시의 의로운 백성들에게 넘치는 용기와 소망을 심어주었다.

아담은 하나님의 징계를 받은 이후 여자의 후손으로 말미암아 다시 에덴을 회복시키실 것이라는 하나님의 확실한 약속을 받은

---

21) 히 11:5
22) 창 5:21-24

상태였다.²³⁾ 그러므로 에덴동산에 있었던 주인공으로서 모든 후손들에게 복락의 세계였던 에덴동산의 실재와 인류의 숙원인 죽음의 문제를 해결해야 한다는 사실을 증거했을 것이다.

아담의 신앙적 소원은 마침내 에녹을 통해 그대로 열매를 맺은 것이다. 아담 이후로 하나님을 믿는 경건한 자손들이 있었다. 그러나 오직 에녹만이 죽지 않고 살아 승천함으로 그 열매를 맺었다. 그것은 에녹이 아담과 308년을 지내면서 아담이 전수해 준 하나님의 말씀을 두려운 마음으로 받았기 때문이다. 수많은 아담의 후손 가운데 에녹 한 사람만이 그것을 온전히 좇아갔다. 그 결과 에녹은 300년간이나 하나님과 동행하였고, 마침내 더 이상 세상에 둘 필요가 없으므로 하나님이 그를 하늘로 데려가신 것이다.

아담이 타락한 이후 에녹도 예외 없이 불과 57년 전에 죽었던 아담을 따라 죽어야 마땅했지만, 하나님은 특별히 에녹을 죽음의 장벽을 뛰어넘는 영생의 세계로 이르게 하셨다. 에녹은 불경건이 극에 달한 시대에 경건한 삶의 최후가 어떤 것인가를 확실히 보여 준 것이다.

하나님은 당신이 창조한 아담과 한마음 한뜻으로 함께 먹고 함께 있기를 원하셨다. 그러나 아담은 이미 명령하신 말씀을 무시하고, 하와의 요구를 들었을 때 하나님께 묻지 않고 오만하게도 자기가 결정하여 선악과를 함께 먹고 말았다.²⁴⁾ 그래서 하나님은 하나님과 멀리 떨어져 버린 아담에게 "네가 어디 있느냐?"라고 그의 처소성(處所性)을 묻기에 이른 것이다.²⁵⁾

---

23) 창 3:15
24) 창 3:6
25) 창 3:9

아담부터 노아까지 10대의 족보를 자세히 살펴보면, 아담의 7대 손 에녹의 승천 전에 죽은 자는 아담 한 사람밖에 없다. 아담이 930세로 죽은 이후, 노아까지 10대 족장 중에 이 땅에서 두 번째로 삶을 마감한 사람은 죽음이라는 관문을 거치지 않고 승천한 것이다.

이런 점에서 에녹의 승천은 우리에게 한 가지 중대한 교훈을 준다. 하나님은 '인류 시조 아담의 죽음'이라는 사건을 통해서 '죄의 삯은 사망'[26]이라는 사실을 밝히신 후, 그 사망의 권세를 이기는 방법을 에녹을 통해서 곧바로 공개하셨던 것이다.

비록 인간은 죄로 인해 죽을 수밖에 없지만, 에녹처럼 하나님과 동행하며 하나님과 교제를 온전히 회복하면 오직 죄를 해결하시는 하나님의 은혜로 죽음까지도 능히 극복할 수 있다는 소망을 보여 준다. 이렇게 에녹의 승천은 앞으로 다가올 모든 세대에게 오직 믿음만이 사망의 권세를 이길 수 있다는 말씀을 확실하게 계시해 주고 있다.

에녹으로부터 약 2,200년 후에 엘리야 선지자도 에녹처럼 죽지 않고 하늘로 옮기었다.[27] 에녹은 아담과 아브라함의 중앙에서 예언하였고, 엘리야는 아브라함과 그리스도의 중앙에서 예언했다.

이러한 에녹은 구속사적으로 세 가지를 예표한다.

첫째, 하나님을 기쁘시게 했던 에녹의 동행은, 하나님과 동행하며 하나님을 기쁘시게 했던 예수님의 생애[28]에 대한 예표이다. 그리고 에녹의 승천 사건은 예수 그리스도께서 그의 부활과 승천으로 말미암아 마귀의 세력을 이기고 사망을 영원히 멸하고, 인간 구

---

26) 롬 6:23
27) 왕하 2:10-11
28) 요 8:29

원의 보증이 되심을 예표한다.

둘째, 아담 안에서 모든 사람이 죽음 아래 놓여 있으나, 하나님의 크신 은혜로 독생자 예수 그리스도 안에서 모든 사람이 살 수 있다는 귀한 진리를 예표한다.[29]

셋째, 마지막 재림 때, 환난과 패역이 극에 달하는 세상에, 성도들에게 있을 영광스러운 변화에 대한 예표이다.[30] 매튜 헨리(Matthew Henry)는 에녹의 변화가 그리스도의 재림 때에 있을 성도들의 영광스러운 변화의 모습을 보여 준 것이라고 하였다.

에녹과 같이 하나님과 온전히 동행하는 자가 되어 죽음까지 극복함으로 하나님의 계획과 소원을 이루어드리는 자가 되지 않겠는가?

---

29) 롬 5:18-21; 고전 15:22
30) 마 24:40; 요 8:51, 11:25-26; 고전 15:50-54; 살전 4:16-17; 빌 3:21

잘못된 선택

내가 생명과 사망과 복과 저주를 네 앞에 두었은즉 너와 네 자손이 살기 위하여 생명을 택하고 네 하나님 여호와를 사랑하고 그의 말씀을 청종하며 또 그를 의지하라
/ 신 30:19-20

'왜 전지전능하신 하나님이 인간의 불순종 가능성을 아시면서, 에덴동산 가운데 선악을 알게 하는 나무를 두셨으며, 선악을 알게 하는 나무를 통하여 아담과 행위언약을 맺으셨는가?' 이 질문은 예수를 믿기 시작한 사람이나 성경을 조금이나마 연구했던 사람이 갖는 공통적인 질문이라 할 수 있다. 하나님이 아예 선악을 알게 하는 나무를 에덴동산에 두지 않으셨다면, 인간이 타락하지 않았을 것이라는 말이다. 그렇게 생각할 수도 있다.

인간은 하나님의 형상대로, 하나님의 지·정·의를 따라 창조되었다. 그 결과 사람은 무엇을 알고, 감정과 느낌 그리고 감각을 가지며, 결정하고 작정하며 결심할 수 있는 존재이다. 그렇지 않으면, 인간은 하나님의 뜻에 따라 선한 일만 하도록 프로그램 된 하나의 로봇에 불과하다.

하나님과 인간의 관계는 영적인 부자간이라 할 수 있다.[31] 하나님과 인간의 관계성은 인륜 관계에서도 찾아볼 수 있다. 아버지가 자식을 사랑하는 것은 부성애로서 당연하다. 자식도 아버지에게 지켜야 할 최소한의 도덕적이며 인륜적인 불문율이 있다. 그것은 아버지를 공경하며 아버지의 말씀에 순종하는 것이다. 그러한 관계성이 깨어지면 부자간의 관계는 더 이상 유지될 수 없으며, 그 관계는 단지 육적인 관계, 곧 어미와 새끼의 동물적인 관계에 불과하게 된다.

자식이 하지 못할 일을 저질렀을 때 아버지는 화를 내며, 더 이상 내 자식이 아니라고 선언하기도 한다. 이는 부자간의 관계에 이상이 발생했음을 의미한다. 심지어 화가 난 아버지는 그 자식을 집에서 쫓아내기도 한다. 그것은 더 이상 자식으로 취급하지 않겠다는 의미이다.

하나님과 인간의 관계는, 에덴동산에서 하나님과 사람 사이에 맺어진 행위 언약으로 설정되있다고 할 수 있다. 에덴동산에서 하나님이 선악을 알게 하는 나무를 통하여 아담과 체결하신 언약은, 아담의 행위에 따라 죽음과 영생이 결정되는 것이기에, '행위언약'이라고 부른다. 이 행위언약의 궁극적인 약속은 영생이다.[32] 만일 아담과 하와가 하나님의 말씀을 두렵게 간직하고, 소중하게 생각하며, 그 언약을 절대적으로 믿고 끝까지 순종하였다면, 그들은 마침내 생명나무의 과실을 먹고 영생할 수 있었을 것이다.[33] 그 언약은 다음과 같다.

---

31) 마 6:9; 23:9
32) 요일 2:25
33) 창 3:22

"그에게 이렇게 말씀하셨다. '네가 동산에 있는 과일을 마음대로 먹을 수 있으나 단 한 가지 선악을 알게 하는 과일만은 먹지 말아라. 그것을 먹으면 네가 반드시 죽을 것이다.'"[34]

이 언약은 하나님을 하나님 되게 하는 언약이다. 이 언약에는 하나님의 명령과 인간의 순종이 포함되어 있다. 즉 하나님의 인간에 대한 명령이요 인간이 지켜야 할 말씀이다. 따라서 이 언약이 지켜질 때 하나님과 인간의 관계가 원만하게 유지될 수 있는 것이다.

하지만 인류의 시조 아담은 순종과 불순종의 기로에서 불순종의 길을 택하고 말았다. 뱀은 여자에게 선악을 하게 하는 나무의 실과를 먹을지라도 "너희가 결코 죽지 아니하리라"[35]고 하면서 하나님의 말씀을 완전히 변형시켰다. 그뿐만 아니라 "그것을 먹는 날에는 너희 눈이 밝아져 하나님과 같이 되어 선악을 알 줄 하나님이 아심이니라"[36]라고 하면서 하나님과 같이 될 수 있다는 거짓말로 유혹하였다. 하와는 그 마음이 미혹을 받아 뱀의 거짓된 말을 믿기 시작하였고, 은근히 하나님과 같이 되려는 교만함으로 손을 내밀어 선악을 하게 하는 나무의 열매를 따 먹고 말았다.[37] 그리고 하와는 또 다른 유혹자가 되어 선악과를 그 남편 아담에게 주었으며, 아담도 그것을 먹고 말았다. 그리하여 인류의 시조 아담과 하와는 불신앙, 불순종, 교만의 죄를 지었다.[38]

---

34) 창 2:16-17 (현대인의 성경)
35) 창 3:4
36) 창 3:5
37) 창 3:6
38) 박윤식, 《하나님의 구속사적 경륜으로 본 횃불 언약과 그 성취: 잊어 버렸던 만남》(도서출판 휘선, 2015), pp. 50-51.

그것은 인류 비극의 시작이었다. 원죄의 주인공인 아담이 여자와 뱀에게 책임을 전가해서는 안 된다. 선악을 알게 하는 나무의 실과를 여자가 주는 순간 먹고 안 먹고는 아담 자신의 선택이다. 오히려 아담은 선악을 알게 하는 나무의 실과를 주는 하와를 나무랄 수도 있었을 것이다.

인간의 삶은 선택의 연속이라 할 수 있다. 어떤 것을 선택하느냐는 각자의 자유의지이다. 따라서 선택의 결과는 자신의 책임이다.

인간의 자유의지는 자신의 구원 문제와도 관계된다. 하나님은 공의의 하나님이시다. 하나님은 심은 대로 거두게 하시고,[39] 행한 대로 갚아 주시며,[40] 믿음대로 되게 하신다.[41] 어떻게 심고, 행하며 믿느냐는 각자의 자유의지에 따른 선택에 달려 있다. 결국 아담의 잘못된 선택은 온 인류를 죄악의 도가니로 끌고 들어가는 비극을 초래하고 말았다.[42]

---

39) 갈 6:7
40) 롬 2:6; 시 62:12; 잠 1:31, 24:12; 렘 21:14
41) 마 8:13, 9:29, 15:28; 막 10:52, 11:24
42) 롬 5:18

제 길로 가버린 인생

우리는 다 양 같아서 그릇 행하여 각기 제 길로 갔거늘 여호와께서는 우리 모두의 죄악을 그에게 담당시키셨도다
/ 사 53:6

    하나님의 소원과는 정반대의 길을 선택한 아담은 결국 죽는 존재가 되고 말았다. 생령(生靈)의 단계에서, 하나님이 원하셨던, 생사(生死)를 초월하는 신령(神靈)한 단계로 도약하지 못하고 오히려 생사의 세계인 생명(生命)의 단계로 떨어지고 만 것이다. 생명은 생사의 세계에 존재하는 살아 있는 사람이나 생물을 말한다. 그래서 생명을 가진 사람을 인생(人生)이라고 한다.

    하나님의 말씀에 불순종하여 타락한 아담은 하나님의 생기를 상실한 자신의 모습을 발견했다. 하나님의 생기가 없는 사람은 흙에 불과하다.[43] 왜냐하면 타락하기 전, 하나님이 창조하셨던 아담의 모습이 흙에 하나님의 생기가 더해진 존재였기 때문이다.[44] 그

---

43) 창 18:27; 욥 4:19, 33:6; 시 103:14; 전 3:20; 사 64:8; 고전 15:47
44) 창 2:7

렇게 타락한 후 아담은 자기 아내에게 '생명'이라는 뜻의 '하와'[45]라는 이름을 붙여주었다. 즉 아담은 하와가 '모든 산 자의 어미'가 될 것이라고 선포한 것이다. 이는 창세기 3장 15절의 후손에 대한 약속을 믿고 생명으로 사망을 정복하는 영생의 날을 소망한 최초의 신앙고백이다. 이렇듯 아담은 하나님의 약속을 믿고 자신의 신앙고백을 담아 '하와'라고 이름 지었다. 아담은 아내의 이름을 부를 때마다 하나님이 주신 약속을 더욱 확신하게 되었을 것이다.[46]

창세기 3장 15절의 말씀은 하나님이 아담과 그 아내를 타락시킨 뱀에게 하신 말씀이다.

> "내가 너를 여자와 원수가 되게 하고 너의 후손도 여자의 후손과 원수가 되게 하겠다. 여자의 후손이 네 머리를 상하게 할 것이며 너는 그의 발꿈치를 상하게 할 것이다."[47]

생령에서 생명으로 떨어진 사람은 이제 죽을 수밖에 없는 존재가 되었다. 생명의 세계는 하나님의 생기를 상실한 고장 난 세계이며, 땅의 속성으로 떨어진 상태이다. 하나님의 생기를 상실한 상태에서는 서로 간의 영적 교통이 불가능하기 때문에 말을 하지 않으면 상대방의 생각을 알 수 없다.

한편 생령의 상태에서 영적으로 교통했던 에덴동산에서 아담과 그 아내 사이에 인간의 말이 필요했을까도 생각해 볼 수 있다. 말은 영적으로 고장 난 세계의 산물이다. 왜냐하면 영적으로 생각이

---

45) 창 3:20
46) 박윤식, 《창세기의 족보》(도서출판 휘선, 2011), p. 130.
47) 창 3:15 (현대인의 성경)

통하면 말이 필요 없기 때문이다. 실로 오랜 세월을 같이 지내는 부부 사이에는 말이 필요 없을 때가 있는데, 그것은 서로 간에 무언의 생각이 통하기 때문이다.

하나님의 말씀에 불순종한 아담[48]은 이내 죄의 관성에 젖어 더욱 죄의 길로 가고 말았다. 존귀한 생령의 단계에서 하나님이 원하시는 신령의 단계로 도약하지 못하고 오히려 그 반대로, 죽음이 기다리는 생명으로 떨어지고 말았다. 이에 더하여 생명에서 생각으로, 생각에서 말로, 그리고 말에서 글자로의 맨 밑바닥까지 떨어지고 말았다. 이는 타락의 행진을 계속한 결과이다. 하나님의 선하신 계획과는 정반대로, 죄의 길을 감으로써 그릇 행하여 끝내 제 길로 가버린 인생이 아닌가?

---

48) 아담: (히브리어) 사람

뱀과 선악을 알게 하는 나무 및 그 실과

여자가 그 나무를 본즉 먹음직도 하고 보암직도 하고 지혜롭게 할 만큼 탐스럽기도 한 나무인지라 여자가 그 열매를 따 먹고 자기와 함께 있는 남편에게도 주매 그도 먹은지라
/ 창 3:6

인류의 시조 아담과 그 후손을 죄와 죽음의 도가니로 끌고 들어갔던 뱀의 정체는 무엇일까? 선악을 알게 하는 나무는 어떤 나무이며 그 실과는 무엇일까? 성경에는 해석하기가 어려워 아직도 명쾌하게 해석되지 못한 난해 구절들이 있다. 특히 이러한 부분은 해석도 어렵고, 행여나 잘못 해석하면 비평도 많이 받을 수 있기 때문에 신학자들도 접근을 꺼려하는 경향이 있다.

실로 이러한 문제는 인류 최초의 죄와 관련된 부분이기 때문에 민감한 부분이기도 하다. 영어로는 이 부분을 'hot spot'이라고 한다. 즉 실제이거나 잠재적으로 분쟁이 되거나 충돌을 일으킬 수 있는 영역을 말한다. 어쩌면 접근금지 지역과 같은 영역으로, 서로 접근하지 않도록 묵계가 되어 있는 부분일 수도 있다.

하지만 성경은 풀어야 할 문서이다. 성경의 어떤 부분이라도 해석되지 못하면 그 뜻은 풀리지 않는다. 성경은 영적으로 바닥까지 떨어진 인생에게 주신, 하나님의 마지막 구원 수단으로서 하나님의 말씀이 기록된 거룩한 책이다. 인간에게 주신 책을 인간이 이해하지 못하면 무슨 소용이 있겠는가?

성경에 담긴 뜻을 알지 못하면 하나님의 뜻도 바르게 알 수 없다. 하나님의 뜻을 알지 못하면 하나님의 뜻을 이루어 드릴 수도 없다. 성경은 하나님을 바르게 찾아가는 안내서라 할 수 있다. 이 땅에서 풀지 못하면 이 세상을 떠난 후 하나님 앞에 가서 물어보아야 하는가? 그때는 이미 늦다.

혹자는 창세기 1-11장의 내용을 시적인 표현(poetic expression)이라고도 한다. 성경은 비유와 상징으로 되어 있는 부분이 있다.[49] 성경에는 짝이 있어서, 서로 비교되거나 인용된 구절들이 있다. 모든 동물들의 짝이 있듯이 하나님의 말씀에도 짝이 있어서 관련되는 성경구절의 말씀들을 맞추거나 비교하면 뜻이 풀릴 수 있다.[50] 오랜 세월을 두고 여러 선지자를 보내어 부분적으로 말씀하신 부분과 부분의 짝을 맞추어 보면 예수 그리스도의 전체 상을 구성할 수 있으며, 때가 차매 하나님께서 언약하신 예수 그리스도를 이 땅에 보내셨고, 그분을 통해서 말씀하셨음을 알 수 있다.

> "옛날 하나님께서는 예언자들을 통하여 여러 가지 방법으로 수없이 우리 조상들에게 말씀하셨습니다. 그러나 이 마지막 때에는 아들을 통해 우리에게 말씀해 주셨습니다. 하나님은 그 아들을 모든 것의 상속자로 삼으시고 또 아들을 통해 우주를 창조

---

49) 마 13:34-35; 요 10:6; 시 78:2
50) 사 34:16

하셨습니다."51)

　이상의 내용을 바탕으로 하여 일반 상식의 범주에서 위에 제기한 질문에 대한 답을 찾아보고자 한다. 그렇다고 필자가 꿈에 계시를 받은 것이 아니고 하나님의 음성을 들은 것도 아니다. 다만 필자가 성경을 읽고 배워가면서 깨달아진 것을 제시하고자 한다. 하지만 필자가 말하는 것이 절대적이라고는 생각하지 않으며, 단지 참고가 되기를 바랄 뿐이다.

　보석 중의 보석인 다이아몬드도 그것을 보는 각도에 따라 색깔과 광채가 다르다. 하나님의 말씀도, 보는 각도와 허락하시는 은혜에 따라, 그 뜻이 다양하게 해석될 수 있다. 기독교의 각 교파가 서로 상이한 교리를 갖는 것도 그때문일 것이며, 성경의 한 구절을 통해서 수만 가지의 설교가 나오는 것도 같은 이치일 것이다.

1. 뱀의 정체

　뱀의 특징을 살펴보자. 뱀은 냉혈 동물로, 몸이 아주 차갑다. 인정이 없고 무자비한 자를 가리켜 냉혈 동물이라고 한다. 뱀이 땅에 달라붙어 다니는 것을 볼 때, 뱀은 땅과 밀착되어 있는 동물임을 알 수 있다. 뱀은 앞으로 진행할 때 곧게 가지 못하고, 항상 몸을 S자 모양으로 구부리며 나아간다. 그것은 바르게 나아가지 못하는 모습이다.

　뱀의 혀는 두 갈래로 갈라져 있는데, 이는 입에서 나오는 것이

---
51) 히 1:1-2(현대인의 성경)

한 가지가 아님을 암시한다. 뱀은 먹이를 잘라먹지 않으며, 아가리가 확장되면서 자기 몸집의 몇 배나 큰 먹이를 통으로 삼킨다. 뱀의 이는 안으로 난 옥니 형으로 되어 있어서 뱀에게 한번 물린 먹이는 뱀이 스스로 놓아주기 전에는 빠져 나오지 못한다. 독사는 먹이에 독을 퍼뜨려 죽인다. 뱀은 참으로 보기에도 혐오스러운 동물이다.

성경에서 뱀에 관련된 내용을 살펴보자. 뱀이 여자와 대화를 했다.

> "뱀이 여자에게 물어 이르되 하나님이 참으로 너희더러 동산 모든 나무의 열매를 먹지 말라 하시더냐."[52]

뱀이 사람의 말을 했음을 알 수 있다. 하나님은 여자를 꾀어 선악을 알게 하는 나무의 실과(선악과)를 먹게 한 뱀을 저주하셨다.

> "네가 이렇게 하였으니 네가 모든 가축과 들의 모든 짐승보다 더욱 저주를 받아 배로 다니고 살아 있는 동안 흙을 먹을지니라."[53]

하나님께서 뱀이 살아 있는 동안 흙을 먹도록 하셨다. 즉 뱀이 흙을 먹고 살 것을 말씀하셨다. 이어서 하나님은 뱀이 여자와 원수가 되며 뱀의 후손도 여자의 후손과 원수가 되게 하신다고 하셨다.

---

52) 창 3:1
53) 창 3:14

"내가 너로 여자와 원수가 되게 하고 네 후손도 여자의 후손과 원수가 되게 하리니 여자의 후손은 네 머리를 상하게 할 것이요 너는 그의 발꿈치를 상하게 할 것이니라."[54]

하나님께서 뱀에게 후손이 있을 것을 말씀하셨다.

파충류의 뱀이 사람의 말을 하는가? 창세기에 나오는 뱀은 말을 했는데 왜 오늘날 뱀들은 말을 하지 못하는가? 아담 타락 이후 육천 년이 넘는 세월이 흘렀다. 뱀이 진화되었다면 오늘날의 뱀은 더욱 말을 잘해야 할 것이다.

뱀이 흙을 먹는가? 아니다. 뱀은 결코 흙을 먹지 않으며, 오히려 살아 있는 동물을 잡아먹는다. 물론 땅에 있는 동물을 잡아먹다 보니 그 동물에게 묻어 있는 흙이 따라 들어갈 수는 있으며, 성경도 뱀처럼 티끌을 핥는다고 말씀하고 있다.[55]

뱀에게 후손이 있는가? 굳이 억지를 부린다면 그 새끼들을 후손이라 할 수 있을 것이다. 하지만 인격적인 하나님께서 결코 뱀의 새끼를 후손이라고 하시지는 않았을 것이다.

이상의 내용을 살펴볼 때 뱀은 파충류의 뱀을 말하는 것이 아님을 알 수 있다. 오히려 파충류의 뱀을 들어 무엇인가를 비유하고 있음을 유추해 볼 수 있다. 그렇다면 뱀은 과연 무엇을 상징하는 것일까? 그 답을 성경에서 찾아보자.

뱀은 사탄 마귀와 일체이다.

"큰 용이 내쫓기니 옛 뱀 곧 마귀라고도 하고 사탄이라고도 하

---

54) 창 3:15
55) 미 7:17

며 온 천하를 꾀는 자라 그가 땅으로 내쫓기니 그의 사자들도 그와 함께 내쫓기니라."[56]

여기에서 옛 뱀은 창세기 3장에서 아담을 타락시킨 뱀을 가리킨다. 사탄과 마귀와 뱀은 악의 삼위일체라 할 수 있다. 하나님께서 성부, 성자, 성령의 삼위로 역사하시듯이 '큰 용' 또는 '붉은 용'[57]이라 불리는 어두움의 세력도 하나님과 비슷하게 가장하여 사람을 유혹한다.[58] 큰 용의 역사는 사탄과 마귀와 뱀을 하나로 묶으면 일체가 되며, 따로 놓으면 사탄의 역사, 마귀의 역사, 그리고 뱀의 역사로 나누어진다. 하늘의 사탄이 공중의 마귀에게 지령을 내리고, 공중의 마귀가 땅의 뱀에게 지령을 내리는 관계라 할 수 있다.

뱀은 사람의 모습으로 역사한다. 하나님이 인간을 구원하시기 위해 사람의 몸을 입고 오셨듯이, 뱀도 사람으로 역사한다.[59] 세례 요한은 바리새인과 사두개인을 향하여 '독사의 자식들'이라고 했다.[60] 예수님도 서기관들과 바리새인들을 향하여 '뱀들이며 독사의 자식들'이라고 하셨다.[61] 예수님은 자기 땅에 오신 메시아를 영접하지 아니하는[62] 유대인들을 향하여 '마귀의 자식들'이라 하셨고, 마귀는 처음부터 살인한 자이며 거짓말쟁이라고 하셨다.[63]

---

56) 계 12:9
57) 계 12:9, 3
58) 고후 11:14
59) 요 1:14
60) 마 3:7
61) 마 23:33
62) 요 1:11
63) 요 8:44

아담과 하와를 거짓말로 타락시켜 그들의 영적인 생명을 빼앗은 뱀의 역사와 가인을 인류 최초의 살인자로 만든 사탄 마귀의 역사를 동시에 말하고 있는 것으로 해석될 수 있다.[64] 시편 기자는 하나님의 말씀을 듣기 싫어하는 악인을 가리켜 귀머거리 독사 같다고 했다.[65]

모두가 사탄, 마귀, 그리고 뱀의 영을 받은 사람을 두고 하는 말임을 알 수 있다. 사람의 마음은 신들의 전쟁터이며, 사람은 그 마음을 점령한 신의 도구라 할 수 있다. 그렇다면 그들의 사상과 추구하는 목표는 무엇인가? 모두가 하나님의 뜻과 반대되며, 사람들을 사망으로 유인하는 것임을 알 수 있다.

뱀이 땅에 찰싹 달라붙어 살듯이, 그들의 생각과 사상은, 하늘의 뜻과는 전혀 상관이 없는, 땅 차원의 것들이다. 뱀은 하나님의 말씀처럼 저주를 받아 배로 다니고 흙을 먹고 산다.[66] 그러나 하나님이 먹고 살도록 하신 그 흙은 땅의 흙을 말하는 것이 아님을 다음의 내용에서 유추해 볼 수 있다.

하나님은 타락하여 하나님의 생기를 잃어버린 아담에게 "너는 흙이니 흙으로 돌아갈 것이니라"[67]고 말씀하셨다. 타락하여 하나님의 생기를 잃어버린 인생은 이제 죽을 수밖에 없는 흙이 되어 버린 것이다. 즉 하나님의 생기를 잃어버린 인생들은 모두 뱀의 밥이 되어 버린 것이다.

하나님을 모르는 사람들은 육신의 정욕과 안목의 정욕과 이생

---

64) 창 2:17, 3:17-24; 롬 5:12; 창 4:1-8; 요일 3:12; 창 3:4-5
65) 시 58:3-4
66) 창 3:14
67) 창 3:19

의 자랑을 추구하는 삶을 살아간다.[68] 세상의 사람들이 세상적이요 정욕적이며 마귀적인 삶을 살다가 이내 죽고 마는 것은, 사람들을 멸망의 길로 유인하는 뱀의 밥이 되었기 때문이다.[69] 뱀이 S자 모양으로 몸을 구부리며 나아가듯이, 뱀의 영을 받은 자들의 삶도 바르지 못한 것을 볼 수 있다.

당시의 종교지도자라 자처했던 서기관과 바리새인들의 외식적인 삶 속에서 뱀의 속성을 살펴볼 수 있다. 그들의 특징은 하나님의 뜻과는 전혀 상관이 없는 형식주의, 외식주의, 그리고 율법주의였다. 그들은 형식만을 중요시했고, 겉으로만 꾸몄으며, 율법만을 앞세웠다.

천국 문을 막고 들어가지 못하게 했으며,[70] 교인 하나가 생기면 그 사람을 자기보다 갑절이나 더 악한 지옥의 자식이 되게 했다.[71] 그들의 모습은 먹이를 잡으면, 결코 놓치지 않고 죽여서 통으로 삼키고 마는 뱀의 모습이 아닌가? 그들은 두 개의 혀를 가지고 믿는 자들을 기만했다. 그들은 하나님의 이름을 빙자하여 재물을 챙겼고, 하나님의 성전보다는 성전의 금을 강조했고, 하나님의 제단보다는 예물을 중요시했으며,[72] 심지어는 과부의 가산까지 삼켰다.[73]

그들은 겉은 깨끗이 하되 그 안에는 탐욕과 방탕으로 가득했으며,[74] 겉으로는 아름답게 보이나 그 안에는 죽은 사람의 **뼈**와 모든 더러운 것이 가득한 회칠한 무덤이었다. 그들은 겉으로는 사람에

---

(68) 요일 2:15-17
(69) 약 3:14-16
(70) 마 23:13
(71) 마 23:15
(72) 마 23:16-22
(73) 눅 20:47
(74) 마 23:25

게 옳게 보이되 안으로는 외식과 불법이 가득했다.[75]

그들이 과연 뱀들이 아니며 독사의 새끼들이 아니고 무엇이란 말인가? 그들은 시장에서 문안 받는 것과 회당의 높은 자리와 잔치의 상석을 좋아했고, 사람들에게 보이기 위해서 길게 기도했다.[76] 과연 그들이 외식주의자들이 아니고 무엇이란 말인가?

오늘날도 이 땅에는 뱀들이 적지 않다는 것을 영적인 눈을 뜬 자들은 보고 있을 것이다.

2. 선악을 알게 하는 나무와 그 실과

'나무 목'(木) 자는 '열 십'(十) 자와 '사람 인'(人) 자가 결합된 글자이다. 이는 사람이 양팔을 벌리고 서 있는 형상이며, 가지를 쭉 뻗은 큰 나무를 닮았다고 하여 나무 목(木) 자라 한 것으로 생각할 수 있다. 이러한 의미에서 나무 목(木) 자는 사람을 의인화한 상형문자이다.

한 그루의 거목이 되는 과정으로 한 사람의 인생을 설명할 수 있다. 한 그루의 거목이 되기 위해서는 어떠한 눈보라와 비바람에도 흔들리지 않고 수많은 계절과 시련을 견디어야 하듯이, 한 사람의 성숙된 인격은 고난과 역경을 통해 성숙되고 다듬어진다.

상징적인 의미에서 나무는 하늘과 땅을 잇는 존재라 할 수 있다. 뿌리는 세계의 중심에서 지구의 중심을 향하여 땅속 깊은 곳으로 뻗어 지하수에 접촉하며, 가지는 보이는 세계의 본질이라 할 수 있

---

75) 마 23:27-28
76) 눅 20:46-47

는 영원한 세계의 상징인 하늘을 향해 뻗어간다.

이렇듯 땅과 하늘을 잇는 나무를 우주수(宇宙樹) 또는 우주목(宇宙木)이라고 한다. 이와 같이 세계의 중심에 위치하여 하늘과 땅 그리고 신과 사람을 이어주는 신성한 나무를 중심축(中心軸) 또는 세계수(世界樹)라고도 한다. 옛날 사람들은 이러한 나무가 우주와 연결되어 자신의 소원이 이루어진다고 믿었다. 한국의 단군 신화에서 하늘나라와 연결되는 신단수(神檀樹)도 알고 보면 이러한 우주목의 일종이다.

나무는 땅에 뿌리를 내려 양분과 물을 섭취하고 나뭇잎을 통해 하늘에서 내리는 햇빛을 받아 탄소 동화작용을 한다. 이렇게 해서 제각기 그 나무에 알맞은 열매를 맺는다. 이러한 자연생장의 원리와 비교해 볼 때, 나무는 사람과 비슷한 점이 있다. 왜냐하면 사람도 땅을 삶의 터전으로 삼아 육신적인 양분을 섭취하고 생명을 유지하면서, 머리는 하늘을 향해 영적 양식인 하나님의 말씀으로 내적 성숙을 이뤄가기 때문이다.

이렇듯 나무와 사람의 성장원리는 유사하다고 볼 수 있다. 이와 같은 원리로 성경에서 나무는 사람을 상징하며, 모든 양분을 흡수해서 생산한 결정체로서의 열매는 사람의 사상이나 그것이 표현된 말을 상징하는 것이다.[77]

이제 성경에 나타난 선악을 알게 하는 나무를 살펴보자.

"여자가 그 나무를 본즉 먹음직도 하고 보암직도 하고 지혜롭게 할 만큼 탐스럽기도 한 나무인지라 여자가 그 열매를 따 먹고 자

---

77) 〈연합공보 151호〉(서울: (주)파라다이스미디어아트, 2004. 6. 20), 1면.

기와 함께 있는 남편에게도 주매 그도 먹은지라."[78]

여기에서 '지혜롭게 할 만큼 탐스럽기도 하다'는 표현은 식물성의 나무와 실과에는 어쩐지 어색한 표현이 아닐 수 없다.

(1) 나무는 무엇을 상징하는가?

성경에서 나무는 대부분 사람을 상징하는 것을 볼 수 있다. 대표적인 몇 가지를 살펴보자.

첫째, 예수님은 자신을 포도나무라 하셨다.[79]

둘째, 바벨론의 느부갓네살 왕을 땅 중앙에 있는 큰 나무로 표현했다.[80]

셋째, 다윗은 악인의 큰 세력을 본토에 서 있는 나무로 비유했다.[81]

넷째, 이사야 선지자는 구속받은 사람들을 의의 나무로 비유했다.[82]

다섯째, 이스라엘 족속을 포도원 그리고 유다 사람을 포도나무로 비유했다.[83]

여섯째, 성경은 구속 받은 성도의 신앙 상태를 여러 나무로 비유했다.[84]

---

78) 창 3:6
79) 요 15:1
80) 단 4:10-17, 22
81) 시 37:35
82) 사 61:1-3
83) 사 5:3-7
84) 사 55:13

일곱째, 예수를 믿게 된 이방인들을 돌 감람나무가 참 감람나무에 접붙임이 되었다고 표현했다.[85]

그 외에 여러 구절들이 있다.[86] 이와 같이 성경에서 나무는 사람을 상징하고 있음을 알 수 있다.

(2) 실과는 무엇을 상징하는가?

성경에서 실과 곧 열매는 여러 가지를 상징한다.

첫째, 입술의 열매 또는 말의 열매가 있다.[87] 사람은 생각하는 대로 말을 하기 때문에, 말은 사람의 생각과 사상의 결과이다. 예수님은 말이 그 사람의 마음 곧 생각과 사상의 결과임을 비유하여 말씀하셨다.

> "나무는 각각 그 열매로 아나니 가시나무에서 무화과를, 또는 찔레에서 포도를 따지 못하느니라 선한 사람은 마음에 쌓은 선에서 선을 내고 악한 자는 그 쌓은 악에서 악을 내나니 이는 마음에 가득한 것을 입으로 말함이니라."[88]

둘째, 거룩한 열매가 있다.[89] 이 열매는 거룩하여짐으로 얻어지는 영생을 말한다.

---

85) 롬 11:17
86) 대상 16:33; 삿 9:8-16
87) 잠 12:14, 18:20-21, 13:2; 사 57:19
88) 눅 6:44-45
89) 롬 6:22

셋째, 성령의 9가지 열매가 있다.[90] 이 열매는 성령의 인도로 얻어지는 내적인 열매를 말한다.

넷째, 빛의 열매가 있다.[91] 이 열매는 말씀의 빛 가운데 행함으로 얻어지는 착함과 의로움과 진실함의 열매다.

다섯째, 의의 열매다.[92] 이 열매는 화평케 하는 자가 거두는 열매다.

여섯째, 사망의 열매다.[93] 이 열매는 어두움에 거할 때 얻어지는 열매로, 세상적인 삶의 결과인 죽음을 말한다.

열매로 나무를 안다고 했듯이, 사람의 인격은 그 사람의 언행에서 나타나는 것을 알 수 있다.

(3) 선악을 알게 하는 나무와 그 실과는 무엇을 상징하는가?

하나님은 동방에 에덴을 창설하신 후, 그 지으신 아담을 거기 두시고,[94] 전 인류를 대표하는 아담과 행위 언약을 맺으셨다.[95] 곧 아담에게 "선악을 알게 하는 나무의 열매는 먹지 말라 네가 먹는 날에는 반드시 죽으리라"[96]고 말씀하셨다. 생명나무와 선악을 알게 하는 나무를 통하여 아담과 체결하신 이 언약은, 아담의 행위 여하에 따라 죽음과 영생이 결정되는 것이었기에 '행위 언약'이라

---

90) 갈 5:22-23
91) 엡 5:8-9
92) 약 3:18
93) 롬 6:21
94) 창 2:8
95) 호 6:7
96) 창 2:17

부른다.[97]

하나님은 사람을 자기 형상대로 창조하셨다고 했다.[98] 이것은 사람이 하나님의 대표자(대리자)로 지음 받은 너무도 존귀한 존재임을 강조한 표현이다. 오직 사람만이 하나님의 형상으로 지음 받았기 때문에, 사람만이 만물의 영장으로 다른 피조물을 주관하여 다스리는 존귀성을 가지고 있다. 그래서 하나님께서는 사람을 창조하신 후에 그들에게 복을 주시며 그들에게 이르시되 "생육하고 번성하여 땅에 충만하라, 땅을 정복하라, 바다의 물고기와 하늘의 새와 땅에 움직이는 모든 생물을 다스리라"[99]고 말씀하셨다.

또 아담으로 하여금 에덴동산을 "다스리며 지키게" 하시고,[100] 각 생물의 이름을 짓게 하셨다.[101] 이는 아담에게 각 생물을 다스리는 통치권이 있음을 나타낸다.

사람을 자기 형상대로 창조하신 하나님의 본체는 여러 가지로 정의될 수 있는데, 그중의 하나는 선(善)이다.[102] 그것은 예수님과 한 청년의 대화에서 알 수 있다.

하루는 예수께서 길에 나아가실 때 한 사람이 달려와서 꿇어앉아 경의를 표하며 정중하게 물었다. 길바닥에 무릎을 꿇는 것은 경의를 초월하여 간절함이 있음을 알 수 있다. 그 사람의 질문은 다음과 같다.

---

97) 박윤식,《잊어버렸던 만남》(도서출판 휘선, 2015), p. 50.
98) 창 1:27
99) 창 1:28
100) 창 2:15
101) 창 2:19
102) 롬 3:4; 나 1:7; 렘 33:11; 시 100:5, 135:3

"선한 선생님이여 내가 무엇을 하여야 영생을 얻으리이까."[103]

예수님은 다음과 같이 대답하셨다.

"네가 어찌하여 나를 선하다 일컫느냐 하나님 한 분 외에는 선한 이가 없느니라."[104]

그리고 영생 얻을 수 있는 방법을 말씀해 주셨다. 한 사람의 질문과 예수님의 답변에서 우리는 선(善)과 영생(永生)의 관계성을 생각해 볼 수 있다. 하나님이 우리에게 약속하신 것도 영생이며,[105] 바울이 말하기를 자신이 사도가 된 것도 영생의 소망 때문이라고 했다.[106]

하나님의 본체에 대한 여러 가지 정의가 있지만, 하나님은 한마디로 선(善)의 대명사라 할 수 있다. 거기에 비하여 '붉은 용'(red dragon), '큰 용'(the great dragon) 또는 '루시퍼'(Lucifer)라 불리는 어두움의 우두머리는 악의 대명사라 할 수 있다.[107] 따라서 하나님과 붉은 용은 선과 악, 빛과 어두움, 그리고 살리는 역사와 죽이는 역사의 관계라 힐 수 있다.

여기에서 잠시 '붉은 용'이라는 명칭의 빨간색을 생각해 보고자 한다. 영어로 'red'라 불리는 빨간색은 삼원색의 하나이다. 영영사전은 빨간색의 일반적인 의미에 더하여, 빨간색에 관련된 내용을 다음과 같이 정의하고 있다.

첫째, 붉은 기는 혁명적인 사회주의를 상징한다.

---

103) 막 10:17
104) 막 10:18
105) 요일 2:25
106) 딛 1:1-2
107) 계 12:3(NKJ), 9(NKJ); 사 14:12(NKJ). NKJ: New King James Version

둘째, 구어체의 의미로 정치적 과격론자 또는 공산주의자와 같은 혁명론자를 뜻한다.[108]

빨간색은 자극적이며 흥분을 자아내는 색깔로 피를 상징하기도 한다. 대한민국 해병대의 이름표가 빨간 바탕에 노란 색의 이름을 새기는 것은 피와 땀을 상징한다. 붉은 색은 모든 색깔의 근본을 흐리게 함으로, 그림이나 사진을 볼 때 빨간색이 바탕을 이루면 주위의 다른 색깔이 퇴색되는 것을 볼 수 있다.

빨간색은 경계를 의미하기도 하는데, 신호등의 정지 신호가 빨간색이다. 자동차의 브레이크를 밟을 때 빨간 불이 들어오는 것은 뒤따라오는 차에게 알리는 경고의 의미가 있다. 접근금지의 표지판에 빨간색을 많이 사용하는 것은, 경계의 표지가 눈에 잘 띄도록 부각시키기 위해서이다.

이상의 내용을 살펴볼 때 모든 인생을 죽음으로 끌고 들어가는 어두움의 세력이 '붉은 용'으로 상징되고 있다는 것도 우연이 아님을 알 수 있다.

하나님은 연대가 다함이 없는 분으로 영원히 계시는 분이시다.[109] 사람은 하나님의 선한 형상을 따라 영원히 살 수 있는 존재로 창조되었다고 할 수 있다. 그래서 하나님의 계획과 소원은, 자기의 형상대로 창조된 사람이 죽음을 보지 않고 영원히 당신과 한마음 한 뜻으로 함께 먹고 함께 지내는 것이었다고 할 수 있다. 아울러 사람은 하나님의 형상을 따라 선(善)만을 알도록 창조되었다고도 할 수 있다.

---

108) 《Webster's New World College Dictionary》 (미국: New York: Macmillan, 1997), p. 1123.
109) 히 1:12; 시 90:2

에덴동산에서의 하나님과 사람 사이의 행위 언약을 분석하면 원칙과 금칙 그리고 벌칙으로 분류될 수 있다.

첫째, 원칙은 동산 각종 나무(생명나무 포함)의 실과는 임의로 먹는 것이다.

둘째, 금칙은 선악을 알게 하는 나무의 실과는 먹지 말라는 것이다.

셋째, 벌칙은 선악과를 먹는 날에는 정녕 죽는 것이다.

벌칙 부분을 생각해 볼 때, 사람이 선악과를 먹으면 죽을 수밖에 없기 때문에, 제발 먹지 말아 달라는 하나님의 부탁이라 고 할 수도 있다. 어찌 사랑하는 아들이 죽기를 바라는 아버지가 있겠는가? 선만을 알도록 창조된 사람이 악을 알게 되면 그 악을 감당할 수 있는 능력이 없기 때문에 악에게 질 수밖에 없다. 왜냐하면 선악을 알고 지배하는 것은 하나님의 고유 영역이기 때문이다.[110]

먹지 말라고 하면 더 먹고 싶은 것이 사람의 심리이다. 무언가 선악 나무는 먹으면 죽을 수밖에 없는 성분을 가신 얼매를 맺는 나무이며, 선악과는 사망의 성분을 포함하고 있는 실과라고 유추해 볼 수 있다.

① 선악을 알게 하는 나무

선악을 알게 하는 나무(선악 나무)는 선했다가 악해진 존재로서 하나님을 가장한 가짜 신(神)을 상징한다고 할 수 있다. 하나님의 지혜는 선만을 알고 추구하는 것이기에, 선과 악을 알게 하는 선악 나무는 가짜 지혜의 나무이다. 여자가 그 나무를 본즉 '지혜롭게 할 만큼 탐스럽기도 한 나무'라고 했다. 여기서 '지혜롭게 할 만큼'

---

[110] 창 3:22

이란, 지혜롭게 하는 하나님의 지혜가 아니라 지혜롭게 할 것 같다는 의미로, 진짜가 아니라는 말이다.

우리는 가짜 하나님이 아닌 '참 하나님'을 알아야 한다.[111] 거짓 지혜는 하나님의 뜻에 거역하고 불순종하게 하는 지혜로, 하나님의 뜻에 역행하고 죽게 하는 사망의 가짜 지혜이다.

선악 나무는 에덴동산 중앙에 있는 나무로 중심인물을 나타낸다.[112] 세상 왕으로 상징되는 두로 왕도 바다 중앙에 앉아 있는 신으로 표현되고 있으며, 바벨론의 느부갓네살 왕도 땅 중앙에 있는 나무로 표현되고 있다.[113] 우리를 생명의 길로 인도하시는 하나님의 선한 영이신 성령에 반하여 항상 우리를 사망의 길로 유인하기 위해서 우리 마음의 중심을 차지하려는 악한 세상 신을 경계해야 한다.

그래서 성경은 "모든 지킬 만한 것 중에 더욱 네 마음을 지키라 생명의 근원이 이에서 남이니라"[114]고 말씀하고 있다. 여기에서 우리는 사도 바울의 고백을 살펴볼 필요가 있다.

> "내 속사람으로는 하나님의 법을 즐거워하되 내 지체 속에서 한 다른 법이 내 마음의 법과 싸워 내 지체 속에 있는 죄의 법으로 나를 사로잡는 것을 보는도다 오호라 나는 곤고한 사람이로다 이 사망의 몸에서 누가 나를 건져내랴."[115]

---

111) 요 17:3; 렘 10:10
112) 창 2:9
113) 겔 28:2; 단 4:10, 22
114) 잠 4:23
115) 롬 7:22-24

선악 나무는 하나님과 같이 되려는 교만에 빠져 있는 존재이다. 뱀은 바로 선악 나무의 교만을 여자의 마음에 불어넣어 선악 나무의 열매를 따 먹게 했다. "너희가 그것을 먹는 날에는 너희 눈이 밝아져 하나님과 같이 된다"라는 뱀의 말에 여자가 넘어간 것이다.[116]

아침의 아들 루시퍼(Lucifer)는 사랑의 천사장으로 본래 선했는데, 하나님과 같이 되려는 교만에 빠져 타락한 악한 존재이다.[117] 즉 선했다가 악해진 존재로 바로 선악 나무라 할 수 있다. 교만은 패망의 선봉이요 넘어짐의 앞잡이이며, 하나님은 교만한 자의 집을 허신다고 했다.[118] 겸손이 사는 길이요 영생의 길임을 알게 하는 교훈의 말씀이다.

② 선악과

위의 '선악을 알게 하는 나무'에서 살펴본 바와 같이 성경에서 말하는 선악 나무가 자연에서 볼 수 있는 식물성 나무가 아님을 생각해 볼 때 선악과 역시 유실수에 달려 있는 식물성의 과실이 아님을 알 수 있다. 선악과는 비진리, 거짓, 어두움, 사망과 같은 것으로 사탄이 뱀을 통하여 여자에게 준 비진리의 열매 곧 악의 대명사인 거짓 지혜라 할 수 있다.

아담과 그 아내가 하나님의 말씀에 순종하여 하나님과 영적 교류의 상태에 있을 때는, 그들이 벌거벗었지만 부끄러워하지 않았다.

"아담과 그의 아내 두 사람이 벌거벗었으나 부끄러워하지 아니

---

116) 창 3:5
117) 사 14:12(NKJ), 14:12-15; 겔 28:12-17; 눅 10:18; 계 12:7-12
118) 잠 15:25, 16:18, 18:12

하니라."[119]

비단 벌거벗었지만 하나님의 영광에 싸여 있었기에 의식되지 않았거나, 영적으로 순진하고 천진난만한 상태여서 부끄러워하지 않았다고 할 수 있다. 마치 천진난만한 어린아이들이 가끔 벌거벗고 지내지만 부끄러움을 모르는 상태와 같다고 할 수 있다. 선악과를 따 먹기 전 곧 타락하기 전에는 악에 대한 지식이 없으므로 벌거벗은 것까지도 부끄러운 줄을 몰랐으며, 영적으로 순수했다고 할 수 있다. 그들은 하나 되는 결합과 하나님과의 온전한 동행에서 완전한 만족을 찾았다고 할 수 있다.

하지만 아담과 그 아내가 선악과를 따 먹고 난 후에는 자기들의 몸이 벗은 줄을 알고 무화과 잎을 엮어 치마를 만들었다.

> "이에 그들의 눈이 밝아져 자기들이 벗은 줄을 알고 무화과나무 잎을 엮어 치마로 삼았더라."[120]

이는 하나님의 영광이 떠나 영광의 옷이 벗겨진 상태이며, 땅의 속성이 드러난 상태이다. 이는 곧 부끄러움의 시작이다. 비단 그들이 무화과나무 잎으로 엮어 만든 치마로 가렸지만 그것은 태양빛에 말라 부스러지는 임시변통의 수단이며, 사람이 만든 것에 불과하다. 그들이 몸이 벗은 줄을 알았다는 것은, 사람이 옳지 못한 일을 했을 때 양심의 가책과 더불어 부끄러움을 느끼는 것과 같다고 할 수 있다.

---

119) 창 2:25
120) 창 3:7

선악과는 간계(奸計)이다.[121] 간계는 간사스러운 꾀로 좋지 못한 계책을 말한다. 선악과는 곧 다른 예수, 다른 영, 그리고 다른 복음이라 할 수 있다.[122]

'다른 예수'는 '적그리스도'(antichrist)를 지칭한다.[123] 마지막 때는 사탄도 자기를 광명의 천사로 가장한다고 했다.[124] 우리는 사탄도 자기를 광명의 천사로 가장한다는 것에 유의해야 한다. 만일 사탄이 우리가 상상할 수 있는 흉측하고 무서운 모습으로 나타난다면 누가 따르겠는가? 예를 들어 도깨비와 같은 흉측한 모습으로 나타나서 "나를 따르라!"고 할 때 결코 따르는 사람이 없을 것이다.

광명의 천사로 가장한 사탄은 오히려 진짜인 것처럼 더욱 거룩한 척하며 요란하고 시끄럽게 굴 수 있다. 이는 곧 빈 수레가 요란한 격이다. 하지만 우리가 유의해야 할 것은 그들도 모두 하나님과 예수 그리스도의 이름을 앞세우며 가장한다는 것이다.

'다른 영'은 보혜사 성령 또는 진리의 영이 아닌 거짓 영이다. 성경은 영을 다 믿지 말고 오직 영들이 하나님께 속하였는지 시험하라고 했다.

"사랑하는 자들아 영을 다 믿지 말고 오직 영들이 하나님께 속하였나 분별하라 많은 거짓 선지자가 세상에 나왔음이라."[125]

---

121) 고후 11:3
122) 고후 11:4
123) 적그리스도(antichrist): '그리스도 반대자', '그리스도의 적' 또는 '거짓 그리스도'를 지칭.
124) 고후 11:14; 마 24:23-24
125) 요일 4:1

성경은 하나님의 영을 분별하는 방법을 다음과 같이 말씀하고 있다.

> "너희가 하나님의 영을 알지니 곧 예수 그리스도께서 육체로 오신 것을 시인하는 영마다 하나님께 속한 것이요 예수를 시인하지 아니하는 영마다 하나님께 속한 것이 아니니 이것이 곧 적그리스도의 영이니라 오리라 한 말을 너희가 들었거니와 이제 벌써 세상에 있느니라."[126]

'다른 복음'은 하나님의 말씀이 아닌 사람이 만든 말이다. 다른 복음은 거짓말로 하나님의 말씀을 믿지 못하게 한다.[127] 다른 복음은 성경을 인용하여 그럴싸하게 꾸며 사람들을 유혹하여 믿게 하는 가짜 복음이다. 에덴동산에서 뱀은 하나님의 말씀을 변질시켜 하와를 유혹했다. 하나님은 아담에게 선악을 알게 하는 나무의 실과를 먹는 날에는 정녕 죽으리라 하셨다. 하지만 뱀은 여자에게 먹어도 결코 죽지 않으며, 오히려 먹는 날에는 눈이 밝아져 하나님과 같이 된다고 했다.

> "선악을 알게 하는 나무의 열매는 먹지 말라 네가 먹는 날에는 반드시 죽으리라 하시니라."[128]
>
> "뱀이 여자에게 이르되 너희가 결코 죽지 아니하리라 너희가 그것을 먹는 날에는 너희 눈이 밝아져 하나님과 같이 되어 선악을

---

126) 요일 4:2-3
127) 요 8:43-47
128) 창 2:17

알 줄 하나님이 아심이니라."[129]

뱀의 말이 인류 최초의 다른 복음이요 가짜 진리였다.

세상은 하나님의 말씀과 세상 말의 격전장이라 할 수 있다. 하나님의 말씀은 영생을 얻게 하는 말씀이요, 세상 말은 가시가 있어서 다른 사람의 마음을 아프게 하고 중상모략하여 다치게 하며 이내 사망에 이르게 하는 말이다. 우리가 살기 위해서는 하나님의 말씀을 받아야 한다. 하나님의 말씀을 받을 때 마음이 기쁘고 즐거워지며 소망이 생기고 힘과 능력이 생긴다. 반면에 세상의 말은 근심과 걱정을 더하게 하며 사람을 피곤하게 한다. 하나님의 말씀은 우리가 잘못이 있을 때 자신을 돌아보며 회개하게 하지만, 세상 말은 모든 잘못을 다른 사람에게 전가하는 내용으로, 이는 타락의 속성에서 기인한다. 아담은 여자에게, 여자는 뱀에게 타락의 책임을 전가했나.[130] 결국 여자는 뱀을 만드신 하나님께 타락의 책임을 전가한 것이다.

---

129) 창 3:4-5
130) 창 3:11-13

IV / 삶의 허상

전도자가 이르되 헛되고 헛되며 헛되고 헛되니 모든 것이 헛되도다
— 전 1:2 —

자신이 우주에 속해 있다고
생각하는 것은 착각일 수도 있다

네가 어찌하여 네 형제를 비판하느냐 어찌하여 네 형제를 업신여기느냐 우리가 다 하나님의 심판대 앞에 서리라 기록되었으되 주께서 이르시되 내가 살았노니 모든 무릎이 내게 꿇을 것이요 모든 혀가 하나님께 자백하리라 하였느니라 이러므로 우리 각 사람이 자기 일을 하나님께 직고하리라
/ 롬 14:10-12

　사람들은 대부분 자신이 우주에 속해 있다고 생각하며 살아가고 있다. 우주가 있고 태양계가 있으며, 그중에 지구가 있고, 그 지구 위에 사람들이 붙어 살아가고 있기 때문이다.
　또 그 가운데 사람들의 가계가 형성되고, 각자의 조상이 있으며, 각자의 부모가 있으므로 자신이 존재한다고 생각하기 때문이다. 부모가 없으면 내가 존재할 수 없고, 조상이 없으면 부모가 존재할 수 없으며, 가계가 형성되지 않았다면 조상도 있을 수 없기 때문에 그렇게 생각하는 것이 당연한 이치일 수 있다. 그래서 우리는 나를 낳아 주심으로 내가 존재하게 해 주시고, 나를 길러주신 부모님을 공경해야 하며, 부모에 대한 공경은 하나님의 명령이기도 하다.[1]
　한편, 그 반대로 생각해 볼 수도 있다. 내가 없으면 아무것도 없

---

1) 출 20:12; 엡 6:1-3

으며, 내 주위에 존재하는 모든 것은 나를 위해 존재하는 엑스트라들이라는 것이다. 우리 각자는 하나님과 일대일의 관계에서 살아가고 있고, 이 우주에 생존하는 유일한 존재이며, 하나님의 뜻을 이루어 드릴 수 있는 귀한 존재라는 것이다.

누구도 다른 사람을 위해 살아 줄 수 없고 죽어 줄 수도 없다. 그렇기 때문에 인생들은 아무리 친한 친구라 해도 막다른 길에서는 돌아설 수밖에 없는 배신적인 존재들이라 할 수 있다. 아무리 사랑하는 자녀라 해도 부모가 대신 죽을 수 없으며, 자녀가 부모의 죽음을 대신할 수 없기 때문이다.

죽는 문제가 아니라도 자기에게 손해가 된다고 판단되는 순간에 돌아서는 인생들은 우리 삶의 현장을 가득히 메우고 있다. 따라서 우리는 자신이 우주에 속해 있다고 생각하는 착각에서 벗어나 자신이 하나님 앞에 바로 서는 삶을 살아가야 할 유일하고도 귀한 존재라는 것을 깨닫고 사람답게 살아가야 할 것이다.

한편 인간이 할 수 없는 것을 하나님은 하셨다. 타락한 인생들을 구원하기 위해 말씀이 육신이 되어 인간의 몸을 입고 이 땅에 오셨다.[2] 높고 높은 하늘의 보좌를 버리고, 낮고 천한 이 땅에 와서 타락한 인생들을 구속하기 위해 인생들이 지은 모든 죄를 대신 짊어지고 그 죗값으로 십자가에서 죽으셨다.

사랑의 하나님은 자기의 사랑하는 아들, 독생자 예수까지 대신 죽여 가며 우리 인생들을 구원해 주셨다. 그 하나님은 이제 모든 인생들이 회개하고 돌아오기를 손꼽아 기다리고 계신다.

"사랑하는 자들아 주께는 하루가 천 년 같고 천 년이 하루 같은

---

[2] 요 1:14

이 한 가지를 잊지 말라 주의 약속은 어떤 이들이 더디다고 생각하는 것같이 더딘 것이 아니라 오직 주께서는 너희를 대하여 오래 참으사 아무도 멸망하지 아니하고 다 회개하기에 이르기를 원하시느니라."[3]

죄를 지은 인생들이 회개하고 돌아오기를 기다리는 하나님의 심정은 마치 집 나간 아들이 돌아오기를 손꼽아 기다리는 아버지의 심정과 같다. 낮마다 기다리며, 밤마다 문 열어 놓고 마음 졸이는 가운데, 나간 자식이 돌아오기만을 밤새워 기다리는 아버지의 안타까운 심정이 바로 하나님의 마음이다.[4]

하나님은 한없이 기다리고만 계신 것은 아니다. 천하에 범사가 기한이 있고 모든 목적이 이룰 때가 있듯이[5] 하나님이 심판하실 때가 있다. 하나님이 진노하시면 그 누구도 막을 수 없다. 성경은 악한 짓을 일삼는 자들에 대해서 다음과 같이 경고하고 있다.

"악한 일에 관한 징벌이 속히 실행되지 아니하므로 인생들이 악을 행하는 데에 마음이 담대하도다 죄인이 백 번이나 악을 행하고도 장수하거니와 또한 내가 아노니 하나님을 경외하여 그를 경외하는 자들은 잘될 것이요 악인은 잘되지 못하며 장수하지 못하고 그날이 그림자와 같으니 이는 하나님을 경외하지 아니함이니라."[6]

---

3) 벧후 3:8-9
4) 한국찬송가공회, 《오픈찬송》(서울: 아가페, 1983), 317장.
5) 전 3:1
6) 전 8:11-13

하나님이 심판하실 때 진노하시는 모습을 성경은 다음과 같이
말씀하고 있다.

> "보라 여호와의 노여움이 일어나 폭풍과 회오리바람처럼 악인
> 의 머리 위에서 회오리칠 것이라 여호와의 진노는 그의 마음의
> 뜻한 바를 행하여 이루기까지는 돌이키지 아니하나니 너희가
> 끝날에 그것을 깨달으리라."7)

죄악이 세상에 가득한 때를 맞아 우리는 노아 때의 홍수 심판을 생각해 볼 필요가 있다. 그때 하나님은 노아와 그의 일곱 식구를 제외하고는, 땅의 모든 생명체와 공중의 새까지 다 물로 쓸어 버리셨다. 홍수 심판을 작정하셨던 하나님의 심정을 성경은 다음과 같이 말씀하고 있다.

> "여호와께서 사람의 죄악이 세상에 가득함과 그의 마음으로 생
> 각하는 모든 계획이 항상 악할 뿐임을 보시고 땅 위에 사람 지으
> 셨음을 한탄하사 마음에 근심하시고 이르시되 내가 창조한 사
> 람을 내가 지면에서 쓸어버리되 사람으로부터 가축과 기는 것
> 과 공중의 새까지 그리하리니 이는 내가 그것들을 지었음을 한
> 탄함이니라 하시니라."8)

노아 때의 심판은 물 심판이었지만, 앞으로 남은 심판은 불 심판이다. 지구를 50번 이상 파괴하고도 남는 원자폭탄들이 결코 의미

---

7) 렘 30:23-24
8) 창 6:5-7

없이 만들어져 있지는 않다. 굳이 심판을 의식해서가 아니라, 이 땅에 사람으로 태어나서 사람답게 살다가 좋은 곳에 갈 수 있다면 그 이상 좋을 것이 어디 있겠는가? 성경은 앞으로 다가올 불 심판을 다음과 같이 말씀하고 있다.

> "그때에 세상은 물이 넘침으로 멸망하였으되 이제 하늘과 땅은 그 동일한 말씀으로 불사르기 위하여 보호하신 바 되어 경건하지 아니한 사람들의 심판과 멸망의 날까지 보존하여 두신 것이니라."[9]

우리는 모두 자신의 삶의 결과를 하나님 앞에 바른 대로 고해바칠 때가 있으며,[10] 그 누구도 그 순간을 모면할 수 없다. 자신의 삶의 결과는 자신이 책임져야 한다. 그래서 우리는 내 자신이 우주에 속해 있다고 생각하는 착각 속에서 벗어나, 내 주위에 존재하는 모든 것들을 통하여 나를 향한 하나님의 섭리를 깨닫고 하나님이 기뻐하시는 삶을 살아야 할 것이다. 그러다가 언젠가 이 세상의 삶을 마감하고 하나님이 예비하신 그 좋은 곳에 갈 수 있는 존재들이 되어야 할 것이다.

---

9) 벧후 3:6-7
10) 롬 14:11-12

보이는 물질로는 결코 만족할 수 없는 인생

지옥과 저승은 아무리 들어가도 한이 없듯이 사람의 욕심도 끝이 없다.
/ 잠 27:20 (공동번역)

    사람은 물질만으로는 결코 만족할 수 없는 존재이다. 사람은 가지면 더 가지지 못해서 애를 태우며, 더욱 많은 것을 소유하기 위해서 온갖 노력을 다 한다. 그러나 인간은 우리가 살고 있는 이 지구 덩어리를 다 갖는다 해도 결코 만족할 수 없는 존재이다. 어찌 그렇게 단언할 수 있는가? 그것은 바로 인간이 창조된 원리에서 찾아볼 수 있다. 이제 인간의 마음상태를 시험해 봄으로 그것을 자각해 보자.

    각자 조용히 눈을 감고 묵상하는 자세를 취한 상태에서, 우리가 살고 있는 이 지구 덩어리를 마음에 넣어 보자. 마음에 차는 것을 느끼는가? 결코 마음에 차지 않음을 느낄 것이다. 따라서 지구 덩어리로는 우리 마음의 한구석도 채우지 못하며, 만족할 수 없다는 것을 알 수 있다. 그러면 이제 우리가 배워서 알고 있고 상상해 볼 수 있는 온 우주를 마음에 넣어 보자. 그렇게 하면 이제는 어느 정도 마음에 차는 것을 느낄 것이다. 바로 그것이다. 우리 인간의 마음은 지구 덩어리로는 결코 만족을 느낄 수 없기 때문에 지구를 모두 소유한다 해도 결코 만족할 수 없는 것이다.

그렇다면 어떻게 해야 인간은 만족할 수 있는가? 그것은 바로 온 우주 만물을 창조하신 하나님의 말씀을 마음에 모실 때 가능하다.[11]

수님을 영접한 후 30여 년의 치열한 복음사역에 신명을 바친 사도 바울은 60여 세의 나이에 예수를 믿고 증거하는 것이 죄가 되어 사형언도를 받고 투옥되어 차갑고 음침한 지하 돌 감옥에서 손발이 쇠사슬에 매여 있었다. 그때 사도 바울이 가진 것이라고는, 죽음을 앞두고 마지막으로 추위를 달래는, 다 떨어진 외투 한 벌과 다 해어진 가죽 성경 한 권뿐이었다. 그러한 상태에 있던 사도 바울은 다음과 같이 고백했다.

"아무것도 없는 자 같으나 모든 것을 가진 자로다."[12]

바울이 말하는 '모든 것'이란 세상에서 말하는 물질을 의미하는 것이 아니라, 바로 우주 만물을 창조하신 하나님의 말씀을 의미한다. 이 세상을 살아가면서 물질이 필요한 것은 사실이지만, 그 물질은 인생을 살아가는 데 필요한 수단이 될지언정, 인생의 욕망을 채우기 위한 수단이 되어서는 안 된다. 물질로는 결코 인생의 한없는 욕망을 채울 수 없기 때문이다. 그래서 물질로 자신의 욕망을

---

11) 히 11:3
12) 고후 6:10

채우려는 사람은 결국 그 물질 때문에 자신을 파멸시키는 결과를 초래할 수 있다. "똥파리가 똥을 좋아하지만 똥파리도 똥에 빠지면 죽는다"는 말이 있다. 그래서 사도 바울은 다음과 같이 말했다.

> "돈을 사랑함이 일만 악의 뿌리가 되나니 이것을 탐내는 자들은 미혹을 받아 믿음에서 떠나 많은 근심으로써 자기를 찔렀도다."[13]

또한 예수님은 다음과 같이 말씀하셨다.

> "오직 너희를 위하여 보물을 하늘에 쌓아 두라 거기는 좀이나 동록이 해하지 못하며 도둑이 구멍을 뚫지도 못하고 도둑질도 못하느니라."[14]

보물을 하늘에 쌓아 두는 방법은 여러 가지가 있다. 하나님의 뜻을 위한 헌금과 선행 그리고 구제도 포함될 수 있다. 이는 물질의 진정한 선용이요, 영원하고 진정한 저축이다. 이 세상에서 부의 축적만으로는 결코 자기 영혼을 구원할 수 없으며,[15] 인생은 결국 공수래공수거이기 때문이다.[16]

> "자기의 재물을 의지하고 부유함을 자랑하는 자는 아무도 자기의 형제를 구원하지 못하며 그를 위한 속전을 하나님께 바치지

---

13) 딤전 6:10
14) 마 6:20. 동록: 화학적인 작용으로 쇠붙이가 녹슬어버리는 현상을 말한다.
15) 눅 12:15
16) 딤전 6:7

도 못할 것은 그들의 생명을 속향하는 값이 너무 엄청나서 영원히 마련하지 못할 것임이니라."[17]

성경은 물질의 선용을 다음과 같이 말하고 있다.

"네 손이 선을 베풀 힘이 있거든 마땅히 받을 자에게 베풀기를 아끼지 말며."[18]
"구제를 좋아하는 자는 풍속하여질 것이요 남을 윤택하게 하는 자는 자기도 윤택하여지리라."[19]
"가난한 자를 불쌍히 여기는 것은 여호와께 꾸어 드리는 것이니 그의 선행을 그에게 갚아 주시리라."[20]

많은 물질의 소유나 부자가 되는 것이 결코 죄가 되는 것은 아니다. 인생들이 고생하며 근심하는 것은 결코 하나님의 뜻이 아니다.[21] 물론 선하게 벌어야 하고, 소유할 수 있을 만큼 소유도 하며 잘살아야 한다. 잘산다는 것은 마음껏 소비하며 낭비하는 것이 아니라 격에 맞는 누림과 베풂의 삶을 말한다.[22] 이 세상에서는 물질이 있어야 하나님의 일도 할 수 있다. 그래서 하나님의 일을 하기 위해서는 돈도 벌어야 한다.

기독교 정신을 기반으로 하는 미국에는 위대한 자선가들이 많

---

17) 시 49:6-8
18) 잠 3:27
19) 잠 11:25
20) 잠 19:17
21) 애 3:33
22) 전 5:18, 6:2

이 있다. 그들은 물질을 선용할 줄 아는 자들이다. 미국에서 자선가라고 하면, 19세기의 석유 재벌로 세계에서 가장 부자였고 엄청난 돈을 기부하였던 록펠러(John D. Rockefeller)를 들 수 있다. 그는 53세 이후에야 기부를 시작했지만, 평생 동안 5억 3,000만 달러(현재 가치로 1,280억 달러:145조)라는 엄청난 액수의 돈을 기부했다. 24개의 대학과 4,928개의 교회를 세움으로 기독교 역사상 가장 많은 일을 했던 인물이다.

그 외에도 미국에는 Chuck Feeney, Karen and Jon Huntsman Sr., W. Barron Hilton, Gordon and Betty Moore, Eli and Edythe Broad, Irwin & Joan Jacobs, George Soros, Julian Robertson Jr., Bill & Melinda Gates, Warren Buffett 등과 같은 거액의 기부자들이 있다.[23]

하나님께서 우리에게 물질과 부를 허락하시는 이유가 있다. 그 이유는 그 물질로 우리의 삶을 유지함은 물론 하나님의 일을 하게 하기 위해서이다. 우리는 이스라엘 백성의 출애굽 여정에서 그 이유를 찾아볼 수 있다. 하나님은 이스라엘 백성이 애굽을 떠날 때 애굽 사람으로 하여금 이스라엘 백성에게 은혜를 입히게 하사 이스라엘 백성이 구하는 대로 주게 하시므로 그들이 애굽 사람들의 물품을 취하게 하셨다. 하나님은 그렇게 역사하여 이스라엘 백성들이 순간 부자가 되어 나오게 하셨다.[24] 이스라엘 백성들이 애굽 사람들로부터 받은 물품은 400년간의 종살이에 대한 품삯이기도 했다. 하나님께서 그렇게 역사하신 이유는 후에 이스라엘 백성의 광야 생활에서 밝혀진다.

---

23) These Are America's 10 Most Generous Philanthropists:https://www.forbes.com/sites/katiasavchuk/2016/10/05/americas-10-most-generous-philanthropists/#797482547b99
24) 출 12:35-36

하나님은 그들이 가지고 나온 은금 패물과 모든 종류의 물품을 사용하여 하나님의 성막을 짓게 하셨다.[25] 하지만 그것을 잘못 사용함으로 금송아지를 만들어 우상을 숭배하고 먹고 마시며 춤추었던 자들도 있었다. 그들은 모두 하나님의 진노로 동족의 칼에 맞아 죽고 말았다.[26] 하나님께서 우리에게 물질과 부를 허락하시는 이유를 알 수 있는 교훈적인 내용이다.

물질을 어떻게 사용하느냐에 따라 더욱 복을 받을 수도 있고, 멸망의 길을 자초할 수도 있다. 하나님을 잘 믿는 가운데 하나님의 축복으로 물질이 많아져서 부자가 된 사람이 있다고 하자. 이제 그 사람은 더 이상 아쉬울 것이 없어서 하나님의 은혜마저 망각하고, 그저 먹고 마시며 즐기는 육신의 낙과 자기 자랑에 빠져 있다면, 그 사람은 오히려 물질 때문에 자기 영혼을 망치는 자가 아닐지 생각해 보아야 한다.

'구약의 계시록'이라 불리는 사사기를 보면 이스라엘 백성들이 같은 잘못을 되풀이하는 것을 볼 수 있다. 사사시대의 역사를 한마디로 요약하면 '또다시'의 역사, 악순환의 역사라 할 수 있다. '범죄 → 징계 → 회개 → 구원 → 망각 → 재범죄'가 반복된다. 그들은 하나님의 말씀을 거역하는 범죄를 행하고 하나님의 징계를 받았다. 그들은 징계의 고통 속에서 뒤늦게 회개함으로 하나님의 구원을 받았다가, 시간이 흐름에 따라 받은 구원을 망각하여 다시 범죄하는 처참한 악순환을 거듭했다.

이러한 악순환의 역사는 전 인류 역사에서 재현되었고, 이것은

---

25) 출 35:4-9, 20-29
26) 출 32:1-29

바로 오늘 나약한 우리 인생들의 개인사(個人史)이기도 하다.[27] 이러한 과정에서 하나님을 잘 믿는 가운데 하나님의 축복으로 부자가 된 자가 하나님의 은혜를 망각하고 다시 육신의 낙에 빠지는 것은 '구원 → 망각 → 재범죄'의 과정이라 할 수 있다. 따라서 악순환의 과정을 반복하지 않기 위해서는, 모든 것이 잘 되어가고 있을 때, 더욱 하나님의 은혜를 기억하며 범사에 감사하는 삶을 살아야 한다는 것이다.

성경은 자기를 위하여 재물을 쌓아 두고 하나님께 대하여 부요치 못한 자에 대하여 다음과 같이 말씀하고 있다.

> "하나님은 이르시되 어리석은 자여 오늘 밤에 네 영혼을 도로 찾으리니 그러면 네 준비한 것이 누구의 것이 되겠느냐."[28]

아무리 물질이 많아도 사람이 공허함을 느끼는 것은 그 마음에 온 우주 만물을 창조하신 하나님의 말씀이 없기 때문이다. 재물이 아무리 많으면 무엇 하는가? 재물 때문에 오히려 자기의 영혼을 구원하지 못한다면 차라리 그 재물이 없는 것이 낫지 않은가? 이 세상에서 아무리 오래 살려고 몸부림쳐 보아야 1세기에 불과하다. 만일 장수 의학의 발달로 120년을 산다 해도, 영원한 하나님의 나라에 비하면 하나의 점도 되지 못하는 너무나 짧은 기간이다. 그래서 천국의 삶을 영생복락이라고 한다. 영원한 극락의 삶을 누리기 위해서 자기의 영혼을 잘 관리할 것인가,[29] 아니면 잠시 잠깐의 나

---

27) 박윤식, 《영원히 꺼지지 않는 언약의 등불》 (휘선, 2009), pp. 201-202.
28) 눅 12:20
29) 시 43:4

그네와 같은 인생을 그저 즐기다 허무하게 마칠 것인가?

물질에 눈이 가려서 영원한 세계를 보지 못하는 자들에게 성경은 다음과 같이 말씀하고 있다.

"내가 해 아래에서 큰 폐단 되는 일이 있는 것을 보았나니 곧 소유주가 재물을 자기에게 해가 되도록 소유하는 것이라."[30]

전도서 기자는 다음과 같이 기록하고 있다.

"은을 사랑하는 자는 은으로 만족하지 못하고 풍요를 사랑하는 자는 소득으로 만족하지 아니하나니 이것도 헛되도다 재산이 많아지면 먹는 자들도 많아지나니 그 소유주들은 눈으로 보는 것 외에 무엇이 유익하랴."[31]

시편 기자는 다음과 같이 기록하고 있다.

"진실로 각 사람은 그림자같이 다니고 헛된 일로 소란하며 재물을 쌓으나 누가 거둘는지 알지 못하나이다."[32]

사랑의 사도 요한은 물질의 선용을 다음과 같이 말씀하고 있다.

"누가 이 세상의 재물을 가지고 형제의 궁핍함을 보고도 도와

---

30) 전 5:13
31) 전 5:10-11
32) 시 39:6

줄 마음을 닫으면 하나님의 사랑이 어찌 그 속에 거하겠느냐."[33]

잠언 기자는 다음과 같이 기록하고 있다.

"귀를 막고 가난한 자가 부르짖는 소리를 듣지 아니하면 자기가 부르짖을 때에도 들을 자가 없으리라."[34]

사도 바울은 사랑하는 영적 아들 디모데에게 다음과 같이 가르치라고 당부했다.

"네가 이 세대에서 부한 자들을 명하여 마음을 높이지 말고 정함이 없는 재물에 소망을 두지 말고 오직 우리에게 모든 것을 후히 주사 누리게 하시는 하나님께 두며 선을 행하고 선한 사업을 많이 하고 나누어 주기를 좋아하며 너그러운 자가 되게 하라 이것이 장래에 자기를 위하여 좋은 터를 쌓아 참된 생명을 취하는 것이니라."[35]

---

33) 요일 3:17
34) 잠 21:13
35) 딤전 6:17-19

공동묘지를 향해 전진하는
애꾸눈의 군상(群像)

존귀에 처하나 깨닫지 못하는 사람은 멸망하는 짐승 같도다
/ 시 49:20

　사람은 영적인 존재이다. 하나님께서 사람을 생령(生靈) 즉 영적인 존재로 창조하셨기 때문이다.[36] 그래서 사람을 만물의 영장이라고 한다.
　그러나 사람이 타락하여 하나님의 생기(生氣)를 상실함으로 지혜와 총명도 사라지고 말았다.[37] 그 결과 하나님을 알지 못하고, 영적인 세계도 볼 수 없으며, 오직 육신의 생각에 사로잡혀 세상의 물질세계만을 바라봄으로 삶을 입체적으로 볼 수 없게 되었다. 그래서 사람들은 물질이 전부인 것으로 착각하며 살아가고 있다. 이것이 바로 영적인 눈을 잃어버린 애꾸눈의 인생이라 할 수 있다.
　애꾸눈이 되어버린 인생은 하늘 차원의 영적인 세계는 쳐다볼

---
36) 창 2:7
37) 사 26:14

줄 모르며, 땅만을 보면서 그곳에서 무엇인가 잡으려고 허우적거리며 살아간다. 하지만 그것은 잡히지 않는 허상을 잡으려는 것일 뿐이다. 왜냐하면 물질은 영원하지 못하며, 이 세상을 떠날 때는 아무것도 가지고 가지 못하기 때문이다. 그 결과 아무것도 잡지 못하고 이내 빈손이 되어 땅속으로 들어가고 만다. 그래서 인생은 공수래공수거(空手來空手去)인 것이다. 이는 마치 공동묘지를 향해 전진하는 애꾸눈의 군상이 아닌가?

이 땅에 존재하는 모든 것은 보이지 않는 영원한 세계의 그림자이다.

> "그들이 섬기는 것은 하늘에 있는 것의 모형과 그림자라 모세가 장막을 지으려 할 때에 지시하심을 얻음과 같으니 이르시되 삼가 모든 것을 산에서 네게 보이던 본을 따라 지으라 하셨느니라."[38]

성경은 보이지 않는 영원한 세계를 바라보는 성도들에게 다음과 같이 말씀하고 있다.

> "우리가 주목하는 것은 보이는 것이 아니요 보이지 않는 것이니 보이는 것은 잠깐이요 보이지 않는 것은 영원함이라."[39]
>
> "우리가 소망으로 구원을 얻었으매 보이는 소망이 소망이 아니니 보는 것을 누가 바라리요 만일 우리가 보지 못하는 것을 바

---

38) 히 8:5
39) 고후 4:18

라면 참음으로 기다릴지니라."[40]

"그들이 이제는 더 나은 본향을 사모하니 곧 하늘에 있는 것이라 이러므로 하나님이 그들의 하나님이라 일컬음 받으심을 부끄러워하지 아니하시고 그들을 위하여 한 성을 예비하셨느니라."[41]

이 세상에 있는 모든 것은 실상인 듯 보이는 허상에 불과하다. 그래서 잡은 것 같은데 이내 잡히지 않는 것이 이 세상의 물질이다. 하지만 사람들은 그것을 깨닫지 못하고 잡히지 않는 그 허상을 잡으려고 허우적거리다가 이내 귀한 생을 허비해 버리고 만다.

하나님은 분명 사람을 존귀한 하나님의 형상을 따라 창조하셨다.[42] 그래서 사람은 하나님의 형상을 따라 창조된 존귀한 존재이다. 하지만 타락으로 하나님의 형상을 잃어버린 사람은 존귀한 존재로 살아가지 못한다. 그 결과, 사람들은 오직 육적인 삶에 사로잡혀 자신들의 육적인 욕망을 채우기 위해 서로 간에 물고 뜯고 싸우며 살아가다가 그 수명이 다하면 이내 짐승처럼 멸망하고 만다. 성경은 그러한 인생들을 다음과 같이 말씀하고 있다.

"존귀하나 깨닫지 못하는 사람은 멸망하는 짐승 같도다."[43]

사람이 한 번 이 세상에 태어났으면, 하나님의 형상을 따라 고귀하고 사람답게 살면서 그 좋은 천국을 향해 가야 하지 않겠는가?

---

40) 롬 8:24-25
41) 히 11:16
42) 창 1:26-27
43) 시 49:20

어찌 그렇게도 영적인 눈을 상실해 버리고 허무한 삶을 살다가 이내 공동묘지에 묻힘으로 생을 허무하게 마감하려 하는가?

애꾸눈의 횡포

이 지혜는 이 세대의 통치자들이 한 사람도 알지 못하였나니 만일 알았더라면 영광의 주를 십자가에 못 박지 아니하였으리라

/ 고전 2:8

    애꾸눈들이 모여 살고 있는 마을이 있었다. 애꾸눈들은 자기들이 비정상이라는 것도 모르고 살아왔다. 그러던 어느 날 애꾸눈 마을에 두 눈이 온전한 사람이 찾아왔다. 그가 찾아온 목적은 애꾸눈이 비정상이라는 것을 알려 주고, 애꾸눈을 고쳐 주기 위해서였다.
    그러나 애꾸눈들은 그 사람이 자기들을 고쳐주기 위해서 온 신령한 의원[44]이라는 것을 몰라보았으며, 오히려 자기들의 애꾸눈이 비정상이라고 지적하는 그 사람을 이상하게 생각했다. 그중에는 일부 고침을 받은 사람들도 있었다. 하지만 대부분의 애꾸눈들은 두 눈이 온전한 사람을 학대하기 시작했으며, 특히 애꾸눈의 지도자들이 그러했다. 그 지도자들은 애꾸눈이 정상이라고 가르치며, 권위의식을 가지고 사는 자들이었다.

---

44) 마 9:12; 막 2:17; 눅 5:31

그러한 와중에도 그 사람의 치료능력에 감탄하며 사람들이 몰려왔다. 그러자 애꾸눈 지도자들은 자기들의 권위에 도전을 받기 시작했다. 이내 시기심이 발동한 그들은 그 사람을 죽이기로 결의했으며, 결국 십자가에 못 박아 가장 잔인한 방법으로 죽이고 말았다.

타락한 인생은 하나님이 주신 생기를 잃어버림으로써 영적 세계를 보지 못하는 애꾸눈이 되어버렸다. 그 결과 그들은 세상의 물질만을 바라보며, 그것이 전부인 양 잡으려고 허우적거리다가 잡지도 못하고 죽어 가고 만다.

실로 예수님은 우리가 애꾸눈이라는 것을 알려주고, 고쳐주기 위해서 오신 신령한 의사이다. 하지만 유대인들은 자기 땅에 오신 예수님을 알아보지 못했고, 영접하지도 않았다.

"빛이 어둠에 비치되 어둠이 깨닫지 못하더라."[45]
"자기 땅에 오매 자기 백성이 영접하지 아니하였으나."[46]

여기에서 빛은 생명의 빛으로 오신 예수님을 가리키며, 어두움은 예수님을 알아보지 못하는 유대인들을 지칭한다.[47] 성경은 유대인들이 예수님을 알아보지 못하고 영접하지 못한 이유를 다음과 같이 말씀하고 있다.

"참 빛 곧 세상에 와서 각 사람에게 비추는 빛이 있었나니 그가

---
45) 요 1:5
46) 요 1:11
47) 요 1:4

세상에 계셨으며 세상은 그로 말미암아 지은 바 되었으되 세상이 그를 알지 못하였고."[48]

예수님은 많은 기사와 이적을 베푸셨다. 특히 소경이 눈을 뜨게 하는 기적을 많이 베푸셨다. 그것은 우리 인생들이 영적 소경이라는 것을 알려주기 위해서였을 것이다. 신약 성경에는 예수님이 베푼 37가지의 기사와 이적이 기록되어 있다. 그 중 눈을 뜨게 한 사건이 5건이다. 이는 예수님이 베푸신 기사와 이적의 13.5%에 해당된다.

첫째, 예수님은 두 소경의 눈을 뜨게 하셨다.[49]

둘째, 귀신들려 눈멀고 벙어리 된 자를 고쳐주셨다.[50]

셋째, 예수님이 여리고에서 떠나가실 때, 길에 앉았다가 예수께서 지나가신다 함을 듣고 소리 지르는 두 소경의 눈을 뜨게 하셨다.[51]

넷째, 벳새다에서 소경의 눈을 뜨게 하셨다.[52]

다섯째, 날 때부터 소경 된 사람의 눈을 뜨게 하셨다.[53]

예수님의 제자들도 영적 장님들이었다. 예수님과 삼 년 동안이나 동고동락했고, 예수님의 모든 기사와 이적을 직접 목격했던 자들이었지만, 그들도 마가의 다락방에서 성령을 받기 전까지는 다 영적 장님들이었다.

---

48) 요 1:9-10
49) 마 9:27-31
50) 마 12:22; 눅 11:14
51) 마 20:29-34; 막 10:46-52; 눅 18:35-43
52) 막 8:22-25
53) 요 9:1-7

문제는 유대인의 종교지도자들이었다. 그들은 하나님을 가장 잘 믿는다고 자처하는 자들이었고, 당시의 종교계를 주름잡는 자들이었다. 예수님은 성경에 능통하다고 하는 서기관들과 율법주의에 사로잡힌 바리새인들을 소경이라고 하셨다.[54]

"그냥 두라 그들은 맹인이 되어 맹인을 인도하는 자로다 만일 맹인이 맹인을 인도하면 둘 다 구덩이에 빠지리라."[55]
"예수께서 이르시되 내가 심판하러 이 세상에 왔으니 보지 못하는 자들은 보게 하고 보는 자들은 맹인이 되게 하려 함이라 하시니 바리새인 중에 예수와 함께 있던 자들이 이 말씀을 듣고 이르되 우리도 맹인인가 예수께서 이르시되 너희가 맹인이 되었더라면 죄가 없으려니와 본다고 하니 너희 죄가 그대로 있느니라."[56]

이는 엉석 소경이었던 당시의 종교지도자들을 지적하신 말씀이다.
예수님의 말씀의 능력과 기사, 이적에 많은 사람이 몰려들었다. 그러자 종교지도자들은 당황하기 시작했고, 예수님을 잡고자 했으며,[57] 시기로 죽이고자 했다.[58] 그리고 이내 십자가에 못 박아 죽이고 말았다.[59] 이것이야말로 신령한 의원이신 예수님을 알아보지

---

54) 마 23:19
55) 마 15:14
56) 요 9:39-41
57) 막 14:1-2; 요 7:45-47; 11:57
58) 막 15:10
59) 막 15:24; 눅 23:33; 요 19:18

못한 애꾸눈의 무지한 횡포가 아니고 무엇이겠는가?

"이 지혜는 이 세대의 통치자들이 한 사람도 알지 못하였나니 만일 알았더라면 영광의 주를 십자가에 못 박지 아니하였으리라."[60]

뱀의 후손들은, 예수님을 십자가에 못 박아 죽임으로 승리한 것으로 알고 기뻐하며 쾌재를 불렀을 것이다. 그들은 승리를 자축하며 연회를 베풀고 서로 간에 선물도 교환했을 것이다. 그러나 뱀의 후손들은 예수님이 부활하심으로써 머리에 치명타를 입었다.[61] 이는 하나님의 말씀의 성취였다.[62] 머리에 치명타를 입은 뱀의 후손들은 더 이상 맥을 추지 못하게 되었으며, 이제는 겨우 몸통만 살아서 움직일 뿐이다. 그래서 우리는 더 이상 뱀의 후손들을 두려워할 필요가 없다. 예수님이 이미 승리하셨기 때문이다. 이제 우리는 하나님의 말씀으로 무장하여 그들을 대적하며 물리쳐야 한다.

"그런즉 너희는 하나님께 복종할지어다 마귀를 대적하라 그리하면 너희를 피하리라."[63]

"너희는 믿음을 굳건하게 하여 그를 대적하라 이는 세상에 있는 너희 형제들도 동일한 고난을 당하는 줄을 앎이라."[64]

"그러므로 하나님의 전신 갑주를 취하라 이는 악한 날에 너희가

---

60) 고전 2:8
61) 막 16:6; 눅 24:6; 요 20:11-18
62) 창 3:15
63) 약 4:7
64) 벧전 5:9

능히 대적하고 모든 일을 행한 후에 서기 위함이라."[65]

독생자 예수까지 십자가에 못 박혀 죽게 하신 사랑의 하나님은 지금도 깨닫지 못하는 애꾸눈들을 향하여 사랑과 치유의 손을 활짝 펴고 계신다.

"하나님이 세상을 이처럼 사랑하사 독생자를 주셨으니 이는 그를 믿는 자마다 멸망하지 않고 영생을 얻게 하려 하심이라."[66] "사랑하는 자들아 주께는 하루가 천 년 같고 천 년이 하루 같다는 이 한 가지를 잊지 말라 주의 약속은 어떤 이들이 더디다고 생각하는 것같이 더딘 것이 아니라 오직 주께서는 너희를 대하여 오래 참으사 아무도 멸망하지 아니하고 다 회개하기에 이르기를 원하시느니라."[67]

행여나 우리는 아직도 하나님의 사랑의 음성을 외면한 채 애꾸눈의 횡포를 일삼고 있지는 않은가?

---

[65] 엡 6:13
[66] 요 3:16
[67] 벧후 3:8-9

하루살이에게라도 눌려 죽을 인생

진리를 따르는 자는 빛으로 오나니 이는 그 행위가 하나님 안에서 행한 것임을 나타내려 함이라
/ 요 3:21

구약성경의 '욥기'를 읽다 보면 참으로 이해하기 어려운 말이 있다. 그것은 '하루살이에게라도 눌려 죽을 자'라는 구절이다.

"하물며 흙 집에 살며 티끌로 터를 삼고 하루살이에게라도 눌려 죽을 자이겠느냐."[68]

여기 '눌려 죽을 자'라고 한 것으로 보아, 분명 사람에게 하는 말임을 알 수 있다. 어찌 사람이 한낱 날아다니는 곤충에 불과한 하루살이에게 눌려 죽는다는 말인가?

국어사전에 보면, '하루살이'는 하루살잇과 곤충의 총칭이며, 엄지벌레는 여름 저녁에 떼 지어 날아다니는데, 길이는 5mm 이하,

---

68) 욥 4:19 (한글개역)

몸은 황백색으로, 애벌레는 물속에서 수년간 생활하며 불완전 변태를 하는 곤충이라고 설명하고 있다.

하루살이라는 이름이 붙은 것은 그 수명이 한 날 즉 24시간 정도 유지되기 때문인 것으로 생각된다. 그러한 하루살이는 무엇 때문에, 겨우 하루를 살기 위해서 존재하는 것일까? 세상에 뜻 없는 소리가 없으며, 만물을 통해서 하나님의 영원하신 능력과 신성이 나타나 있다고 했다.[69] 그렇다면 하루살이는 우리에게 무엇을 알려주기 위해서 존재하는 것일까? 그리고 성경은 하루살이라는 곤충을 통해서 우리에게 무엇을 교훈하고 있는 것일까?

하루살이는 하루를 산다. 하루는 낮과 밤으로 구성된다. 낮만 있는 하루도, 밤만 있는 하루도 있을 수 없다. 물론 북극과 같은 지역에서는 계절에 따라 밤도 아니고 낮도 아닌 백야가 지속되는 기간도 있다.

우리가 매일 살아가는 날은 실로 낮과 밤으로 구성되어 있다. 시간적으로는 계절에 따라 낮과 밤의 길이가 같은 날도 있고, 낮이 밤보다 더 길거나 밤이 낮보다 더 긴 날도 있다. 그러한 현상은 지구의 축이 23.5도 기울어져 있는 상태에서 자전과 공전을 하기 때문이다.

우리는 보통 낮 시간을 한 날로 생각하는 개념 속에 살아가고 있다. 그것은 사람들이 활동할 수 있는 낮 시간만을 생각하기 때문일 것이다. 국어사전도 하루를 '한 날', '일일'(一日) 또는 '해가 있는 동안'으로 정의하고 있다. 하지만 실로 한 날은 낮과 밤이 합해진 시간이며, 시간적으로는 하루를 24시간으로 계산한다.

하루는 날의 기본단위라 할 수 있다. "천 리 길도 한 걸음부터"란

---

[69] 고전 14:10; 롬 1:20

말이 있듯이 천 년도 하루부터 시작하기 때문이다. 또 하루는 날의 시작이라고도 할 수 있다. 날 수의 계산이 '하루, 이틀, 사흘…'과 같이 하루부터 시작되기 때문이다. 하루는 오늘이라고도 할 수 있다. 과거와 미래의 시간이 오늘을 기준으로 해서 계산되기 때문이다.

즉 오늘을 기준으로 해서 과거인 어제, 그제, 일 년 전, 십 년 전 또는 백 년 전을 말하며, 미래인 내일, 모레, 일 년 후, 십 년 후 또는 백 년 후를 말하기 때문이다. 따라서 하루는 날의 시작이 되며, 오늘이라고도 할 수 있다.

이러한 개념에서 볼 때 '시작'이 되는 오늘이 없는 사람에게 내일이 있을 수 없으며 모레는 더욱 그러하다. 따라서 하루 곧 오늘은 삶의 시작이라고도 할 수 있다.

자연현상에서 나타나는 낮과 밤도 무언가 그 뜻을 내포하고 있는 것 같다. 성경은 "낮도 주의 것이며 밤도 주의 것이니 주께서 해와 달을 만드셨습니다. 주는 땅의 경계를 정하시며 여름과 겨울을 만드셨습니다"라고 말하고 있다.[70]

낮과 밤 그리고 계절과 절기도 하나님이 창조하신 것이며, 거기에도 하나님의 뜻이 담겨 있다는 말씀이다. 하나님의 창조 역사에는 하나님의 영원하신 능력과 신성이 나타나 있기 때문이다.[71]

하나님께서 낮과 밤, 해와 달, 그리고 여름과 겨울과 같이 서로 대칭이 되며 짝이 되는 단어를 들어 말씀하시는 것[72]을 볼 때, 분명 날의 기본이 되는 하루도 낮과 밤이 서로 짝을 이루며 만나야 성

---

70) 시 74:16-17(현대인의 성경)
71) 롬 1:20
72) 창 8:22

립됨을 알 수 있다. 모든 것에 그 짝이 있음을 생각해 볼 수 있다.

실로 우리가 사는 하루는 아침의 새로운 태양빛으로 열린다. 그래서 날은 빛으로 시작된다고 할 수 있다. 그러나 다음 날이 되기까지에는 밤이 존재한다. 즉 밤을 거쳐야 새로운 날이 전개된다. 그리고 밝은 태양이 떠오름으로 새로운 하루 곧 날이 다시 시작된다. 그러나 태양이 떠오르지 않고 빛이 없으면 날은 시작되지 않는다. 따라서 아직 태양이 떠오르지 않은 암흑 상태가 계속된다면 날은 시작될 수 없고 존재할 수도 없다.

따라서 아무리 시간이 경과해도 빛 곧 낮이 없으면 날이 성립되지 않는다는 것을 알 수 있다. 모태 안에서 280일 동안 자라는 태아에게는 결코 날이 없다. 비단 아홉 달이 넘는 기간을 어머니의 태 안에서 자라지만, 태어나서 빛을 보기 직전까지 태아에게 날은 없다. 어머니의 태 안에서 자라며 생명이 보존되고 있지만, 어머니의 뱃속에서는 빛을 볼 수 없기 때문이다. 태아에게 나이가 없는 것도 그 때문이다.

성경이 말하는 날의 개념과 우리가 사는 날의 개념은 서로 반대이다. 즉 우리가 매일 사는 날은 빛으로 시작되지만, 성경에서의 날은 저녁(어두움)으로 시작된다.[73] 이는 곧 타락한 인생의 마음이 밤의 상태에 있음을 알 수 있게 한다.

태아가 존재하는 모태는 햇빛이 들어갈 수 없는 캄캄한 밤과 같은 곳이다. 영적으로는 타락한 어머니의 뱃속에 있기 때문에, 죄 중에 있는 것과 같다. 그것을 깨달은 다윗은 "나는 태어날 때부터 죄인이었으며 우리 어머니가 나를 밴 순간부터 죄성을 지니고 있

---

73) 창 1:5, 8, 13, 19, 23, 31

었습니다"라고 했다.[74] 그리고 태어나는 순간 햇빛 곧 낮을 맞이하게 됨으로 이내 하루를 소유하기 시작하는 것이다.

성경에서, 타락하여 생명의 빛을 잃어버린 인생은 어두움으로 비유되고 있다. 즉 타락함으로써 하나님의 생명의 빛을 잃어버린 인간의 마음 상태를 어두움 곧 밤으로 상징하고 있다.[75] 성경은 이스라엘 백성이 하나님 앞에 범죄하여 마음이 어두워진 상태를 다음과 같이 말하고 있다.

"내가 땅을 본즉 혼돈(混沌)하고 공허(空虛)하며 하늘에는 빛이 없으며."[76]

여기에서 혼돈이란 아무런 형태가 없는 상태를 말하며, 공허란 비어 있는 상태를 말한다. 죄악으로 인하여 타락한 이스라엘 백성들의 마음이 하나님의 말씀에 대한 어떤 생각의 형태도 없이 그저 텅 비어 있는 것과 같은 상태를 말한다. 이는 어두움 가운데 있음을 지적하는 말이다.

반면에 성경에서 하나님은 어두움을 밝히며 날을 시작하게 하는 해와 빛으로 상징되고 있다.[77] 하나님의 천지창조 역사에서도, 땅이 혼돈하고 공허하며 흑암이 깊음 위에 있는 상태에서 "빛이 있으라"고 하신 하나님의 말씀에 빛이 있었다. 그리고 그 빛으로 인하여 "저녁이 되며 아침이 되니 이는 첫째 날이니라"고 말씀하고

---

74) 시 51:5(현대인의 성경)
75) 요 1:5
76) 렘 4:23
77) 시 84:11; 요일 1:5

있다.[78] 흑암 즉 몹시 어두운 상태에 있는 인간의 마음에 하나님의 생명의 빛이 비추니 하루 곧 첫째 날이 시작되었다고 할 수 있다. 그 후 여섯째 날까지의 창조역사가 계속된다.

타락하여 하나님의 생명의 빛을 잃어버린 사람이 영적인 하루 곧 영적인 오늘을 소유하기 위해서는 생명의 빛이 되시는 하나님을 만나야 하는 것임을 알 수 있다. 따라서 하나님을 만나지 못한 자 곧 영적인 밤의 상태에서만 머물고 있는 자에게는 결코 '영적인 하루'가 없다.

사람이 백 년을 살았다 해도, 하나님을 알지 못하고 모시지 못하면, 그는 영적으로 하나님 앞에 하루도 살지 못한 자가 된다. 따라서 하루가 없는, 어두움에 거하는 인생은 하루를 사는 하루살이에게라도 눌려 죽을 수밖에 없는 것이다.

타락함으로써 하나님의 영이 떠나가는 순간, 인류의 조상 아담은 빛을 상실한 자가 되어버렸다. 그것은 빛이 되시는 하나님이 떠나가셨기 때문이다. 아담은 그 순간 오늘을 상실한 자가 되고 말았다. 그 후 아담의 후예인 모든 인간들도 하나님을 만나기 전까지는, 밤의 상태에 머물고 있는 자들이다. 만고에 배은망덕한 제자 가룟 유다도 예수님을 팔기 위해서 떠나는 순간, 곧 밤이 되어버렸다. 생명의 빛이 되시는 예수님을 떠나갔기 때문이다.[79]

빛이 없는 어두움 가운데서 어찌 길을 바로 갈 수 있으며, 바른 삶을 살아갈 수 있겠는가? 성경은 말씀하고 있다.

---

78) 창 1:2, 5
79) 요 13:30, 1:4, 8:12, 9:5

"주의 말씀은 내 발에 등이요 내 길에 빛이니이다."[80]

성경은 또한 빛을 거부하는 자들에게 말하고 있다.

"그 정죄는 이것이니 곧 빛이 세상에 왔으되 사람들이 자기 행위가 악하므로 빛보다 어둠을 더 사랑한 것이니라 악을 행하는 자마다 빛을 미워하여 빛으로 오지 아니하나니 이는 그 행위가 드러날까 함이요."[81]

그저 육신의 정욕과 안목의 정욕과 이생의 자랑이 가득한 세상이 좋아서 하나님 앞으로 오기를 싫어하며 두려워한다는 말씀이다.

생명의 빛을 받아들임으로써, 신령한 오늘을 소유하여, 어두움에 싸인 이 세상을 밝히 보며 바른 삶을 살아갈 것인지, 아니면 어두움 가운데 살다가, 이내 하루살이에게라도 눌려 죽을 자가 될 것인지는 각자의 선택이다. 하나님은 이 순간도 우리 모두가 빛 가운데로 나아오기를 기다리고 계신다.

---

80) 시 119:105
81) 요 3:19-20

생명의 빛을 거부한 인생들

빛이 세상에 왔지만 사람들은 자기들의 행실이 악하여 빛보다 어둠을 더 사랑했다. 이것이 벌써 죄인으로 판결 받았다는 것을 말해 준다.
/ 요 3:19 (공동번역)

　예수님이 이 땅에 오신 목적은 타락하여 생명의 빛을 잃어버린 인생들에게 생명의 빛을 주시기 위해서이다. 하늘나라의 선물인 신령한 하루 곧 신령한 오늘을 주시기 위해서이다. 인생들은 예수님이 십자가에 달리기까지 예수님의 안타까운 그 마음을 알아주지 못했다. 결국은 생명의 빛을 거부한 자들이 되고 말았다. 그러나 예수님은 마침내 최후의 십자가 위에서 생명의 빛을 영접함으로써 신령한 오늘이라는 선물을 받을 수 있는 자를 보게 되었다.
　예수님은 십자가 위에서 고통 받으시는 중에도 자신의 죄를 회개하며 자기를 생각해 주기를 부탁하는 한 강도에게 낙원을 약속하셨다.

　"내가 진실로 네게 이르노니 오늘 네가 나와 함께 낙원에 있으

리라."⁸²⁾

여기에서 예수님이 말씀하신 오늘은 무엇을 뜻하는가? 십자가에 달려 죽은 그날 예수님뿐만 아니라 두 강도 모두 무덤에 묻혔을 것이다. 그렇다면 무덤이 낙원이란 말인가? 아니다. 무덤은 결코 낙원이 될 수 없다. 예수님이 달리신 십자가의 오른편 십자가에 달려 있으면서 자신의 죄를 회개하고 예수님을 영접한 순간 그 강도는 '신령한 오늘'을 맞이한 것이다. 아울러 죄를 용서받은 강도의 영혼은 십자가에서 죽는 순간 곧 낙원에 갈 수 있었다.

"평생 못된 짓만 하다가 잡혀서 십자가에 달려 죽는 강도가, 순간 자신의 죄를 깨닫고 회개했다고 해서 어떻게 죄를 용서 받을 수 있으며, 낙원에 갈 수 있는가? 예수님은 아직 십자가에서 죽지도 않았으며, 그의 피가 보배로운 피 즉 보혈(寶血)로 인정되지도 않았는데 어떻게 강도의 죄를 용서하며, 낙원을 허락할 수 있는가?" 이렇게 질문할 수도 있다.

하지만 하나님의 생각은 사람의 생각과 다르며, 하나님의 길은 사람의 길과 다르다.⁸³⁾ 비단 평생 못된 짓만을 일삼은 살인강도라 해도, 그가 진정으로 자신의 죄를 깨닫고 회개하면 하나님은 그 순간에 용서하신다. 아울러 예수님은 대속의 주로 십자가에 달리시기 전에도 이미 죄를 사하는 권세를 가지신 분이다.⁸⁴⁾

하나님의 역사는 인간의 시간 개념에 좌우되지 않는다. 얼마나 오래 믿었느냐가 아니라 어떻게 믿었느냐가 중요하다. 사람의 기

---

82) 눅 23:43
83) 사 55:8-9
84) 마 9:6; 막 2:10; 눅 5:24

준과 하나님의 기준은 다르다. 그것이 곧 하나님의 역사요 하나님의 은혜이다. 하나님의 역사와 은혜는 인간의 생각을 초월한다. 먼저 믿었다고 해서 구원이 보장되는 것도 아니며, 오른편 강도와 같이 마지막 순간에 회개하고 예수님을 영접했다고 해서 구원을 받지 못하는 것이 아니다.

예수님은 천국의 역사에 대한 포도원의 비유에서, 먼저 일하러 온 자들과 나중에 온 자들에게 동일한 품삯을 주는 것을 불평하는 한 일꾼에게 다음과 같이 말씀하시는 것을 볼 수 있다.

"네 것이나 가지고 가라 나중 온 이 사람에게 너와 같이 주는 것이 내 뜻이니라."[85]

"나중 된 자로서 먼저 되고 먼저 된 자로서 나중 되리라."[86]

마찬가지로, 평생 못된 짓만 하다가 잡혀서 십자가에 달린 강도이지만, 그가 진정으로 회개하고 예수님을 영접했을 때 예수 그리스도를 위해 전 생애를 헌신한 사람이 누리는 것과 같은 천국의 축복을 누리는 것이 하나님의 은혜의 역사이다. 하나님이 우리에게 약속하신 것은 영생 곧 영원한 생명이기 때문이다.[87]

한편 예수님을 따르며 삼 년 동안이나 동고동락했던 제자들은 예수님이 잡혀가는 순간에 삼십육계 줄행랑을 치고 말았다. 자신들의 생명에 위협을 느낀 나머지 "걸음아, 날 살려라" 하면서 모두 도망가고 말았다.

---

85) 마 20:14
86) 마 20:16
87) 요일 2:25

하지만 한 강도는 비록 십자가에서 죽어 가는 자기 생의 마지막 순간이지만, 예수님이 메시아이신 것을 알아보았으며 십자가에 달린 그 고통 속에서도 자신의 죄를 회개했다. 그리고 그는 예수님을 비방하는 예수님 왼편의 강도를 나무라며 오히려 예수님을 변호하기까지 했다.

> "하나는 그 사람을 꾸짖어 이르되 네가 동일한 정죄를 받고서도 하나님을 두려워하지 아니하느냐 우리는 우리가 행한 일에 상당한 보응(報應)[88]을 받는 것이니 이에 당연하거니와 이 사람이 행한 것은 옳지 않은 것이 없느니라."[89]

그리고 예수님께 자기를 생각해 주기를 부탁했다. 그때 그 강도는 예수님의 마음을 한없이 기쁘게 했을 것이다.

예수님은 십자가에 달려 죽기 전에도 인간의 죄를 사할 수 있는 권세를 가지신 분이다.[90] 그는 이사야 선지자의 예언대로 이미 영광의 주로 이 땅에 오셨다.[91] 하지만 영광의 주가 되기 위해서는 사람들이 예수님을 '죄를 사하는 권세를 가지신 영광의 주'로 믿어드려야 한다. 왜냐하면 하나님의 말씀은 믿는 자 속에서 역사하기 때문이다.[92] 그러나 그들은 영적인 무지로 영광의 주를 십자가에 못 박고 말았다.[93]

---

88) 보응(報應): 선악의 행위에 따라 받게 되는 길흉화복(吉凶禍福)의 갚음을 말한다.
89) 눅 23:40-41
90) 마 9:6-7; 막 2:10; 눅 5:24
91) 사 9:6-7
92) 살전 2:13
93) 고전 2:8

예수님은 공생애 초기 사역 때 갈릴리 가나의 혼인 잔치에 어머니 마리아 및 제자들과 더불어 초청을 받은 적이 있다. 그때 잔칫집에 손님들을 대접하기 위한 포도주가 떨어지는 사건이 발생했다. 그러자 평소에 예수님의 능력을 알고 있는 어머니 마리아는 예수님께 "저희에게 포도주가 없다"라고 하였다. 그러자 예수님은 마리아에게 "여자여 나와 무슨 상관이 있나이까 내 때가 아직 이르지 아니하였나이다"[94]라고 하셨다.

여기에서 예수님이 모친 마리아에게 "여자여!"라고 하였던 것도 생각해 보아야 한다. 어찌 어머니에게 "여자여!"라고 할 수 있겠는가? "어머니!" 대신 "여자여!"라고 부르는 예수님의 말씀에 마리아는 무언가 머릿속에 번개처럼 스쳐지나가는 것들이 있었을 것이다.

비단 자기 태에서 나왔지만, 그분은 성령으로 잉태된 분이라는 것[95]과 예수님이 열두 살 때 예루살렘에 갔다가 돌아오는 길에 예수가 보이지 않자 다시 예루살렘으로 돌아가서 성전에서 찾았을 때, 마리아가 "아이야, 어찌하여 우리에게 이렇게 하였느냐 보라 네 아버지와 내가 근심하여 너를 찾았노라"고 하자 "어찌하여 나를 찾으셨나이까 내가 내 아버지 집에 있어야 될 줄을 알지 못하였나이까"라고 답변하셨던 것[96] 등을 생각하며 예수님의 신성을 깨닫고 그 순간 예수님을 믿어드리는 계기가 되었을 것이다.

그리고 마리아는 바로 하인들에게 "너희에게 무슨 말을 하시든지 그대로 하라"고 했다. 그것은 그때까지 자기 태에서 나온 아들

---

94) 요 2:1-4
95) 마 1:18
96) 눅 2:41-49

로만 착각하고 지내면서 예수님을 온전히 믿지 못했던 마리아가 순간 회개하고 예수님을 온전히 믿어드렸다는 증거이다. 그러자 조금 전에 "내 때가 아직 이르지 아니하였나이다"라고 말씀하셨던 예수님이 마리아의 믿음을 발판 삼아 때를 얻으시고 "항아리에 물을 채우라. 이제는 떠서 연회장에게 갖다 주라"고 하심으로 능력을 행하셨던 것을 볼 수 있다.

예수님께서 또 한 번 어머니 마리아를 "여자여!"라고 부르신 사건이 있다. 그것은 예수님이 오전 9시부터 오후 3시까지 여섯 시간 동안 십자가에 달려계시면서 남기셨던 일곱 말씀 중의 세 번째 말씀이다. 예수님은 전 인류를 살리기 위하여 십자가에 달려 피 흘리며, 숨 막히는 고통이 짓누르고 있을 때, 모친 마리아를 보시고 "여자여 보소서 아들이니이다"[97]라고 말씀하셨다. 이 말씀은 평소에 아들 노릇을 제대로 못했다는 후회가 아니라, 이 땅에서 참 아들로 사셨다는 것을 보여주는 천금보다 무거운 사랑의 유언이다.

즉 사랑하는 어머니를 구원의 반열에 올려드리는 효도의 말씀이다. 그래서 십자가상의 세 번째 말씀은 '효도의 십자가'이다. 우리는 "여자여 보소서 아들이니이다"라는 예수님의 말씀 속에서 '마리아여, 이제 당신은 하나님의 딸이 되어야 됩니다. 마리아여, 나는 하나님이요 그리스도요 메시아입니다. 이제 당신과 나의 일시적이었던 어머니와 아들의 관계는 영원히 없어집니다. 이제 어머니와 나 사이는 여자와 구원자, 피조물과 창조주의 새로운 관계가 되어 지속되어야 합니다. 그래서 이제 어머니도 나를 하나님으로 믿어야 구원을 받습니다'라는 영적인 음성을 들을 수 있어야 된다.

---

97) 요 19:26

모친 마리아를 향해 '어머니'라고 부르지 않고 '여자여'라고 부른 것은, 십자가 위에서 인류의 구속 역사를 성취하는 순간에, 이제 어머니와 아들의 관계를 넘어, 여자와 구속주라는 영원한 관계를 맺기 위해서였다. 사랑하는 모친을 구속 받는 자의 대열에 앉히시는 순간이다. 이제 어머니를 지옥에서 천국으로 인도하는 순간이다. 이 보다 더 큰 효도가 어디 있겠는가?

이처럼 예수님이 어머니 마리아를 '여자여'라고 부르신 것은, 자신의 신성, 즉 자신이 메시아이심을 알리는 의미가 있음을 알 수 있다. 즉 자기를 메시아로 온전히 믿어주기를 바라시는 주님의 애절한 부르심이다. 왜냐하면 하나님의 말씀은 믿어드릴 때 역사가 일어나기 때문이다. 히브리서는 "믿음이 없이는 하나님을 기쁘시게 하지 못하나니 하나님께 나아가는 자는 반드시 그가 계신 것과 또한 그가 자기를 찾는 자들에게 상 주시는 이심을 믿어야 할지니라"[98]고 말씀하고 있다.

마찬가지로 만일 겟세마네 동산에서 세 제자가 예수님의 부탁대로 깨어서 예수님과 힘을 합하여 기도로 동서남북을 지키며 어두움의 세력을 물리치고, 예수님을 영광의 주로 깨닫고 믿어 드렸다면, 기독교의 역사는 달라졌을지 모른다. 그 후 세 제자들로부터 시작해서 많은 사람들이 예수님을 죄를 사하는 권세가 있는 영광의 주로 믿게 되었을 것이다. 그리하여 모든 사람들이 예수님 앞에 나와 죄를 사함 받았다면 인류의 죄가 없어짐으로, 죄 짓기 전 창조 본연의 모습으로 회복되어 하나님의 뜻이 이루어지기 때문이다.

인간의 죄를 사해줄 수 있는 분은 하나님뿐이다. 그런데 예수님은 성자 하나님으로 이미 죄를 사하는 권세를 가지고 오신 분이다.

---

98) 히 11:6

그리고 그는 근본 하나님의 본체이시다.[99] 예수님이 영광의 주로 오실 것에 대한 예언의 말씀을 살펴보자.

> "한 아기가 태어났으니 우리에게 주신 아들이다. 그가 우리의 통치자가 되실 것이니 그 이름은 '위대한 스승', '전능하신 하나님', '영원히 계시는 아버지', '평화의 왕'이라 하리라. 그의 왕권은 한없이 신장되고 그의 나라는 언제나 평화로울 것이며 그가 다윗의 왕위에 앉아 그 나라를 굳게 세우고 공정함과 의로움으로 영원히 다스리실 것이다. 전능하신 여호와의 열심이 이것을 이루리라."[100]

한편 예수님이 십자가를 꼭 지도록 되어 있다면, 모든 것을 아시는 예수님이 왜 심히 놀라시며 슬퍼하셨는지도 생각해 보아야 한다.

> "베드로와 야고보와 요한을 데리고 가실새 심히 놀라시며 슬퍼하사 말씀하시되 내 마음이 심히 고민하여 죽게 되었으니 너희는 여기 머물러 깨어 있으라."[101]

아마 제자들의 믿음이 약함을 아시고, 영광의 주로서 죽음을 유월(逾越) 즉 넘어가실 수도 있는 예수님이, 이내 십자가가 다가오는 것을 보셨기 때문이었는지도 모른다.

---

99) 빌 2:6
100) 사 9:6-7(현대인의 성경)
101) 막 14:33-34

하나님의 목적은, 죄로 망가진 아담과 그 후예들을, 원래의 상태로 회복시키는 것이다. 즉 잃어버린 아들을 다시 찾는 것이다. 그러나 세 제자는, 예수님의 안타까운 부탁에도 아랑곳하지 않고, 잠에 취해 떨어지고 말았다.[102]

어쩌면 그들의 믿음을 약화시켰던 어두움의 방해 역사였는지도 모른다. 그들은 잠 마귀에 취했었다고 할 수 있다. 자서는 안 되는 시간에 육신의 피곤으로 잠을 이기지 못하는 경우를 생각해 볼 수 있다. 한편으로 생각해 볼 때 예수님의 깊으신 뜻을 모르는 제자들은 깨어 있을 수도, 예수님과 뜻을 같이하여 기도할 수도 없었을 것이다.

마지막까지 기대했던 세 제자마저 무너졌으니, 이제는 자신이 '영광의 주'로서는 역사하실 수가 없었다. 아무리 나라의 통치자라도 그를 알아주고 믿어 주어야 행세를 할 수 있는 것이다. 이제 마지막 인류를 구원하실 수 있는 방법은 그들의 모든 죄를 대신 걸머지고 자신이 직접 십자가를 지는 것뿐이었다. 온 인류의 죄를 대속하기 위해 속죄의 어린양이 되는 것이다. 왜냐하면 알아주고 믿어 주는 사람이 없으니 인류의 죄를 사해줄 수 있는 길이 막혔기 때문이다.

하나님의 말씀은 믿는 자 속에서 역사한다고 했다. 결국 예수님은 구약에 예언된 또 하나의 길인, 고난의 주로 역사하실 수밖에 없었을 것이다. 어쩌면 이사야 선지자는 예수님을 믿지 못할 타락한 인생들의 마음을 미리 보고 예언했으리라 생각된다. 고난의 주에 대한 예언의 말씀을 보자.

---

[102] 마 26:40-43; 막 14:32-42

"그는 연한 순처럼, 마른 땅에서 나온 줄기처럼 주 앞에서 자랐으니 그에게는 풍채나 위엄이 없고 우리의 시선을 끌 만한 매력이나 아름다움도 없다. 그는 사람들에게 멸시와 천대를 받고 슬픔과 고통을 당하는 사람이 되었으니 사람들이 그를 외면하고 우리도 그를 귀하게 여기지 않았다. 그는 우리의 질병을 지고 우리를 대신하여 슬픔을 당하였으나 우리는 그가 하나님의 형벌을 받아 고난을 당하는 것으로 생각하였다. 그가 우리의 죄 때문에 찔림을 당하고 상처를 입었으니 그가 징계를 받음으로 우리가 평화를 누리게 되었고 그가 채찍에 맞음으로 우리가 고침을 받았다. 우리는 다 길 잃은 양처럼 제각기 잘못된 길로 갔으나 여호와께서는 우리 모든 사람의 죄를 그에게 담당시키셨다."[103]

예수님이 잡혀가는 순간 제자들은 모두 예수님을 버리고 도망쳤다. 삼 년 동안이나 예수님과 동고동락하며 예수님의 온갖 기사와 이적을 지켜본 자들이 아니었던가!

골고다 산상에는 세 개의 십자가가 있었다. 예수님의 것과 그 좌우편에 세워진 두 강도의 것이었다. 행악자였던 두 강도는 십자가에서 죽어 가는 순간까지 예수님을 욕했다. 하지만 예수님은 자기를 죽이는 원수들을 위해서까지도 기도했다. 이에 감동한 한 강도가 자신의 죄를 회개하고 예수님을 변호하기에 이르렀다. 그리고 예수님께 자기를 생각해 주시라고 부탁했다.[104]

예수님은 너무나 기뻤다. 십자가의 형틀에서 죽어 가는 시간에

---

103) 사 53:2-6(현대인의 성경)
104) 마 26:56, 27:38; 막 14:50, 15:32; 눅 23:34, 39-41, 42

마침내 자기를 알아주고 믿어 주는 자를 만나신 것이다. 예수님은, 비단 육신의 죽음이 얼마 남지 않은 시간이었지만, 자신의 죄를 회개한 강도에게 낙원을 허락하셨다.[105] 이는 곧 구약의 예언이 성취되는 순간이기도 하다.

> "여호와께서 말씀하신다. '그가 상처를 입고 고통을 당한 것은 내 뜻이었다. 그가 죄를 속하는 희생제물이 되면 그는 자손을 보게 될 것이며 그의 날이 장구할 것이니 그를 통해 내 뜻이 성취될 것이다.'"[106]

죄를 속하는 제사 곧 속건제란 구약의 제사법 중의 하나로 죄를 용서 받기 위해 드리는 제사이다.[107] 도저히 스스로 구원받을 수 없는 인생을 구원하시기 위해, 죄 없는 예수님이 인간의 죄를 사해주기 위한, 속죄양이 되신 것이다. 그것은 하나님의 자구책이었다.[108] 여기에서 우리는 인간을 향한 하나님의 무궁한 사랑을 되새겨 볼 수 있다.

실로 인류의 시조 아담은 하나님의 형상대로 창조된 첫 번째 사람이다. 그는 하나님의 장자다. 모든 사람들이 그러하듯 장자에 대한 관심은 특별하다. 장자는 유산도 다른 자녀에 비하여 두 몫을 받는다.[109] 하나님의 아담에 대한 사랑도 마찬가지다. 하나님을 대신해서 만물을 다스려야 하는 아담이었기에, 아담에 대한 하나님

---

105) 눅 23:43
106) 사 53:10 (현대인의 성경)
107) 레 7:1-5
108) 히 4:15; 사 59:16
109) 신 21:17

의 관심이 지대했음은 말할 것도 없다. 그러한 아담이 어느 날 뱀의 유혹으로 망가진 것이다. 이내 하나님의 말씀에 불순종함으로써 배은망덕한 자가 되어 버렸다. 하나님께서 그렇게 아끼시던 장자를 어두움의 세력에게 빼앗긴 것이다.

마치 사랑하는 아들이 밖에 나가서 깡패를 만나 얻어맞고 깨어졌다고 할 때 어느 부모의 마음이 편할 수 있겠는가? 그 소식을 듣자마자 놀라서 방문을 박차고 나가며 "어떤 놈이냐?"라고 고함치는 것이 부모의 태도이다. 때린 놈이 어떤 놈이고, 피투성이가 된 아들이 어디를 어떻게 다쳤는지 그리고 어떻게 치료해야 하는지 부모의 마음은 안타깝기만 하다. 하나님의 인류를 향한 마음도 마찬가지이다. 하나님은 잃어버린 장자를 찾기 위해, 아담 타락 후 이 시간까지 6,000년이 넘게 일하고 계신다.[110]

망가진 아들을 정상으로 치료하기 위해 모든 방법(구약의 율법, 선지자, 그리고 예언)을 다 동원하셨다. 더 이상의 방법이 없으시니 이제는 자구책을 동원하신 것이다. 즉 자기의 독생자를 이 땅에 보내신 것이다. 하나님의 아들이 그 높고 높은 하늘의 보좌를 버리고 이 낮고 낮은 땅에 오신 것은 비하요, 그 자체가 십자가이다.

시간과 공간을 초월하는 세계에서 시간과 공간의 제한을 받는 이 세상에 온 자체가 속박이다. 하나님께서 죄를 범한 인류의 영혼을 구원하기 위해서 독생자를 이 땅에 보내신 것이다.[111] 그것은 하나님의 '이처럼'의 사랑이다. 자기 자식이 아무리 병신, 바보, 천치라 해도, 다른 사람의 죄를 대신하기 위해, 죽는 자리에 내어줄 수 있는 부모가 이 세상에 어디 있겠는가? 그러나 사랑의 하나님

---

110) 요 5:17
111) 요 3:16

은 그것을 하신 것이다. 죄로 인해서 영원히 멸망 받을 수밖에 없는 나를 대신해서 독생자를 죽게 하신 것이다. 어찌 그 크신 하나님의 사랑을 말로 다 할 수 있겠는가? 예수님은 하나님의 그러한 사랑을 전하기 위해서 이 땅에 오셨다. 그래서 그 기쁜 소식을 전할 사람을 찾고 또 찾으셨다.

예수님은 마지막 십자가 위에서 마침내, 그토록 찾고 또 찾았던, 믿음의 자손을 보신 것이다. 피눈물 나는 역경의 공생애[112] 삼 년, 그 누구 하나 예수님을 제대로 알아주고 믿어 주었던가? 예수님과 동고동락하며 따랐던 제자들마저, 그저 유대 민족주의적 관점에서 예수님이 이스라엘 나라를 회복하면 세상적으로 한 자리 차지할 것으로 착각하고 따라다녔을 뿐이었다.[113] 그들은 예수님을 그리스도로 알아보지도 못했고, 믿어 주지도 않았다.

오순절 날 마가 요한의 다락방에서 기도하는 120명의 성도들(제자들 포함)에게 성령이 강림하시기 전까지, 제자들은 예수님을 온전히 믿지 못했다. 예수님은 십자가에서 돌아가신 후 삼 일 만에 부활하셨다. 그러나 제자들은 부활하신 주님도 믿지 못했다. 부활 후 이 땅에 40일 동안 계시며 사도들과 믿는 무리에게 열한 번 나타나셔서 자신의 부활과 하나님 나라의 일을 증거하셨다.

그리고 감람산에서, 두 손을 들어 오백 명이 넘는 성도들에게 축복하시며 승천하셨다. 승천하신 후 10일 만에, 즉 부활 후 50일째 되는 오순절 날에 성령이 강림하셨다.[114] 따라서 제자들은 예수님

---

112) 공생애: 개인의 생애 중에 공무나 공공사업에 종사하는 기간으로, 예수님이 온 인류를 구원하기 위한 그리스도로서의 사역기간을 말한다.
113) 행 1:6
114) 행 1:14, 2:1-4; 고전 15:4; 마 28:16-17; 눅 24:38-43; 요 21:1-14; 마 28:17; 행 9:5; 고전 15:8; 요 20:19, 26; 눅 24:15; 마 28:9; 막 16:9; 눅 24:50; 고전 15:7; 눅 24:36; 고전 15:6; 행 1:3; 눅

이 돌아가신 후 53일 만에야 예수님을 메시아로 확신하게 되었음을 알 수 있다. 제자들도 예수님이 살아 계시는 동안에는 예수님을 메시아로 믿지 못했다는 증거이다.

예수님은 바로 죄지은 인생을 구원하시기 위해, 그 높고 높은 하늘의 보좌를 버리고 이 낮고 낮은 땅에 인간의 모습으로 오신 하나님이었다. 당시에 하나님을 가장 잘 믿는다고 자처했던 종교 지도자들도 예수님을 알아보지 못했다. 그들은 실로 귀신만도 못한 자들이었다. 귀신들은 오히려 예수님을 높으신 하나님의 아들 예수로 알아보며 두려워했기 때문이다.[115]

자기들을 살리기 위해서 오신 분을 극진히 대접하기는커녕, 오히려 그분에게 시원한 냉수 한 모금도 주지 못하도록, 엄한 금지령까지 선포한 종교지도자들이었다. 그들은 예수님을 대접하거나 냉수 한 모금이라도 주며 예수를 그리스도로 시인하는 자는 출교시킨다고 했다. 당시 유대 공동체에서 출교는 회당 출입을 금하는 것이었는데, 이는 유대 공동체에서의 추방을 의미하는 것으로 최고의 형벌이었다.[116]

인류를 살리기 위해서 오신 예수님은 오히려 자기의 고향에서까지 냉대와 배척을 당했으며, 그들의 믿음 없음을 지적하자 산 낭떠러지에서 밀쳐 내리치려고까지 했다.[117]

바리새인들은 귀신 들려 눈 멀고 벙어리 된 자를 고쳐 주신 예수님을, 귀신의 왕 바알세불을 힘입지 않고는 귀신을 쫓아내지 못한다고 하여 오히려 귀신들린 자로 몰아붙였다. 모친과 동생들을 포

24:50-51
115) 마 8:28-29; 막 5:1-20; 눅 8:26-39; 약 2:19
116) 마 10:42; 마 25:42; 요 9:13-23
117) 마 13:53-58; 막 6:1-6; 눅 4:14-30

함한 친족들까지 미쳤다 하여 예수님을 붙들러 나왔다.[118] 또한 예수님을 돌로 치려고 했고, 하나님의 이름을 모욕한다고 하여 참람(僭濫)하다고 심하게 몰아붙였다.[119]

대제사장들은 예수님이 죽은 지 나흘 만에 무덤 가운데서 살리신 나사로로 인해 많은 유대인이 예수를 믿는다 하여, 나사로까지 죽이려고 모의했다.[120]

자기들의 교권에 도전 받는다 해서 시기로, 예수님을 잡아 죽이려 했고, 이내 십자가에 못 박아 죽인 종교지도자들이었다.[121] 그들이 가야 할 곳은 어디인가? 하나님의 저주를 받은 그들이 가야 할 곳은 불을 보듯이 뻔한 일이다.[122]

예수님은 낮이면 복음을 전하기 위해 사람이 많이 모이는, 성 안에서 활동하셨지만, 밤이면 잠자리마저 제공하는 자가 없어서 성 밖으로 나가셔야 했다.[123] 밤하늘을 천장 삼고, 돌을 베개 삼아 감람산 땅바닥에 누워 갈릴리 바다에서 불어오는 바람을 이불 삼아야 했다. 주무시다가 추우면 발을 오ㅡㄴ렸다 폈다 하셔야 했다. 짐승들도 밤이 되면 우리 안으로 불러들이며, 낮이 되면 목초가 있는 들로 끌고 나가는데, 예수님은 그 반대의 삶을 사셔야 했다. 얼마나 고생을 했으면 삼십삼 세의 젊은 청년이 오십 세의 중년으로 보일 수 있었겠는가?[124]

---

118) 마 12:24; 막 3:21; 눅 11:14-22; 요 7:14-20, 10:19-21;
마 12:46-50; 막 3:31-35; 눅 8:19-21
119) 요 8:59; 10:31, 33. '참람(僭濫)하다'는 '분수에 맞지 않게 너무 과하다'는 뜻
120) 요 12:10-11
121) 마 12:9-21, 21:45-46; 눅 19:47-48; 요 11:53
122) 마 8:12
123) 막 11:19; 눅 21:37-38, 22:39; 요 8:1-2
124) 요 8:57

그러한 고통과 역경 속에서도 행여나 자신을 알아주며 믿어 주는 사람이 있을까 하여 얼마나 찾고 찾으셨던가? 그것은 하늘의 기쁜 소식을 전해주시기 위해서였다.[125] 그것은 생명의 빛을 주시기 위해서였다. 그것은 신령한 오늘, 영원한 오늘이라는 선물을 주시기 위해서였다.

모든 소망이 좌절된 상태에서 이제 홀로 온 인간의 죄를 짊어지고 십자가에 달리신 예수님이었다. 그러나 십자가에서 죽어 가는 시간에, 동일한 십자가의 고통 중에서도 자신을 알아주며 변호하는 한 사람을 보게 되셨을 때 그 기쁨은 천하를 주고도 바꿀 수 없었으리라.[126]

이러한 하나님의 사랑과 예수님의 고난의 행적에 관한 이야기를 들을 때, 대부분의 사람들은 그저 안타깝다는 정도의 반응을 갖기 마련이다. 그러나 그러한 하나님의 무궁하신 사랑과 예수님의 고난의 삶이 바로 죄 지은 우리 인류, 아니 바로 '나'를 위한 것이라고는 생각하지 못한다. 행여나 우리 각자가 겉으로는 선한 것처럼 가장하지만, 실로 우리 마음속은 십자가에 달렸던 한 행악자, 강도의 모습이 아닌지 생각해 보아야 한다.

행여나 아직도 마음과 귀에 할례를 받지 못한 우리들은 지금도 애타게 부르시는 하나님의 음성을 외면하고 있지는 않는가? 지금도 하늘의 기쁜 소식을 전하며, 신령한 오늘이라는 하늘의 선물을 주실 사람을 찾아 동서남북을 헤매시는 예수님의 안타까운 모습을 방관하며, 생명의 빛을 거부하고 있지는 않는가? 예수님은 지금도 외치고 계신다. 하나님은 지금 이 순간도 성경의 말씀을 통하

---

125) 요 3:12
126) 눅 15:7

여 안타깝게 외치며 돌아오기를 기다리고 계신다. 언제까지 생명의 빛을 거부하려는가? 천하에 범사가 기한이 있고 모든 목적이 이룰 때가 있다고 했다.[127] 지금이 바로 은혜 받을 만한 때요, 구원의 날이라는 것[128]을 알고 때를 놓치지 않는 자들이 되어야 할 것이다.

---

127) 전 3:1
128) 고후 6:2

되돌아오지 않는 인생의 시간들을
어떻게 살 것인가?

우리의 연수가 칠십이요 강건하면 팔십이라도 그 연수의 자랑은 수고와 슬픔뿐이요 신속히 가니 우리가 날아가나이다 누가 주의 노여움의 능력을 알며 누가 주의 진노의 두려움을 알리이까 우리에게 우리 날 계수함을 가르치사 지혜로운 마음을 얻게 하소서
/ 시 90:10-12

우리가 이 세상에 나오는 순간부터 이 땅에 존재할 수 있는 기간이 있다. 그것은 하나님이 정하시는 수명이다. 성경에서 믿음의 조상들의 삶을 통하여 수명에 대해서 알아보자. 그들이 죽는 순간 그들의 향년(享年)이 다하고 기운이 진(盡)하여 조상에게로 돌아갔다고 말씀하고 있다.[129] 여기 '향'(享)은 '누리다'는 뜻이며, '향년'(享年)이란 이 땅에 살면서 누린 생의 햇수를 말한다. 그들의 향년이 다하였다는 것은 그들이 하나님께서 허락하신 수명을 다 누리고 기운이 다해서 죽었다는 말이다. 이는 유교(儒敎)에서 말하는 오복 중의 하나인 고종명(考終命)과 같은 의미로, 제명대로 살다가 편안하게 죽는 것을 말한다. 우리는 성경을 통해서 하나님이 우리에게 정해주신 수명이 있음을 알 수 있다.

---

[129] 창 25:7-8, 35:28-29, 49:33

하나님께서는 갑자기 남 유다의 13대 왕인 히스기야에게 죽을 병이 걸리게 하셨다. 하나님께서는 이사야 선지자를 통하여 히스기야 왕에게 죽음을 선포하시면서 자기 집에 유언을 하라고 하셨다.

그러자 히스기야는 얼굴을 벽으로 향하고 심히 통곡하며 눈물을 흘리면서 기도했다. 히스기야의 기도를 들으시고 그 눈물을 보신 하나님께서는 그의 생명을 15년 연장시켜 주셨다.[130] 생명의 주인이신 하나님께서 죽는다고 선고하시는데 누가 그것을 부정하며 거역할 수 있겠는가?

하나님께서 히스기야에게 갑자기 죽음을 선포하신 것은, 삶과 죽음의 기로에서 히스기야에게 더욱 하나님을 의지하게 함으로 병이 낫는 기적적인 은혜를 주시기 위함이었다. 이처럼 우리 인생들의 수명은 하나님의 섭리에 따라 정해지며, 길어질 수도 있고 짧아질 수도 있다는 것이다.

"여호와를 경외하면 장수하느니라 그러나 악인의 수명은 짧아지느니라."[131]

"하나님이여 주께서 그들로 파멸의 웅덩이에 빠지게 하시리이다 피를 흘리게 하며 속이는 자들은 그들의 날의 반도 살지 못할 것이나 나는 주를 의지하리이다."[132]

"네 아버지와 어머니를 공경하라 이것이 약속이 있는 첫 계명이니 이는 네가 잘되고 땅에서 장수하리라."[133]

---

130) 왕하 20:1-11; 사 38:1-8
131) 잠 10:27
132) 시 55:23
133) 엡 6:2-3

인간은 이 땅에서 영원히 머무를 수 없는 존재이다. 인간은 이 땅에 잠시 왔다가 돌아가야 하는 외국인과 나그네일 뿐이다.[134] 성경은 이 땅에 잠시 머물다 떠나는 행인과 길손 같은 인생을 다음과 같이 말씀하고 있다.

"인생은 그날이 풀과 같고 그 영화가 들의 꽃과 같도다."[135]
"너희 생명이 무엇이냐 너희는 잠깐 보이다가 없어지는 안개니라."[136]
"사람은 헛것 같고 그의 날은 지나가는 그림자 같으니이다."[137]
"그들은 육체이며 가고 다시 돌아오지 못하는 바람임을 기억하셨음이라."[138]
"이는 그가 우리의 체질을 아시며 우리가 단지 먼지뿐임을 기억하심이로다."[139]

우리가 자각해야 할 중요한 사항이 있다. 그것은 바로 우리에게 주어진 인생은 단 일회적이며 돌이킬 수 없다는 사실이다. 운동경기는 3회전, 9회전 또는 다음에 다시 할 수도 있지만, 우리 인생은 단 일회전으로 끝나 버린다. 순간적으로 지나가는 시간은 결코 다시 돌아오지 않는다.

아울러 시간의 흐름은 결코 무의미하지 않으며, 시간은 곧 우리

---

134) 창 47:9; 히 11:13
135) 시 103:15
136) 약 4:14
137) 시 144:4
138) 시 78:39
139) 시 103:14

의 생명이다. 하나님이 정해주신 수명의 시간이 지나면 우리의 생이 끝나버리기 때문이다. 우리가 이 땅에 존재하는 70-80년의 삶의 결과에 따라, 오는 세상에서의 삶의 형태가 결정된다면, 우리에게 주어진 분초의 시간을 어떻게 사느냐가 얼마나 중요한가? 그렇다면 우리는 과연 되돌아오지 않는 인생의 시간들을 어떻게 살아야 하는가? 하나님의 말씀에 따라 하나님의 형상대로 존귀한 사람답게 살다가 영생복락의 천국에 갈 것인가, 아니면 세상적이고 정욕적인 삶으로 생을 탕진하며 소일하다가 이내 영원한 고통이 지속되는 지옥에 떨어질 것인가 하는 것이다.

구약 39권, 신약 27권 합쳐서 66권으로 1,189장과 총 31,173절로 구성된 성경 말씀은 크게 "하라"와 "하지 말라"의 두 가지로 대별될 수 있다.

하라: 사랑, 희락, 화평, 오래 참음, 자비, 양선, 충성, 온유, 절제의 삶[140]

하지 말라: 음행, 더러운 것, 호색, 우상숭배, 술수, 원수를 맺는 것, 분쟁, 시기, 분냄, 당 짓는 것, 분리함, 이단, 투기, 술 취함, 방탕한 삶[141]

"하라"는 우리의 영혼이 잘되며 강건해질 수 있는 내용의 말씀이다. "하지 말라"는 세상적이며 정욕적인 삶에 대한 말씀이다. "하라"는 말씀을 따르기 위해서는 자신의 육적인 생각과 자아를 다스려야 한다. 어떻게 자신의 육적 자아를 다스리지 않고 하나님이 기뻐하시는 삶을 살 수 있겠는가?

그렇다면 하나님이 기뻐하시는 삶이란 무엇인가? 그것은 하나

---

140) 갈 5:22-23
141) 갈 5:19-21

님과 동행하는 삶이다. 하나님과 삼백 년 동안 동행했던 에녹은 하나님을 기쁘시게 하는 자라는 증거를 받아 하나님이 저를 옮기심으로 죽음을 보지 않고 바로 변화를 받아 천국에 입성한 자이다.[142] 에녹은 아담을 통해 들었던 하나님의 말씀을 온전히 믿고 말씀대로 순종하며 살아감으로 하나님이 기뻐하시는 삶을 살 수 있었다. 우리도 항상 하나님의 말씀을 가까이 하며 묵상하는 가운데 기도의 삶을 살아갈 때 하나님과 동행하는 삶을 살 수 있는 것이다. 그것이 바로 에녹이 우리에게 남긴 교훈이다.

내가 성경을 읽거나 선포되는 말씀을 듣는 것은 하나님의 말씀에 귀를 기울이는 것이요, 기도는 내가 하나님께 아뢰는 것이기 때문에 하나님과의 대화가 계속되는 삶이 되어 하나님과 동행하는 삶이 되는 것이다. 그 외에는 보이지 않는 영이신 하나님과 동행할 수 있는 방법이 없다.[143] 결국 말씀과 기도의 삶이 곧 하나님이 기뻐하시는 영적인 삶이요, 하나님의 명령에 따라 거룩해지는 삶이다.[144]

---

142) 창 5:22-24; 히 11:5
143) 요 4:24
144) 딤전 4:5; 레 11:45, 19:2

V / 죽음 앞에서

네가 흙으로 돌아갈 때까지 얼굴에 땀을 흘려야
먹을 것을 먹으리니 네가 그것에서 취함을 입었음이라
너는 흙이니 흙으로 돌아갈 것이니라 하시니라
− 창 3:19 −

인생 최후의 72시간 전을 맞이하기 전에...

 주의 약속은 어떤 이들이 더디다고 생각하는 것같이 더딘 것이 아니라 오직 주께서는 너희를 대하여 오래 참으사 아무도 멸망하지 아니하고 다 회개하기에 이르기를 원하시느니라
/ 벧후 3:9

'회개'는 천국의 열쇠라고 한다. 천국에 가기 위해서는 죄가 없어야 한다. 죄를 없애는 방법은, 우리의 죄를 사해주기 위해 우리 대신 십자가에 달려 죽으신 예수 그리스도를 구원의 주로 믿고, 회개하는 것이다.[1] 죄가 없는 자를 '의인'(義人)이라고 한다. 천국은 의인만이 가는 곳이며, 죄인은 결코 들어갈 수 없는 곳이다. 그래서 회개가 천국의 열쇠가 되는 것이다. 우리가 죄를 짓는 순간 천국 문이 닫히고, 회개하는 순간 천국 문이 다시 열린다고도 한다.

우리는 아직 연약한 육신에 거하기 때문에 세상에 살면서 죄를 짓기 마련이다. 눈만 뜨면 물을 마시듯 죄를 짓고 사는 것이 인간이다. 그래서 성경은 다음과 같이 말씀하고 있다.

---

1) 행 3:19

"의인은 없나니 하나도 없으며."[2]

"범죄하지 아니하는 사람이 없사오니."[3]

"선을 행하고 전혀 죄를 범하지 아니하는 의인은 세상에 없기 때문이로다."[4]

우리는 죄를 자각하는 순간 하나님 앞에 나의 죄를 고백하고 회개해야 된다. 그것이 참된 예배자의 자세이다. 신앙생활은 회개의 연속이라 할 수 있다.

하나님은 공의(公義) 즉 공정한 도리를 지키시는 분이시다.[5] 하나님은 사람이 수명을 다하기 전에 그 사람이 행한 모든 것을 다 보여 주신다고 한다. 하나님은 사람이 운명하기 72시간 전에, 그 사람이 태어나서 그때까지 행한 모든 것(자신도 기억하지 못하는 것까지)을 대형 스크린과 같은 곳에 다 보여 주신다고 한다. 그때는 더 이상 회개할 수가 없으며, 자신이 지은 죄를 보고 지옥과 천국을 스스로 선택하게 하신다. 중요한 것은 그 최후의 72시간 이전에 회개한 것은 하나도 나타나지 않는다고 하니, 결코 회개를 등한히 해서는 안 된다는 것이다.

필자가 아주 어렸을 때 들었던 이야기이다. 사람이 죽기 삼 일 전쯤이면, 죽을 사람의 집에서 불덩어리 같은 것이 나간다고 한다. 즉 죽을 사람의 혼이 나간다는 것이다. 그 불덩어리는 살기를 띠며 둥그런 형태라고 한다. 여자의 것은 둥그런 모양이고 남자의 것은 둥그런 모양에 꼬리모양 같은 것이 달려 있다고 한다. 그때는 호기

---

2) 롬 3:10
3) 왕상 8:46; 대하 6:36
4) 전 7:20
5) 시 89:14

심을 가지고 다소 무서움을 느끼며 들었던 이야기이다. 어린 시절에는 그러한 말이 그저 신기하게만 들렸다.

하지만 그 이야기는 기도를 많이 하신 어느 원로 목사님의 '72시간 전'이란 말씀과 일치하는 것을 알게 되었다. 72시간 전과 삼 일 전은 같은 의미이다. 그때 죽을 사람에게서 나가는 불이 어떤 작용을 하는 것인지는 알 수 없다. 하지만 그 불이 나감으로, 비단 육체적으로는 살아 있지만 더 이상 자의적인 사고나 회개가 불가능하게 된다는 것을 유추해 볼 수 있다.

그때는 아무리 땅을 치며 통곡해도 소용이 없다. "어찌 회개의 삶을 살지 않았던가?" 하며 아무리 방성대곡을 해도 쓸데없다. 때를 놓치면 아무리 좋은 명약을 트럭으로 갖다 부어도 병을 고칠 수 없는 경우와 마찬가지다. 내일을 알 수 없는 것이 인생이며,[6] 하나님이 언제 부르실지 모르는 것이 인생이다. 어찌 회개의 삶을 살지 않을 수 있겠는가?

그때 하나님께서 더 이상 회개의 기회를 주시지 않는 것은, 죽을 사람을 회개시켜서 더 이상 사용하실 가치가 없기 때문이다. 사람의 시체를 어디에 쓰겠는가? 오히려 죽은 소나 돼지라면 그 고기라도 먹을 수 있다. 죽으면 바로 썩기 시작해서 악취가 나기 때문에 땅에 묻어야 하는 것이 사람의 시체다. 인간이 약삭빠르면 인간을 창조하신 하나님은 그 이상이시다. 공연히 잔꾀를 부려 빠져나갈 궁리를 해봤자 소용없는 노릇이다.

어찌 회개에 더딜 수 있겠는가? 죄를 지었을 때마다, 인생 최후의 72시간 전을 맞이하기 전에 빠짐없이 회개할 수 있는 삶을 살아야 된다. 회개는 빠를수록 좋다는 말이 있다. 하나님은 오래 참으

---

6) 잠 27:1

시며, 아무 사람도 멸망치 않고 다 회개하여 하나님 나라에 들어오기를 기다리고 계신다.[7]

성경의 어디에 '72시간 전'이라는 말이 있느냐고 반문할 수도 있다. 물론 성경에 72시간이라고 명시된 것은 없다. 어차피 각자가 경험하겠지만, 중요한 것은 언제 가야 할지 모르는 인생이기에 늘 하나님의 부르심에 합당한 준비의 삶과 회개의 삶을 살아야 된다는 것이다. 가서는 안 될, 영원히 고통스러운 그 지옥에 가지 않기 위해서이다.

---

7) 벧후 3:9

VI / 참다운 삶

일의 결국을 다 들었으니 하나님을 경외하고
그의 명령들을 지킬지어다 이것이 모든 사람의 본분이니라
− 전 12:13 −

하나님의 존재하심과 그에 대한 믿음

하나님이 세상을 창조하신 그때부터 보이지 않는 그의 속성, 곧 그의 영원하신 능력과 신성이 그가 만드신 만물을 통해 분명히 나타나서 알게 되었으니 이제 그들은 변명할 수가 없습니다.
/ 롬 1:20 (현대인의 성경)

1. 하나님은 과연 존재하는가?

전통적인 도덕관과 기독교적인 신앙의 기반에 도전했던 19세기 후반의 독일 철학자는 니체이다. 그는 "신은 죽었다"라고 선언했다. 그렇다면 니체의 선언대로 과연 신은 죽었는가? 유럽의 지하철을 타고 가던 한 신사는 객차의 벽에서 다음과 같은 낙서를 보았다. "신은 죽었다, 니체…그렇게 말한 니체는 죽었다, 하나님." 그렇다. 니체가 신이 죽었다고 선언했다고 해서, 영원부터 영원까지 살아 계시는 하나님이 결코 죽을 수는 없다.[1]

하나님은 영[2]이시기 때문에 사람의 눈에 보이지 않으며, 육체

---

1) 신 33:27; 시 90:2
2) 요 4:24

를 가진 사람처럼 죽지도 않으신다.[3] 그렇다면 보이지 않기 때문에 하나님이 없다고 할 수 있는가? 바람이 눈에 보이지 않기 때문에 바람이 없다고 할 수 있는가? 견딜 수 없는 치통이 눈에 보이지 않기 때문에 치통이 없다고 할 수 있는가? 한국이 미국에서는 보이지 않기 때문에 한국이 없다고 할 수 있는가? 마찬가지로 하나님은 영이시기 때문에 사람의 눈에 보이지 않지만, 하나님은 지금 이 순간도 살아 역사하고 계시는 분이시다.

하늘과 땅에 충만하심으로 어디에나 계시는 하나님은 우리 각자의 모습에서 그리고 우리의 주위 환경에서도 볼 수 있다.[4] 우리가 어떻게 태어나서 생명을 유지하고 있는가? 물론 우리는 하나님의 창조 섭리에 따라 부모님을 통해서 이 땅에 태어났다. 그렇다고 우리를 낳으신 부모님이 우리에게 생명을 주시는가? 아니다. 우리는 단지 하나님의 섭리에 따라 부모님을 통해서 이 세상에 나오지만, 우리에게 생명을 주시는 분은 하나님이시다. 그래서 성경은 말씀하고 있습니다.

"주께서 내 내장을 지으시며 나의 모태에서 나를 만드셨나이다."[5]

"내 형질이 이루기 전에 주의 눈이 보셨으며 나를 위하여 정한 날이 하루도 되기 전에 주의 책에 다 기록이 되었나이다."[6]

따라서 내가 존재하는 자체가 하나님의 살아 계심과 역사하심

---

3) 딤전 6:16
4) 렘 23:24
5) 시 139:13
6) 시 139:16

의 증거이다.

　우리가 생명을 유지하기 위한 조건이 되는, 물과 공기 그리고 햇빛은 우연히 있는 것인가? 그것도 생명체를 유지시키기 위한 하나님의 창조물이다. 우리가 숨을 쉬며 사는 호흡 작용과 살아 움직이는 기운까지도 모두 하나님의 것이다. 우리는 '내가 살아 있다' 하며 내 육체라고 말한다. 하지만 실로 우리의 것은 하나도 없으며, 우리의 머리카락 한 올까지도 하나님께서 창조하신 하나님의 것이다. 우리는 단지 하나님의 것을 빌어 사는 것뿐이다. 왜냐하면 우리 인간을 창조하신 분이 하나님이시기 때문이다.[7]

　성경은 "만일 하나님이 그의 영과 숨을 거두어 가신다면 모든 생명체는 사라질 것이며 사람은 다시 흙으로 돌아갈 것입니다"[8] 라고 말씀하고 있다. 우리가 길을 걸어갈 때 발에 밟히는 한 포기의 푸른 풀, 눈에 잘 띄지 않는 작은 개미까지도 하나님이 만드신 것이다. 하늘에 떠 있는 태양과 달 그리고 밤하늘의 수많은 별들 등 그 어느 것 하나 결코 우연히 있는 것이 없으며 모두가 하나님이 창조하신 것이다.[9]

　성경은 만물에는 하나님의 영원하신 능력과 신성이 분명히 보여 알게 되어 있으므로, 그 누구도 하나님의 뜻을 몰랐다고 핑계할 수 없다고 말씀하고 있다.[10] 좀 더 구체적인 예를 들어보자. 나무를 보면 그 몸체가 둥그렇듯이 사람의 몸도 둥그렇다. 나무가 양분을 섭취하기 위해서 땅에 뿌리를 내리고 살듯이 사람도 땅을 밟고 땅에서 생산되는 것을 먹고 산다. 나무는 태양 빛을 받기 위해

---

7) 창 1:26-27
8) 욥 34:14-15(현대인의 성경)
9) 창 1:14-19
10) 롬 1:20

서 하늘을 향해 뻗어간다.

성경에서 해는 하나님을 상징한다.[11] 나무는 사람이 사람답게 살아가기 위해서는 하나님을 바라보며 살아가야 한다는 무언의 진리를 우리에게 보여주고 있다. 이와 같이 우주 만물이 모두 하나님의 뜻을 증거하고 있다. 따라서 이 세상을 떠나 하나님 앞에 서는 날, 그 누구도 하나님의 뜻을 몰랐다고 핑계 댈 수 없다.

많은 의사들이 목사가 되는 이유를 생각해 볼 필요가 있다. 의사가 되기 위해서는 다른 분야에 비해서 많은 공부와 수련을 필요로 한다. 예과, 본과, 인턴, 레지던트 그리고 자격시험 등의 과정을 거쳐야 한다. 인정받는 의사가 되면 평균 이상의 수입도 보장되며, 사회적으로 대접도 받는다. 왜냐하면 그 의술이 사람의 생명을 다루는 고귀한 일이기 때문이다. 그렇다면 그러한 의사들이 무엇이 아쉬워서 새삼스럽게 다시 신학을 공부하며 목사가 되는가? 세상적으로 돈을 잘 벌고 존경을 받는 위치라면 그 나름대로 족하지 않는가?

의사가 아무리 경험이 풍부하고 의술이 좋다고 해도, 수술을 하고 투약하는 것은 경험과 숙련된 의술에 불과하다. 즉 의사가 환자의 병을 고치는 것은 아니다. 의사들은 인체의 신비로운 구조와 작용 그 자체에서 하나님을 발견하게 되며, 사람을 그토록 신비롭게 만드신 분은 전지전능하신 하나님이라는 결론에 도달한다. 인체의 신비로운 구조와 작용에 더하여 거기에 생명이 있다는 것을 통하여 하나님을 확실히 발견하고 믿게 됨으로써 결국 목회자의 길을 가는 의사들이 많다는 것이다.

유명한 과학자들을 보면 대부분이 하나님을 인정하고 믿는 것

---

11) 시 84:11

을 볼 수 있다. 물론 그렇지 못한 자들도 있다. 그 대표적인 인물이 유명한 상대성 원리를 발견한 독일 태생의 미국 물리학자, 알버트 아인슈타인이다.

과학자들이 하나님을 인정하고 믿는 이유를 생각해 볼 필요가 있다. 과학자들은 연구를 하면 할수록 자신이 아는 것은 너무나도 작고 미약하다는 것을 발견하게 되며, 자신이 아는 지식은 우주에 가득한 지식의 한 점에도 미치지 못하는 것을 알게 된다. 결국 자신의 부족함과 온 우주를 창조하신 하나님을 인정하며 믿게 된다. 미국의 어느 유명한 물리학자는 다음과 같이 고백했다. "내가 알고 있는 지식은 야구공을 태평양에 던졌을 때 그 공에 묻어 나오는 물기에 불과하다."

배우면 배울수록, 연구를 하면 할수록 자신의 미약함을 발견하는 것이 정상이며, 그로 인해 겸손해지는 것이 정상이다. 왜냐하면 온전한 배움의 결과는 깨달음과 한없이 부족한 자신의 발견이기 때문이다. 그러나 그렇지 못한 자들도 있다.

가을이 되면 속이 꽉 들어차고 누렇게 익어서 다소곳이 머리를 숙인 벼이삭을 본다. 배웠다고 하면서도 속이 차지 못하고, 제대로 깨닫지 못해서 색깔은 비슷하게 누렇지만 고개를 숙일 줄 모르는 벼와 같은 자들도 있다. 그들은 학위나 자랑하면서 뻣뻣이 고개를 쳐들고 있는 자들이다. 그러한 자들은 고개 숙인 벼이삭에서 겸손의 진리를 배워야 한다.

혹자들은 진화설을 주장하기도 한다. 사람이 하나님의 창조물이 아니라 고등 원숭이가 진화되었다는 학설이다. 만물의 영장이라고 하는 자들이 과연 자신들이 원숭이의 후손이라는 사실을 인정한다는 말인가? 원숭이는 영을 소유하지도 못하며 단지 혼과 육으로 구성된 미물단지에 불과하다.[12] 생명이 끊어지면 소멸되고 마는, 하나의 동물에 불과한 원숭이를 조상으로 생각할 수 있다는 말인가? 아! 안타까운 원숭이 후손님들이여!

그 무엇 하나 하나님의 존재를 부인할 수 있는 것은 없다. 하나님이 없다고 스스로 외쳐보아야 자신의 어리석음을 경책(警責)하는 메아리만 있을 뿐이다. 우리가 살아 있는 동안 단 한순간도 쉬지 않고 심장이 뛰며 펌프작용을 함으로 피가 온몸을 돌게 하는 것도 하나님의 기운이며, 우리가 살아서 숨 쉬며 활동하는 그 자체가 바로 하나님이 살아 역사하시는 증거이다.

2. 하나님이 존재하시는 증거

성경은 하나님의 존재하심과 그 역사를 '일반계시'와 '특별계시'로 증거하고 있다. 일반계시는 자연만물을 통해서 기르쳐 알게 하는 것이며, 특별계시는 하나님의 말씀을 통해서 가르쳐 알게 하는 것을 말한다.

먼저 일반계시에서 첫째, 만물이 증거한다.

> "창세로부터 그의 보이지 아니하는 것들 곧 그의 영원하신 능력과 신성이 그가 만드신 만물에 분명히 보여 알려졌나니 그러므로 그들이 핑계하지 못할지니라."[13]

---

12) 욥 12:10
13) 롬 1:20

하나님께서 창조하신 만물이 "하나님 보시기에 좋았더라"는 모습을 보여주고 있다.[14] 왜냐하면 하나님의 창조는 완전하기 때문이다.

"하늘이 하나님의 영광을 선포하고 궁창이 그의 손으로 하신 일을 나타내는도다."[15]

우주만물이 하나님의 영광과 창조역사를 나타내고 있다는 말씀이다.

둘째, 양심이 증거한다.

"물은 예수 그리스도께서 부활하심으로 말미암아 이제 너희를 구원하는 표니 곧 세례라 이는 육체의 더러운 것을 제하여 버림이 아니요 하나님을 향한 선한 양심의 간구니라."[16]

세례는 구원을 얻는 표로서, 우리의 선한 양심이 하나님 앞에 나아가는 것이라는 말씀이다.

"이런 이들은 그 양심이 증거가 되어 그 생각들이 서로 혹은 고발하며 혹은 변명하여 그 마음에 새긴 율법의 행위를 나타내느니라."[17]

---

14) 창 1:4, 10, 12, 18, 21, 25, 31
15) 시 19:1
16) 벧전 3:21
17) 롬 2:15

선한 일을 할 때는 기쁨이 생기고 죄를 범하면 양심의 가책을 느낀다. 이는 양심이 선과 악을 증거한다는 말씀이다. 즉 우리의 양심이 선하신 하나님을 증거한다는 말씀이다. 그래서 양심은 내 편이 아니라 하나님의 편이라고도 한다.

셋째, 역사를 통해서 증거한다.

"…땅의 기둥들은 여호와의 것이라 여호와께서 세계를 그것들 위에 세우셨도다."[18]

세상 모든 나라의 흥망성쇠는 하나님의 주권 안에 있다. 세계 역사는 아무렇게나 뜻 없이 흘러가는 것이 아니라 택하신 백성의 구원 완성을 위해 하나님의 열심, 곧 불붙는 사랑의 동력으로 종말을 향하여 지금도 힘차게 흐르고 있다.[19]

다음으로, 특별계시에서 첫째, 성경이 증거한다.
성경은 성령의 감동으로 기록된 것이므로 하나님의 생각이 글로 나타난 것이다.

"모든 성경은 하나님의 감동으로 된 것으로 교훈과 책망과 바르게 함과 의로 교육하기에 유익하니."[20]
"먼저 알 것은 성경의 모든 예언은 사사로이 풀 것이 아니니 예

---

18) 삼상 2:8
19) 왕하 19:31; 사 9:7, 37:32
20) 딤후 3:16

언은 언제든지 사람의 뜻으로 낸 것이 아니요 오직 성령의 감동
하심을 입은 사람들이 하나님께 받아 말한 것임이니라."[21]
"너희가 성경에서 영생을 얻는 줄 생각하고 성경을 연구하거니
와 이 성경이 곧 내게 대하여 증언하는 것이니라."[22]

예수님이 친히 하신 말씀이다. 예수님은 성자 하나님으로 보이지 않는 영의 하나님이 말씀이 육신을 입고, 보이는 하나님으로 오신 분이다.[23] 따라서 성경이 하나님을 증거하고 있음을 알 수 있다.

둘째, 하나님 자신이 증거하신다.

"그들이 그날 바람이 불 때 동산에 거니시는 여호와 하나님의
소리를 듣고 아담과 그의 아내가 여호와 하나님의 낯을 피하여
동산 나무 사이에 숨은지라."[24]

하나님이 죄를 짓고 부끄러워하는 아담과 하와의 양심의 모습을 보이심으로 하나님 자신의 존재를 증거하고 계신다.

"…여호와께서 이르시되 네 아들 네 사랑하는 독자 이삭을 데
리고 모리아 땅으로 가서 내가 네게 일러 준 한 산 거기서 그를
번제로 드리라…내가 이제야 네가 하나님을 경외하는 줄을 아

---

21) 벧후 1:20-21
22) 요 5:39
23) 요 1:14
24) 창 3:8

노라."[25]

하나님이 직접 아브라함에게 명령하시고, 아브라함이 순종하는 모습이다. 하나님이 아브라함에게 명령하심으로 하나님 자신의 존재를 증거하고 계신다.

> "여호와께서 모세에게 이르시되 너는 바로에게 가서 그에게 이르기를 여호와의 말씀에 내 백성을 보내라 그들이 나를 섬길 것이니라."[26]

하나님이 모세에게 명령하심으로 하나님 자신의 존재를 증거하고 계신다.

셋째, 예수 그리스도가 증거하신다.

> "예수께서 외쳐 이르시되 나를 믿는 자는 나를 믿는 것이 아니요 나를 보내신 이를 믿는 것이며 나를 보는 자는 나를 보내신 이를 보는 것이니라."[27]

여기 '나를 보내신 이'는 하나님을 가리킨다. 따라서 예수 그리스도가 하나님의 존재를 증거하신다.

---

25) 창 22:1-12
26) 출 8:1
27) 요 12:44-45

"예수께서 이르시되 내가 곧 길이요 진리요 생명이니 나로 말미암지 않고는 아버지께로 올 자가 없느니라."[28]

예수님이 자기를 보내신 하나님을 아버지라 지칭하신 것은, 자기를 하나님의 이름으로 보내신 아버지 하나님과 자신을 구분하기 위해서이다.[29]

"예수께서 큰 소리로 불러 이르시되 아버지 내 영혼을 아버지 손에 부탁하나이다 하고 이 말씀을 하신 후 숨지시니라."[30]

예수님이 하나님을 아버지라 지칭하며 하나님의 존재를 증거하신다.

넷째, 성령께서 증거하신다.

"내가 아버지께로부터 너희에게 보낼 보혜사 곧 아버지께로부터 나오시는 진리의 성령이 오실 때에 그가 나를 증언하실 것이요."[31]
"오직 하나님이 성령으로 이것을 우리에게 보이셨으니 성령은 모든 것 곧 하나님의 깊은 것까지도 통달하시느니라."[32]

---

28) 요 14:6
29) 요 5:43
30) 눅 23:46
31) 요 15:26
32) 고전 2:10

이처럼 하나님께로서 나오시는 하나님의 거룩한 영이신 성령이 하나님의 존재를 증거한다.

인간이 죄를 범하지 않았을 때는 일반계시로도 하나님의 존재를 충분히 알 수 있었다. 그러나 죄를 범한 후에는 영적인 분별력을 상실하여 일반계시로는 알 수 없으므로 특별계시가 나와야 했다. 그래서 하나님께서 우리에게 성경을 주신 것이다.

3. 10대 재앙과 출애굽 사건을 통한 하나님의 역사

이스라엘 백성이 애굽을 탈출하기 전 하나님께서 애굽에 내린 10대 재앙과 출애굽 사건이 하나님의 살아 계심과 역사하심을 증거한다.[33] 하나님께서 애굽과 애굽 왕 바로에게 내린 열 가지 재앙은 ① 7일간 하수가 피가 되는 재앙[34] ② 개구리 재앙[35] ③ 티끌이 이가 되어 사람과 생축을 괴롭힌 재앙[36] ④ 파리 떼가 가득한 재앙[37] ⑤ 생축에 악질이 생기는 재앙[38] ⑥ 사람과 짐승에게 독종이 발하는 재앙[39] ⑦ 우박과 불덩이가 쏟아지는 재앙[40] ⑧ 메뚜기 재앙[41]

---

33) 박윤식, 《횃불 언약의 성취》 (휘선, 2013), pp. 103-339.
34) 출 7:14-25
35) 출 8:1-15
36) 출 8:16-19
37) 출 8:20-32
38) 출 9:1-7
39) 출 9:8-12
40) 출 9:13-35
41) 출 10:1-20

⑨ 3일간의 흑암 재앙[42] ⑩ 모든 처음 난 것(장자)이 죽는 재앙[43]이었다.

신구약 66권 중에서 하나님의 살아 계심을 가장 통쾌하고도 분명하게 드러낸 곳은, 애굽에 내린 10대 재앙[44]과 출애굽 사건[45]이다. 하나님께서는 출애굽 전에 10대 재앙을 통해서, 하나님을 믿는 백성을 짓밟고 괴롭히는 이 세상 신들이 얼마나 허무하고 비참하게 망하는가를 만천하에 공포하셨다.

10대 재앙은 엄연한 역사적 사실이다. 혹자는 자연현상에 의한 재앙으로 생각하는 자도 더러 있지만, 만일 10대 재앙이 자연현상이었다면, 아홉 번의 모든 재앙이 마지막 재앙을 향하여 연속적으로 그리고 점진적으로 진행될 수는 없다. 연속적으로 계속된 열 가지 재앙은 모두 하나님의 절대적인 권능으로 행해진 하나님의 이적이요, 하나님의 표징이었다.[46]

성경에는 그 재앙의 원인과 목적과 대상, 그리고 재앙들이 일어난 시기까지 매우 자세히 기록되어 있다. 재앙이란, '천재지변이나 뜻하지 않은 사고 등으로 인한 매우 고통스럽고 불행한 일, 하나님께서 내리시는 치명적인 재난'[47]을 뜻한다. 성경에서 원인 없이 내리는 재앙은 없다. 재앙을 당하는 것은 반드시 그렇게 되도록 만든 결정적인 죄가 있기 마련인 것이다.[48] 여러 가지 재앙이 혹독하게

---

42) 출 10:21-29
43) 출 11:4-10, 12:29-36
44) 출 7:14-12:36
45) 출 12:37-13:22
46) 출 7:3
47) 창 12:17, 19:19; 민 8:19; 삿 2:15
48) 욥 4:7, 5:6

내릴 때 "재앙이 탄식보다 중함"⁴⁹⁾이라고 표현하기도 하였고, 하나님을 경외하고 그 말씀에 순종하는 자는 재앙을 만나지 않고 평안한 삶을 살게 된다고 하였다.⁵⁰⁾

10대 재앙의 표징과 이적에는 두 가지 의미가 있다. 성경은 "내가 바로의 마음을 완악하게 하고 내 표징과 내 이적을 애굽 땅에서 많이 행할 것이나"⁵¹⁾라고 말씀하고 있다. '이적'(מוֹפֵת, 모페트)은 과학적으로 설명될 수 없는 신기한 능력이나 기적(miracle), 일상생활에서는 찾아보기 어려운 경이로운 현상, 한 번도 경험해 보지 못한 현상 등을 말한다. 그렇다면 10대 재앙의 표징과 이적의 두 가지 의미는 무엇인가?

첫째, 표징과 이적을 일으키는 주체가 사람이 아니라 하나님 자신임을 나타낸다.

"나의 표징과 나의 이적"이라는 표현은, 애굽에서 이루어진 그 모든 재앙들이 전적으로 하나님의 의지와 능력으로 이루어진 행사이며, 모세와 아론은 그 일을 이루기 위해 사용된 도구에 불과할 뿐이라는 것을 분명히 밝히신 것이다. 하나님께서는 제1, 제2, 제3 재앙에서 아론을 보내어 바로 왕 앞에 서게 하여 재앙을 일으키셨고⁵²⁾, 제4 재앙부터 제9 재앙까지는 모세를 보내어 바로 왕 앞에 서게 하여 재앙을 일으키셨다.⁵³⁾ 마지막 제10 재앙은 하나님께서 직

---

49) 욥 23:2
50) 시 91:9-10; 잠 1:33, 19:23
51) 출 7:3
52) 출 7:19-20, 8:6, 17
53) 출 8:20, 9:1, 10, 13, 23, 10:1, 13, 21-22

접 애굽에 내려오셔서 일으키셨다.[54] 표면적으로는 모세와 아론이 드러나 보였을지라도, 모든 재앙은 하나님의 표징이요 하나님의 이적이다. 그 이유는, 모세와 아론의 손에 '하나님의 지팡이'가 들려 있었기 때문이다.[55]

특별히 모세가 바로 앞에서 당장 그 지팡이로 어떤 기사와 이적을 행하는 것이 아니었음에도 불구하고, 하나님께서는 모세에게 바로 왕에게 나아갈 때 반드시 '그 뱀 되었던 지팡이'를 잡고 가라고 지시하셨다. 출애굽기 7장 15절에 "아침에 너는 바로에게로 가라 보라 그가 물 있는 곳으로 나오리니 너는 나일 강가에 서서 그를 맞으며 그 뱀 되었던 지팡이를 손에 잡고"라고 명령하셨다.

바로 앞에 '그 뱀 되었던 지팡이'를 손에 잡고 가도록 하신 것은, 하나님의 권위를 가지고 오직 하나님의 능력을 힘입어 행하라는 뜻이었다. '그 뱀 되었던 지팡이'는 바로 왕에게는 하나님의 심판을 알리고, 모세에게는 모든 표징과 이적이 하나님의 능력과 권세로 되는 것임을 일깨우는 도구가 되었다.

둘째, 열 가지 재앙 모두 하나님의 방법으로 행해질 것을 나타낸다.

하나님께서는 세상 사람이 보기에 아주 약한 것과 미련해 보이는 방법을 통해 매우 강력한 효과를 나타내셨다.[56]

당시 세계 최강국이었던 애굽의 왕 앞에서 권능을 행하실 때, 하나님의 권능의 방편은, '지팡이' 곧 80세 된 모세의 몸이 의지하는

---

54) 출 11:4, 12:27
55) 출 4:20, 17:9
56) 참고-시 8:2; 고전 1:18

막대기뿐이었다. 이같이 하나님께서는 사람들이 평소 하찮게 생각하거나 무시했던 미물, 가장 약한 것들을 아주 효과적인 재앙의 도구로 사용하셨다. 미세한 먼지로 생긴 작은 '이',[57] 작은 '파리',[58] 눈에 보이지 않는 바이러스 '악질',[59] 풀무의 재 두 움큼으로 발생한 '독종',[60] 작은 '메뚜기'[61]이다. 조그마한 미물들로 인한 재앙 때문에, 지위 고하를 막론하고 애굽 땅에 있는 모든 사람들은 숨이 막힐 정도로 고통을 받았다.

　하나님께서는 가장 약하고 시시하게 보이는 것으로, 가장 큰 강대국 애굽의 왕과 백성을 무기력하게 만드시고 어마어마한 하나님의 권능과 위력을 애굽 온 땅에 나타내셨다. 이 기막힌 지혜는 오직 하나님께만 가능한 것이다. 하나님의 표징과 하나님의 이적은, 사람의 생각이나 사람의 방법으로는 도무지 상상할 수도 없고 이룰 수도 없는 일들이다.

　참으로 하나님께서는 지극히 미천한 것으로 세상 왕의 강력한 세력끼지도 꺾으시고 세상을 다스리는 분이시나. 하나님께서는 강하고 큰 것만을 쓰시지 않고, 작고 볼품없는 것들을 택하여 위대한 역사를 만들어 가신다. 하나님의 손에 온전히 붙잡히면 누구든지, 무엇이든지 위대한 구속 역사의 도구로 사용될 수 있다. 우리의 마음을 낮추고 전심으로 하나님만을 향하면, 우리도 하나님의 큰 권능의 도구가 된다.[62] 능력의 근원은 우리 자신이 아니라 오직

---

57) 출 8:16-19
58) 출 8:20-23
59) 출 9:1-7
60) 출 9:8-12
61) 출 10:1-20
62) 대하 16:9

하나님이시기 때문이다.[63]

애굽에 내린 10대 재앙은 자연 현상이 아닌 하나님의 절대 주권적 능력이다. 즉 애굽에 내린 열 가지 재앙은 절대로 자연적인 현상들이 아니라 하나님의 절대 주권적 능력에 의한 것이었다. 그 증거는 다음과 같다.

첫째, 재앙의 강도가 자연현상으로는 불가능한 것이었나.
첫 번째 재앙에서 애굽 온 땅의 물이 다 피로 바뀌었다.[64]
두 번째 재앙에서 개구리가 애굽 온 지경에 덮였다.[65]
세 번째 재앙에서 애굽 온 땅의 티끌이 다 이가 되었다.[66]
네 번째 재앙에서 파리 떼가 애굽 전국에 이르러 해를 끼쳤다.[67]
다섯 번째 재앙에서 애굽 땅 들에 있던 모든 생축이 악질로 죽었다.[68]
여섯 번째 재앙에서 애굽 온 땅의 사람과 짐승에게 독종이 발하였다.[69]
일곱 번째 재앙에서 애굽 전국에 개국 이래로 없던 우박이 불덩이와 함께 내렸다.[70]
여덟 번째 재앙에서 동풍이 온 낮과 온 밤에 불어 아침에 미쳐

---

63) 고후 4:7; 참고-창 18:14; 렘 32:17, 27; 눅 1:37
64) 출 7:19
65) 출 8:2-6
66) 출 8:17
67) 출 8:24
68) 출 9:6
69) 출 9:9-11
70) 출 9:23-24

메뚜기를 불러들였고, 마침내 메뚜기가 애굽 온 땅을 덮었다.[71]

아홉 번째 재앙에서 캄캄한 흑암이 3일 동안 애굽 온 땅에 있었다.[72]

열 번째 재앙에서 애굽의 처음 난 것은, 바로의 장자로부터 맷돌 뒤에 있는 여종의 장자, 옥에 갇힌 사람의 장자까지와 생축의 처음 난 것까지 모두 죽었다.[73]

둘째, 재앙들이 미리 예고한 대로 쏟아졌다.

네 번째 재앙인 파리 재앙,[74] 다섯 번째 재앙인 악질 재앙,[75] 일곱 번째 재앙인 우박 재앙,[76] 여덟 번째 재앙인 메뚜기 재앙[77]은 하루 전에 예고되었다. 또한 개구리 재앙이 사라질 때[78]와 파리 재앙이 사라질 때,[79] 그리고 우박 재앙이 사라질 때[80]도 미리 예고되었다. 오늘날의 첨단 과학 기술로도 갑작스런 자연 재해의 정확한 예측이 불가한데 그 당시에는 더욱 그러했을 것이다. 그러므로 정확한 재해의 예고와 예고한 대로 재잉이 쏟아진 것은, 그것이 하나님의 전능하신 능력에 의해 일어난 일임을 알려준다.

셋째, 이스라엘 백성이 거하는 고센 땅만 구별되었다.

---

71) 출 10:13-15
72) 출 10:22
73) 출 11:5, 12:29-30
74) 출 8:23
75) 출 9:5
76) 출 9:18
77) 출 10:4
78) 출 8:9-10
79) 출 8:29
80) 출 9:29

자연 현상에 의한 재해라면 전체 지역 가운데 특정한 지역만 빼놓고 일어날 수가 없다. 그런데 10대 재앙은 이스라엘 백성이 거주하는 고센 땅에는 임하지 않았다. 파리 재앙 때에 "그날에 나는 내 백성이 거주하는 고센 땅을 구별하여 그곳에는 파리가 없게 하리니"라고 말씀하고 있다.[81] 악질 재앙 때에도 "여호와가 이스라엘의 가축과 애굽의 가축을 구별하리니 이스라엘 자손에게 속한 것은 하나도 죽지 아니하리라 하셨다 하라"고 말씀하고 있다.[82] 우박 재앙 때에도 "이스라엘 자손들이 있는 그곳 고센 땅에는 우박이 없었더라"라고 말씀하고 있다.[83] 흑암 재앙 때에도 "이스라엘 자손들이 거주하는 곳에는 빛이 있었더라"고 말씀하고 있다.[84] 이것은 10대 재앙이 단순히 자연현상이 아니라 하나님의 전능하신 능력의 결과라는 것을 가르쳐 준다.

넷째, 재앙의 강도가 점진적이었다.

재앙이 점진적으로 진행되었다는 것은 다음 몇 가지 사실을 통해서 확증된다.

① 첫 번째 피 재앙과 두 번째 개구리 재앙은 애굽의 술객들이 흉내를 냈다.[85] 그러나 세 번째 이 재앙부터는 애굽의 술객들이 흉내를 내지 못했다.[86]

② 다섯 번째 악질 재앙부터 '매우 심한(무거운)'이란 뜻을 가진

---

81) 출 8:22
82) 출 9:4
83) 출 9:26
84) 출 10:23
85) 출 7:22, 8:7
86) 출 8:18

히브리어 표현 '카베드 메오드'(כָּבֵד מְאֹד)가 사용되었다. 이 단어는 일곱 번째 우박 재앙[88], 여덟 번째 메뚜기 재앙에서도 사용되었다.[89]

③ 여섯 번째 독종 재앙부터는 술객들이 더 이상 모세 앞에 설 수 없었다. 출애굽기 9장 11절에서 "요술사들도 악성 종기로 말미암아 모세 앞에 서지 못하니"라고 말씀하고 있다.

④ 다섯 번째 재앙까지는 하나님께서 바로의 마음을 강퍅케 하셨다는 말씀이 없고, 바로의 마음이 스스로 완악하게 되었다는 말씀만 있다.[90] 여섯 번째 재앙 때 처음으로 "여호와께서 바로의 마음을 완악하게 하셨으므로"라는 말씀이 등장하고 있다.[91]

⑤ 첫 번째부터 아홉 번째 재앙까지는 사람을 직접 죽이지는 않으셨다. 그러나 마지막 열 번째 재앙에서는 애굽의 모든 장자들을 다 죽이셨다.[92]

다섯째, 재앙이 진행됨에 따라 바로 왕의 반응도 점진적으로 바뀌었다.

① 첫 번째 피 재앙에서는 바로 왕이 모세와 아론의 말을 듣지 않고 돌이켜 궁으로 들어가고 그 일에도 관념하지 아니하였다.[93]

② 두 번째 개구리 재앙에서 바로 왕은 모세와 아론을 불러, "여호와께 구하여 나와 내 백성에게서 개구리를 떠나게 하라 내가 이 백성을 보내리니 그들이 여호와께 제사를 드릴 것이니라"라고 말

---

87) 출 9:3
88) 출 9:18, 24
89) 출 10:14
90) 출 7:22, 8:15, 19, 32, 9:7
91) 출 9:12
92) 출 12:29
93) 출 7:22-23

했다.[94] 바로 왕은 처음으로 여호와께로부터 재앙이 왔다는 것을 인정하였고, 이스라엘 백성을 보낼 터이니 여호와께 제사를 드리라고 처음으로 허락하였다.

③ 네 번째 파리 재앙 때에 바로 왕은 이스라엘 백성이 하나님께 희생 드리는 것을 허락하면서 "이 땅에서" 드리라는 조건을 제시하였고,[95] 나중에는 "너무 멀리 가지는 말라 그런즉 너희는 나를 위하여 간구하라"고 기도를 요청하였다.[96]

④ 일곱 번째 우박 재앙 때에 바로 왕은 "내가 범죄하였노라 여호와는 의로우시고 나와 나의 백성은 악하도다 여호와께 구하여 이 우렛소리와 우박을 그만 그치게 하라 내가 너희를 보내리니 너희가 다시는 머물지 아니하리라"고 고백하였다.[97]

⑤ 여덟 번째 메뚜기 재앙 때에 바로 왕은 "너희 장정만 가서 여호와를 섬기라"라고 말하였다.[98]

⑥ 아홉 번째 흑암 재앙 때에 바로 왕은 "너희의 양과 소는 머물러 두고 너희 어린 것들은 너희와 함께" 하나님을 섬기러 가라고 말하였다.[99]

⑦ 마침내 열 번째 장자 재앙 때에 바로 왕은 "너희의 말대로 가서 여호와를 섬기며 너희가 말한 대로 너희 양과 너희 소도 몰아가고 나를 위하여 축복하라"고 말하였다.[100]

여섯째, 각 재앙은 모세와 아론이 하나님의 말씀대로 순종했을

---

94) 출 8:8
95) 출 8:25
96) 출 8:28
97) 출 9:27-28
98) 출 10:11
99) 출 10:24
100) 출 12:31-32

때, 하나님의 능력이 나타남으로 시작되고 마쳐졌다.

① 첫 번째 재앙은 모세와 아론이 여호와의 명하신 대로 행하여 지팡이를 들어 하수를 치는 순간 일어났다.[101]

② 두 번째 재앙은 아론이 그 팔을 애굽 물들 위에 펴는 순간 시작되었다.[102]

③ 세 번째 재앙은 아론이 지팡이를 잡고 손을 들어 땅의 티끌을 치는 순간 일어났다.[103]

④ 다섯 번째 재앙은 모세를 통해 예고하신 후에 여호와의 손이 생축에게 더하는 순간 일어났다.[104]

⑤ 여섯 번째 재앙은 모세가 바로 앞에 서서 풀무의 재를 하늘을 향해 날리는 순간 일어났다.[105]

⑥ 일곱 번째 재앙은 모세가 하늘을 향하여 지팡이를 드는 순간 일어났다.[106]

⑦ 여덟 번째와 아홉 번째 재앙은 모세가 애굽 땅 위에 지팡이를 드는 순간 일어났다.[107]

⑧ 두 번째, 네 번째, 일곱 번째, 여덟 번째의 경우, 재앙이 멈출 때에도 바로의 다급한 요청에 따라 모세가 기도한 후에 멈추었다.[108]

이처럼 열 가지 재앙은 자연현상과는 아무 상관없이, 오직 하나

---

101) 출 7:17, 20
102) 출 8:6
103) 출 8:16-17
104) 출 9:3
105) 출 9:8, 10
106) 출 9:22-23
107) 출 10:8, 12-13, 21-22
108) 출 8:8, 12-13, 28-31, 9:27-29, 33, 10:16-19

님의 주권 속에서 시작되고 진행되고 마쳐졌다. 이는 하나님이 살아 역사하신다는, 그 무엇보다도 확실한 증거이다.

많은 사람들은 애굽에 내린 10대 재앙이 오늘날 우리와는 아무 관련이 없는 줄로 생각한다. 그러나 하나님의 표징과 하나님의 이적은 시대마다 끊이지 않고 이어져 왔다. 지금도 언약 백성을 애굽과 같은 이 세상에서 신령한 약속의 땅 가나안으로 이끌어 가기 위해, 악의 무리를 멸하고 자기 백성을 구원으로 인도해 주시는 하나님의 표징과 하나님의 이적은 계속해서 나타나고 있다. 예레미야 선지자는 예루살렘이 바벨론 군대에 포위되었을 때, 하나님의 권세와 능력을 의지하여 기도하면서, 하나님께서 애굽 땅에서와 같이 계속하여 징조와 기사로 행하고 계신다고 증거하였다.[109]

오늘날에도 인간의 힘으로는 도저히 어찌할 수 없는 가뭄, 폭우, 장마, 태풍, 토네이도 등 하나님의 이적은 계속되고 있다. 물론 자연적인 형상이라 할 수 있다. 하지만 자연을 창조하시고 운행하시는 분도 하나님이신데 어찌 그것이 하나님의 역사가 아니라고 말할 수 있겠는가? 하나님은 때로는 깨닫고 돌아오게 하기 위해서 재앙을 내리기도 하신다.

아모스 4장 8-9절은 "두세 성읍 사람이 어떤 성읍으로 비틀거리며 물을 마시러 가서 만족하게 마시지 못하였으나 너희가 내게로 돌아오지 아니하였느니라 여호와의 말씀이니라 내가 곡식을 마르게 하는 재앙과 깜부기 재앙으로 너희를 쳤으며 팥중이로 너희의 많은 동산과 포도원과 무화과나무와 감람나무를 다 먹게 하였

---

109) 렘 32:20-21

으나 너희가 내게로 돌아오지 아니하였느니라 여호와의 말씀이니라"고 말씀하고 있다. 하나님이 내리신 가뭄과 흉작의 재앙을 말씀하고 있다.

범사에 우연은 없다. 모든 것이 하나님의 섭리 가운데 진행되고 있는 것이다. 그래서 잠언 3장 6절은 "너는 범사에 그(하나님)를 인정하라 그리하면 네 길을 지도하시리라"고 말씀하고 있다.

4. 하나님은 어떤 분인가?

우리는 하나님의 속성, 즉 인간과의 비공유적 및 공유적 속성을 통하여 하나님이 어떤 분이신지를 알 수 있다.

첫째, 하나님은 영원 자존성을 가지신 분이다.
즉 하나님은 영원히 스스로 계시는 속성을 가지고 계신다.

> "하나님이 모세에게 이르시되 나는 스스로 있는 자니라 또 이르시되 너는 이스라엘 자손에게 이같이 이르기를 스스로 있는 자가 나를 너희에게 보내셨다 하라."[110]

둘째, 하나님은 영원 불변성을 가지신 분이다.
즉 하나님은 영원히 변치 않는 속성을 가지고 계신다.

> "하나님은 약속을 기업으로 받는 자들에게 그 뜻이 변하지 아니

---
[110] 출 3:14

함을 충분히 나타내시려고 그 일을 맹세로 보증하셨나니 이는 하나님이 거짓말을 하실 수 없는 이 두 가지 변하지 못할 사실로 말미암아 앞에 있는 소망을 얻으려고 피난처를 찾은 우리에게 큰 안위를 받게 하려 하심이라."[111]

"예수 그리스도는 어제나 오늘이나 영원토록 동일하시니라."[112]

"나 여호와는 변하지 아니하나니 그러므로 야곱의 자손들아 너희가 소멸되지 아니하느니라."[113]

"온갖 좋은 은사와 온전한 선물이 다 위로부터 빛들의 아버지께로부터 내려오나니 그는 변함도 없으시고 회전하는 그림자도 없으시니라."[114]

"내가 이제 조서를 내리노라 내 나라 관할 아래에 있는 사람들은 다 다니엘의 하나님 앞에서 떨며 두려워할지니 그는 살아 계시는 하나님이시요 영원히 변하지 않으실 이시며 그의 나라는 멸망하지 아니할 것이요 그의 권세는 무궁할 것이며."[115]

"하나님은 사람이 아니시니 거짓말을 하지 않으시고 인생이 아니시니 후회가 없으시도다 어찌 그 말씀하신 바를 행하지 않으시며 하신 말씀을 실행하지 않으시랴."[116]

셋째, 하나님은 영원 무한성을 가지신 분이다.
즉 하나님은 영원히 한이 없으신 분이시다.

---

111) 히 6:17-18
112) 히 13:8
113) 말 3:6
114) 약 1:17
115) 단 6:26
116) 민 23:19

"전능자를 우리가 찾을 수 없나니 그는 권능이 지극히 크사 정의나 무한한 공의를 굽히지 아니하심이니라."[117]
"네가 하나님의 오묘함을 어찌 능히 측량하며 전능자를 어찌 능히 완전히 알겠느냐."[118]

넷째, 하나님은 무소 부재성을 가지신 분이다.
즉 하나님은 어디에나 계시는 속성을 가지고 계신다.

"내가 주의 영을 떠나 어디로 가며 주의 앞에서 어디로 피하리이까 내가 하늘에 올라갈지라도 거기 계시며 스올에 내 자리를 펼지라도 거기 계시나이다 내가 새벽 날개를 치며 바다 끝에 가서 거주할지라도 거기서도 주의 손이 나를 인도하시며 주의 오른손이 나를 붙드시리이다."[119]

다섯째, 하나님은 전지전능성을 가지신 분이다.
즉 하나님은 모든 것을 아시고 모든 것을 하실 수 있는 속성을 가지고 계신다.

"너희에게는 머리털까지 다 세신 바 되었나니 두려워하지 말라 너희는 많은 참새보다 귀하니라."[120]
"여호와께서는 높이 계셔도 낮은 자를 굽어살피시며 멀리서도

---

117) 욥 37:23
118) 욥 11:7
119) 시 139:7-10
120) 마 10:30-31

교만한 자를 아심이니이다."[121]

"하나님은 허망한 사람을 아시나니 악한 일은 상관하지 않으시는 듯하나 다 보시느니라."[122]

"이는 한 아기가 우리에게 났고 한 아들을 우리에게 주신 바 되었는데 그의 어깨에는 정사를 메었고 그의 이름은 기묘자라, 모사라, 전능하신 하나님이라, 영존하시는 아버지라, 평강의 왕이라 할 것임이라."[123]

"여호와여 수께서 나를 살펴보셨으므로 나를 아시나이나 주께서 내가 앉고 일어섬을 아시고 멀리서도 나의 생각을 밝히 아시오며 나의 모든 길과 내가 눕는 것을 살펴보셨으므로 나의 모든 행위를 익히 아시오니 여호와여 내 혀의 말을 알지 못하시는 것이 하나도 없으시니이다."[124]

"예수께서 이르시되 어찌하여 무서워하느냐 믿음이 작은 자들아 하시고 곧 일어나사 바람과 바다를 꾸짖으시니 아주 잔잔하게 되거늘 그 사람들이 놀랍게 여겨 이르되 이이가 어떠한 사람이기에 바람과 바다도 순종하는가 하더라."[125]

여섯째, 하나님은 상대적 속성을 가지신 분이다.
즉 하나님은 사람과 공유하는 속성을 가지고 계신 분이다. 왜냐하면 하나님은 자기의 형상대로 사람을 창조하셨기 때문이다.

---

121) 시 138:6
122) 욥 11:11
123) 사 9:6
124) 시 139:1-4
125) 마 8:26-27

"하나님이 이르시되 우리의 형상을 따라 우리의 모양대로 우리가 사람을 만들고 그들로 바다의 물고기와 하늘의 새와 가축과 온 땅과 땅에 기는 모든 것을 다스리게 하자 하시고 하나님이 자기 형상 곧 하나님의 형상대로 사람을 창조하시되 남자와 여자를 창조하시고."[126]

또 하나님의 여섯 가지 본체를 통하여 하나님이 어떤 분이신지를 알 수 있다.

첫째, 하나님은 영이시다.

"하나님은 영이시니 예배하는 자가 영과 진리로 예배할지니라."[127]

둘째, 하나님은 말씀이시다.

"태초에 말씀이 계시니라 이 말씀이 하나님과 함께 계셨으니 이 말씀은 곧 하나님이시니라."[128]

셋째, 하나님은 사랑이시다.

"사랑하지 아니하는 자는 하나님을 알지 못하나니 이는 하나님

---

126) 창 1:26-27
127) 요 4:24
128) 요 1:1

은 사랑이심이라."[129]

넷째, 하나님은 빛이시다.

"우리가 그에게서 듣고 너희에게 전하는 소식은 이것이니 곧 하나님은 빛이시라 그에게는 어둠이 조금도 없으시다는 것이니라."[130]

다섯째, 하나님은 선이시다.

"여호와는 선하시며 그의 이름이 아름다우니 그의 이름을 찬양하라."[131]

여섯째, 하나님은 신이시다.
인간은 인간을 창조할 수 없다. 오직 신이신 하나님만이 인간을 창조할 수 있다.

"하나님이 이르시되 우리의 형상을 따라 우리의 모양대로 우리가 사람을 만들고 그들로 바다의 물고기와 하늘의 새와 가축과 온 땅과 땅에 기는 모든 것을 다스리게 하자 하시고 하나님이 자기 형상 곧 하나님의 형상대로 사람을 창조하시되 남자와 여자를 창조하시고."[132]

---

129) 요일 4:8
130) 요일 1:5
131) 시 135:3
132) 창 1:26-27

5. 만유보다 크신 하나님의 사랑[133]

우리는 흔히 하나님을 크고 위대하신 분으로 생각한다. 성경에서도 하나님을 "크신 하나님" 또는 "지극히 크신 하나님"으로 말씀하고 있다.[134]

그렇다면 하나님은 얼마나 크신 분일까? 예수 그리스도께서는 완악한 유대인들 앞에서 하나님을 "만유보다 크신 아버지"[135]라고 말씀하셨다.

여기서 만유는 우주와 그 가운데 있는 모든 것, 곧 보이는 것들과 보이지 않는 것을 포함한다. 즉 유형적 존재들과 무형적 존재들, 물질적 존재들과 비물질적 존재들을 모두 가리킨다.[136]

하나님께서는 이 모든 만물을 능력의 말씀으로 창조하셨고,[137] 무에서 창조하셨으며,[138] 즉각적으로 창조하셨고,[139] 6일 동안 창조하셨다.[140] 이 방대한 만유를 창조하신 하나님은 만유와 비교할 수 없을 정도로 크신 분이시다.

만유보다 크신 하나님은 "광대하신 하나님"[141]이시다. 다윗은 "여호와는 광대하시니 극진히 찬양할 것이요 모든 신보다 경외할 것임이여"[142]라고 고백하였다.

---

133) 박윤식, 《영원히 꺼지지 않는 언약의 등불》(휘선, 2009), pp. 25-35.
134) 스 5:8; 느 4:14; 시 95:3; 단 2:45; 딛 2:13
135) 요 10:29
136) 골 1:16-17; 느 9:6; 행 14:15, 17:24-25; 계 5:13, 10:6
137) 창 1:7, 15, 24, 30; 시 33:6-9; 히 11:3
138) 창 1:1
139) 창 1:3, 11-12, 16, 21, 25, 2:7, 19, 22
140) 창 1:3-31
141) 시 48:1, 96:4-5, 135:5, 145:3, 147:5
142) 대상 16:25

이처럼 하나님은 광활한 땅이나 무한한 우주조차도 그 처소로 부족할 정도로 만유보다 크신, 지극히 광대하신 분이다.[143]

(1) 만유를 지으신 대주재(大主宰)

우리가 믿고 섬기는 하나님은 만유보다 크신 아버지요,[144] 만유의 머리이자,[145] 만유의 아버지이시며,[146] 만유를 지으신 대주재이시다.[147]

만유는 '이 세상에 있는 모든 물건, 우주에 존재하는 모든 것'을 가리킨다. '만물'은 보이는 것에 국한되지만, '만유'는 하늘에 속한 것과 땅에 속한 모든 것을 포함하는 것이다. 전 인류를 포함하여 온 우주의 만유는 하나님이 베푸시는 특별한 은혜와 긍휼 속에 있다.[148]

주재는 '어떤 일을 맡아서 처리함'을 뜻한다. 그러므로 '만유의 주재'라 함은 하나님께서는 창조주요, 주권자로서 사람들에게 생명과 호흡을 주시며, 모든 만물을 친히 다스리고 통치하시는[149] 유일한 절대자이심을 나타낸다.

---

143) 왕상 8:27
144) 요 10:29
145) 대상 29:11
146) 엡 4:6
147) 창 1:1, 14:19, 22; 출 20:11; 대하 2:12; 느 9:6; 시 102:25, 124:8, 134:3, 136:6, 146:6; 마 11:25; 행 4:24, 17:24
148) 시 145:9
149) 시 103:19

(2) 광대(廣大)한 우주

대주재이신 하나님께서 창조하신 만유는 얼마나 크고 신묘불측(神妙不測)한지 그 광대함과 무궁함에 경탄하지 않을 수 없다. 인간의 육안과 최첨단 망원경의 힘을 동원하여 볼 수 있는 데까지 모두 본다고 해도 그것은 전 우주 속에 지극히 작은 일부에 지나지 않는다.

측량할 수 없는 저 무한 광대한 우주는 차치하고, 지금 우리가 살고 있는 태양계의 크기만 대략 살펴보아도 만유보다 크신 하나님과 그 사랑의 무한하심에 감복하지 않을 수 없다.

① 지구, 태양, 달, 별들의 크기

지구는 태양을 중심으로 회전하는 태양계에서 제3위의 행성으로 반지름이 6,400km, 둘레가 4만km, 표면적이 5억 1,450만km^2이다. 부피는 1조 975억km^3, 무게는 약 6×10^{24}kg(6소 톤의 1억 배)의 엄청나게 큰 행성이다.

우리 눈에 하늘에서 가장 크게 보이는 태양은, 반지름이 70만km로 지구의 100배 이상이며 무게는 지구의 약 33만 배이다. 특히 태양의 부피는 지구의 130만 배로, 태양 안에 지구와 같은 행성이 130만 개나 들어갈 수 있는 실로 엄청난 크기이다. 지구의 에너지는 대부분 태양으로부터 받는데, 태양의 외부 온도는 6,000도, 내부 온도는 1천 500만 도이다. 천문학자들은 그 에너지가 1메가톤급 원자탄을 1초에 4,000만 개씩 연속으로 터뜨리는 것과 같다고 했다.

밤하늘에서 우리와 가장 친숙한 달은 반지름이 1,738km로 지구 반지름의 약 4분의 1 크기이며 달까지의 평균 거리는 약 38만km이다. 달의 표면 온도는 낮에는 평균 107도까지 오르고, 밤에는 평균 영하 153도 정도로 극한의 추위이다.

한편 달은 자전 속도와 공전 속도가 같기 때문에 우리 눈에 보이는 달이 기울고 차는 모양은 전체가 아닌 반쪽이다. 지금까지 달의 뒷면은 직접 탐사한 사람 외에는 아무도 보지 못한 것이다.

우주에는 태양보다도 수백 배 크고 무거운 별들이 무수하다. 우리가 육안으로 볼 수 있는 별의 수효는 약 6,000개요, 1900년대 초 세계 최대의 크기를 자랑하던 윌슨산 천문대의 직경 100인치(2.5미터) 망원경에 비치는 별이 1억 2,400만 개다. 망원경으로 볼 수도 없고 셀 수도 없는 별이 얼마나 많은지 모른다.

우리가 살고 있는 땅에서 육안으로 보이는 하늘의 은하계를 '우리 은하'(Our Galaxy)라고 하는데, 우리 은하는 태양을 포함한 2천억 개의 별들이 모여서 이룬 원반 모양의 큰 집단이다(지름 약 10만 광년, 두께 약 5만 광년).

우주에는 우리 은하와 같은 은하계가 다시 1천억 개가 넘는다고 하니, 우주에는 2천억×1천억 개 이상의 도무지 헤아릴 수 없는 별들이 존재하는 것이다.

아인슈타인은 우주는 우리가 식별할 수 있는 공간의 10배가 될 것으로 추정하고, 전 우주의 별이 10^{25}개쯤 될 것이라고 했다. 사람이 1초에 20개씩 센다고 하면 십만(100,000)조 년이 걸려야 셀 수 있는 숫자이다.

실로 하나님이 아브라함에게 "하늘을 우러러 뭇별을 셀 수 있나

보라"[150]고 하심과 같이, 또한 예레미야에게 "하늘의 만상(萬象)은 셀 수 없으며"[151]라고 하심과 같이 하늘의 별은 그 수를 헤아릴 수 없다. 창세기 1장 16절에서 "또 별들을 만드시고"라고 말씀하고 있으니 하나님의 거대한 창조 앞에 감탄하지 않을 수 없다.

더구나 그 수많은 별들은 하나도 닮지 않았으며 크기, 색깔, 밝기까지도 다양하다. 천문학자들은 가장 밝은 별(1등성)을 고유명으로 부르고 있을 뿐이다. 나머지는 알파벳으로 구분하고 있고, 고유명이나 알파벳도 없는 별들은 그저 숫자로 표기하기도 한다. 그 외의 별들은 이름조차 모르는 것이 대부분이다.

그러나 하나님은 그 별들의 수효(數爻)가 얼마이든지 그 "수효대로" 만상을 이끌어 내시며, 별 하나하나를 계수하고 그 이름을 빠짐없이 다 아시고 부르신다.[152]

하나님은 마치 군대의 지휘관이 부하들을 섬호하듯이 하늘의 모든 별들을 창조하시고 지휘하시는 사령관이시다. 그러므로 그 별들은 제멋대로 흩어져 움직이는 법이 없고, 오직 정한 장소에 정한 법칙을 따라 정확하게 운행되고 있는 것이다. 별들의 지휘관이신 하나님께서 부르시면 천지가 일제히 서게 된다.

이렇게 수많은 별들은 또한 그 각각이 얼마나 큰가? 지구에서 가장 크게 보이는 태양도 광활한 우주의 별들 중의 하나요, 태양

---

150) 창 15:5
151) 렘 33:22
152) 시 147:4; 사 40:26

보다 수백 배 더 큰 별들이 수다하다. 적색 거성은 백 배 이상, 전갈자리의 안타레스는 약 230배 크기이다. 겨울철 밤 하늘에 초저녁이 되면 눈에 띄는 별이 있는데, 바로 오리온 자리에 있는 베텔기우스(Betelgeus)라는 붉은 별이다. 이 별은 얼마나 큰지 태양이 5억 1천 2백만 개나 들어갈 수 있을 정도이다. 참으로 우리가 살고 있는 이 지구는 전 우주의 만유 가운데 극히 미세한 먼지에 지나지 않는다.[153)]

② 별과 별 사이의 무한 거리

우리 눈에는 별들이 하늘에 총총히 붙어 있는 듯 보이지만, 실제 별들은 대략 5광년 정도 떨어져 있다고 한다. 별들 사이의 거리는 일상적으로 쓰는 미터나 킬로미터 단위를 가지고는 도저히 측량할 수 없기 때문에, '광년'(light year)이라는 천문학적인 단위를 사용한다. 1광년은, 초속 30만km의 빛이 그 속도로 1년간 진행하는 거리이다. 빛은 1초에 지구 둘레를 일곱 바퀴 반을 돌 수 있다. 이 속도로 1년 동안 가는 1광년의 실제 거리는 9.4608×10^{12}km(9조 4,608억km)이다. 지구와 1억 5천만km나 떨어진 태양까지는 시속 900km의 비행기로 쉬지 않고 날아가면 19년이 걸리며, 빛의 속도로는 8분 정도 걸린다.

그런데 '1광년'이라고 할 때는 태양까지 거리의 약 65,000배에 해당하는 거리로서, 시속 100km의 자동차로 달리면 약 1천만 년이 걸려야 도달할 수 있는 엄청난 거리이다. 한 마디로 '1광년'은 도무지 설명할 수 없는 무한계의 거리인 셈이다. 그런데 하늘에 총총히 떠 있는 별들 사이의 거리가 5광년 정도라고 하니 우주의 광대함

---

153) 사 40:15

을 어찌 측량할 수 있겠는가?

지구에서 가깝다고 하는 센타우르스(Centaurus) 자리에 위치한 알파별도 지구로부터 약 4.3광년 떨어져 있다. 온 하늘에서 가장 밝은 별이라는 천량성(Sirus)까지는 8.7광년이요, 지구 자전축의 북극 하늘에 있는 북극성(Polaris)까지는 400광년이다. 전갈자리(Scorpius) 주위에는 지구로부터 5,600광년이나 떨어진 행성도 있다.

우주의 광대함은 여기에 그치지 않는다.

별들이 모여 '은하'를 형성하고, 은하가 모여 '은하단'을 형성하고, 은하단이 모여 '초은하단'을 형성하고, 초은하단이 모여 '광대한 우주'를 구성한다. 최근 연구에 의하면 은하도 무질서하게 흩어져 있는 것이 아니라, 거대한 사슬 구조의 질서 정연한 모습을 이루고 있는 것으로 알려졌다. 이러한 은하와 은하 사이의 평균 거리는 약 200만 광년이다. 그러니 이 우주가 얼마나 광대한가?

이처럼 하나님이 둘째 날 창조하신 '궁창'[154]은, 인간 지식의 한계를 초월한 실로 무한 광대한 것이다. 이러한 우주의 무한 광대함에 비하면 인간은 창해일속(滄海一粟)에 지나지 않는다.

우리가 주 하나님이 지으신 이 땅의 세계도 다 알 수 없을진대, 욥의 고백과 같이 우주를 지으시고 그 가운데 만유를 통치하시는 하나님의 무한하심과 능력은 가히 측량할 수 없으며, 더 나아가 그분이 행하시는 모든 종적(蹤迹)을 살피고 헤아린다는 것은 불가능한 것이다.[155]

---

154) 창 1:6-8
155) 욥 5:9; 9:8-10, 11:7-9, 37:23; 전 3:11

우리는 저 하늘을 바라보고 대자연을 대할 때마다 인간의 무지함에 통탄하지 않을 수 없고, 무궁한 하나님의 지혜를 찬미하지 않을 수 없다. 하나님은 욥에게 "무지한 말로 생각을 어둡게 하는 자가 누구냐"[156)]라고 꾸짖으신 적이 있다. 또한 "이런 것들은 그의 행사의 단편일 뿐이요 우리가 그에게서 들은 것도 속삭이는 소리일 뿐이니 그의 큰 능력의 우렛소리를 누가 능히 헤아리랴"[157)]고 말씀하고 있다. 인간이 너무나 미천하여 온 세상의 지식을 모두 동원한다 해도 하나님의 세미한 소리조차 감당하기 어려운데, 우렛소리를 듣는다면 어떻게 되겠느냐는 말이다. 시편 기자도 "여호와여 주께서 하신 일이 어찌 그리 많은지요 주께서 지혜로 그들을 다 지으셨으니 주께서 지으신 것들이 땅에 가득하니이다"[158)]라고 감탄하였다.

실로 인간의 좁은 지혜로 하나님이 하시는 일을 알 수도 없거니와 그것을 판단하는 것은 본질적으로 불가능한 것이다.[159)] 우리는 무한 방대한 우주를 날마다 질서정연하게 운행하시고, 섭리하시는 하나님께 감사와 찬송할 것뿐이다.[160)]

(3) 만유를 붙드시는 하나님

① 거대한 은하를 운행하시는 하나님

우주 속에서 인간은 이 엄청난 지구에 붙잡혀 초당 약 460m의

---

156) 욥 38:2
157) 욥 26:14
158) 시 104:24
159) 전 8:7; 고전 1:21
160) 시 136편

자전 속도(일반 여객기의 2배속)와 초당 약 30km의 공전 속도(미사일 로켓의 3배속 이상)로 움직이며, 나아가 초당 220km의 속도로 은하 중심을 회전하면서 우주여행을 하고 있다.

은하는 은하의 중심을 약 2억 년(1 은하년)에 한 바퀴씩 돌면서 회전한다고 알려져 있다. 이 은하의 중심을 형성하고 있는 것이 거대한 블랙홀인데, 이것은 물질이 한없이 수축하여 한 곳에 모인 것이다. 우리 은하에 있는 블랙홀은 태양의 약 400만 배나 되는 거대한 것으로, 빛에 가까운 속도로 빠르게 회전하면서 우주 공간 자체를 회전하게 하는 것으로 알려져 있다.

이것은 하나님이 '능력의 말씀으로 만물을 붙드시는' 결과이며,[161] 창조의 보존이라 부를 수 있다. 보존은 하나님께서 창조하신 모든 것들을 그대로 유지하시는 하나님의 계속적 역사이다. 따라서 히브리서 1장 3절의 '붙드시며'(φέρω, 페로, upholding)는 하나님이 창조하신 모든 것을 보존하는 상태가 계속되는 것을 말한다. 만약 하나님이 그 권능의 말씀을 거두어 가신다면 전 우주의 질서는 순식간에 파괴되고 말 것이다.[162] 이로써 우리는 실로 만유를 선대하시는 하나님의 인자와 긍휼을 보게 된다.[163] 과학자 뉴턴(Issac Newton, 1642-1727)은 우주의 모든 물체 사이에 작용하는 서로 끌어당기는 힘을 '만유인력'이라고 표현했는데, 이것은 모든 천체를 정확히 그 궤도에 붙들고 계시는 말씀의 능력을 보여준다.

---

161) 히 1:3
162) 벧후 3:10
163) 시 145:9

② 별들이 내는 우주의 거대한 하모니(harmony)

미 항공 우주국(NASA)은 우주 탐사선 카시니-호이겐스(Cassini-Huygens) 호가 수집한 토성과 그 주변 위성의 소리를 공개한 적이 있다. 물체가 급속도로 회전할 때에는 소리를 발하는 법이니, 하나님의 그 손끝에서 회전 운동하는 무수한 별과 별 사이에는 엄청난 소리가 울릴 것이다. 그러나 그 소리는 시끄러운 굉음이 아니고 조화 속에 함께 노래하는 것과 같다고 하나님이 말씀하셨다.[164] 그러므로 우주는 수천억이 함께 연주하는 교향악이요 대수재의 악기라 할 것이다.

인간의 청신경은 유한하여 제한된 영역의 소리밖에는 듣지 못한다. 이 우주적 대음악을 지금은 듣지 못하나 장차 하늘 세계에서 이 우주적 음악과 함께 우리가 주께 찬양할 것이다.[165]

이러한 우주적 교향악에 대하여 시편은 "날은 날에게 말하고 밤은 밤에게 지식을 전하니"[166]라고 말씀하고 있다. 여기 '말하고'는 히브리어 '나바'(נבע)의 사역형으로, '분출하다, 쏟아내다, 샘솟듯하다, 용솟음치다'라는 뜻이다. 낮 동안에 천하 만물이 하나님의 창조 섭리를 찬양하고 그 영광을 모두 분출하듯 쏟아내면서 연이어 오는 낮에게 빠짐없이 전수한다는 의미이다.

그래서 하루가 지난 뒤에, 또 낮이 올 때 전날과 같이 한결같은 질서를 이루고 있다는, 실로 위대한 찬양이다. 이러한 질서는 하나님께서 창조하실 때 정하신 대로이며,[167] 노아와 그 가족에게 언

---

164) 욥 38:7
165) 계 4:10-11, 5:11-14, 14:3
166) 시 19:2
167) 창 1:14

약하신 보존의 약속 그대로이다.[168] 이것을 가리켜 하나님은 예레미야를 통하여 "낮에 대한 나의 언약과 밤에 대한 나의 언약"[169]이라 말씀하신다.

③ 우주의 완벽한 질서와 조화

전 우주는 무질서가 아닌, 하나님 한 분의 완전한 질서와 고도의 조화로 이루어진 세계이다. 그 이유는 광대한 우주가 완벽하고 정교한 설계를 바탕으로 창조되었고, 하나님의 구원 섭리의 경륜을 따라 각각의 자리에 정확하게 배치되었기 때문이다.[170]

이와 같이 우주의 질서정연한 움직임과 아름다운 조화는, 한마디로 타락한 인간을 구원하기 위한 하나님의 위대하심과 신실하심과 선하심의 증거라고 할 수 있다. 밤과 낮의 정확한 교체, 사계절의 순환과 피조계의 오묘한 변화는 세상을 구원하시기 위한 하나님의 인자가 지속되고 있다는 증표이다.[171]

시편 기자는 "하늘이 하나님의 영광을 선포하고 궁창이 그의 손으로 하신 일을 나타내는도다"[172]라고 고백하였으며, 그 손으로 하신 일에 대한 찬양이 창조 이래로 중단 없이 계속되고 있음을 노래하였다. 우리가 밤과 낮 그 하루 속에 완벽하게 계시되고 있는 하나님의 창조 섭리에 눈뜨고 귀 기울이면, 그 속에 깃들인 하나님의 신성을 결코 부정할 수 없을 것이다.[173]

---

168) 창 8:20-22, 9:11
169) 렘 33:20
170) 시 103:19; 잠 3:19; 렘 10:12
171) 창 8:22; 신 4:19; 시 136:5, 9
172) 시 19:1
173) 롬 1:20

(4) 만유 하나님의 아가페 사랑[174]

　만유보다 크신 하나님께서 나 하나를 구원하시기 위한 그 사랑은 측량할 길이 없는 무한 그 자체이다. 저 거대한 우주 만물에서 보이는 하나님의 광대하심은 우리와 무관하지 않고, 타락한 인류의 구원을 위한 역사의 현장인 우리의 삶 속으로 깊숙이 이어지고 있다.

　밤하늘의 천체들은 그것을 보는 것만으로도 놀라움과 탄성을 금치 못할 것인데, 그토록 광대한 우주를 지으시고 그것을 한 치의 오차 없이 운행하시는 하나님께서, 먼지만도 못한 비천한 인간에게 특별한 관심을 가지고 구원의 은총을 베푸신다는 사실은 실로 감개무량한 일이다.

　이 하나님을 가리켜 시편 기자는 "높은 곳에 앉으셨으나 스스로 낮추신"[175] 하나님이라고 선포하였다. 하나님이 창조하신 하늘과 달과 별들을 보면서 다윗 또한 그 속에 감추인 구속 섭리를 깨닫고 "사람이 무엇이기에 주께서 그를 생각하시며..."[176]라고 감탄을 토로하였다. 실로 한 영혼의 구원을 위한 주의 행사는 너무도 크고 주의 생각은 심히 깊어서[177], 우주가 아무리 광활해도 그 가치를 천하보다 귀한 한 사람과 비교할 수 없다.[178]

　신구약 성경 가운데 이러한 구원의 본질을 한 구절 속에 요약한

---

174) 박윤식,《영원히 꺼지지 않는 언약의 등불》(휘선, 2009), pp. 35-42.
175) 시 113:5-6
176) 시 8:4
177) 시 92:5
178) 마 16:26; 눅 9:25

성구가 있다면 요한복음 3장 16절이다.

> "하나님이 세상을 이처럼 사랑하사 독생자를 주셨으니 이는 그를 믿는 자마다 멸망하지 않고 영생을 얻게 하려 하심이라."

실로 위대한 복음의 진수요, 구원 영생의 도리이다. 이것은 영원히 지옥의 유황불에 떨어질 수밖에 없는 나 한 사람을 구원코자 하시는 만유보다 크신 하나님의 구속 경륜과 섭리를 압축한 위대한 성구이다.

① "하나님이"
여기 '하나님'은 성부 하나님(God the Father)을 가리킨다. 헬라어로는 '데오스'(θεός)로, 구약의 '엘로힘'(אֱלֹהִים)과 같은 의미이다.
이 하나님은 본질적으로 삼위일체의 하나님이시다. 하나님은 본체가 하나이시요 삼위(三位)가 계시니, 곧 성부와 성자와 성령이시다.[179] 또 하나님은 유일하신 하나님(the One and only God)이며[180] 시간과 공간을 초월하는 전능하신 하나님이시다.[181] 이 하나님은 만유를 창조하시고[182] 창조하신 것들을 보존하고 섭리하시는 분이다.

② "세상을"
'세상'은 헬라어로 '코스모스'(κόσμος)이다. 코스모스는 신약성

---

179) 마 28:18-20; 고후 13:13
180) 요 5:44; 고전 8:4, 6; 딤전 2:5; 약 2:19
181) 엡 4:6
182) 행 17:24; 히 3:4

경에서 185회 사용되었으며, 그중에도 사도 요한이 요한복음에서 78회, 요한서신에서 24회를 사용하였다. 코스모스는 우주를 포함하여 타락한 죄인들 각각을 가리키는 포괄적 의미를 가진다.

첫째, 코스모스는 우주를 가리킨다. 구약성경의 '하늘과 땅'의 동의어이다.[183]

둘째, 코스모스는 인류의 거처, 사람들이 사는 영역으로서 지구를 의미한다.[184]

셋째, 코스모스는 사람들과 인류를 가리키며, 이것은 요한복음 3장 16절에 나오는 세상의 의미이다. 이들은 모든 종류의 인종(all kinds of human race)으로, 죄와 사망의 굴레에 갇혀 사는 사람들 전체요 그 속에는 우리 각자 한 사람이 다 포함되어 있다.[185] 요한복음 1장 29절에서 "세상 죄를 지고 가는 하나님의 어린양"이라고 말씀하고 있다. 여기 '세상 죄'는 '세상 사람들의 죄'를 가리킨다. 요한복음 3장 17절에서 "그로 말미암아 세상이 구원을 받게 하려 하심이라"고 말씀하고 있다. 여기 '세상'도 세상 사람들을 가리킨다. 세상 사람들은 오직 예수님으로 말미암아 구원을 받을 수 있다.[186]

이 땅에서 아무리 강력한 힘을 가진 열방도 만유보다 크신 하나님께는 "통의 한 방울 물"과 같고 "저울의 적은 티끌"과 같으며, 절대 움직이지 않을 것처럼 보이는 섬들도 하나님께는 "떠오르는 먼지"에 지나지 않는다.[187] 모든 열방을 다 합쳐도 하나님께는 아무

---

183) 행 17:24
184) 요 21:25; 딤전 6:7
185) 요 1:10, 3:17, 4:42; 고후 5:19
186) 행 4:12
187) 사 40:15

것도 아닌 것이다.[188] 그러므로 만유보다 크신 하나님, 온 우주를 만드신 크고 광대하신 하나님께서 먼지보다 못한 나에게 집중적인 관심을 가지고 찾아오신 그 자체가 구원의 신비요, 측량할 길 없는 무궁한 사랑이다.

③ "이처럼 사랑하사"

"이처럼 사랑하사"는 헬라어로 "후토스 가르 에가페센"(οὕτως γὰρ ἠγάπησεν)으로, 요한복음 3장 16절을 시작하는 강렬한 첫마디이다. 죄인들을 구속하시기 위한 구원의 동기는 하나님의 사랑이며, 그 사랑은 "이처럼 사랑"이다.

여기 '후토스'(οὕτως)는 '그처럼 무한하게, 그처럼 헤아릴 수 없이, 극진히'라는 뜻인데, '극진히'는 마음과 힘을 다하여 애를 쓰는 것이 매우 지극하다는 의미이다.

또 '에가페센'(ἠγάπησεν)은 자기희생의 무한한 사랑을 뜻하는 '아가페'(ἀγάπη)의 동사형으로, 죄인인 인간에 대한 가장 숭고한 사랑을 뜻한다. 이 사랑은 어떤 한계도 어떤 조건도 초월하는 무궁한 사랑이요, 희생적 사랑이요, 무한히 베푸시는 사랑이요, 죄를 증오하는 사랑이요, 하나님이 먼저 우리를 사랑하신 사랑이다.[189]

타락한 인간을 구원하시려고 영원 전부터 예정하사 십자가에서 자기 목숨을 버리며 이루신 하나님의 위대하신 사랑! 그 사랑이 오늘도 이 세상 역사를 존재케 하는 원동력이요, 우리를 구원으로 이끄시는 강한 힘이다.

---

188) 사 40:17
189) 요일 4:10, 19

④ "독생자를"

'독생자'(獨生子)는 일반적으로 '형제가 없이 단 하나뿐인 아들'을 뜻하는 것인데, 예수 그리스도를 하나님의 '독생자'라고 함은[190] 예수 그리스도께서 하나님의 '유일하고 독특하신 아들'이심을 가리킨다. 이 표현은 예수 그리스도께서 본체에 있어 하나님과 동등하신 분이면서[191] 죄인 구원을 위해 하나님의 유일한 아들로 성육신하신 사랑을 보여 준다. 그래서 요한복음 1장 18절 하반절에서는 "…아버지 품속에 있는 독생하신 하나님이 나타내셨느니라"고 말씀하고 있다.

아브라함이 독자 이삭을 아낌없이 하나님 앞에 바쳤을 때 하나님은 "네 아들 네 독자까지도 내게 아끼지 아니하였으니 내가 이제야 네가 하나님을 경외하는 줄을 아노라"[192]고 하시며 아브라함의 믿음을 인정하셨다. 이와 마찬가지로 하나님께서 그토록 사랑하는 독생자를 세상에 보내시어[193] 십자가에 처참하게 달리게 하신 것은 바로 우리에 대한 사랑의 확증이었다.[194]

⑤ "주셨으니"

'주셨으니'는 헬라어 '에도켄'(ἐδωκεν)인데, '주다, 선물하다'는 뜻을 가진 '디도미'(δίδωμι)의 부정과거 시상(aorist tense)이다. 이 시상은 과거에 있었던 한 역사적 사건을 말하는 것으로, 사랑과 긍휼의

---

190) 요 1:14, 18, 3:16, 18; 요일 4:9
191) 요 10:30; 빌 2:6
192) 창 22:12
193) 요일 4:9
194) 롬 5:8

하나님이 독생자 예수 그리스도를 최상의 선물로 이미 주셨음을 말한다. 하나님이 인간에게 주시는 선물은 인간의 노력이나 공로나 수고와는 전혀 관계없이 거저 주시는 것이다.

우리의 구원은 사람의 의로운 행위로 말미암은 것이 아니라 오직 '값없이 주시는 하나님의 은혜의 선물'일 뿐이다.[195] 선물 중의 최고의 선물은 우리 주님 예수 그리스도이시다.

⑥ "이는 저를 믿는 자마다"

'믿는'은 헬라어 '피스튜오'(πιστεύω)이다. 믿음은 구원의 방편이다. 믿는다는 것은 영접하는 것이다. 요한복음 1장 12절에서 "영접하는 자 곧 그 이름을 믿는 자들에게는 하나님의 자녀가 되는 권세를 주셨으니"라고 말씀하고 있다. '영접'은 독생자이신 예수 그리스도를 손님으로 한 번 대접하는 것이 아니라, 삶의 구주로 계속적으로 모시는 것을 의미한다. 우리가 예수 그리스도를 인격적 구주로 믿는 것은 하나님의 온전한 선물이요 은혜이다.[196]

'자마다'는 헬라어 '파스'(πᾶς)로, '각각, 모두'라는 뜻이다. 이것은 유대인이나 이방인이나 남녀노소, 빈부귀천을 막론하고 누구든지 예수 그리스도를 믿기만 하면 죄와 사망 가운데서 구원 영생을 얻는다는 말씀이다. 구원에는 결코 차별이 없으며, 이 구원은 하나님께서 은혜로 주시는 온전한 선물이다.

⑦ "멸망치 않고 영생을 얻게 하려 하심이니라"

우리를 사랑하신 단 한 가지 이유이다. 예수 그리스도 안에서 죄

---

195) 롬 5:15; 엡 2:8-9
196) 엡 2:8

에서의 해방과 그로 말미암은 영생의 약속,[197] 그것이 예수 그리스도께서 이 땅에 오신 최후 최종의 목적[198]이었다. '영생'은 단순히 영원히 사는 것만을 의미하는 것이 아니다. 영생은 하나님과의 새로운 관계에 들어감으로써[199] 새 생명을 얻는 것이며,[200] 더 나아가 세상 마지막에 이루어질 부활과 변화를 통하여 영원히 죽지 않는 세계인 천국에서 하나님과의 영원한 친교에 들어가는 것을 의미한다.[201] 이것은 성도의 장래에 약속된 복된 삶으로, 생의 영원한 계속을 가리킬 뿐만 아니라 질적인 면에서의 영생이다.

그러므로 예수 그리스도는 영원히 회복 불가능한 절망 속에 빠져 있던 전 인류에게 최고의 복음, 큰 기쁨의 좋은 소식이다.[202] 예수 그리스도만이 죄인의 유일한 중보자요,[203] 죄인에게 절대 필요한 갑절의 은혜이다.[204]

따라서 유일한 구주시요 독생자이신 예수 그리스도를 믿지 않는 자는 멸망을 받는다. 멸망은 하나님을 떠나 지옥에서 형벌을 받는 것이다. 지옥은 꺼지지 않는 불이 타오르는 곳으로, 고난의 연기가 세세토록 올라가며 구더기도 죽지 않는 곳이다.[205]

최근 학계의 보고에 의하면 섭씨 407도의 해저 분화구 근처에 사는 새우, 조개, 박테리아 등이 발견되었다고 한다. 하나님께서는 400도가 넘는 곳에서도 죽지 않는 생물을 만드신 것을 볼 때,

---

197) 롬 8:1; 요일 2:25
198) 히 9:28; 요일 3:5
199) 요 17:3; 롬 5:21
200) 요 5:24
201) 요 6:40; 고전 15:51-52; 살전 4:16-17
202) 눅 2:10
203) 딤전 2:5; 갈 3:19-20; 히 8:6, 9:15
204) 요 1:16
205) 막 9:43, 48; 계 14:11

뜨거운 불 속에서 죽지 않고 고통당하는 지옥의 존재가 더욱 실감 있게 느껴진다. 그러나 예수 그리스도를 믿는 자는 누구나 멸망치 않고 영생을 얻어 지옥이 아닌 천국에서 영원한 복락을 누리게 될 것이다.

만유보다 크고 위대하신 하나님께서 낮고 천한 이 땅 인간의 역사 속에 임마누엘이 되어 찾아와 주신 것만 해도 감사한데, 짐승만도 못한 이 죄인의 구원을 위해 벌레처럼 낮아지셔서[206] 아무 죄도 없으신 분이[207] 친히 십자가에 달려 그 성체가 찢기사 귀한 보배피를 마지막 한 방울도 아낌없이 흘리기까지 하셨다. 이 십자가의 피로 말미암아 우리는 구속 곧 죄 사함을 받았다.[208] 십자가에서 죽으시고 3일 만에 부활하신 예수 그리스도[209]는 지금도 우리가 죄와 심판을 이기고 최후 구원을 얻기까지 하나님 보좌 우편에서 우리를 위하여 간구하고 계시니,[210] 작은 입술로 그 사랑을 어찌 다 표현하겠는가?

6. 하나님의 구속사에 담긴 사람의 창조, 타락 및 구원의 역사[211]

신구약 성경은 '천지 창조'라는 큰 역사적 사건을 시발점으로

---

206) 시 22:6
207) 고후 5:21; 히 4:15; 벧전 2:22-24
208) 마 20:28; 엡 1:7; 벧전 1:18-19
209) 롬 1:4; 고전 15:3-4
210) 롬 8:34
211) 박윤식, 《하나님의 오묘한 섭리 속에 담긴 영원한 언약의 약속》 (휘선, 2013), pp. 35-78.

'새 하늘과 새 땅'의 완성에 이르기까지, 예수 그리스도를 중심으로 한 하나님의 구속사를 기록한 하나님의 말씀이다. 구속사란, 창세 전부터 정하신 하나님의 작정에 따라 예수 그리스도의 죽으심과 부활을 중심으로 타락한 죄인들을 구원하는 전 역사를 가리킨다.

구속사의 중요한 주제는 크게 '창조'와 '타락'과 '구원'으로 나눌 수 있다. 하나님의 형상대로 창조된 사람이[212] 창조주 하나님의 말씀에 불순종함으로 타락하였다.[213] 하나님께서는 이 타락한 사람을 구원하시기 위하여 졸지도 아니하시고 주무시지도 아니하시면서[214] 구원 역사를 진행해 오셨다.

(1) 존귀한 사람의 창조

성경을 시작하는 창세기는 이 세상과 그 가운데 존재하는 모든 것들의 기원(起源)을 알려 주며, 나아가 죄와 구원 그리고 선민 이스라엘의 시작을 보여주고 있다. 특히 창세기 1-3장은 우주(宇宙)와 인생(人生)과 구원(救援)의 기원을 다루는 성경의 서막이며, 구속의 근원과 본질을 깨닫게 해 주고 있다. 구체적으로는, 하나님께서 우주와 천지 만물을 창조하신 일(창 1장), 아담을 흙으로 창조하신 일(창 2:7), 동방에 에덴을 창설하신 일(창 2:8), 아담과 행위 언약을 맺으신 일(창 2:16-17), 아담의 갈빗대로 돕는 배필을 지으신 일(창 2:18-23), 아담과 그 아내 두 사람이 한 몸을 이루고, 벌거벗었으나 부끄러움이 없던 세계(창 2:24-25), 그리고 뱀의 유혹과 선악을 알게 하

---

[212] 창 1:26-27
[213] 창 3:6
[214] 시 121:3-4

는 나무의 실과를 따 먹고 타락한 일(창 3:1-7) 등을 기록하고 있다.

창세기 초반부터 기록된 이와 같은 말씀들은 결코 전설이나 신화가 아니라 실제 있었던 역사적 사실이다. 신약성경에서도 창조의 전 과정과 타락이 실재했던 일임을 증거하고 있다.[215]

(가) 태초에 천지를 창조하신 하나님

성경에서 창조의 역사는 이렇게 시작되고 있다.

"태초에 하나님이 천지를 창조하시니라."[216]

이 말씀은, 신구약 성경 66권 중에 가장 깊은 여운을 남기는 최고로 압축된 표현이다. 이 속에 온 세상과 인류 역사 그리고 우리 각자의 삶의 시작이 들어 있다. 여기에서 주목할 것은, 태초에 하나님께서 그냥 '계셨다' 하지 않고 '창조하셨다'라고 말씀하신 것이다. 창세기 1장 1절에 나오는 "창조하시니라"는 히브리어 '바라'(בָּרָא)의 '칼'(기본)형으로, 이것은 오로지 하나님의 창조 행위를 나타내는 데 사용되고 있다. 태초부터 하나님께서는 행동하시는 하나님, 일하시는 하나님,[217] 없는 것을 있게 하시는 전능(全能)하신 하나님으로 계시되고 있다.[218]

---

215) 롬 5:12-19; 고후 11:3; 딤전 2:13-14
216) 창 1:1
217) 요 5:17
218) 사 44:24; 롬 4:17

① 말씀으로 창조

천지는 우연히 발생한 것이 아니라 모두가 하나님의 말씀으로 창조된 것이다.[219] 창세기 1장 3절에서 "하나님이 이르시되 빛이 있으라 하시니 빛이 있었고"라고 말씀하고 있다. 시편 33편 6절에서 "여호와의 말씀으로 하늘이 지음이 되었으며 그 만상을 그의 입 기운으로 이루었도다", 시편 33편 9절에서 "그가 말씀하시매 이루었으며 명령하시매 견고히 섰도다", 시편 148편 5절에서 "그것들이 여호와의 이름을 찬양함은 그가 명령하시므로 지음을 받았음이로다"라고 말씀하고 있다. 하나님의 입에서 나오는 말씀은 즉시 천지 만물을 조성하는 위대한 능력을 가지고 있다.[220]

하나님께서 말씀으로 모든 것을 창조하신 후에, 창세기 1장 31절에서 "하나님이 지으신 그 모든 것을 보시니 보시기에 심히 좋았더라"고 말씀하고 있다. 여기 '심히'에 해당하는 히브리어 '메오드'(מאד)는 '굉장히, 엄청나게, 대단히'라는 뜻으로, 최고의 정도를 나타내는 표현이다. 하나님께서는 지금까지 지으신 모든 것을 보시면서 최고의 만족을 나타내셨던 것이다. 하나님께서 지으신 모든 것이 부족함 없이 완벽할 뿐만 아니라, 그 창조 세계의 질서가 온전한 조화와 균형을 이루었기 때문이다. 하나님께서 지으신 모든 것은, 반드시 있어야 할 것들이 제자리에서 그 역할과 기능을 수행하도록 완벽하게 창조되었던 것이다.

② 모든 우주 만물을 창조하신 삼위일체의 하나님

모든 우주 만물을 창조하신 분은 삼위일체의 하나님이시다. 성

---

219) 히 11:3
220) 사 45:12

경에는 삼위(位: person)의 구별 없이 단순히 '하나님'께서 창조하셨다는 말씀이 여러 번 등장하고 있다.[221] 여기 '하나님'이란 단어는 히브리어 '엘로힘'(אֱלֹהִים)이다. 이 단어는 문법상으로 복수형이지만, 실제로는 단수 동사가 따르므로 단수의 개념으로 사용되었다. 그러므로 이 엘로힘은 바로 삼위일체의 하나님을 나타내며, 하나님의 창조 사역은 삼위일체 하나님의 공동 사역이었다.

첫째, 모든 만물이 성부 하나님에게서(from God the Father) 창조되었다.

성부 하나님께서는 직접적인 창시자(Originator)이시다. 고린도전서 8장 6절에서 "그러나 우리에게는 한 하나님 곧 아버지가 계시니 만물이 그에게서 났고"라고 말씀하고 있다. 여기 '에게서'라는 헬라어 '에크'(ἐκ, from)는 '~로부터, ~로 말미암아'라는 뜻으로, 만물의 출처와 기원이 성부 하나님이심을 나타내고 있다.[222]

둘째, 모든 만물이 성자 하나님으로 말미암아(through God the Son) 창조되었다.

성자 하나님께서는 창조의 수행자(Executor)이시다. 고린도전서 8장 6절에서 "...또한 한 주 예수 그리스도께서 계시니 만물이 그로 말미암고 우리도 그로 말미암아 있느니라"고 말씀하고 있다. 여기 '말미암고'는 헬라어로 '디아'(διά, through, by)인데 '통하여, 말미암아'라는 뜻이며, 모든 만물이 성자 하나님을 통하여 창조되었음을 의미한다.

---

221) 창 1:1, 21, 27, 2:3, 5:1; 신 4:32; 사 40:28
222) 시 136:5-9

성자 하나님의 다른 한 이름은 '말씀'이시다. 이 말씀이 태초에 하나님과 함께 계셨으니 이 말씀은 곧 하나님이시다.[223] 요한복음 1장 3절에서 "만물이 그로 말미암아 지은 바 되었으니 지은 것이 하나도 그가 없이는 된 것이 없느니라"고 말씀하고 있으며, 요한복음 1장 10절에서는 "그가 세상에 계셨으며 세상은 그로 말미암아 지은 바 되었으되 세상이 그를 알지 못하였고"라고 말씀하고 있다.[224] 이 말씀이 육신이 되어 우리 가운데 거하셨으며, 우리가 그 영광을 보니 아버지의 독생자의 영광이요, 은혜와 진리가 충만하였다.[225] 실로 성자 하나님께서 모든 창조의 수행자이셨으며, 성부 하나님과 함께 모든 우주 만물을 창조하셨다.

셋째, 모든 만물이 성령 하나님에 의해서(by God the Holy Spirit) 창조되었다.

성령 하나님께서는 창조의 완성자(Completer)이시다. 창세기 1장 2절에서 성령 하나님께서는 창조 사역 시 수면에 운행하셨다.

시편 33편 6절에서 "여호와의 말씀으로 하늘이 지음이 되었으며 그 만상을 그의 입 기운으로 이루었도다"라고 말씀하고 있다. 여기서 '기운'은 히브리어로 '루아흐'(רוח)이며, 창세기 1장 2절의 '(하나님의)신'(Spirit)과 똑같은 단어이다. 이 말씀을 볼 때 모든 우주 만물은 성령 하나님에 의해(by God the Holy Spirit) 창조되었다.

시편 104편 30절에서도 "주의 영을 보내어 그들을 창조하사 지면을 새롭게 하시나이다"라고 말씀하고 있다. 성령 하나님께서는

---

223) 요 1:1-2
224) 골 1:16; 히 1:2
225) 요 1:14

사람 창조 시에 하나님의 기운을 넣으시고 새롭게 하셨던 것이다.[226]

이상에서 보듯이 모든 만물의 창조가 삼위일체 하나님의 공동 사역이었다. 그러므로 사람의 창조 역시 삼위일체 하나님의 공동 사역이라 할 수 있다.[227]

(나) 사람의 창조는 모든 창조 사역의 중심

하나님의 창조 사역 가운데 사람의 창조는 참으로 오묘하다. 세익스피어는 "사람은 얼마나 위대한 작품인가. 이성(理性)이 얼마나 고귀하고 능력은 얼마나 무한한가. 그 형상과 동작은 얼마나 명확하고 훌륭한가. 행동은 마치 천사와 같고 이해력은 신과 같다. 세계의 미(美)요, 만물의 영장이다"라고 말하였다. 영장(靈長)은 '만물 중에서 가장 뛰어난 신령하고 기묘한 능력을 지닌 존재, 가장 빼어나고 뛰어난 존재'를 뜻한다. 그러므로 사람은 피조물 가운데 하나님의 창조의 뜻을 성취해야 할 책임과 의무가 주어진 가장 으뜸가는 존재인 것이다.

사람의 창조는 결코 우연이나 진화를 통해 이루어진 것이 아니며, 거기에는 하나님의 깊고 오묘한 경륜이 담겨 있다. 그래서 시편 기자는 "나를 지으심이 심히 기묘하심이라 주께서 하시는 일이 기이함을 내 영혼이 잘 아나이다"[228]라고 노래하였다.

여기서 "나를 지으심이 심히 기묘하심이라"는 것은 히브리어로 두 단어인 '노라오트 니플레티'(נוֹרָאוֹת נִפְלֵיתִי)이다. '노라오트'는

---

226) 창 2:7; 욥 27:3, 33:4
227) 창 1:26-27, 2:7; 욥 33:4; 고전 8:6
228) 시 139:14

'두려워하다, 경외하다'라는 뜻을 가진 '야레'(ירא)의 수동 분사형이며, '니플레티'는 '놀랍다, 경이롭다'라는 뜻을 가진 '팔라'(פלא)의 수동 분사형이다. 따라서 '노라오트 니플레티'는 원어로 '나는 경외(敬畏)스럽고 경이(驚異)롭게 만들어져 있습니다'(I am fearfully and wonderfully made: KJV)라는 의미다. 하나님께서 사람을 창조하신 솜씨는 인간의 능력으로 감히 헤아릴 수 없을 정도로 위대하고 놀라운 것이다. 진실로 사람은 하나님의 위대한 걸작품이다.

사람의 창조는 창세기 1장과 2장에 크게 두 번 나타나는데, 창세기 1장 26-28절에서는 전 우주와 만물 속에 포함된 사람의 기원과 위치를, 창세기 2장 7-25절에서는 언약의 대상이 되는 사람의 상태를 보여 주고 있다.

하나님께서는 전 우주 만물 가운데 사람을 가장 나중에 창조하셨다. 이는 마지막에 창조하신 사람에게 가장 큰 관심과 기대를 두셨다는 사실과 이제까지의 모든 창조가 오직 사람을 위한 것이었음을 나타낸다.[229] 사람은 분명 다른 피조물과 구별된 존귀한 존재이다.[230]

사람의 존귀성은, 창세기 1장과 2장에 나타난 창조의 과정에서 선명하게 그리고 지속적으로 드러나고 있다. 이것은 사람의 창조를 말씀하고 있는 창세기 1장 27절에서, 하나님의 주권적인 창조 행위를 가리키는 '바라'(ברא)가 세 번이나 쓰인 것을 통해서도 알 수 있다.

"하나님이 자기 형상 곧 하나님의 형상대로 사람을 창조하시되

---

229) 사 45:18; 51:13; 렘 27:5
230) 시 49:12, 20

남자와 여자를 창조하시고"(וַיִּבְרָא אֱלֹהִים אֶת־הָאָדָם בְּצַלְמוֹ בְּצֶלֶם אֱלֹהִים בָּרָא אֹתוֹ זָכָר וּנְקֵבָה בָּרָא אֹתָם)라는 원문을 그대로 번역하면, '하나님께서 그 사람을 창조(בָּרָא)하시되 자기 형상 곧 하나님의 형상대로 그를 창조(בָּרָא)하시니, 그들을 남자와 여자로 창조(בָּרָא)하시니라'는 의미이다.

하나님께서 단독으로 친히 창조하신 행위에만 쓰이는 히브리어 '바라'가 창세기 1장 27절에서 세 번이나 쓰인 것은, 인간 창조를 통해 하나님의 영광스러움이 이날 최고 절정에 이르렀음을 강렬하게 표현한 것이다. '바라'는 창세기 1장에 다섯 번 나오는데, 나머지 두 번은 창세기 1장 1, 21절에서 쓰였다. 이처럼 하나님의 관심은 사람에게 집중되어 있었고, 사람의 창조는 창조 중의 창조요, 모든 창조의 면류관이며, 초절정이었다.

(다) 하나님의 아가페 사랑으로 창조

요한복음 3장 16절에서 "하나님이 세상을 이처럼 사랑하사"라고 말씀하고 있다. 여기 '사랑하사'는 헬라어 '에가페센'(ἠγάπησεν)으로, 하나님의 무조건적이며 자기희생적이고 무한한 사랑을 의미하는 '아가페'(ἀγάπη)의 동사형이다. 또한 '세상'은 모든 종류의 인종(all kinds of mankind), 곧 하나님께서 창조하신 모든 사람을 가리킨다. 그러므로 모든 사람은 하나님의 '아가페'(ἀγάπη)의 사랑에 기초하여 창조된 것이다. 아가페의 사랑은 하나님만이 하실 수 있는 사랑으로, 절대적이고 이타적인 사랑이다. 사람이 절대로 흉내 낼 수 없는 자기희생적인 완전한 사랑이다.

사람은 존귀하지만, 우매무지한 짐승은 결코 존귀한 존재가 아니다.[231] 하나님께서는 오직 사람만을 하나님의 형상대로 만드시고 모든 만물을 다스리며 주관하도록 하셨다.[232] 인간을 향한 아가페의 사랑이 없었다면, 하나님께서 결코 사람을 하나님의 형상과 모양으로 만들지 않으셨을 것이며, 모든 만물을 사람에게 맡기지 않으셨을 것이다.

또한 하나님께서는 사람을 창조하실 때, 아가페의 사랑으로 영원성을 지닌 존귀한 존재로 만드셨다.[233] 그래서 사람은 누구나 영원을 사모하는 마음을 가지고 있다.[234]

하나님께서는 존귀하게 지으신 사람과 언약을 체결하시고, 에덴동산에 두시고, 짐승과 새의 이름을 짓게 하시며, 돕는 배필을 만들어 주셨다. 이 모든 창조의 바탕에는 하나님의 아가페 사랑이 충만하게 넘치고 있었던 것이다.

하나님께서는 이 아가페의 사랑으로 사람을 구속(救贖)하셨다. 아가페의 사랑은 모든 것을 아낌없이 먼저 주는 사랑이다. 하나님께서 독생자 예수 그리스도를 이 땅에 보내셔서 십자가의 희생을 통해 구속 사역을 담당하게 하신 것도 아가페의 사랑이었다. 요한일서 4장 8-10절에서 "…하나님은 사랑이심이라 하나님의 사랑이 우리에게 이렇게 나타난 바 되었으니 하나님이 자기의 독생자를 세상에 보내심은 그로 말미암아 우리를 살리려 하심이니라 사랑은 여기 있으니 우리가 하나님을 사랑한 것이 아니요 하나님이 우리를 사랑하사 우리 죄를 속하기 위하여 화목제물로 그 아들을 보내셨음이라"고 말씀하고 있다.

---

231) 참고-시 49:12, 20, 73:22
232) 창 1:26-28
233) 참고-시 12:7
234) 전 3:11

독생자 예수 그리스도를 십자가에서 대속의 피를 흘리게 하여 우리의 죄를 사해 주심으로 하나님께서는 그 무한한 아가페 사랑을 확증하셨다.[235] 그래서 에베소서 1장 7절에서는 "우리는 그리스도 안에서 그의 은혜의 풍성함을 따라 그의 피로 말미암아 속량 곧 죄 사함을 받았느니라"고 말씀하고 있으며, 마태복음 26장 28절에서도 "이것은 죄 사함을 얻게 하려고 많은 사람을 위하여 흘리는 바 나의 피 곧 언약의 피니라"고 말씀하고 있다.

하나님께서는 사람들이 죄를 범할 때마다 가슴이 찢어지듯 아프고 상하셨을 것이다. 그러나 십자가에서 흘리신 대속의 피를 보실 때는 그 죄를 간과(看過)하실 수 있었다.[236] 왜냐하면 십자가에서 흘리신 예수 그리스도의 피가 사람들의 모든 죄를 단번에 깨끗이 사하고도 남는, 천상천하에 가장 '보배로운 피'(寶血)이기 때문이다.[237]

예수님께서 십자가에서 피를 흘리시면서 "이르시되 아버지 저들을 사하여 주옵소서 자기들이 하는 것을 알지 못함이니이다"[238]라고 용서의 기도를 드리신 것도 아가페 사랑에 의한 것이다. 여기서 '이르시되'는 헬라어 '엘레겐'(ἔλεγεν)으로, '말하다'라는 뜻을 가진 '레고'(λέγω)의 미완료형(imperfect tense)이다. 미완료형은 과거로부터의 계속성(past continuous)을 강조한다. 이것은 예수님께서 십자가 위에서 한 번만 용서의 기도를 드리신 것이 아니라, 자신을 십자가에 못 박고 조롱하는 사람들을 위해서 계속해서 용서의 기

---

235) 롬 5:8; 히 9:12, 22
236) 롬 3:25
237) 벧전 1:18-19
238) 눅 23:34

도를 드리신 것을 의미한다. 바로 예수님께서 평소에 가르치신 내용 그대로이다.[239]

예수님께서는 베드로가 "주여, 형제가 내게 죄를 범하면 몇 번이나 용서하여 주리이까 일곱 번까지 하오리이까"라고 여쭈었을 때 "일곱 번뿐 아니라 일곱 번을 일흔 번까지라도 할지니라"고 말씀하셨다.[240] 평소 제자들에게 이렇게 가르치셨던 예수님께서, 십자가상에서 단 한 번만 용서의 기도를 드리셨을 리 없다. 패역한 인간들이 예수님께 죄악의 말과 행동을 할 때마다 예수님께서는 계속해서 용서의 기도를 드리셨을 것이다. 아가페 사랑에는 원수가 없고 다만 무조건적 용서만이 있을 뿐이다.

예수님께서는 베드로의 질문에 대답하신 후에, 이어서 일만 달란트 빚진 자에 대한 비유를 말씀하셨다. 어떤 임금이 일만 달란트 빚진 자를 탕감해 주었는데,[241] 정작 빚을 탕감 받은 자는 자기에게 겨우 백 데나리온 빚진 자를 탕감해 주지 않고 옥에 가두었다.[242]

여기서 1만 달란트는 6천만 데나리온이라는 천문학적인 액수이다. 1달란트가 6천 데나리온이고, 1데나리온은 성인 남자의 하루 품삯이므로, 만일 하루 품삯을 5만 원으로 계산한다면 1만 달란트는 3조 원에 해당하는 엄청난 금액이다. 이것은 자신의 몸과 처와 자식들과 모든 소유를 다 팔아도 도저히 갚을 수 없는 액수이다.[243]

예수 그리스도께서 십자가의 대속으로 우리의 죄를 사하신 것은, 인간의 두뇌로는 도저히 계산할 수 없는 무한하고 완전하신 것

---

239) 마 5:44, 46
240) 마 18:21-22
241) 마 18:23-27
242) 마 18:28-30
243) 마 18:25

으로, 아가페의 사랑에 기초한 완전한 용서였던 것이다.

　이 세상에는 하나님의 사랑 외에 인본적인 사랑도 존재한다. 가족이나 동족끼리의 사랑인 스톨게(storge), 친구끼리의 우애적인 사랑인 필레오(phileo), 남녀의 이성적인 사랑인 에로스(eros) 등이다. 그것들은 본질적으로 제 유익만을 구하는 이기적인 생각에 뿌리를 두고 있으므로, 자기 필요나 조건에 채워지지 않으면 쉽게 무너져 버리고, 상대의 마음에 상처와 실망을 안겨 주기 쉽다.

　하나님의 사랑으로 창조되고 하나님의 사랑으로 구속받은 사람은, 이 땅에 사는 동안 하나님의 사랑으로 숨을 쉬고 먹고 입고 마시면서 살아가게 된다. 하나님의 사랑은 사람이 생명을 유지하는 힘의 근원이면서, 죽음에 이른 사람까지도 구원하여 살리는 무궁한 생명력이다. 그 아가페의 사랑을 먹고 마시며 살아가는 우리는, 그 사랑에 마음속 깊이 감사하면서, 그 사랑을 이웃들과 나누고 몸소 실천하는 삶을 살아야 한다.

　예수님께서는 이 아가페의 사랑으로 형제를 용서하고 사랑해야 한다고 말씀하셨다. 마태복음 18장 35절에서 "너희가 각각 마음으로부터 형제를 용서하지 아니하면 나의 하늘 아버지께서도 너희에게 이와 같이 하시리라"고 말씀하고 있다. 형제를 사랑하지 아니하는 자는 하나님께 속한 자가 아니다.[244]

　"누구든지 하나님을 사랑하노라 하고 그 형제를 미워하면 이는 거짓말하는 자니 보는 바 그 형제를 사랑하지 아니하는 자는 보지 못하는 바 하나님을 사랑할 수 없느니라 우리가 이 계

---

244) 요일 3:10

명을 주께 받았나니 하나님을 사랑하는 자는 또한 그 형제를 사랑할지니라."[245]

사랑하지 않는 자는 하나님을 알지 못하는 자이다.[246] 예수님께서 주신 새 계명은 서로 사랑하는 것이다.[247] 우리가 하나님의 성품(속성들)에 참예하는 자가 되기 위해서는 믿음과 덕과 지식과 절제와 인내와 경건과 형제 우애에 사랑을 공급해야 한다.[248] 사랑은 우리 인생의 모든 가치 중에 최고의 가치이며, 보배 중의 보배이며, 최고선(最高善)이다.[249]

실로 사람의 창조와 타락으로부터 구원이라는 전(全) 과정에서, 하나님의 아가페 사랑은 변함없이 나타났다. 하나님께서는 존귀하게 창조된 사람들이 범죄하여 타락한 순간, 그 자리에 곧바로 찾아가셨다. 그 지으신 사람을 포기하지 않고 끝까지 책임지시기 위함이었다. 요한복음 13장 1절에서 "유월절 전에 예수께서 자기가 세상을 떠나 아버지께로 돌아가실 때가 이른 줄 아시고 세상에 있는 자기 사람들을 사랑하시되 끝까지 사랑하시니라"고 말씀하고 있다.

사람을 존귀하게 창조하시고 타락으로부터 구원하시는 모든 과정 속에 이 끝없는 아가페의 사랑이 선명하게 나타나고 있다.

---

245) 요일 4:20-21
246) 요일 4:8
247) 요 13:34, 15:12
248) 벧후 1:4-7
249) 고전 13:13

(라) 하나님의 형상과 하나님의 모양대로 창조

창세기 1장 26-27절은 다음과 같이 말씀하고 있다.

"하나님이 이르시되 우리의 형상을 따라 우리의 모양대로 우리가 사람을 만들고 그들로 바다의 물고기와 하늘의 새와 가축과 온 땅과 땅에 기는 모든 것을 다스리게 하자 하시고 하나님이 자기 형상 곧 하나님의 형상대로 사람을 창조하시되 남자와 여자를 창조하시고."

여기 "우리의 형상을 따라 우리의 모양대로"(בְּצַלְמֵנוּ כִּדְמוּתֵנוּ, 베찰르메누 키드무테누)를 볼 때, '형상'과 '모양' 두 단어 사이에 접속사가 없다. 그러므로 "우리의 형상을 따라"와 "우리의 모양대로"는 표현 양식만 다를 뿐 동일한 내용을 담고 있는 것이다. '형상'이나 '모양'이라는 단어는 실체(實體)와 동일한 것이 아니라, 실체와의 유사함(비슷함)을 가리킨다. 따라서 사람은 어떤 중요한 면에서 분명히 하나님을 닮았고, 하나님을 대표하는 존재로 창조된 것이다.

① 우리의 형상을 따라

사람은 하나님의 형상대로 창조되었다.[250] 하나님의 형상(image)은 히브리어 '첼렘'(צֶלֶם)으로 '상징하다, 윤곽을 잡다'라고 하는, 지금은 사용되지 않는 단어에서 파생하여, 어떤 실체의 모방(replica) 또는 표상(representation)을 가리킨다.

이것은 사람이 하나님의 대표자(대리자)로 지음 받은 너무도 존

---

250) 창 5:1, 9:6; 고전 11:7; 약 3:9

귀한 존재임을 강조한 표현이다. 오직 사람만이 하나님의 형상으로 지음 받았기 때문에, 사람만이 만물의 영장으로 다른 피조물을 주관하여 다스리는 특권과 존귀성을 가지고 있다. 그래서 하나님께서는 사람을 창조하신 후에 "그들에게 복을 주시며 하나님이 그들에게 이르시되 생육하고 번성하여 땅에 충만하라, 땅을 정복하라, 바다의 물고기와 하늘의 새와 땅에 움직이는 모든 생물을 다스리라"고 말씀하신 것이다.[251] 또 아담으로 하여금 에덴동산을 "다스리며 지키게" 하시고,[252] 각 생물의 이름을 짓게 하셨다.[253] 이는 아담에게 각 생물을 다스리는 통치권이 있음을 나타낸다.

시편 8편에도 사람이 하나님의 대리자로 모든 피조물을 다스리는 존재임을 정확하게 선포하고 있다. 시편 8편 5-9절을 보면 "주께서 그를 하나님보다 조금 못하게 하시고, 영광과 존귀로 관을 씌우셨습니다. 주께서 그로 주님의 손으로 지으신 것을 다스리게 하시고, 만물을 그의 발아래 두셨으니, 곧 모든 양 떼와 소 떼와 들짐승과 하늘의 새와 바다의 물고기와 물길 따라 다니는 것들입니다. 여호와 우리 주님, 주님의 이름이 온 땅에 어찌 그리 아름다운지요"(바른성경)라고 말씀하고 있다.

이처럼 사람에게는 모든 생물로 하여금 하나님께서 주신 제 특성대로 바른 역할을 할 수 있도록 다스리고 이끌 수 있는 역동적인 권세가 주어졌던 것이다.

---

251) 창 1:28
252) 창 2:15
253) 창 2:19

② 우리의 모양대로

하나님의 모양(likeness, form)은 히브리어 '데무트'(דְּמוּת)로, '닮다, 유사하다'라는 동사 '다마'(דָּמָה)에서 유래되어 '닮음, 유사'라는 뜻을 가지고 있다. 이것은 사람의 도덕적 형상, 이성(理性)적이고 지능적인 형상, 영적 형상, 몸에 반영된 형상이 모두 하나님을 닮았음을 의미한다.

첫째, 도덕적 형상(moral image)이다.

도덕적 형상을 요약하는 말씀은 에베소서 4장 24절과 골로새서 3장 10절 말씀이다. 에베소서 4장 24절은 "하나님을 따라 의와 진리의 거룩함으로 지으심을 받은 새사람을 입으라"고 말씀하고 있으며, 골로새서 3장 10절은 "새사람을 입었으니 이는 자기를 창조하신 이의 형상을 따라 지식에까지 새롭게 하심을 입은 자니라"고 말씀하고 있다.

에베소서 4장 24절의 '새사람'(καινὸν ἄνθρωπον, 카이논 안드로폰: new man)은 문자 그대로 '옛사람'(old man. 엡 4:22)과는 본질적으로 반대되는 새로운 피조물을 가리킨다. 고린도후서 5장 17절에서 "그런즉 누구든지 그리스도 안에 있으면 새로운 피조물이라 이전 것은 지나갔으니 보라 새것이 되었도다"라고 말씀하고 있다. 새사람은 오직 그리스도로 옷입고,[254] 하나님의 형상을 좇아 지식에까지 새롭게 된 사람을 가리킨다. 여기 지식은 세상에서는 얻을 수 없는, 오직 하나님의 말씀을 통해 얻게 되는 참된 지식이다.

또한 새사람은 "의와 진리의 거룩함으로 지으심"을 받아야 한

---

254) 롬 13:14; 골 3:12; 계 19:8

다. 여기 '의와 거룩'은 접속사 '카이'(καί, and)로 연결되었으며, '진리의'(참된)는 '테스 알레데이아스'(τῆς ἀληθείας)로, 의와 거룩을 둘 다 수식한다. 그러므로 '의와 진리의 거룩함으로 지으심'을 받는다는 것은 '참된 의와 참된 거룩으로 지으심'을 받는다는 뜻이다.

이로 볼 때 사람이 하나님의 형상으로 창조되었다는 것은, 참된 지식, 참된 의(義), 참된 거룩을 가지고 창조되었다는 의미이다. 우리가 덧입어야 할 새사람, 곧 창조 본연의 사람은 하나님을 두렵게 섬기며 하나님의 법칙에 순응하는 우주적 신사(紳士)이다.

둘째, 이성(理性)적이고 지능적인 형상(rational and intellectual image)이다.

사람은 하나님의 형상으로 창조됨으로써, 바른 정신과 바른 마음과 바른 의지를 가지게 되었고, 또한 바른 이성과 바른 지능을 갖게 되어 하나님을 인식하고 사물을 이해하며 느끼고 행동하게 되었다. 사람은 하나님께서 주신 이성과 지능을 통해 몸에서 일어나는 본능적 감성을 적절하게 통제하며, 냉철하고 합리적인 사고와 올바른 지적 활동을 할 수 있는 것이다.

하나님의 형상대로 창조받은 사람에게는 바른 이성(理性)이 있지만 짐승에게는 이성이 없다. 베드로후서 2장 12절에서는 하나님의 형상과 하나님의 모양을 잃어버린 인간을 가리켜 "이성 없는 짐승"이라고 말씀하고 있다. 그러한 자는 무엇이든지 본능적으로만 알고, 바로 그것 때문에 멸망하게 된다.[255]

사람이 타락으로 말미암아 이성적이고 지능적인 형상이 깨어졌으나 이제 예수 그리스도를 믿음으로써 그것들이 회복되는 것

---

255) 유 1:10

이다.

셋째, 영적 형상(spiritual image)이다.

하나님께서는 영이시므로,[256] 하나님의 형상대로 지음 받은 사람은 당연히 영적 형상을 가질 수밖에 없다. 영적 형상을 가진 사람은 순간순간 하나님의 임재를 체험하며 하나님과 동행하고 하나님의 영광을 위해 역동적으로 살게 된다. '영성'을 가진 아담은 육신만 생각하고 땅만 바라보는 자가 아니라, 땅에 발을 딛고 살되 하늘을 향해 머리를 들고 하늘의 것을 생각하는 하늘의 사람인 것이다.[257]

'불멸성'은 죽음의 법에 굴복하지 않는 영원한 생명의 속성을 의미한다. 하나님께서는 사람이 범죄하지 않았을 경우 사람을 영원히 죽지 않고 영생하는 존재로 창조하셨다. 그러나 범죄한 이후 죄가 사망을 가져왔다.[258]

사람은 허물과 죄 때문에 죽게 된 것이다.[259] 그러나 누구든지 하나님과 그의 보내신 자 예수 그리스도를 믿고 영접하면, 하나님의 자녀가 되고 영원한 생명을 얻게 된다.[260]

넷째, 사람의 몸에 반영된 하나님의 형상이다.

시편 139편 13절에서는 "주께서 내 내장(כִּלְיָה, 킬르야: 신장)을 지으시며 나의 모태에서 나를 만드셨나이다"라고 말씀하고 있다. 사

---

256) 요 4:24; 고후 3:17
257) 골 3:1-3
258) 롬 5:12, 6:23; 고전 15:21
259) 엡 2:1
260) 요 1:12, 3:16, 17:3

람의 몸도 하나님께서 창조하셨기 때문에[261] 사람의 몸에도 하나님의 형상이 반영되어 있다. 그러므로 사람의 몸은 불멸적 영혼의 기관이요, 피조물들을 주관하는 도구라는 점에서 하나님의 형상을 나타낸다.

장차 우리의 영혼뿐만 아니라 육체까지도 하나님의 형상으로 온전히 회복되어 우리 몸이 구속되는 날,[262] 우리는 시공간을 초월하는 신령한 몸으로 변화될 것이다.[263] 그리하여 "이 썩을 것이 반드시 썩지 아니할 것을 입겠고 이 죽을 것이 죽지 아니함을 입으리로다"[264]라고 하신 말씀과 "그는 만물을 자기에게 복종하게 하실 수 있는 자의 역사로 우리의 낮은 몸을 자기 영광의 몸의 형체와 같이 변하게 하시리라"[265]는 말씀이 이루어질 것이다.

이상에서 살펴본 것처럼, 사람은 하나님의 형상과 모양으로 창조되었으므로, 하나님께서 기뻐하시는 존귀한 존재가 되었다.[266] 시편 16편 3절에서 "땅에 있는 성도들은 존귀한 자"라고 하셨고, 이사야 43장 4절에서는 '내가 너를 보배롭고 존귀하게 여긴다'고 말씀하고 있다.

이처럼 하나님의 형상으로 지음 받은 성도는, 하나님께서 마음에 두시고 크게 여기시는 가장 존귀한 존재요, 하나님의 영광의 면류관이다. 이 사실을 깨달은 시편 기자는 다음과 같이 노래하였다.

---

261) 신 32:6; 욥 10:11
262) 롬 8:23
263) 고전 15:49-52; 고후 3:18
264) 고전 15:53
265) 빌 3:21
266) 사 62:4

"사람이 무엇이기에 주께서 그를 생각하시며 인자가 무엇이기에 주께서 그를 돌보십니까? 주께서 그를 하나님보다 조금 못하게 하시고, 영광과 존귀로 관을 씌우셨습니다."[267]

(마) 생명이 있는 산 사람

① 흙으로 지으심

창세기 2장 7절을 보면 "여호와 하나님이 땅의 흙으로 사람을 지으시고 생기를 그 코에 불어넣으시니 사람이 생령이 된지라"고 말씀하고 있다.

사람을 흙으로 지으시는 과정만 보아도, 하나님의 관심이 사람에게 크게 집중되어 있음을 알 수 있다. 창세기 2장 7절에서 '흙으로'는 히브리어로 '아파르 민 하아다마'(עָפָר מִן הָאֲדָמָה)이다. 이것을 직역하면 '그 땅으로부터 그 티끌의'라는 의미이다.

여기 '티끌'에 해당되는 히브리어 '아파르'(עָפָר)는 '고운 먼지'를 가리킨다. 그런데 각종 들짐승과 공중의 각종 새를 만드실 때 사용된 '흙으로'[268]는 히브리어 '민 하아다마'(מִן הָאֲדָמָה)로, 여기에는 '아파르'가 빠져 있다. 하나님께서 사람을 지으실 때는 고운 흙을 사용하셨지만, 들짐승이나 새를 만드실 때는 고운 흙이 아니었던 것이다. 이것은 영혼을 지닌 사람이 짐승보다 우월한 것은 말할 것도 없지만, 그 육신에 있어서도 비교할 수 없을 정도로 존귀한 존재임을 나타내는 것이다.

---

267) 시 8:4-5 (바른성경)
268) 창 2:19

② 생기를 불어넣으심

하나님께서는 사람을 지으실 때 그 코에 생기를 불어넣으셨다.[269] 이 '생기'는 히브리어 '니쉬마트 하임'(נִשְׁמַת חַיִּים)이다. '니쉬마트'의 기본형인 '네샤마'(נְשָׁמָה)는 '호흡', '기운'이라는 뜻이며, '하임'은 '하이'(חַי)의 복수형으로 '생명들'이라는 뜻이다. 하나님께서는 흙으로 사람을 지으시고 '생명들의 호흡, 생명들의 기운'을 코에 불어넣으셨던 것이다. 그래서 사람은 호흡이 있을 때는 숨을 쉬면서 의식적인 존재로 활동하지만, 호흡이 정지되면 생명이 멈추고 만다.

③ 영육의 단일체가 됨

창세기 2장 7절에서 '생령'은 히브리어 '네페쉬 하야'(נֶפֶשׁ חַיָּה)로 '생명이 있는 존재, 산 존재'라는 뜻이다. 하나님의 생기가 코에 불어 넣어짐으로 마침내 '생명이 있는 산 사람'(a living being instilled with life)이 되었다는 뜻이다. 이것은 사람이 영혼과 육체를 가지고 살아 숨쉬는 존재가 되었음을 의미한다.[272]

사람이 죽으면 영혼과 육체가 분리된다. 그러나 살아 있을 때는 영혼과 육체가 통일된 '영육 단일체'(a psychomatic unity)이다. 영혼과 육체가 서로 구별은 되지만 결코 분리되지 않고 전인(全人, a whole person)을 이루는 것이다. 그러므로 마지막 나팔 소리에 이루어질 부활과 변화의 때에도, 육체 없는 영혼만 부활하거나 영혼 없는 육체만 부활하는 것이 아니다. 그때에 예수 그리스도 안에서 죽

---

269) 창 2:7
270) 신 20:16
271) 욥 4:9
272) 참고-마 10:28; 살전 5:23; 히 4:12

은 자들은 부활하신 예수님의 몸과 같이 영혼과 육체의 전인(全人)이 신령한 몸으로 부활하며, 살아 있는 성도는 신령한 몸으로 변화될 것이다.[273]

(바) 에덴동산

하나님께서는 동방의 에덴에 동산을 창설(創設: 처음으로 설치함)하시고 그 지으신 사람을 거기 두셨다.[274] '창설하다'는 히브리어로 '나타'(נטע)이며, '심다, 만들다, 설립하다'라는 뜻이다. 마치 농부가 정성껏 나무를 심고 아름다운 정원을 가꾸듯이 하나님께서 에덴동산에 많은 관심과 정성을 기울이셨던 것이다.

에덴동산은 역사적으로 실재했던 곳이다. 창세기 2장 15절의 '에덴동산'은 히브리어 '간 에덴'(גן עדן)으로 기록되어 있는데, 이것은 '울타리를 둘러치다, 덮다, 보호하다'라는 뜻의 '가난'(גנן)과 '부드럽다, 즐거워하다'라는 뜻의 '아단'(עדן)에서 유래된 말이다. 에덴동산이 다른 지역과는 아주 구별되어 있으면서, 하나님의 특별하신 보호와 관심의 손길이 미쳤던 즐거운 곳임을 나타낸다.

그래서 이사야 51장 3절에서는 "그 사막을 에덴 같게, 그 광야를 여호와의 동산 같게 하였나니 그 가운데에 기뻐함과 즐거워함과 감사함과 창화하는 소리가 있으리라"고 말씀하고 있다. 에덴동산은 참으로 지상낙원(paradise)이었다. 성경에서는 에덴동산을 가리켜 '하나님의 동산',[275] '여호와의 동산'[276]이라고 부르고 있다. 분

---

273) 고전 15:51-52; 빌 3:21; 살전 4:16-17
274) 창 2:8
275) 겔 28:13, 31:8-9
276) 창 13:10; 사 51:3

명히 하나님께서 창설하신 동산이요, 하나님을 중심으로 한 동산이었던 것이다.

하나님께서는 그 지으신 사람을 에덴동산에 거하도록 하시고, 그것을 다스리며 지키게 하셨다.[277] 에덴동산에는 보기에 아름답고 먹기에 좋은 각종 나무가 있었고,[278] 동산 한가운데는 생명나무와 선악을 알게 하는 나무가 있었다.[279] 그리고 강이 에덴에서 발원하여 동산을 적시고 거기서부터 갈라져 네 근원(비손, 기혼, 힛데겔, 유브라데)이 되었다.[280] 에덴동산에서 아담과 하와는 벌거벗었으나 부끄러움이 조금도 없었다.[281] 에덴동산 안에서 그들의 온몸은 하나님의 영광의 옷을 입듯 하였을 것이다.[282]

이처럼 에덴동산은 전 우주 가운데 특별한 존재로 지음 받은 사람이 얼마나 복된 삶을 마음껏 누리고 있었는지를 잘 보여 준다.

(사) 존귀한 아담의 돕는 배필, 존귀한 여자의 창조

창세기 2장을 볼 때, '여자'(하와)를 만드신 것은, 제일 나중에 기록되어 있다. 남자를 먼저 지으시고,[283] 이어 에덴동산을 창설하시고,[284] 남자와 행위언약을 맺으시고,[285] 그 다음에 여자를 만드

---

277) 창 2:8, 15
278) 창 2:9, 16
279) 창 2:9하
280) 창 2:10-14
281) 창 2:25
282) 참고-롬 13:14
283) 창 2:7
284) 창 2:8-15
285) 창 2:16-17

셨다.[286)]

하나님께서 여자를 지으시는 과정은 이렇게 시작된다.

> "여호와 하나님이 이르시되 사람이 혼자 사는 것이 좋지 아니하
> 니 내가 그를 위하여 돕는 배필을 지으리라 하시니라."[287)]

하나님께서 남자를 지으시고 에덴동산에 두셨을 때, 그는 독처하고 있었으며 돕는 배필이 없었다. 그 뜻은 '혼자 살아가는 것, 홀로 동떨어져 있는 것'이다.

또한 '돕는 배필'을 표준새번역에서는 '돕는 사람, 그에게 알맞은 짝'이라고 번역하고 있다. '돕는'으로 번역된 히브리어 '에제르'(עזר)는 '도움, 원조, 호위'라는 뜻이며, '배필'로 번역된 히브리어 '네게드'(נגד)는 '눈 앞에 있는 것'이라는 뜻이다. 그러므로 '돕는 배필'의 원뜻은 "눈앞에 마주 대하는 자로서 도움을 주는 사람"이다. 사람은 독저하는 것이 좋지 못하고 누구에게나 돕는 배필이 필요하다. 특히 신앙생활에는 더욱 돕는 배필이 필요하다.[288)]

"돕는 배필을 지으리라"고 말씀하신 하나님께서는 곧바로 돕는 배필을 짓지 않으시고, 흙으로 지으신 각종 들짐승과 공중의 각종 새를 모두 아담에게로 이끌어 오셨다. 아담이 어떻게 이름을 짓나 보시기 위해서였다.[289)] 아담은 각 생물들의 전반적인 생태를 잘 살피고 구분하여 그것들에게 알맞은 이름을 지어 주었는데, 아담이

---

286) 창 2:18-23
287) 창 2:18
288) 롬 16:3-4; 빌 2:22, 4:3; 골 4:7-15; 몬 1:13, 23-24
289) 창 2:19

일컫는 바가 곧 그 이름이 되었다.[290]

이렇게 아담이 모든 육축과 공중의 새와 들의 모든 짐승의 이름을 지은 후,[291] 창세기 2장 20절 하반절에서는 "아담이 돕는 배필이 없으므로"라고 다시 말씀하고 있다. 이것은 각종 들짐승과 공중의 각종 새를 지은 후였으나, 아담에게는 돕는 배필이 없음을 강조하고 있는 것이다.

그렇다면 하나님께서 돕는 배필을 바로 짓지 않으시고, 먼저 아담으로 하여금 각종 생물의 이름을 먼저 짓도록 하신 이유는 무엇인가?

첫째, 아담에게 그와 함께 일할 사람이 꼭 필요하다는 것을 깨닫게 하시기 위함이다.

어떤 일이든지 혼자 하는 것은 얼마나 고독하고 힘이 드는가? 이 땅에 존재하는 모든 사람은, 아무리 훌륭한 조건을 갖추었어도 다른 사람의 도움이 반드시 필요하기 마련이다. 성경은 두 사람이 한 사람보다 낫고 홀로 있는 자에게는 화가 있다고 말씀하고 있다.[292] 사람에게는 누구나 돕는 배필이 필요하다. 결혼하지 않은 독신자들도 믿음의 동역자가 필요하다.

둘째, 사람이 아닌 피조물 중에는 아담을 도울 배필이 없다는 것을 가르쳐 주시기 위함이다.

동물들은 빠짐없이 암수 짝이 있었으나, 아담에게만 배필이 없

---

290) 창 2:19
291) 창 2:20상
292) 전 4:9-12

었다. 그러나 동물 중에는 아담에게 적합한 배필이 하나도 없었다. 하나님의 형상대로 창조된 사람의 존귀함이 다른 피조물을 모두 합친 것보다도 탁월하기 때문에, 결코 각종 들짐승이나 공중의 각종 새들은 사람을 돕는 배필이 될 수 없다.

하나님께서 아담에게 이 진리를 깨우쳐 주셨다. 세상의 모든 것을 다 동원해도, 그것들 중에는 사람의 영혼을 만족하게 할 만한 배필감이 없는 것이다. '배필'이란 같은 이성과 양심과 영을 가진 동역자로서, 서로가 진정한 이해와 교제를 나눌 수 있는 대상이라야 한다.

하나님의 창조 사역 중에 여자의 창조는 깊은 감명을 주며, 아주 역동적으로 묘사되어 있다.[293]

아담은 흙으로 만들어졌는데,[294] 여자는 '남자의 갈빗대 하나'로 만들어졌다.[295] 하나님께서는 아담을 깊이 잠들게 하신 후, "그 갈빗대 하나를 취하고 살로 대신 채우시고",[296] 아담에게서 취한 그 갈빗대 하나로 한 여자를 만드셨다.[297] 여자를 갈빗대로 만드신 데는, 하나님의 신비롭고 오묘한 섭리가 담겨 있다.

첫째, 여자를 남자의 일부분을 취하여 만든 것은, 여자가 남자를 보필하면서 부부가 한 몸을 이루게 하기 위함이다.[298]

둘째, 부부의 직분은 서로 다르지만 인격은 서로 동등하다는 것

---

293) 창 2:18-23
294) 창 2:7
295) 창 2:21-22
296) 창 2:21
297) 창 2:22
298) 창 2:24

을 보여 주기 위함이다. 만일 손가락이나 발가락, 또는 팔이나 다리뼈로 지었다면 동등하지 못했을 것이다.

셋째, 갈빗대는 인체에서 가장 중요한 심장을 보호하는 기능을 하는 것으로, 남자는 여자를 자기 몸처럼 지극히 보호하고 사랑해야 함을 의미한다.[299] 자기 아내를 사랑하는 자는 자기를 사랑하는 자이다.[300]

아담은, 하나님께서 이끌어 오신 그 여자를 보자마자 여자를 향해 샘솟는 애정을 그 즉시 감동적인 시로 표현하며 이름을 지어 주었다.

> "아담이 이르되 이는 내 뼈 중의 뼈요 살 중의 살이라 이것을 남자에게서 취하였은즉 여자라 부르리라 하니라."[301]

창세기 2장 23절을 원문의 뜻을 살려 번역하면 "아담이 말하기를 '이 여인이야말로 마침내 내 뼈 중의 뼈요, 살 중의 살이라. 이 여인을 여자라고 선포하노라. 왜냐하면 이 여인은 남자에게서 취했기 때문'이다"이다.

וַיֹּאמֶר הָאָדָם זֹאת הַפַּעַם עֶצֶם מֵעֲצָמַי וּבָשָׂר מִבְּשָׂרִי לְזֹאת יִקָּרֵא אִשָּׁה כִּי מֵאִישׁ לֻקֳחָה־זֹּאת

여기 창세기 2장 23절의 원문에는 '이 여인'을 뜻하는 지시대명

---

299) 엡 5:33상
300) 엡 5:28
301) 창 2:23

사 '조트'(אזת)가 여성 단수형으로 세 번이나 나오고 있다. 참으로 경쾌한 리듬이 느껴지는 시(詩)이다.

이 짧은 시 속에는, 아담의 마음이 이 여자의 우아함과 뛰어난 미모에 사로잡혀 크게 만족하고, 희열이 넘치고, 사랑이 충만한 모습이 역력하게 표현되어 있다. 창세기 2장 23절에 담긴 아담의 마음을 요약하자면 이 여자는 자기의 가장 소중한 혈육이라는 고백이요, 이 여자가 자기에게는 어느 것 하나 흠잡을 데 없이 대만족이라는 고백이요, 그러므로 이 여자만을 사랑하고 이 여자만으로 감사하겠다는 고백이다.

타락한 이후 이 땅에 존재하는 모든 여인은 아무리 세계적인 미인이라도 무엇인가 흠이 있고 한 가지 이상 아쉬운 점이 있기 마련인데, 하나님께서 친히 아담의 갈빗대로 지으신 존귀한 여자 하와는 여자가 가질 수 있는 진선미의 모든 것을 갖춘 절세미인이었다.

아담의 돕는 배필 하와는 하나님의 신비롭고 오묘한 창조의 섭리로 지어진 여인으로서, 아담에게 꼭 필요한 돕는 배필이요, 아담에게 단 하나뿐인 유일한 여자요, 하나님께서 아담에게 주신 최대의 선물이었다. 하나님께서 하와처럼 존귀한 여자를 아담에게 돕는 배필로 주신 것은 하나님의 특별한 배려요, 남자의 존귀성을 더하게 하시는 아가페의 사랑이었다.

지금까지 살펴본 대로 하나님께서 창조하신 아담(사람)은 너무도 존귀한 존재이다. 사람만이 하나님의 형상과 모양대로 창조되었으며, 사람만이 하나님과 언약을 체결하였다. 사람만이 하나님의 영을 받았으며, 하나님께서 특별히 창설하신 에덴동산에 거하였다. 그리고 아담의 갈빗대로 여자를 만들어 그의 돕는 배필을 삼았다. 그러나 사람의 모든 존귀성이 다 깨어지고 말았으니, 사람이 범죄하여 비참하게 타락한 결과이다.

(2) 비참한 타락

하나님께서는 그 지으신 사람을 에덴동산에 두시면서, 두 가지 할 일과 한 가지 금령(禁令: 금지하는 명령)을 주셨다. 사람이 반드시 수행해야 할 두 가지 할 일은, '에덴동산을 다스리며 지키는 것'이었다.[302] 또한 사람이 반드시 지켜야 할 명령은, '선악을 알게 하는 나무의 실과를 먹지 않는 것'이었다.[303] 하나님의 공의로운 통치 영역으로서 에덴동산은 하나님의 말씀을 온전히 믿고 순종함으로 온전한 질서를 이루게 되었다.

(가) 행위 언약과 불순종

하나님께서는 창세기 2장 16-17절에서 "동산 각종 나무의 열매는 네가 임의로 먹되 선악을 알게 하는 나무의 열매는 먹지 말라 네가 먹는 날에는 반드시 죽으리라"라고 말씀하셨다. 말씀을 순종하는 여부에 따라 죽음과 영생이 결정되므로, 이것을 '행위 언약'이라고 부른다.

행위 언약 체결 후에, 유혹자 뱀이 여자가 혼자 있는 틈을 타서 찾아왔다.[304] 여자는 뱀의 유혹을 이기지 못하고 선악을 하게 하는

---

302) 창 2:15
303) 창 2:16-17
304) 창 3:1

나무의 실과를 먹었다. 여자는 뱀과의 대화 내용을 남자에게 말하지 않고, 선악을 알게 하는 나무의 실과를 남자에게도 주어 먹게 하여 결국 남자도 타락하고 말았다.[305]

여자가 뱀의 유혹에 넘어간 것은 하나님의 말씀을 온전히 믿지 못하고 순종하지 않았기 때문이다. 그 증거는 무엇인가?

첫째, 여자는 에덴동산을 다스리며 지키지 못했다.
하나님께서는 아담으로 하여금 에덴동산을 "다스리며 지키게" 하셨다.[306] 여자는 '에덴동산을 다스리며 지키라'는 말씀을 하나님으로부터 직접 듣지는 못했지만, 한 몸을 이룬[307] 아담을 통해 들었을 것이다.

'다스리며'는 히브리어 '아바드'(עָבַד)로, '노동하다, 일하다, 경작하다,[308] 힘쓰다'[309]라는 뜻이다. '지키게'는 히브리어 '샤마르'(שָׁמַר)로, '피다, 보호하다, 주의하다, 책임지다, 감시하다'라는 뜻이다. 그러므로 "다스리며 지키게"라는 말씀 속에는, 에덴동산을 보호하기 위하여 열심히 애를 쓰고 수고하며 힘을 다해야 한다는 적극적인 믿음이 강조되어 있는 것이다. 하나님께서 뱀이 찾아올 것을 미리 아시고, 적극적인 믿음으로 에덴동산을 다스리며 지키라고 하셨지만, 여자는 이 말씀을 온전히 믿지 못하고 소홀히 여겼던 것이다.

---

305) 창 3:6
306) 창 2:15
307) 창 2:24
308) 창 2:5
309) 신 5:13

하나님께서 미리 경고하신 대로 하나님의 지으신 들짐승 중에 가장 간교한 뱀이 여자에게 찾아왔다.[310] '간교'는 히브리어 '아룸'(ערום)으로, 나쁜 의미로 '교활한, 간사한, 음흉한, 약삭빠른'이라는 뜻을 가지며, '거짓 지혜'를 나타내기도 한다.

뱀은 여자에게 다가와 "하나님이 참으로 너희에게 동산 모든 나무의 열매를 먹지 말라 하시더냐?"[311]라고 물었다. 여기 '참으로'는 히브리어 '아프'(אף)로서, '진실로 그러하냐?'라는 뜻이다. 뱀은 하나님과 아담 사이에 어떤 나무를 두고 언약을 세웠는지 몰랐으므로, 그 비밀을 알아내기 위해 여자를 떠본 것이다. 이렇게 뱀은 여자의 입을 열어 비밀을 실토할 수밖에 없는 고단수의 유혹을 했다.

이때 여자는 "궁금하면 네가 직접 하나님께 물어 보아라. 이것은 하나님과 나와의 언약이니 너와는 아무 상관없는 일이다. 네가 왜 에덴동산에 들어와서 간사하게 넘겨짚으려 하느냐? 너는 에덴동산에 해당되지도 않는다. 왜 월권행위(越權行爲)를 하느냐! 어서 나가라!" 하면서 뱀의 유혹을 단호하게 물리쳤어야 했다. 그런데 여자는 유혹자 뱀을 물리치지 못하고, 간교한 뱀과 계속 대화하다가 "동산 중앙에 있는 나무"라는 비밀을 누설하고 말았다.[312]

예수님께서는 "나는 그의 명령이 영생인 줄 아노라"[313]고 말씀하셨다. 여자는 "에덴동산을 다스리며 지키라"는 하나님의 명령을 지키지 못하고 불순종하여 영생을 놓치고 말았던 것이다.[314]

예수님께서는 주의 재림을 기다리는 종말 성도의 자세에 대하

---

310) 창 3:1
311) 창 3:1
312) 창 3:3
313) 요 12:50
314) 창 3:22

여, "깨어 있으라"315) "예비하고 있으라"316)고 강조하여 말씀하셨다. 또 "만일 집주인이 도둑이 어느 시각에 올 줄을 알았더라면 깨어 있어 그 집을 뚫지 못하게 하였으리라"317)고 말씀하고 있다. 이것은 아담과 하와에게 주신 '에덴동산을 다스리며 지키라'는 말씀과 일맥상통(一脈相通)하는 것으로, 종말을 앞둔 성도들이 반드시 믿고 순종해야 할 말씀인 것이다. 우리는 항상 말씀과 기도와 찬송으로 깨어 있어야 한다. 빈틈없는 믿음으로 깨어 있지 못하면, 사탄에게 유혹을 당하여 하나님의 말씀과 멀어지고 복된 자리를 빼앗기고, 결국에는 세상과 짝하는 어리석은 사람이 되고 마는 것이다.318)

둘째, 여자는 말씀을 임의로 가감(加減)하였다.
하나님께서는 사람에게 "동산 각종 나무"의 실과를 임의로 먹도록 허락하셨다.319) 그러나 여자는 '각종'(׳כֹל, 콜: 모든)이라는 단어를 빼고 그냥 '동산 나무'의 실과를 우리가 먹을 수 있다고 말함으로,320) 하나님의 말씀을 임의로 삭제하였다.
또 하나님께서는 "먹지 말라"321)고만 하셨는데, 여자는 "하나님의 말씀에 너희는 먹지도 말고 만지지도 말라"322)고 말함으로 하나님의 말씀에 자기 생각을 추가하였다.

---

315) 마 24:42, 25:13
316) 마 24:44
317) 마 24:43
318) 엡 4:27; 벧전 5:8
319) 창 2:16
320) 창 3:2
321) 창 2:17
322) 창 3:3

우리는 하나님의 말씀을 임으로 삭제하거나 또 자기 생각을 함부로 추가해서도 안 된다.[323] "내가 이 두루마리의 예언의 말씀을 듣는 모든 사람에게 증언하노니 만일 누구든지 이것들 외에 더하면 하나님이 이 두루마리에 기록된 재앙들을 그에게 더하실 것이요 만일 누구든지 이 두루마리의 예언의 말씀에서 제하여 버리면 하나님이 이 두루마리에 기록된 생명나무와 및 거룩한 성에 참여함을 제하여 버리시리라"[324]고 말씀하셨다.

셋째, 여자는 말씀을 변질시켰다.

하나님께서는 선악을 알게 하는 나무의 실과를 먹으면 "정녕 죽으리라"고 말씀하셨다.[325] '정녕 죽으리라'는 히브리어로 '모트 타모트'(מוֹת תָּמוּת)로서, '죽다'라는 뜻의 '무트'(מוּת)가 두 번 사용되고 있다. 앞에 나오는 '모트'(מוֹת)는 부정사 절대형으로, 이것이 동일한 동사 앞에 올 때는 그 동사를 강조하는 뜻이 된다. 따라서 "정녕 죽으리라"는 '먹는다면 정녕 그 누구도 예외 없이 반드시 죽는다'는 단호한 말씀이다.

그런데 여자가 "죽을까 하노라"[326]고 말한 것은, 벌써 하나님의 말씀을 많이 변질시키고 약화시킨 흔적이다. "죽을까 하노라"는 말 속에는, 죽을 수도 있고 죽지 않을 수도 있다는 의심이 들어 있는 것이다. 여자는 하나님의 말씀을 의심하면서 하나님의 절대적이고 준엄한 경고의 말씀을 상대적 가능성을 지닌 말로 희석시켰으며, 하나님 말씀의 권위뿐 아니라 하나님 자신의 권위를 멸시하

---

323) 신 4:2; 12:32
324) 계 22:18-19
325) 창 2:17
326) 창 3:3

고 말았다.

하나님의 말씀은 언제나 가부(可否)가 정확하다. 이럴 수도 있고 저럴 수도 있다는 애매모호한 태도를 가지면 반드시 사탄의 유혹에 넘어가게 된다. 요즘 신학자나 목회자들 가운데도 성경을 100% 완전 영감(靈感)된 하나님의 말씀으로 믿지 못하는 분들이 많이 있다. 하나님의 말씀을 의심하면 결국 여자처럼 뱀의 유혹에 넘어간다는 것을 명심해야 할 것이다.

여자의 마음속에 있는 말씀에 대한 의심을 간파했던 뱀은, 더욱 적극적으로 유혹하였다. "너희가 결코 죽지 아니하리라"[327]고 하면서, 하나님의 말씀에 정면으로 도전하게 만든 것이다. 이어 간교한 뱀은 "너희가 그것을 먹는 날에는 너희 눈이 밝아져 하나님과 같이 되어 선악을 알 줄 하나님이 아심이니라"[328]고 말하였다. 뱀은 교활한 그 거짓말로[329] 여자의 마음을 뒤흔들어, 하나님과의 언약 관계를 완전히 깨뜨리고 에덴동산의 질서를 무너뜨리려 하였다.

뱀의 거짓말은 거기서 그치지 않고 사람이 하나님과 같이 될 수 있다는 교만한 생각을 여자의 마음속에 넣어 주고, 그 교만을 충동하여 사람도 하나님과 같이 될 수 있다는 망상에 사로잡히게 만들었다. 그러나 피조물인 사람은 결코 창조주 하나님이 될 수 없다.

여자는 뱀의 거짓말에 유혹되자 그 마음이 욕심에 사로잡혔다. 하나님의 말씀은 온데간데없고 "먹음직도 하고 보암직도 하고 지혜롭게 할 만큼 탐스럽기도 한 나무"[330]의 열매만 눈에 가득했다.

---

327) 창 3:4
328) 창 3:5
329) 요 8:44
330) 창 3:6

결국 여자는 선악을 알게 하는 나무의 실과를 따 먹고 남편에게도 주어 먹게 함으로써[331] 함께 사망에 이르게 되었다. 뱀의 유혹을 받은 여자는 하나님의 말씀을 만홀히 여기고 불순종하여 '돕는 배필'이라는 자기 사명을 송두리째 망각하므로 자기도 망하고 남편까지 넘어지게 만들고 말았다. 욕심이 잉태한즉 죄를 낳고 죄가 장성한즉 사망을 낳은 것이다.[332]

(나) 타락의 결과

아담과 하와가 하나님의 말씀을 제대로 믿지 못하고 불순종하여 선악을 알게 하는 나무의 실과를 먹고 죄를 범한 결과, 하나님의 형벌이 임하게 되었다. 형벌은 하나님의 공의에 근거하여 내려지는 보응인데, 그 형벌은 구체적으로 무엇이었는가?

① 뱀에게 내린 형벌

"여호와 하나님이 뱀에게 이르시되 네가 이렇게 하였으니 네가 모든 가축과 들의 모든 짐승보다 더욱 저주를 받아 배로 다니고 살아 있는 동안 흙을 먹을지니라."[333]

하나님께서 뱀을 저주하신 것은 뱀이 아담과 하와로 하여금 하나님의 말씀을 불신하고 불순종하게 만든 유혹자였기 때문이다.[334]

---

331) 창 3:6
332) 약 1:15
333) 창 3:14
334) 고후 11:3

뱀에게 내린 첫 번째 저주는 배로 다니는 것이다. 원래 뱀은 하나님께서 만드신 들짐승 중에 가장 간교하였다.[335] 그러나 이제 저주를 받아 다른 짐승과는 달리 배로 다니는 존재로 전락하게 되었다.

두 번째 저주는 살아 있는 동안 흙을 먹는 것이다. 뱀은 실제로 흙을 먹지는 않지만, 흙 사이를 다닐 때 그 입 속으로 티끌이나 먼지가 들어와 흙을 먹을 수밖에 없는 존재가 된 것이다. 구약성경에서 '흙을 먹는다'와 유사한 '티끌을 핥는다'라는 표현은, 패배자가 당하는 극도의 수치와 굴욕을 의미했다.[336] 뱀이 흙을 먹는다는 표현은 장차 사탄의 도구인 뱀이 당하게 될 수치와 굴욕을 암시한 것이다.

② 사탄에게 내린 형벌

"내가 너로 여자와 원수가 되게 하고 네 후손도 여자의 후손과 원수가 되게 하니 여자의 후손은 네 머리를 상하게 할 것이요 너는 그의 발꿈치를 상하게 할 것이니라 하시고."[337]

여기에서 '너'는 일차적으로 뱀을 가리킨다. 그러나 사탄은 뱀을 통하여 역사했다. "큰 용이 내쫓기니 옛 뱀 곧 마귀라고도 하고 사탄이라고도 하며 온 천하를 꾀는 자라"[338]고 했고, "용을 잡으니 곧

---

335) 창 3:1
336) 시 72:9; 사 49:23; 미 7:7
337) 창 3:15
338) 계 12:9

옛 뱀이요 마귀요 사탄이라"[339]고 말씀하였다.[340]

따라서 창세기 3장 15절의 '너'는 문맥상 뱀을 유혹의 도구로 이용한 사탄에게 더 직접적으로 적용된다. 왜냐하면 '여자의 후손'은 예수 그리스도를 나타내는데,[341] 창세기 3장 15절에서 '여자의 후손'을 직접 대적하는 존재가 바로 '너'이기 때문이다.

창세기 3장 15절은 원시복음(元始福音)이요, 장차 오실 메시아에 대한 예언이다. 사탄은 예수 그리스도를 십자가에 못 박게 함으로 여자의 후손의 발꿈치를 상하게 할 것이지만, 여자의 후손 예수 그리스도는 사탄의 머리를 상하게 함으로 사탄을 멸하실 것이다.[342] 이 말씀은 예수님의 십자가 사건으로 이루어졌으며, 장차 예수 그리스도의 재림으로 완전히 성취되어 사탄은 마지막에 불과 유황 못에 던져지게 될 것이다.[343]

③ 여자에게 내린 형벌

"또 여자에게 이르시되 내가 네게 임신하는 고통을 크게 더하리니 네가 수고하고 자식을 낳을 것이며 너는 남편을 원하고 남편은 너를 다스릴 것이니라."[344]

---

339) 계 20:2
340) 참고-마 3:7, 23:33; 요 8:44
341) 갈 4:4
342) 요일 3:8
343) 참고-롬 16:20; 히 2:14; 계 20:1-3, 10
344) 창 3:16

하나님께서 여자에게 세 가지 형벌을 내리셨다.

첫째, 임신의 고통과 해산의 고통이다.
여기 '크게 더하리니'는 히브리어 '하르바 아르베'(הַרְבָּה אַרְבֶּה)로, 이것은 '크다, 많다'라는 뜻을 가진 '라바'(רָבָה)가 두 번 반복된 것이다. 이는 여자의 해산하는 고통이 상상할 수 없을 정도로 크다는 것을 나타낸다.
그러나 예수님께서는 요한복음 16장 21절에서 "여자가 해산하게 되면 그때가 이르렀으므로 근심하나 아기를 낳으면 세상에 사람 난 기쁨으로 말미암아 그 고통을 다시 기억하지 아니하느니라"고 말씀하셨다. 예수님께서 여자가 임신하고 해산하는 고통은 크지만 아이를 낳는 순간 기쁨으로 바뀔 것을 말씀하신 것은, 예수님의 십자가 죽음이 제자들에게 큰 고통이겠지만 예수님의 부활은 제자들에게 더 큰 기쁨이 될 것을 비유적으로 표현하신 것이다.[345] 이것은 범죄하므로 여자에게 내려진 형벌을 예수님께서 십자가로 해결하실 것에 대한 암시로도 볼 수 있다.

둘째, 남편을 사모하는 것이다.
창세기 3장 16절의 '사모하고'는 히브리어 '테슈카'(תְּשׁוּקָה)이며, 이곳을 제외하고 구약성경에서 두 번 사용되었다. 아가 7장 10절의 '사모하는구나'라는 표현과 창세기 4장 7절의 '죄의 소원'이라는 표현에 사용되었는데, 둘 다 매우 강렬한 열망을 나타내고 있다. '테슈카'(תְּשׁוּקָה)는 '넘쳐흐르다', '~을 뒤쫓다'를 의미하는 '슈크'(שׁוּק)에서 유래되었으며, '동경, 갈망'이라는 뜻이다.

---

345) 요 16:22; 참고-딤전 2:15

따라서 창세기 3장 16절의 '사모하고'는 여자가 남편을 주체할 수 없을 정도로 갈망한다는 의미이다. 여자는 타락할 때 남자를 조종하여 선악을 알게 하는 나무의 실과를 먹게 하였으나 이제는 오히려 남자에게 종속적인 존재가 된 것이다. 인류의 역사를 통해서 볼 때 여자가 남자에게 종속되어 남자를 기다리는 피동적인 성향이 많았던 것은, 여자가 먼저 죄를 조장한 데 대한 형벌의 결과로 볼 수 있다.

셋째, 남편의 다스리심을 받는 것이다.

원래 하와의 머리는 아담이었다. "그러나 나는 너희가 알기를 원하노니 각 남자의 머리는 그리스도요 여자의 머리는 남자요 그리스도의 머리는 하나님이시라"[346]라고 말씀하고 있다. 그래서 사도 바울은 이에 대하여 "여자가 가르치는 것과 남자를 주관하는 것을 허락하지 아니하노니 오직 조용할지니라"[347]고 말씀하였다. 그런데도 에덴동산에서는 오히려 나중에 지음 받은 여자가 남자의 머리가 되어, 먼저 선악을 알게 하는 나무의 실과를 따 먹고 남편에게 주었다.[348]

이처럼 타락은 하나님께서 세우신 질서가 무너짐으로 일어난 것이었다. 이제 하나님께서는 여자가 남편의 다스리심을 받게 하심으로써 무너진 질서를 다시 세우시고, 남자가 여자의 머리가 되게 하신 것이다.[349] 이러한 원리에 입각하여, 사도 바울은 아내가

---

346) 고전 11:3
347) 딤전 2:12
348) 창 3:6, 12, 17; 딤전 2:13-14
349) 엡 5:23

남편에게 복종할 것을 여러 번 말씀하였다.[350]

④ 남자에게 내린 형벌
첫째, 평생 동안 수고하는 형벌이다.

"아담에게 이르시되 네가 네 아내의 말을 듣고 내가 네게 먹지 말라 한 나무의 열매를 먹었은즉 땅은 너로 말미암아 저주를 받고 너는 네 평생에 수고하여야 그 소산을 먹으리라."[351]

여기 사용된 '수고'라는 단어는 히브리어 '이차본'(עִצָּבוֹן)으로, 창세기 3장 16절에서 여자의 잉태하는 고통을 나타낼 때도 사용되었다. 이것은 남자가 땀을 흘리며 일을 하는 수고[352]가, 여자가 잉태하고 해산하는 고통처럼 힘든 것임을 나타낸다.[353] 그러므로 타락한 이후 남자는 "누구든지 일하기 싫어하거든 먹지도 말게 하라"[354]는 말씀대로, 수고하며 일을 해야만 그 소산(所産)을 먹고 얼굴에 땀이 흘러야 식물을 먹을 수 있는 존재가 된 것이다.

둘째, 필경은 흙으로 돌아가는 형벌이다.

"...너는 흙이니 흙으로 돌아갈 것이니라 하시니라."[355]

---

350) 고전 14:34; 엡 5:22, 24; 골 3:18; 딤전 2:11-12; 딛 2:5; 벧전 3:1, 5-6
351) 창 3:17
352) 창 3:19상
353) 참고-창 5:29; 전 2:22-23
354) 살후 3:10
355) 창 3:19

이것은 사람이 죗값으로 당하게 될 죽음의 방식을 말씀하는 것이다. 범죄한 사람은 누구나 죽어서 땅에 묻혀 흙이 되고 만다.[356]

⑤ 땅에 내린 형벌

사람의 타락으로 인하여 땅도 저주를 받았다. 창세기 3장 17절에서 "땅은 너로 말미암아 저주를 받고"라고 말씀하고 있다. 그리하여 땅은 "가시덤불과 엉겅퀴"를 내게 되었다.[357] 이것은 타락한 이후에 이 세상에서 얻을 수 있는 것은 고통의 열매뿐이라는 것이다.

땅 위에 존재하는 모든 피조물이 사람으로 인하여 저주받은 상태를, 로마서 8장 22절에서는 "피조물이 다 이제까지 함께 탄식하며 함께 고통을 겪고 있는 것을 우리가 아느니라"고 표현하고 있다. 그래서 피조물의 고대하는 바는 '하나님의 아들들의 나타나는 것'이며,[358] 피조물은 하루빨리 썩어짐의 종노릇한 데서 해방되어 하나님의 자녀들의 영광의 자리에 이르는 것을 바라고 있다.[359] 사람의 타락으로 인하여 땅이 저주를 받았기 때문에, 사람이 회복될 때 비로소 저주받은 땅과 모든 피조물도 회복될 것이다.

⑥ 에덴에서 쫓겨나는 형벌

하나님께서는 타락한 아담과 하와를 에덴동산에서 쫓아내시고 땅을 갈도록 하시고, 에덴동산 동편에 그룹들과 두루 도는 화염

---

356) 욥 10:9; 34:15; 시 90:3; 참고-전 12:7
357) 창 3:18
358) 롬 8:19
359) 롬 8:21

검을 두어 생명나무의 길을 지키게 하셨다.[360] 창세기 3장 24절의 '쫓아내시고'는 히브리어 '가라쉬'(גרשׁ)의 강조형으로, 하나님께서 아담과 하와를 그냥 내보낸 것이 아니라 아주 단호하게 내쫓으셨음을 의미한다. 하나님께서는 사람이 타락한 상태에서 영원히 사는 것을 원치 않으셨기 때문에[361] 에덴동산에서 그들을 내쫓으신 것이다.

이제 생명나무 앞으로 나아가는 길은 그룹들과 두루 도는 화염검에 의하여 차단되었다.[362] 그러나 장차 성도는 하나님의 은혜로 생명나무 앞으로 다시 나아가게 될 것이다.[363]

⑦ 죽음의 형벌

아담과 하와의 범죄는 자신들뿐만 아니라 전 인류에게 사망을 가져왔다. "그러므로 한 사람으로 말미암아 죄가 세상에 들어오고 죄로 말미암아 사망이 들어왔나니 이와 같이 모든 사람이 죄를 지었으므로 사망이 모든 사람에게 이르렀느니라"[364]고 말씀하고 있다. 사람의 죽음은 자연적인 현상이 아니라 죄로 인한 형벌이다.[365] 사람은 본래 범죄하지 않았다면 영생할 존재였지만, 범죄함으로 영생을 상실하게 된 것이다.

첫째, 영적 죽음(spiritual death)

---

360) 창 3:23-24
361) 창 3:22
362) 창 3:24
363) 계 2:7; 22:14
364) 롬 5:12
365) 롬 6:23

영적 죽음은, 아담이 범죄함으로 하나님과 분리된 것을 의미한다. 아담은 범죄한 즉시 영적으로 죽은 자가 되어서 하나님과의 교통이 단절되었다. 아담과 하와가 범죄한 후에 여호와 하나님의 낯을 피하여 동산 나무 사이에 숨은 것은 그들이 영적으로 죽었음을 나타낸다.[366] 에베소서 2장 1절에서는 "허물과 죄로 죽었던 너희"라고 말씀하고 있다. 이렇게 영적으로 죽은 자들은 중생(重生)하여 새로운 존재가 되어야만 다시 하나님과 교통할 수 있다.[367]

둘째, 육체적 죽음(physical death)

육체적 죽음은 영혼과 육체의 분리이다. 사람의 영혼이 떠나면 육체는 곧바로 부패하기 시작하여 마침내 흙으로 돌아가고 만다. 아담이 타락한 즉시 그에게 영적인 죽음이 찾아왔고, 그의 나이 930세가 되었을 때 육체적 죽음이 찾아왔다.[368]

지금까지 아담과 하와가 타락한 이후에 주어진 형벌들에 대하여 살펴보았다.

이 모든 형벌과 죄와 사망의 문제를 해결할 수 있는 분은 오직 예수 그리스도이시다. "그러므로 이제 그리스도 예수 안에 있는 자에게는 결코 정죄함이 없나니 이는 그리스도 예수 안에 있는 생명의 성령의 법이 죄와 사망의 법에서 너를 해방하였음이라"[369]고 말씀하고 있다. 또한 "우리는 그리스도 안에서 그의 은혜의 풍성

---

366) 창 3:8
367) 요 3:3-5; 고후 5:17
368) 창 5:5
369) 롬 8:1-2

함을 따라 그의 피로 말미암아 속량 곧 죄 사함을 받았느니라"370)
고 말씀하고 있다. 사람은 오직 예수 그리스도로 말미암아 의롭다
하심을 받고 영생에 이를 수 있다.371)

(3) 구원과 언약

죄가 들어온 이상, 에덴은 이미 낙원이 아니다. 하나님과 교제
했던 에덴에서 신령한 기쁨을 주던 하나님의 영광은 사라지고, 모
든 것이 슬픔이요, 근심이요, 수치와 공포와 두려움이었다. 아담
과 하와는 자기들의 몸이 벗은 줄을 알고 무화과나무 잎을 엮어 치
마를 하였다.372) 그리고 날이 서늘할 무렵 동산을 거니시는 하나님
의 음성을 듣자, 하나님의 낯을 피하여 동산 나무 사이에 숨었다.373)
그러나 하나님께서는 동산 나무 사이에 숨은 아담을 찾아와 그 이
름을 애타게 부르셨다.

"여호와 하나님이 아담을 부르시며 그에게 이르시되 네가 어
디 있느냐."374)

여기 "아담을 부르시며"는 히브리어 '바이크라...하아담'(הָאָדָם...
וַיִּקְרָא)이며, '그 아담을 큰 소리로 부르다'라는 뜻이다. 전능하신 하
나님께서 아담이 나무 사이에 숨은 사실을 몰라서 그렇게 크게 부

---

370) 엡 1:7
371) 롬 3:22-24, 5:17-18
372) 창 3:7
373) 창 3:8
374) 창 3:9

르면서 찾으신 것이 아니다.[375] 하나님께서는 아담이 처한 신앙의 현주소, 그 마음의 처소성을 물으셨던 것이다.

또한 "네가 어디 있으냐?"(איכה, 아예카) 하는 말씀은 언약 관계 속에서 볼 때, '나와 너는 어떤 관계였었느냐'라는 물음이기도 하다. 이 짧은 말씀 속에는 그토록 지극한 사랑을 쏟았음에도 불구하고 불순종한 아담에 대한 서글픈 마음과, 회개하기를 원하시는 하나님의 안타까운 마음이 담겨 있다. 이 말씀은 아담의 가슴속에 비수처럼 깊이 꽂혀 강한 울림으로 남았을 것이다. "네가 어디 있느냐"라는 이 음성은 죄인을 경책하는 음성이요, 잃은 자식을 찾는 어버이의 애절한 음성이요, 범죄한 자에게 먼저 찾아오시는 사랑의 음성이요[376], 회개를 촉구하시는 자비로운 음성이었다. 하나님께서는 아무리 죄를 범하였을지라도 상한 심령으로 중심에 통회하는 자에게 가까이하시고 저희 죄를 사하시고 회복시켜 주시는 자비로운 분이시다.[377]

(가) '여자의 후손' 약속

타락한 사람에게 구원의 길을 처음 보여 주신 것은, 바로 '여자의 후손'에 대한 약속이다.

> "내가 너로 여자와 원수가 되게 하고 네 후손도 여자의 후손과 원수가 되게 하리니 여자의 후손은 네 머리를 상하게 할 것이요

---

[375] 시 139:1-4; 렘 23:23-24
[376] 요일 4:10, 19
[377] 시 32:1-6, 34:18, 51:16-17; 사 57:17

너는 그의 발꿈치를 상하게 할 것이니라 하시고."[378]

여기 '여자의 후손'은 장차 마리아를 통해 성령으로 잉태되어 오실 예수 그리스도를 가리킨다. "때가 차매 하나님이 그 아들을 보내사 여자에게서 나게 하시고"[379]라고 말씀하고 있다. 예수님께서는 성령으로 잉태되어 처녀 마리아를 통해서 이 세상의 구주로 오셨다. 예수님께서는 남자의 후손이 아니라 여자의 후손으로 오셨는데, 이는 이사야 7장 14절의 "보라 처녀가 잉태하여 아들을 낳을 것이요 그의 이름을 임마누엘이라 하리라"는 예언이 그대로 성취된 것이다.[380]

창세기 3장 15절에서 '여자의 후손의 발꿈치가 상한다'는 것은 예수 그리스도께서 십자가에 못 박히실 것을 가리키며, '사탄의 머리가 상한다'는 것은 예수 그리스도께서 사탄을 완전히 멸하실 것을 뜻한다.[381] 타락한 사람에게 저주와 형벌을 내리시는 중에도 하나님께서는 그에 대한 구원의 약속을 함께 주셨던 것이다.

이 약속에 대한 보증으로 하나님께서는 아담과 하와를 위하여 친히 가죽 옷을 지어 입혀 주셨다.

"여호와 하나님이 아담과 그의 아내를 위하여 가죽옷을 지어 입히시니라."[382]

---

378) 창 3:15
379) 갈 4:4
380) 마 1:21-23
381) 참고-요일 3:8; 히 2:14
382) 창 3:21

첫째, 가죽 옷은 죄인의 수치를 가리기 위한 옷이었다.

아담과 하와가 선악을 알게 하는 나무의 실과를 따 먹은 후 눈이 밝아졌을 때, 제일 먼저 보게 된 것은 자신들의 벌거벗은 모습이었다.[383] 그들은 이 수치를 가리기 위하여 무화과나무 잎으로 치마를 만들어 입었다. 이 무화과나무 잎으로 만든 치마와 하나님께서 지어 주신 가죽 옷의 차이가 무엇인가?

먼저, 사람이 만든 옷은 몸의 어느 한 부분만을 가리는 옷이었지만 하나님께서 입혀 주신 가죽 옷[384]은 몸 전체를 가려 주는 온전한 옷이었다.

창세기 3장 7절의 '치마'는 히브리어 '하고르'(חֲגוֹר)이며, 단순히 엉덩이 둘레만을 가려 주는 것이다. 그러나 창세기 3장 21절에 나오는 가죽 옷의 '옷'이라는 단어는 히브리어 '케토네트'(כְּתֹנֶת)로, 위에서 무릎까지 내려오는 긴 옷을 가리킨다.

다음으로, 사람이 만든 옷은 나뭇잎으로 만들었기 때문에 금방 시들어 버리는 옷이었지만, 하나님께서 입혀 주신 옷은 가죽으로 만들었기 때문에 오래가는 옷이었다.

궁극적으로 하나님께서 입혀 주신 가죽 옷은, 장차 예수 그리스도께서 오셔서 타락한 사람의 죄와 수치를 완전히 가리기 위하여 십자가에서 영원한 대속 제물로서 희생되실 것을 예표한다.[385]

둘째, 가죽 옷은 죄인을 향한 하나님의 절대 보호의 옷이었다.

하나님께서 아담과 하와에게 직접 찾아오셔서 손수 가죽 옷을

---

383) 창 3:7
384) 창 3:21
385) 사 53:4-6; 마 20:28; 막 10:45

입혀 주신 것에는 하나님의 무한한 자비와 용서, 보호와 사랑이 담겨 있다. 타락한 아담과 하와는 에덴동산을 떠나 저주받은 세계로 나가야 했다. 그들이 만날 땅은 가시덤불과 엉겅퀴를 내는 거친 땅으로, 땀을 흘리며 수고하여야 그 소산을 먹을 수 있는 곳이었다.[386] 이 땅을 살아가는 모든 사람에게는 정신적으로 육체적으로 자신을 찌르고 고통을 주는 가시가 있다. 사도 바울과 같은 위대한 신앙의 인물도 예외가 아니었다.[387] 하나님께서 아담과 하와에게 지어 주신 가죽 옷은 이 저주 받은 거친 땅에서 나오는 그 어떤 가시에도 찔리거나 상하지 않게 하시는 보호의 표시이다.

다시 말해 가죽 옷은, 비록 타락한 인간들이지만 그들을 완전히 버리지 않으시겠다는 하나님의 긍휼과 용서를 입증하는 증표이다. 그것은 아담과 하와의 요청에 의한 것이 아니라, 전적으로 하나님의 먼저 사랑으로 주어진 것이었다.[388]

7. 하나님의 구속 경륜[389]

성경은 창조 기사의 기술(記述)로 시작하여(창 1-2장), 새 하늘과 새 땅으로 끝을 맺고 있다(계 21-22장). 성경은 단순히 이스라엘 민족사가 아니라, '창조'라는 큰 역사적 사건을 시발점으로 하여 새 하늘과 새 땅의 완성에 이르기까지 '하나님의 구속사'라는 대(大)주제를 가지고 기록되어 있다.

---

386) 창 3:17-19
387) 고후 12:7
388) 요일 4:10, 19
389) 박윤식, 《창세기의 족보》 (휘선, 2011), pp. 37-46.

'구속사'라는 말에서 '구속'(救贖)은 '해방'과 같은 뜻으로, 죄의 속박에서 그 값을 주고 풀려나 자유롭게 되는 '구원'을 말한다. 따라서 '구속'은 반드시 어떤 대가를 지불해야 한다는 것을 전제하고 있다. 죄의 결과인 '사망'[390]의 값을 우리 대신 지불하시고 구속을 이루신 분은 천상천하에 오직 예수 한 분뿐이시다.[391]

하나님은 죄를 알지도 못하신 분[392]에게 인류의 모든 죄를 몽땅 전가하시고 우리에게는 하나님의 의를 선물로 주셨다.[393] 죄 없는 분을 '죄 있는 모양'으로 이 땅에 보내시어, '율법의 요구'를 만족시키기 위해 주님의 생명을 값으로 지불하셨다.[394] 그리하여 '악한 행실로 원수가 되었던 우리를 그의 육체의 죽음(십자가의 피)으로 화목하게 하사 거룩하고 흠이 없고 책망할 것이 없는 자로 그 앞에 세우고자 하셨다'[395]고 말씀하고 있다.

하나님의 '구속사'란 바로 이러한 예수 그리스도의 죽음과 부활을 중심으로 죄인들을 구원하는 전 역사를 말한다. 좀 더 넓은 의미에서 '구속사'를 정의하자면, 인류의 시조 아담과 하와의 타락으로 잃어버렸던 낙원의 회복을 위해 인류와 만물을 새롭게 하시려는 하나님의 경륜이라고 할 수 있다.[396]

우리가 살고 있는 세상의 모든 역사는 하나님의 구원 역사 속에 기초하고 있다. 왜냐하면 하나님이 역사의 근원이자 그 발달과 변

---

390) 롬 6:23
391) 마 20:28; 딤전 2:6; 엡 1:7; 벧전 1:18-19
392) 히 4:14-15
393) 고후 5:21; 엡 2:8; 롬 4:25; 골 1:20-22; 벧전 3:18; 롬 8:3-4
394) 롬 8:3-4
395) 골 1:20-22
396) 계 21:5

화의 근본이기 때문이다.[397] 하나님의 구속사는 세속 역사와 분리된 별개의 역사가 아니다. 하나님은 역사 속에 들어오셔서 역사와 함께, 역사를 통하여, 역사의 지평 위에서 일하고 계시기 때문이다. 그러므로 성경을 깊이 연구하고 상고해 볼 때 비로소 세계사의 과거와 현재와 미래의 진상을 밝히 알 수 있게 된다.

(1) 하나님의 경륜으로서의 구속사

아담이 타락한 이후 성부 하나님이 계획하시고, 성자 예수님이 성취하시고, 성령님이 완성하신 전 인류의 모든 역사는 하나님의 경륜 가운데 흐르고 있는 구속사이다.

(가) '하나님의 경륜'이 무엇인가?

'경륜'이란 말은 통상적으로 우리 귀에 익숙한 단어가 아니다. 경륜은 '일을 조직하여 경영함'이라는 뜻이다. '경륜'이란 말의 헬라어는 '오이코노미아'(οἰκονομία)이다. 이 단어가 에베소서에 세 번 쓰였다.[398] 그 뜻은 '청지기,[399] 직분,[400] 경륜,[401] 심오한 뜻[402]'으로 번역된다.

이러한 의미를 종합해 볼 때, '경륜'은 청지기가 집을 관리하고

---

397) 대상 29:11-12; 욥 12:23; 시 103:19; 단 4:25; 엡 1:11
398) 엡 1:9; 3:2, 9
399) 눅 16:2-4; 갈 4:2
400) 고전 9:17
401) 골 1:25
402) 엡 1:9

다스리듯이, 온 우주의 주인이신 하나님이 인류의 구원을 위해 지상의 교회와 그리스도를 통해 '천하를 다스리시는 경영'을 의미한다. 그렇다면 '하나님의 경륜'은 하나님이 자기 백성의 구원을 위하여 우주 만물의 운행과 질서, 시간을 가장 적절히 조절하며, 분배하고, 배열하며, 계획하고, 지배하며, 관리하시는 일체의 과정을 뜻한다.[403] 그것은 오직 죄악 된 인류의 구원을 온전히 이루어 가는 데 초점이 있는 것이며, 그 경륜을 실현시키는 일은 전적으로 '그리스도'와 '교회'와 관련되어 있다.[404]

하나님의 경륜과 구속사의 관계를 정리하자면, 하나님이 영원 전부터 계획하신 작정을 성취시키기 위해서 전 우주와 세상의 역사 속에서 행하시는 하나님 자신의 경영이 하나님의 경륜이요, 인간의 구속을 위한 하나님의 작정대로 이 땅에서 성취되고 펼쳐진 그 모든 역사가 구속사이다. 구속사의 핵심은 메시아에 대한 예언과 그 예언의 성취에 있다.

(나) 하나님의 경륜은 오직 하나님의 작정과 예정 속에서 이루어진다.

'하나님의 작정'이라 함은 '영원 전부터 창세 전에 하나님이 미리 계획하신 자신의 뜻'을 말한다.[405] 우리의 구원은 영원 전부터 예정된 것이다.[406] 마태복음 25장 34절에서는 "창세로부터 너희를 위하여 예비된 나라를 상속받으라"고 하셨다. 이처럼 세상 창조 이전에 하나님은 우리 각자의 구원을 위한 계획을 미리 마련하신

---

403) 골 1:25
404) 엡 1:20-23
405) 엡 1:4-5, 3:11
406) 딛 1:2; 딤후 1:9

것이다.

하나님이 예수님을 통해 자기 백성을 구원하고자 하신 것은 창세 영원 전부터 작정되고 계획된 것이다.[407] 그래서 예수님이 이 땅에 오신 사건을 가리켜 에베소서 1장 9절에서 바울은 '때가 찬 경륜'이라고 하였다. 이것은 하나님의 구원 계획이 성육신하신 예수 그리스도를 통해 역사 속에서 마침내 성취되었음을 나타낸 말이다. 그러므로 하나님의 모든 구속 경륜은 사도 바울이 강조했듯이 오직 그리스도 안에서만 성취되는 것이다.[408]

또한 사도 바울은 예수님이 이 땅에 오신 이후 이스라엘 선민 개념을 무너뜨리시고 이방인도 구원하시려는 하나님의 작정과 계획이 실현된 것을 깨닫고 놀라워하면서, 그것을 가리켜 '비밀의 경륜'이라고 하였다.[409] 그것은 이전까지 아무에게도 알려지지 않았던 것이기 때문이다.

하나님은 지금도 '때가 찬 경륜'과 '비밀의 경륜'이라는 구속사의 설계대로 친히 역사 속에 개입하셔서 영원 전에 계획하신 자신의 뜻을 하나하나 빠짐없이 실현해 나가고 계신다. 이 구속 역사는 하나님의 작정과 계획이 모두 성취될 때까지 멈추지 않고 전개될 것이며 예수 그리스도의 재림으로 마침내 완성될 것이다.

(2) 구속사의 내용과 범위

(가) 구속사의 내용은 타락한 인류의 구원이다.

---

407) 요 1:1-4, 18, 17:5, 24; 잠 8:22-23
408) 엡 1:3-4, 7, 9-10, 12, 15, 20
409) 엡 3:9

인류 구원의 한복판에는 하나님의 은혜가 한없이 솟구치고 있다. 구속사의 핵심은 무서운 심판이나 진노가 아니고, 한 사람이라도 더 구원에 이르기를 원하시는 하나님의 인내, 은혜와 자비의 역사이다.[410] 하나님은 한 번도 타락한 인류 구원의 의지를 포기한 적이 없다. 죄악의 관영으로 인류가 심판의 위기를 맞을 때마다 언제나 생각 밖의 은혜를 베풀어 주셨다. 그것은 바로 '거룩한 씨'를 보존하시고,[411] 최후의 그루터기를 남기신 데서 발견된다.[412] 하나님은 아주 절망적인 상황에서 생명을 용솟음치게 하셨고, 인간의 죄가 커지고 많아질수록 하나님의 은혜와 자비가 더욱 강하게 빛을 발하게 하셨다.[413]

(나) 구속의 범위는 인간의 전인적 구속과 전 우주의 회복이다.

아담 한 사람의 범죄로 하나님의 진노와 저주가 전 인류에게 미쳤고, 또 사람뿐 아니라 온 우주 만물에도 영향을 미치게 되었다.[414] 그러므로 '구속'은 단순히 인간에게 국한된 문제가 아니다. 전 우주를 다 포괄하며, 영혼뿐만 아니라 육체도 포함하는 전인(全人) 구속을 가리킨다.[415]

사도 바울은 로마서 8장에서 타락으로 인한 우주적인 3대 탄식

---

410) 살전 5:9; 딤전 2:4; 벧후 3:9
411) 벧후 2:5
412) 사 6:13
413) 롬 5:20
414) 롬 5:12, 15, 17, 20
415) 롬 8:19-23

에 대하여 말씀하였다.

첫째, 피조물의 탄식이다.[416]

인간의 타락으로 저주가 피조물에게도 확산되었기에,[417] 모든 피조세계도 하나님의 아들들이 타락에서 회복될 영광스러운 구속의 날을 고대하고 있는 것이다.[418] 왜냐하면 그때 모든 피조물도 저주의 상태에서 벗어나 창조 본연의 위치로 돌아갈 것이기 때문이다.

둘째, 성도의 탄식이다.[419]

성도들은 예수 그리스도를 믿음으로 하나님의 자녀가 되었지만, 아직 육신은 병들고 죽어야 하는 불완전한 상태에 있기에, 이제 주님의 재림으로 말미암아 우리의 몸까지 영화롭게 되기를 간절히 소망하는 것이다.[420]

셋째, 성령의 탄식이다.[421]

성령님은 모든 성도들이 타락에서 하루 빨리 실제적으로 회복되기를 간절히 소망하시면서, 성도를 위하여 '말할 수 없는 탄식'으로 기도해 주신다.

---

416) 롬 8:22
417) 창 3:17-19
418) 롬 8:19
419) 롬 8:23
420) 고전 15:50-58
421) 롬 8:26

하나님의 모든 구속의 역사가 성취되는 날, 이 우주적인 3대 탄식도 다 그치고 전 우주가 회복되는 영광스러운 순간이 도래하게 될 것이다.

(다) 구속의 방법은 예수 그리스도이시다.

이 구속사는 아담이 타락한 이후 '여자의 후손'에 관한 약속으로 시작되었다.[422] 이 약속 이후 하나님은 친히 아담과 그 아내를 위하여 가죽 옷을 지어 입히셨는데,[423] 이것은 장차 예수 그리스도가 어린 양으로 십자가에서 피 흘리심으로 타락한 인간들을 구원하실 것에 대한 예표이다.[424] 왜냐하면 가죽은 짐승이 피를 흘리는 희생을 통해 만들어지기 때문이다.

가죽 옷을 하나님이 직접 지으시고 손수 입혀 주신 것은,[425] 범죄한 후 인간이 전적으로 무능하게 되었으므로[426] 인간의 구원은 오직 하나님의 주권적인 은혜로만 가능하다는 사실을 보여 준다.

창세기 3장 15절이 '복음'의 최초 선포라면, 창세기 3장 21절은 '속죄'의 최초 선포라고 할 수 있다. 보배로운 그리스도의 피의 희생으로 말미암아 인간을 구속하실 놀라운 섭리를 이미 아담과 하와를 통해 보여 주신 것이다. 그런 의미에서 창세기 3장은 인류 타락의 시작이요 동시에 타락한 인류의 살 길을 열어 준 복음의 시작이요, 속죄 복음의 근원지인 것이다.

---

422) 창 3:15
423) 창 3:21
424) 요 1:29; 고전 5:7; 계 5:6
425) 창 3:21하
426) 롬 3:10

(3) 구속사의 최고 봉우리 그리스도

구속사의 정점에는 누가 계시는가? 정점은 문자적으로 '맨 꼭대기, 최고 지점'이라는 뜻이다. 그런 의미에서 바로 성육신하신 예수 그리스도가 구속의 절정이다. 왜냐하면 하나님의 구속 경륜은 예수님의 십자가에서 온전히 공개되고 거기서 성취되었기 때문이다.

(가) 성경은 점진적으로 메시아를 소개하고 있다.

신구약은 모든 사건과 각 시대의 흐름에 따라 점진적으로 메시아를 소개하였다.[427] 그렇기 때문에 성경을 보는 우리의 관심은 오직 메시아와 그분을 통해 성취하시는 구속사에 집중되어야 한다. 즉 그리스도를 통해서 어떻게 인류를 구원하셨고, 또 어떻게 그 구원의 끝을 마무리하실 것인가에 대해 집중해야 하는 것이다.

처음 약속된 메시아의 약속은 '여자의 후손'으로 오신다는 것이었다.[428] 이 약속은 '처녀가 잉태하는 아들'로 좀 더 점진적으로 계시되었으며,[429] 때가 차매[430] 예수 그리스도가 동정녀 마리아의 몸에서 성령으로 잉태되어 나심으로 마침내 성취된 것이다.[431]

(나) 예수 그리스도의 죽으심은, 하나님의 구속 경륜 가운데 작정된 것

---

427) 요 5:39, 45-47; 히 1:1-2
428) 창 3:15
429) 사 7:14
430) 갈 4:4
431) 마 1:18-25

이었다.

예수님의 십자가는 우연히 일어나거나 갑자기 이루어진 사건이 아니었다. 예수님 자신은 십자가를 앞두고 "인자는 이미 작정된 대로" 간다고 하셨고,[432] "내가 이를 위하여 이때에 왔나이다"라고 하셨다.[433] 겟세마네 동산에서도 자신의 뜻이 아니라 오직 "아버지의 뜻"대로 되기를 간구하셨다.[434]

이에 대하여 사도 바울은 그리스도께서 "성경대로" 우리 죄를 위하여 죽으셨다고 하였다.[435] 과연 우리의 구속주이신 예수님은 성경대로 이 땅에 오셔서 성경대로 사셨고, 성경대로 십자가에 죽으셨다. 성경대로 삼 일 만에 사망 권세를 깨뜨리시고 부활하셨으며, 성경대로 이 땅에 40일 동안 계시다가 승천하셨다.

그분의 재림 또한 성경에 기록된 말씀 그대로 마침내 성취될 것이다. 이 모든 것이 하나님의 영원한 구속 경륜 가운데 작정된 것이다.

(다) 예수 그리스도는 십자가로 구속을 단번에 이루셨고, 그 속죄 효력은 영원하다.

히브리서 9장 12절에서는 "…오직 자기의 피로 영원한 속죄를 이루사 단번에 성소에 들어가셨느니라"고 말씀하고 있다. 예수님의 십자가는 약 2,000년 전의 역사적인 한 사건으로 마친 것이 아

---

432) 눅 22:22
433) 요 12:27
434) 마 26:38-42; 눅 22:44; 히 5:7
435) 고전 15:3

니다. 그 공효는 현재까지 발생하고 있으며 그 구속의 효력은 영원하다. 구약의 제사장은 계속 바뀌어야만 했다. 속죄를 위하여 매번 속죄 제물을 준비해야 했고 그 제물의 피를 계속 드려야 했다.[436)]

그러나 예수 그리스도는 영원한 제사장이요,[437)] 동시에 영원한 제물로서 자신을 단번에 드리셨다.[438)] '단번에'라는 말은 헬라어 '에파팍스'(ἐφάπαξ)인데 '한 번으로 영원히'라는 뜻이다. 그러므로 예수님이 십자가 대속의 죽음으로 이루신 구원은 임시변통이 아니라 영원한 구원을 성취하신 것이다.

(라) 재림을 통해 구속 사역은 완성될 것이다.

구약에서 예수 그리스도는 여러 부분과 여러 모양으로 계시되어 왔다.[439)] 예수 그리스도는 구약의 예언대로 말씀이 육신이 되어 이 땅에 오셨다. 때가 차매 육신을 입고 오신 예수님은 이 땅에 계시는 동안 십자가에 달려 돌아가시기까지 계속해서 말씀을 선포하시며 한순간도 쉬지 않고 일하셨다.[440)] 그것은 만세 전에 예정된 죄인의 구원을 위한 하나님의 열심이었다.[441)]

예수 그리스도는 십자가에서 피 흘리심으로 인간을 향한 끝없는 사랑을 확증하시고[442)] 구속 사역을 완성하셨다. 이후로 성령님은 예수님이 이룩하신 십자가 보혈의 공로로 구원받기로 예정된

---

436) 히 7:20-28
437) 히 7:21-24
438) 히 7:26-28, 9:26, 28, 10:10; 롬 6:10
439) 히 1:1
440) 갈 4:4; 요 5:17
441) 사 9:7; 고후 11:2; 사 62:1
442) 롬 5:8; 요일 4:10

각각의 사람들에게 적용시킴으로 구원의 길로 인도하고 계신다. 이제 초림으로 구속 사역을 이루신 하나님은 재림을 통해 그것을 완성하실 것이다.

주님이 재림하실 때 그리스도 안에서 죽은 자들이 먼저 신령한 몸으로 부활하고 살아 있는 성도들이 신령한 몸으로 변화되어 구원의 완성을 이루게 될 것이다.[443] 천년 왕국 후에, 세상을 타락시킨 사탄 마귀는 불과 유황 못에 던짐을 당하고, 마침내 처음 하늘과 처음 땅은 없어지고 새 하늘과 새 땅이 이루어질 것이다.[444]

이처럼 아담이 타락한 이후 한순간도 쉬지 않고 달려온 하나님의 구속 역사는 주님의 재림으로 영광스럽게 최종 완성을 이룩할 것이다.

8. 구속사적 경륜의 중심, 예수 그리스도[445]

하나님께서는 사람을 만드실 때 하나님의 형상대로 창조하셨고,[446] 오직 그들에게만 우주의 소유권과 통치권을 위임하셨다.[447] 그러나 인류의 시조 아담과 하와는 하나님의 말씀에 불순종, 불신앙, 교만함으로 말미암아 세상을 정복하며 다스리는 능력을 상실하였다.

하나님께서는 분명 아담에게 "선악을 알게 하는 나무의 열매

---

443) 고전 15:51-54; 살전 4:16-17
444) 계 20:1-10, 21:1
445) 박윤식,《잊어버렸던 만남》(휘선, 2008), pp. 27-42.
446) 창 1:26-27
447) 창 1:28

는 먹지 말라 네가 먹는 날에는 반드시 죽으리라"고 명령하셨다.[448] 그러나 아담은 하나님의 말씀을 듣기보다 오히려 하와를 통해 뱀의 말을 듣고 타락하여 에덴동산에서 쫓겨나는 신세가 되고 말았다.[449]

하나님의 형상대로 창조되어 하나님과 직접 교제하며 영생할 존재였던 인간은,[450] 허물과 죄로 말미암아 죽을 수밖에 없는 사망의 존재가 되었다.[451] 공중의 권세 잡은 마귀에게 종속되어 그의 지배를 받아, 하나님의 무서운 진노의 대상이 되었던 것이다.[452]

이렇게 타락한 죄인을 구원(救援)하시기 위한 방도가 예수 그리스도께서 이루시는 구속(救贖)이다. '구원'은 '스스로는 도저히 빠져 나올 수 없는 극심한 괴로움, 질병이나 커다란 위험에 처해 있는 자를 제삼자가 건져 주는 일'이다. 또한 '구속'은 '대가를 지불하고 구원해 내는 일'이다. 다시 말하면 정당한 대가를 지불하고 소유권을 회복하거나 압제로부터 풀려나는 것, 협소한 곳에서 넓은 곳으로 자유롭게 해방되는 것을 말한다.

(1) 구속사의 주인공, 예수 그리스도

'구속'이란 단어의 중심적인 의미는 '값을 지불하고 매입하여 소유로 삼았다'는 뜻이다. 그런데 이 단어가 예수 그리스도에 관하여 사용될 때에는 보다 더 심오한 세 가지 뜻을 담고 있다.

---

448) 창 2:17
449) 창 3:24
450) 전 3:11; 참고: 잠 3:32
451) 롬 5:12, 6:23; 엡 2:1; 골 2:13; 히 9:27
452) 엡 2:2-3

첫째, 예수 그리스도께서 그의 구속 사역에서 모든 피택된 죄인들을 위하여 값을 지불하셨다.

하나님께서는 같은 죄인들 가운데 얼마를 선택하여 예수 그리스도 안에서, 예수 그리스도로 말미암아 구원을 받아 하나님의 자녀가 되도록 개별적으로 미리 정하셨다.[453]

이러한 예정은 절대 예정으로서 이미 창세 전에 선택된 것이다.[454]

절대 예정은 사람의 선행이나 공로, 혹은 노력에 의해 선택된 것이 아니며, 오직 하나님의 절대 주권적 의지에 따라 결정된 것을 말한다. 예수 그리스도께서는 십자가의 값을 치르시고 예정된 백성을 구속하셨다.

둘째, 그 값은 바로 예수 그리스도의 피이다.

예수 그리스도께서 우리를 죄와 사망에서 구속하시기 위하여 지불하신 값은 자신의 보혈(precious blood)이다. 우리가 구속함을 받은 것은 은이나 금같이 없어질 것으로 된 것이 아니요 오직 흠 없고 점 없는 어린양 같은 그리스도의 보배로운 피로 된 것이다.[455]

셋째, 구속함을 받은 사람들은 예수 그리스도의 소유가 되었다.

그 이유는 예수 그리스도께서 자신의 보배로운 피를 값으로 지불하시고 우리를 사셨기 때문이다.[456]

인류가 타락한 이후의 역사는 향방 없이 무의미하게 반복되어

---

453) 마 22:14; 롬 8:29-30, 11:5; 엡 1:4-5, 11; 벧전 1:2
454) 엡 1:4-5, 3:11; 딤후 1:9
455) 벧전 1:18-19
456) 고전 6:19-20, 7:22-23

온 것이 아니라, 만세 전에 예수 그리스도 안에서 택하신 성도들[457]의 구원이라는 궁극적인 목적을 향해 진행되어 왔다.

그러므로 구속사적 경륜의 주제는 타락한 인간의 '구원'이며, 그 역사의 중심에는 '예수 그리스도'가 계신다. 예수 그리스도는 택하신 백성을 구원하신 유일하고 참된 구주이시다.[458]

예수 그리스도께서 동정녀 마리아의 몸을 통해 이 땅에 오실 때[459] 완전한 신성(神性)과 동시에 완전한 인성(人性)으로 오셨다.[460] 그러므로 말씀이 육신이 되어 도성인신(道成人神)하신 예수 그리스도는 참 하나님이시며 동시에 참 사람(God-Man)이시다.[461] 예수 그리스도께서는 택한 백성의 죄를 대속할 어린양[462]이요, 화목 제물[463]이셨다.

이 땅에서 펼쳐지는 모든 역사는, 예수 그리스도를 중심으로 진행되고, 예수 그리스도를 통하여 성취되며, 예수 그리스도가 다시 오심으로 완성될 것이다.

성경은 이러한 구속사의 주인공이신 예수 그리스도를 가리켜 '하나님의 비밀'이라고 하였다. 그래서 "하나님의 비밀인 그리스도"라고 말씀하고 있다.[464]

특히 골로새서 1장 26-27절에서는 이 비밀에 대하여 네 가지로

---

457) 엡 1:4
458) 마 1:21; 눅 2:11; 요 4:42; 행 4:12, 5:31; 요일 4:14
459) 사 7:14; 마 1:18-21
460) 요 1:14; 빌 2:6-8
461) 요 1:1, 14, 18
462) 요 1:29
463) 롬 3:25; 요일 2:2
464) 골 2:2

말씀하고 있다.

첫째, 이 비밀은 "감추어졌던" 것이다.[465]
둘째, 이 비밀이 감추어진 기간은 "만세와 만대로부터"이다.[466]
셋째, 이 비밀은 이제는 그의 성도들에게 나타났다.[467]
넷째, 이 비밀은 "이방인 가운데"도 풍성히 알려져야 한다.[468]

'이방인'이란 유대인 이외의 모든 족속들과 사신 우상을 섬기는 사람들을 가리킨다.[469] 원래 이방인들은 하나님과의 언약에서 소외된 자들이었으나, 하나님께서는 예수 그리스도의 구속으로 말미암아 그들에게도 구원의 값진 선물을 주셨다.[470] 이방인들이 구원받는 영광스러운 일에 대해서는 구약에 이미 여러 차례 예고되었다.[471]

예수 그리스도께서 오시기 전까지는 혈통적 유대인을 중심으로 하나님의 역사가 진행되었지만, 예수 그리스도의 십자가 대속 사건 이후에는 그의 역사가 이방인에게까지 확대되었다. 로마서 2장 28-29절을 살펴보면 표면적 유대인은 혈통상의 유대인이요, 이면적 유대인은 혈통을 초월하여 예수 그리스도를 믿는 믿음이 있는 사람들을 가리킨다.[472] 그러므로 이제 유대인이나 헬라인이나 종

---

465) 골 1:26
466) 골 1:26
467) 골 1:26
468) 골 1:27
469) 롬 11:11, 15:9; 갈 2:8
470) 행 26:17-18; 롬 11:11, 25; 갈 1:16, 3:8, 14; 엡 2:11-14, 3:6
471) 창 22:18, 28:14; 사 54:2, 3; 말 1:11
472) 갈 3:7-9, 26-29

이나 자유인이나 남자나 여자나 상관없이 모두 예수 그리스도 안에서 하나가 되었고,[473] 십자가의 복음은 유대인이나 이방인이나 모든 믿는 자에게 구원을 주시는 하나님의 능력이 되었다.

이렇게 이방인들이 구원을 통해 얻게 되는 풍성한 영광이 바로 '비밀의 영광'[474]인 것이다. 그래서 사도 바울은 자신이 이방인을 위한 그리스도의 일꾼 된 것을 영광스럽게 여긴다고 고백하였다.[475]

(2) 예수 그리스도의 속죄 사역

속죄 사역이란, 인류를 구원하시려는 하나님의 작정과 경륜에 따라 예수 그리스도께서 우리의 죄를 사하시려고 우리의 죄 값을 대신 담당하신 구체적인 행위를 말한다. 속죄 사역은 구속사에 있어서 하나님의 구원 행동의 최절정이요, 기독교 복음의 최고 핵심이다.

첫째, 십자가 속죄 사역과 하나님의 섭리
죄인이 구원받기 위해서는 죄 사함을 받아야 한다.[476] 예수 그리스도께서는 택하신 자들의 완전한 속죄를 위하여 이 땅에 오신 분이다.[477]
이 속죄는 예수 그리스도께서 이 세상에 오셔서, 죄인을 대신하

---

473) 갈 3:28
474) 골 1:27
475) 롬 11:23
476) 엡 1:7; 골 1:14
477) 요 1:29; 히 9:26; 요일 3:5

여 십자가에서 피 흘려 죽으심으로 이루어졌다.[478]

예수 그리스도께서는 자신의 십자가 고난과 죽음이 하나님의 구속사적 경륜 속에서 예정된 것이었음을 제자들에게 공개적으로 말씀하셨다.[479]

예수 그리스도께서는 공생애 기간 동안 네 차례나 십자가 대속의 죽음에 대하여 말씀하셨다.[480] 그리고 십자가 고난을 예고하실 때마다 헬라어 '데이'(δεῖ: 틀림없다, 꼭 필요하다, 절대적이다, 마땅하다)라는 말로써 십자가의 필연성을 강조하셨다.[481]

베드로가 이 속죄 사역의 중대성을 깨닫지 못하고 "주여 그리 마옵소서 이 일이 결코 주께 미치지 아니하리이다"[482]라고 했을 때, 예수 그리스도께서는 베드로를 향하여 "사탄아 내 뒤로 물러가라 너는 나를 넘어지게 하는 자로다 네가 하나님의 일을 생각하지 아니하고 도리어 사람의 일을 생각하는도다"라고 단호하게 책망하셨다.[483]

예수 그리스도께서는 하나님의 영원하신 경륜과 섭리에 자발적으로 순종하여 십자가에 달리고자 하셨다. 공생애 마지막 날 예루살렘에 오르실 때, "선지자들을 통하여 기록된 모든 것이 인자에

---

478) 벧전 1:18-19
479) 마 26:24; 눅 22:22
480) 마 16:21-28, 17:22-23, 20:17-19, 26:1-2
481) 마 16:21; 막 8:31; 눅 9:22, 24:7 등
482) 마 16:22
483) 마 16:23; 막 8:33

게 응하리라"[484]고 하시면서, 제자들 앞에 서서[485] 예루살렘을 향하여 올라가셨다. 잡히시던 밤에도 제자들과 함께 찬미하면서 기드론 시내를 건너 감람산으로 오르셨다.[486]

겟세마네 동산에서 땀이 핏방울이 되기까지 기도하신 예수님은, "당할 일을 아시고",[487] 검과 몽치를 가지고 자기를 찾는 무리에게 "내가 그니라!"[488] 하시며 당당하게 잡히셨다.

로마 군인들에게 잡히는 위급한 순간에, 베드로가 대제사장의 종 말고의 귀를 잘라 버렸을 때 "이것까지 참으라!"고 하시며 말고의 귀를 붙여 주기도 하셨다.[489] 그리고 베드로를 향하여 "너는 내가 내 아버지께 구하여 지금 열두 군단 더 되는 천사를 보내시게 할 수 없는 줄로 아느냐 내가 만일 그렇게 하면 이런 일이 있으리라 한 성경이 어떻게 이루어지겠느냐"[490] 하시면서, 성경대로 십자가를 지셨다.

예수님께서는 하나님과 사람 사이에 완전한 화목을 이루시려고,[491] 예정된 섭리 속에 '십자가 속죄를 통한 구속의 완성'을 위해 한 치의 오차도 없이 매진하셨고, 마침내 십자가에 달려 그토록 염원하셨던 인류의 구속을 성취하시고, "다 이루었다"[492]라고 선포하셨다.

---

484) 눅 18:31
485) 막 10:32; 눅 19:28
486) 마 26:30; 막 14:26; 요 18:1
487) 요 18:4
488) 요 18:6
489) 눅 22:51
490) 마 26:53-54
491) 롬 5:10-11; 엡 2:13-18
492) 요 29:30

둘째, 속죄 사역의 예표

하나님께서는 거룩하시고, 의로우시며, 죄를 용납하지 않으시는 분이다. 그러므로 범죄한 상태에서는 제물을 앞세워 나아가게 하심으로, 장차 오실 예수 그리스도가 이루실 속죄 사역을 그림자로 보여 주셨다. 그 가운데 속죄 사역의 가장 완벽한 그림자는 레위기 16장 6-10, 20-22, 26절에 나오는 '아사셀' 양이다. '아사셀'(עזאזל)은 '내어놓음'이라는 뜻이다.

대제사장 아론은 두 손으로 아사셀 양의 머리에 안수하여 이스라엘 자손의 모든 불의와 그들이 범한 모든 죄를 전가시킨다. 그 후에 아사셀 양을 광야로 내몰아 무서운 짐승의 밥이 되게 한다.[493] 이처럼 아사셀 양은 아무 죄도 없이 택하신 자들의 모든 죄를 대신 지시고 성문 밖으로 쫓겨나 십자가에 죽으신 예수 그리스도의 속죄 사역을 예표한다.[494]

구약에서 제물의 첫째 조건은 흠과 티가 없어야 했다.[495] 왜냐하면 그것은 장차 오실 메시아의 예표였기 때문이다. 헛된 제물, 가증한 제물, 눈먼 희생, 병든 것, 저는 것은 하나님께서 받지 않으실 뿐 아니라,[496] 이러한 제물을 바치는 자는 저주를 받았다.[497]

예수 그리스도께서는 속죄의 어린양으로 아무런 '흠'과 '티'가 없고, 아무 죄가 없으신 온전한 제물이셨다.[498] 예수 그리스도께서

---

493) 레 16:21-22
494) 히 13:12
495) 출 12:5, 29:1; 레 1:3; 민 6:14, 19:2
496) 사 1:11-17
497) 말 1:7-14
498) 벧전 1:19

는 죄를 범하지 아니하시고,[499] 죄를 알지도 못하시며,[500] 처음부터 죄가 없으시며,[501] 악이 없으신 분이다.[502]

이렇게 무죄하신 예수 그리스도께서 우리를 위해 대속의 제물이 되셨기 때문에, 하나님의 공의가 완전히 만족되고, 동시에 하나님의 아가페 사랑이 확증되었다.[503] 예수 그리스도께서는 죄인들을 대신하여 율법의 저주를 받고,[504] 죄를 담당하셨다.[505] 이로 말미암아 우리의 죄는 예수님께 전가되고, 예수님의 의가 우리에게 값없이 선물로 주어졌다.[506] 죄와 사망 아래 신음하며 얽매여 있던 인생들에게, 마침내 진정한 자유가 회복되고 영생이 선물로 주어졌다.[507]

셋째, 예수 그리스도께서 죄인을 대신하여 당하신 수난

예수 그리스도께서 당하신 수난은 피택된 죄인들을 위한 대리적 속죄의 수난이었다. 예수 그리스도께서 육신을 입고 이 땅에 오신 순간부터 33년의 생애 전체가 우리의 모든 죄를 지고 걸으신, 실로 힘겨운 고통의 연속이었다. 그리고 그 고통의 절정은 십자가 속죄의 사역이었다.

33년이라는 짧은 생애 가운데 마지막 일주일 동안 모든 악의 세력들이 총동원되어 예수님 한 분을 에워싸서 공격했고, 주님은 힘

---

[499] 벧전 2:22
[500] 고전 5:21
[501] 요일 3:5
[502] 히 7:26
[503] 롬 5:8
[504] 갈 3:13
[505] 벧전 2:24; 사 53:6
[506] 롬 3:23 24, 4:25; 고후 5:21
[507] 롬 6:23, 8:1-2

에 지나도록 곤욕을 받으셨다.

그리고 예수 그리스도께서는 겟세마네 동산에 오르실 때, 세 제자에게 그 무거운 심정을 이렇게 토로하셨다.[508]

> "베드로와 세베대의 두 아들을 데리고 가실새 고민하고 슬퍼하사 이에 말씀하시되 내 마음이 매우 고민하여 죽게 되었으니 너희는 여기 머물러 나와 함께 깨어 있으라."[509]

예수 그리스도께서는 열두 제자 가운데 여덟 제자를 산 밑에 남겨 두고 세 사람만을 특별히 함께 깨어 기도하자고 부르셨는데,[510] 세 명의 제자는 곤하여 잠들었고, 예수님 홀로 얼굴을 땅에 대고,[511] 땅에 엎드려,[512] 무릎을 꿇고[513] 겟세마네 동산 전체가 진동할 정도로 심히 통곡하며[514] 기도하셨다.

'자기의 당할 일'을 다 아시는 주님께서,[515] 겟세마네 동산에서 육신을 쥐어짜고 마음을 쥐어짜고 영혼을 쥐어짜면서 최후로 기도하실 때, 그 고통은 심장이 파열되고 창자가 끊어질 정도였다. 겟세마네에서의 고통은 십자가 고통의 시작이었다.

예수 그리스도께서 "내 원대로 마시옵고 아버지의 원대로 되기를 원하나이다"[516]라고 기도하실 때, 하나님께서는 보시다 못해 하

---

508) 막 14:32-34
509) 마 26:37-38
510) 마 26:36; 막 14:32
511) 마 26:39
512) 막 14:35
513) 눅 22:41
514) 히 5:7
515) 막 10:32
516) 눅 22:42

늘로부터 사자를 보내어 예수님을 도우셨고,[517] 주님은 힘쓰고 애써 더욱 간절히 기도하시니 땀이 땅에 떨어지는 핏방울같이 되었다.[518]

기도를 마치자마자 곧바로 들이닥친 약 200명이 넘는 군사들은,[519] 가룟 유다가 예수님께 입 맞추는 신호에 맞추어 예수님을 강도 잡듯이 붙잡아,[520] 끈으로 단단히 묶고,[521] 결박하여[522] 마치 짐승을 끌고 가듯이 끌고 갔다. 예수님을 안나스[523]에게로, 가야바의 뜰[524]로, 산헤드린 공의회[525]로, 빌라도[526]에게로, 헤롯의 관저[527]로, 빌라도의 관정[528]으로 밤새도록 끌고 다니다가, 마침내 예수님을 십자가에 못 박기 위해 골고다로 끌고 갔다.[529]

안나스에게 심문받으실 때에는 아랫사람 하나가 손으로 예수님을 쳤으며,[530] 대제사장 가야바의 뜰에서 사형이 확정된 후에는 종교 지도자들이 예수님의 얼굴에 침을 뱉고, 예수님의 얼굴을 수건으로 가리고 주먹으로 치면서 "선지자 노릇을 하라 너를 친 자가

---

517) 눅 22:43
518) 눅 22:43
519) 요 18:3
520) 마 26:55
521) 막 14:44
522) 요 18:12
523) 요 18:13
524) 마 26:57-68
525) 눅 22:66
526) 막 15:1
527) 눅 23:7-10
528) 눅 23:11-25
529) 마 27:31; 막 15:20; 눅 23:26
530) 요 18:22

누구냐"라고 하면서 희롱했고, 아랫사람들까지 덩달아 손바닥으로 예수님을 쳤다.[531]

채찍질을 당하신 후에, 빌라도에게 십자가형을 선고받고 브라이도리온(praitorion)이라는 총독 관저 뜰 안으로 끌려가 온 군대 앞에서 온갖 희롱을 당하셨다.[532] 채찍은 보통 굵은 것은 세 가닥, 얇은 것은 아홉 가닥으로 끝에 금속(납)이나 뼈가 달려 있어서 한 번 때릴 때마다 살에 박혀 살점이 떨어져 나간다. 시편 38편 3, 7절의 예언대로 채찍 맞은 예수님의 몸은 성한 곳이 없었다. 매 맞은 자국마다 갈기갈기 찢어져서 예수님의 등에는 길게 '고랑'이 생길 정도였다. 시편 129편 3절은 "밭 가는 자들이 내 등에 갈아 그 고랑을 길게 지었도다"라고 말씀하고 있다.

추운 새벽,[533] 인정사정없이 온몸이 만신창이가 될 정도로 채찍질 당하시고 과도한 출혈로 예수님은 몸을 가눌 수조차 없었다. 시편 기자의 예언대로 뼈가 다 멍이 들고, 금이 가고, 어그러졌기 때문이다.[534] 군인들이 힘겹게 부축하여 세웠을 때, 예수님의 형체는 알아보기 어려울 만큼 이지러졌고, 심하게 부어 오른 얼굴과 피로 범벅이 된 그 모습은 실로 사람의 형체가 아니었다.[535]

750년 전 이사야 선지자는, 예수님의 참혹한 모습이 너무도 혐오스러워서 사람들이 전부 고개를 돌릴 것이라고 예언하였다.[536]

---

531) 마 26:66-68; 막 14:64-65
532) 마 27:26-30; 막 15:15-20; 요 19:1
533) 요 18:18
534) 시 22:14
535) 시 22:6
536) 사 53:3

또한 잔악한 로마 병정들은 조롱하는 뜻으로 왕관을 대신하여 가시로 면류관을 엮어 씌우고, 사정없이 옷을 벗기고, 홍포를 입히며 희롱하였고,[537] 예수님의 성체를 더러운 발로 마구 밟았으며, 벌레처럼 취급했다.[538] 예수님의 얼굴에 침을 뱉고, 가시관 쓰신 그 머리를 갈대로 쳤다.[539]

여기 '치며'(ἔτυπτον, 에튑톤)는 손이나 주먹, 발, 작대기, 지팡이, 채찍, 무기 등으로 때리는 것인데, '튑토'(τύπτω)의 미완료 과거형(imperfect past tense)이다. 미완료 과거는 계속적 행동을 가리킨다. 따라서 로마 군인들이 번갈아 가면서 분이 풀릴 때까지 오래도록 계속 친 것이다. 이때 예수님의 머리에 깊숙이 박힌 가시 면류관으로 인하여 예수님의 고통은 더욱 커지고 더 많은 피가 흘러내렸을 것이다.

도저히 말로 형언할 수 없는 주님의 이 모든 고통은 형벌을 받아 마땅한 우리의 죄와 허물을 대신하여 받으신 고난이었다.[540] 그럼에도 불구하고 오늘날 예수님을 믿노라 하는 우리가 이 십자가를 지기는커녕 외면하고, 거절하며, 심지어 중심에서 멸시하고 있지는 않은가? 이사야 선지자가 "우리도 그를 귀히 여기지 아니하였도다"[541]라고 했던 피맺힌 탄식, 그것은 바로 우리 각자의 가슴속에서 **뼈저리게** 되새겨야 할 말씀이다.

---

537) 마 27:28; 막 15:17; 요 19:12
538) 사 51:23
539) 마 27:29-30; 막 15:17-19; 요 19:2
540) 사 53:5, 8
541) 사 53:3

넷째, 십자가에서 성취하신 속죄 사역

마침내 골고다 언덕에 오르신 예수 그리스도께서는 흉악범으로 몰려 두 강도와 함께 십자가에 못 박히셨다.[542] 대낮에 벌거벗긴 채로 달리사 모든 수치를 당하셨다.

예수 그리스도께서는 십자가에서 여섯 시간 동안 계시면서 일곱 말씀을 하셨다. 오전 제삼시(오전 9시)부터[543] 제육시(정오 12시)까지 세 말씀을 하셨고,[544] 제육시로부터 제구시(오후 3시)까지 흑암이 세 시간 동안 계속되는 가운데,[545] 운명 직전 "제구시 즈음에(오후 3시)" 네 말씀을 하셨다.[546]

주님의 십자가 상의 여섯 시간은 그의 일생의 압축이었고, 구속 역사의 절정이었다. 예수 그리스도께서는 33년 동안 십자가 상의 여섯 시간을 위하여 사셨다고 해도 과언이 아닐 것이다. 십자가 상의 여섯 시간, 그 속에는 하나님의 구속사 완성과 사탄의 심판과 성도의 최후 승리가 모두 들어 있다.[547]

예수 그리스도께서 십자가 상에서 여섯 시간 동안 계시면서 남기신 불멸의 일곱 말씀! 그 가운데 첫 번째 말씀이 바로 '속죄'를 선언하신 말씀이다.

"이에 예수께서 이르시되 아버지여 저들을 사하여 주옵소서 자

---

542) 마 27:38; 막 15:27; 눅 23:33; 요 19:18
543) 막 15:25
544) 눅 23:34, 43; 요 19:26
545) 마 27:45; 막 15:33; 눅 23:44
546) 마 27:45-46; 요 19:28, 30; 눅 23:46
547) 골 2:13-15

기들이 하는 것을 알지 못함이니이다."[548]

여기 '이에'(δέ, 데: 그러나 오히려, 그렇지만)라고 하신 말씀 속에는, 어떤 이유를 불문하고 죄 사함을 선언하시는 하나님의 무한하신 아가페 사랑이 담겨 있다. 주님은 지금 골고다의 언덕에서 처참하게 십자가에 못 박혀 계시면서도, 자신을 십자가에 못 박고 조롱하는 그 사람들을 용서해 달라고 기도하셨다.

그것은 예수님께서 평소 가르치신 내용 그대로이다.

"너희 원수를 사랑하며 너희를 박해하는 자를 위하여 기도하라."[549]

"…너희가 너희를 사랑하는 자를 사랑하면 무슨 상이 있으리요."[550]

형제가 죄를 범하면 '일흔 번씩 일곱 번이라도 용서하라'[551]고 제자들에게 가르치셨던 주님은, 그 말씀 그대로 용서의 기도를 올리셨던 것이다.

예수 그리스도께서 십자가 상에서 여섯 번째 하신 말씀은 "다 이루었다"(Τετέλεσται, 테텔레스타이)라는 말씀이다.[552] 이 단어는 '텔레오'(τελέω)의 완료형이다. 이것은 그 끝이 부족하거나 불완전

---

548) 눅 23:34
549) 마 5:44
550) 마 5:46
551) 마 18:22
552) 요 19:30

한 끝이 아니며, 애초에 계획하고 추진하였던 모든 일들을 완벽하게 이룬 사실을 나타낸다. 따라서 예수 그리스도의 객관적 구속 사역은 십자가 상에서 이미 다 이루어졌으며, 그 구속 사역의 효과는 영원히 계속될 것을 강조하고 있다.

예수 그리스도께서는 마지막으로, "아버지 내 영혼을 아버지 손에 부탁하나이다"[553]라고 말씀하신 후, 운명하셨다. 예수님의 운명을 확인한 로마 병사는 창으로 주님의 옆구리를 찔렀으며, 피와 물이 다 쏟아져 나왔다.[554] 실로 예수 그리스도께서는 십자가에서 죄인을 위하여 피와 물을 다 쏟으시고 죽으심으로 속죄 사역을 모두 완성하셨다.

9. 하나님의 비밀 예수 그리스도[555]

하나님께서 시대마다 자기 백성과 체결하신 언약 속에서, 하나님의 구속사적 경륜과 장차 오실 예수 그리스도의 모습이 점진적으로 나타나 있다. 성경에 나타난 언약의 최종 성취자는 예수 그리스도이시다. 그러므로 예수 그리스도가 빠진 언약은 있을 수 없다. 우리는 언약을 통해 예수 그리스도 앞으로 나갈 수 있고, 언약을 통해 영광의 소망이신 예수 그리스도를 만날 수 있다.[556]

예수 그리스도는 하나님의 비밀이다. 그래서 "이 비밀은 만세

---

553) 눅 23:46
554) 요 19:34
555) 박윤식,《신묘한 영광의 비밀 성막과 언약궤》(휘선, 2013), pp. 65-72.
556) 골 1:27

와 만대로부터 감추어졌던 것인데…이 비밀은 너희 안에 계신 그리스도시니"[557]라고 말씀하고 있으며, "하나님의 비밀인 그리스도"[558]라고 말씀하고 있다. 그 안에는 지혜와 지식의 모든 보화가 감추어 있다.[559] 그러므로 예수 그리스도는 "감추었던 만나",[560] "감추인 보배",[561] "감추인 보화"[562]이다.

그러므로 모든 언약에는 하나님의 비밀이 담겨 있고, 그 언약의 최종 성취는 하나님의 비밀이신 예수 그리스도이다. 하나님의 비밀이신 예수 그리스도에 대하여 자세히 연구할 때, 우리는 하나님의 구속사적 경륜 가운데 언약이 체결되고 완전히 성취되는 과정을 더욱 선명하게 알 수 있다.

(1) 예수 그리스도의 성육신과 비밀

성육신(Incarnation)은 '성자 예수 그리스도께서 성부 하나님과 동등됨을 취할 것으로 여기시 아니하시고 오히려 종의 형체를 가져 사람들과 같이 되심'이다.[563] 성육신은 성자 하나님께서 신인(神人) 즉 하나님-사람(God-Man)이 되신 것으로, 그의 신성(神性)에 인성(人性)이 부가됨을 의미한다.[564] 예수 그리스도의 성육신 방편은, 성령으로 동정녀의 몸에 잉태되어 오신 것이다.[565] 예수님의 성육신과

---

557) 골 1:26-27
558) 골 2:2
559) 골 2:3
560) 계 2:17
561) 잠 2:4; 참고-고후 4:6-7; 벧전 2:4-8
562) 마 13:44; 골 2:2-3
563) 빌 2:6-8
564) 요 1:14
565) 마 1:18, 20

십자가의 죽으심과 부활은 하나님의 비밀이다.[566] 그래서 "크도다 경건의 비밀이여 그렇지 않다 하는 이 없도다 그는 육신으로 나타난 바 되시고 영으로 의롭다 하심을 입으시고 천사들에게 보이시고 만국에서 전파되시고 세상에서 믿은 바 되시고 영광 가운데서 올려지셨느니라"[567]라고 말씀하고 있다.

유대인들은 예수 그리스도의 성육신의 비밀을 알지 못하였으며, 예수님을 하나님으로 믿지 못하고 배척하였다.[568] 그래서 예수님께서는 공생애 최후 순간에 예루살렘에 가까이 오사 성을 내려다보시고 소리 내어 우시면서, "너도 오늘 평화에 관한 일을 알았더라면 좋을 뻔하였거니와 지금 네 눈에 숨겨졌도다"라고 한탄하셨다.[569] 여기서 '숨겨졌도다'는 헬라어로 '크립토'(κρύπτω)인데, 이것은 '감추다, 숨기다, 비밀로 하다'라는 뜻이다. 예수 그리스도의 성육신이 비밀인데 유대인들은 그것을 깨닫지 못하고, 예수 그리스도를 단순히 목수 요셉의 아들로만 생각했던 것이다.[570]

요한복음 6장 42절에서 "요셉의 아들 예수가 아니냐 그 부모를 우리가 아는데 자기가 지금 어찌하여 하늘에서 내려왔다 하느냐"라고 수군거렸다. 여기 '아는데'는 헬라어 '에이도'(εἰδῶ)의 1인칭 복수형으로, 그냥 얼핏 아는 것이 아니라 '사귐과 확신을 통하여 자세히 아는 것'을 가리킨다. 사람들은 예수님의 부모님을 자세히 알았기 때문에 오히려 예수님 앞으로 나오지 못했다. 그들은 예수

---

566) 골 1:26-27, 2:2
567) 딤전 3:16
568) 요 1:11, 6:41-42; 고전 2:6-9
569) 눅 19:41-42
570) 눅 4:22

님의 말씀과 행하심보다도 자신들이 아는 경험과 지식에 착념하다가 영생에서 낙오자가 되고 말았다.

요한계시록 2장 17절에서 "귀 있는 자는 성령이 교회들에게 하시는 말씀을 들을지어다 이기는 그에게는 내가 감추었던 만나를 주고 또 흰 돌을 줄 터인데 그 돌 위에 새 이름을 기록한 것이 있나니 받는 자밖에는 그 이름을 알 사람이 없느니라"고 말씀하고 있다. 여기 '감추었던' 역시 '크륍토'(κρύπτω)의 완료수동분사형으로, '감추어져 있는' 만나라는 뜻이다. 하나님께서는 이기는 자에게 이 만나를 주신다. '이기는'의 헬라어는 '니카오'(νικάω)의 현재분사형으로, '계속적으로 이기는'이라는 뜻이다. 그러므로 우리는 계속해서 이기는 자가 되어야 한다. 날마다 죄악을 이기고 세상을 이기고 자신을 이기는 가운데, 감추어져 있는 만나이신 예수 그리스도의 놀라운 축복을 소유하는 자가 되어야 할 것이다.

(2) 예수 그리스도의 십자가와 비밀

예수 그리스도의 십자가 대속 사역은, 하나님께서 우리의 영광을 위하여 만세 전에 미리 정하신 "은밀한 가운데 있는 하나님의 지혜"이다.[571] "이 지혜는 이 세대의 통치자들이 한 사람도 알지 못하였나니 만일 알았더라면 영광의 주를 십자가에 못 박지 아니하였으리라"고 말씀하고 있다.[572] 여기 '이 세대의 관원'은 그리스도를 십자가에 못 박은 유대 종교 지도자들을 가리킨다.

---

571) 고전 2:6-7
572) 고전 2:8

초림 당시 대제사장을 비롯한 제사장들, 서기관들, 백성의 장로들, 바리새인들, 사두개인들과 같은 종교 지도자들은 예수님을 십자가에 못 박아 그분의 육신을 죽이기만 하면, 예수님은 가짜로 판명이 나고 자신들이 승리할 것이라고 착각했다. 저들은 예수님께서 한 알의 밀알이 되어 자기 목숨을 많은 사람의 대속물로 주시고 택한 백성을 구원하시는, 하나님의 깊고도 오묘한 섭리와 비밀의 역사를 깨닫지 못했던 것이다.[573]

주전 750년경 이사야 선지자는 장차 오실 메시아가 전 인류의 죄를 처분하시기 위해 십자가에서 처참하게 피를 흘리며 돌아가실 것을 보고, 십자가로 말미암은 대속의 깊은 섭리를 예시해 놓았다.

이사야 63장에는 이스라엘의 원수 '에돔'과 싸워 승전하고 돌아오는 전사를 소개하고 있는데, 그 전사는 선혈이 낭자한 홍의(紅衣)를 입었다.[574] 이 예언의 핵심은 '피에 젖은 홍의'를 입은 전사가 겉모양은 패배자와 같이 비참한 모습이지만, '승리를 쟁취하고 귀환하는 큰 용사'라는 사실이다.[575] '홍의',[576] '붉은 옷',[577] '포도즙 틀을 밟는 자',[578] '선혈이 튄 옷'[579] 등은 예수 그리스도의 보혈 혹은 예수 그리스도의 십자가상의 대속을 암시한다.[580]

예수님께서 십자가에 달려 온몸이 피로 물들어 '피 뿌린 옷'을

---

573) 마 20:28; 막 10:45; 요 12:24
574) 사 63:1
575) 사 63:3
576) 사 63:1
577) 사 63:2
578) 사 63:2
579) 사 63:3
580) 참고-계 19:11-16

입으시는 것은 자기 백성을 죄에서 구원하는 비밀이었으며, 그것은 패배자가 아닌 '만 왕의 왕', '만 주의 주'의 모습이었다.[581] 원수 마귀들은 예수님의 피 흘리는 모습을 보고 잠시 기뻐했을 것이나, 실상 그날은 원수 마귀의 심판 날이요, 주의 백성에게는 구속의 날이었다.[582] 십자가는 실로 패배가 아니라 승리이며, 구원 사역의 미완성이 아니라 온전한 완성이었다. 이것이 십자가의 신비인 것이다. 이사야 선지자는 이러한 하나님의 구속의 비밀에 대하여, 인간의 감각과 이해 수준을 능가하는 지혜라고 감탄한 것이다.[583]

사도 바울은 이사야 선지자의 예언을 빌어, "기록된 바 하나님이 자기를 사랑하는 자들을 위하여 예비하신 모든 것은 눈으로 보지 못하고 귀로 듣지 못하고 사람의 마음으로 생각하지도 못하였다 함과 같으니라"[584]고 말씀함으로써, 예수 그리스도의 십자가 대속이 비밀이요 만세 전에 준비된 것임을 선포하였다.[585] 예수 그리스도의 십자가 대속은 인간의 이해를 초월하는 신비, 곧 "비밀한 가운데 있는 하나님의 지혜"[586]이다. 실로 예수 그리스도는 하나님의 비밀이요, 하나님의 지혜요, 하나님의 능력이다.[587] 그러므로 예수 그리스도만이 우리에게 지혜와 의로움과 구속함이 되시는 것이다.[588]

---

581) 계 19:16
582) 사 63:3
583) 사 64:3-4
584) 고전 2:9
585) 행 2:23
586) 고전 2:7
587) 고전 1:24; 골 2:2-3
588) 고전 1:30

(3) 성경과 비밀

구약 시대에 여러 부분과 여러 모양으로 말씀하셨던 하나님께서는, 이제 그 아들 예수 그리스도를 통하여 그 비밀을 만천하에 나타내셨다.[589] 하나님의 비밀은 오직 예수 그리스도 안에 모두 들어 있다. 모든 성경 속에는 하나님의 비밀이신 예수 그리스도가 그려져 있다.[590] 실로 성경은 오직 예수 그리스도를 가리키고 있으며, 이것은 영의 눈이 열리지 않으면 알 수 없는 것이다.

엠마오로 내려가던 두 제자는 영의 눈이 가리워서 부활하신 예수님을 알아보지 못했지만,[591] 예수님께서 "모든 성경에 쓴 바 자기에 관한 것을 자세히 설명"하실 때 마음이 뜨거워지고 영의 눈이 열려서, 부활하신 예수님을 알아볼 수 있었다.[592] 그러므로 성경 속에 감추어진 예수 그리스도의 모습을 발견하는 자만이 하나님의 온전한 비밀을 알 수 있다.

10. 하나님의 섭리[593]

섭리(providence)의 사전적 의미는 '자연계를 지배하고 있는 원리', 또는 '세상의 모든 것을 다스리는 하나님의 의지 또는 은혜'이다. 즉 '섭리'는 하나님께서 작정하신 목적을 달성하기 위하여 모

---

589) 롬 16:25-26; 골 1:26-27; 히 1:1-3
590) 요 5:39; 골 2:2
591) 눅 24:15-16
592) 눅 24:27, 31-32
593) 박윤식,《영원한 언약 속의 신비롭고 오묘한 섭리》(휘선, 2014), pp. 46-51.

든 것을 다스리시는 하나님의 계속적인 활동, 곧 모든 일을 그 마음의 원대로 역사하시는 하나님의 작정들의 실현이다. 다시 말해 구속의 목적을 실행해 가시는 하나님 자신의 구체적인 활동이다. 범죄한 인간을 구원하시겠다는 하나님의 계획이 실현되기까지 이 세상에서 일어나는 모든 일에 주권적으로 개입하셔서 적극적으로 활동하신다는 의미이다.

(1) 섭리의 방법과 영역

하나님께서 온 우주와 인간의 유익을 위해 섭리하시는 방법은 크게 세 가지이다. 처음 창조하신 만물을 권능의 말씀으로 계속 떠받들면서 유지하시는 보존(preservation)[594]과, 하나님의 뜻을 실행하시기 위하여 인생의 모든 마음과 행동을 주관적으로 지배하여 움직이시는 협력(concurrence)[595]과 택자 구원의 목적을 확실히 성취하기 위하여 우주만물을 다스리시는 통치(government)[596]이다.

섭리의 영역은 우주 만물 가운데 시공간을 초월하여 미치지 않은 곳이 없다. 모든 개개인,[597] 모든 민족과 국가,[598] 온 우주에 떠 있는 별들,[599] 태양을 중심한 대기의 모든 자연 현상과 날씨,[600] 지구상에 기식하는 공중의 새와 같은 작은 미물[601] 등 지극히 세밀한

---

594) 느 9:6; 행 17:28; 골 1:17; 히 1:3
595) 롬 8:28; 빌 2:13
596) 시 103:19, 145:13
597) 시 31:15, 139:16
598) 신 32:8; 행 17:26
599) 사 40:26; 시 147:4
600) 욥 37:6, 10-12; 시 147:15-19
601) 마 6:26, 10:29

곳까지 모두 하나님의 섭리 영역이다. 하나님의 허락 없이는 참새 한 마리도 떨어지지 않는 것이다.[602] 그러므로 사람의 보기에는 아주 사소하고 우발적으로 보이는 일뿐만 아니라 당장은 모순적으로 보이는 일에까지 섭리의 조화가 신비롭게 미치고 있다.

또한 하나님께서는 과거의 역사와 현재 이루어지고 있는 역사, 그리고 앞으로 펼쳐질 미래의 역사, 이 모든 시간을 주권적으로 섭리하고 계신다.[603] 남조와 북조로 분열된 이스라엘 열왕들의 역사도, 표면적으로는 남 유다와 북 이스라엘의 열 왕들이 통치한 것처럼 보이지만 그 배후에는 하나님의 섭리가 있었던 것이다.

택자 구원을 위한 하나님의 구속 섭리는 하나님의 영원한 예정 가운데 그 경륜에 근거하여 세우신 완전무결한 것이다.[604] 그러므로 그것은 도중에 변동되는 일이 없고, 그 계획을 이루지 못하게 할 존재는 하늘과 땅 그 어디에도 없으며, 하나님께서는 스스로 그 기뻐하시는 섭리를 반드시 성취하신다.[605] "여호와의 계획은 영원히 서고 그의 생각은 대대에 이르리로다"[606]라고 말씀하고 있다.

(2) 우주, 역사, 인생을 섭리하시는 하나님

이 세상에는 공간으로 '우주'가 있고, 시간으로 '역사'가 있으며, 우주와 역사를 연합하고 축소한 '개인의 삶'이 있다. 시편 136편에서는 창세기의 전 우주적 창조 기사로 시작하여 출애굽 사건과 여

---

602) 마 10:29
603) 단 2:21; 행 17:26
604) 신 3:24
605) 롬 8:35-39; 시 33:11
606) 시 33:11

호수아의 가나안 정복까지 선민의 구속 역사, 그리고 비천한 가운데서 구원하여 주신 개인의 삶에서 받은 은혜를 회고하면서 "그 인자하심이 영원함이로다"라는 감사 찬송을 총 스물여섯 개의 각 구절마다 빠짐없이 기록하고 있다. 특별히 그 주제를 우주,[607] 역사,[608] 개인의 삶,[609] 이렇게 셋으로 나누어 하나님의 은혜를 노래하고 있다.

(가) 온 우주를 섭리하시는 하나님

시편 136편 저자는 우주에 충만한 하나님의 인자하심을 보았다. 인자는 죄인을 향하신 하나님의 사랑과 긍휼을 말한다. 인자는 영어로 'lovingkindness'라 한다. 시편 136편에서는 하나님을 가리켜 "신들 중에 뛰어난 하나님"(2절), "주들 중에 뛰어난 주"(3절), "홀로 큰 기이한 일들을 행하시는 이"(4절), "지혜로 하늘을 지으신 이"(5절), "땅을 물 위에 펴신 이"(6절), "해로 낮을 주관하게 하신 이"(8절), "달과 별들로 밤을 주관하게 하신 이"(9절)라고 말씀하고 있다.

오늘도 일월성신은 하나님의 뜻에 따라 질서정연하게 운행되고 있다. 온 우주와 대자연의 아름다운 조화와 그 모든 현상은 인류를 사랑하시는 하나님의 영원한 지혜와 능력과 인자의 표현이다.

(나) 인류 역사를 섭리하시는 하나님

---

[607] 시 136:1-9
[608] 시 136:10-22
[609] 시 136:23-26

우주는 너무 광대한 것이어서 거기 나타난 하나님의 인자를 각각 나와 연관시키기에는 오히려 어려울지도 모른다. 반면에 인류의 역사에 나타난 하나님의 인자는 우리에게 좀 더 풍성한 감사를 불러일으킨다.

시편 136편 10-22절에서는 하나님을 가리켜 "애굽의 장자를 치신 이"(10절), "강한 손과 펴신 팔로 인도하여 내신 이"(12절), "광야를 통과하게 하신 이"(16절), "큰 왕들을 치신 이"(17절), "유명한 왕들을 죽이신 이"(18절), "아모리인의 왕 시혼을 죽이신 이"(19절), "바산 왕 옥을 죽이신 이"(20절), "그들의 땅을 기업으로 주신 이"(21절), "곧 그 종 이스라엘에게 기업으로 주신 이"(22절)라고 말씀하고 있다.

이것은 단순히 이스라엘에게만 해당되는 역사가 아니라, 만세 전부터 예정하사 만민을 죄 가운데서 구속하시기 위해 여자의 후손[610]을 보내시려는 하나님의 크신 자비의 역사를 가리킨다.

우리가 살고 있는 세상의 모든 역사는 하나님의 구원 역사 속에 기초하고 있다. 따라서 세계 역사는 아무렇게나 뜻 없이 흘러가는 것이 아니라 택하신 백성의 구원 완성을 위해 하나님의 열심, 곧 불붙는 사랑의 동력으로 종말을 향하여 지금도 힘차게 흐르고 있다.[611]

(다) 개인의 삶을 섭리하시는 하나님

온 우주와 역사를 섭리하시는 광대하신 하나님께서는 각 개인의 삶도 섭리하신다. 하나님의 섭리 속에서 우리 개개인이 일평생

---

610) 창 3:15
611) 왕하 19:31; 사 9:7; 37:32

받은 은혜를 어찌 필설로 다 표현할 수 있겠는가?

시편 기자는 136편에서 "우리를 비천한 가운데에서도 기억해 주신 이에게 감사하라"(23절), "우리를 우리의 대적에게서 건지신 이에게 감사하라"(24절), "모든 육체에게 먹을 것을 주신 이에게 감사하라"(25절)고 말씀하고 있다. 적어도 육체의 식물을 지금까지 먹으며 살아왔으니, 하나님의 영원하신 인자의 은혜가 크다 하지 않을 수 없다. 적신으로 온 존재가, 지금까지 입고 누리고 건강하게 살고 있는 것을 생각할 때 하나님의 인자와 은혜가 아니고 무엇이겠는가? 설사 육신으로 누린 은혜를 잊는다 하더라도 예수 그리스도로 말미암은 구속의 은총을 받은 이 한 가지만으로도 하나님의 인자를 영원히 찬송해야 할 것이다. 이것을 믿음으로 깨달은 하박국 선지자는 "나는 여호와로 말미암아 즐거워하며 나의 구원의 하나님으로 말미암아 기뻐하리로다"라고 고백하였다.[612]

11. 왜 하나님을 믿어야 하며, 믿을 수밖에 없는가?

우리는 이상과 같이 하나님과 그의 역사(役事)를 살펴보았다. 이제는 우리가 왜 하나님을 믿어야 하며 믿을 수밖에 없는지 그 이유를 성경 말씀을 통하여 살펴보고자 한다. 하지만 우주에 충만하신 하나님과 그의 역사하심을 이 지면에 모두 소개하는 것은 불가능하다. 요한복음 21장 25절은 예수님께서 하신 일을 낱낱이 기록한다면 이 세상에 그 책을 다 둘 곳이 없을 것이라고 했다. 단지 대별(大別)될 수 있는 개념에 따라 하나님과 그의 역사하심을 감히 소

---

[612] 합 3:18

개하고자 한다.

(1) 하나님은 영원부터 영원까지 스스로 계시는 분이시다.

"산이 생기기 전, 땅과 세계도 주께서 조성하시기 전 곧 영원부터 영원까지 주는 하나님이시니이다."[613]
"주는 한결같으시고 주의 연대는 무궁하리이다."[614]
"하나님이 모세에게 이르시되 나는 스스로 있는 자이니라 또 이르시되 너는 이스라엘 자손에게 이같이 이르기를 스스로 있는 자가 나를 너희에게 보내셨다 하라."[615]

(2) 하나님은 영원히 변치 않으시는 분이시다.

"하나님은 약속을 기업으로 받는 자들에게 그 뜻이 변하지 아니함을 충분히 나타내시려고 그 일에 맹세로 보증하셨나니 이는 하나님이 거짓말을 하실 수 없는 이 두 가지 변치 못할 사실로 말미암아 앞에 있는 소망을 얻으려고 피난처를 찾은 우리에게 큰 안위를 받게 하려 하심이라."[616]
"예수 그리스도는 어제나 오늘이나 영원토록 동일하시니라."[617]
"나 여호와는 변하지 않으니, 야곱의 자손아, 너희가 멸망하지

---

613) 시 90:2
614) 시 102:27
615) 출 3:14
616) 히 6:17-18
617) 히 13:8

아니한다."⁶¹⁸⁾

"온갖 좋은 은사와 온전한 선물이 다 위로부터 빛들의 아버지께로부터 내려오나니 그는 변함도 없으시고 회전하는 그림자도 없으시니라."⁶¹⁹⁾

"…그는 살아 계시는 하나님이시요 영원히 변하지 않으실 이시며 그의 나라는 멸망하지 아니할 것이요 그의 권세는 무궁할 것이며."⁶²⁰⁾

(3) 하나님은 인간이 측량할 수 없는 무한한 권능(權能)을 가지신 분이시다.

"전능자를 우리가 찾을 수 없나니 그는 권능이 지극히 크사 정의나 무한한 공의를 굽히지 아니하심이니라."⁶²¹⁾

"네가 하나님의 오묘함을 어찌 능히 측량하며 전능자를 어찌 능히 완전히 알겠느냐."⁶²²⁾

(4) 하나님은 어디에나 계시는 분이시다.

"내가 주의 영을 떠나 어디로 가며 주의 앞에서 어디로 피하리이까 내가 하늘에 올라갈지라도 거기 계시며 스올에 내 자리를 펼지라도 거기 계시니이다 내가 새벽 날개를 치며 바다 끝에 가

---
618) 말 3:6(바른성경)
619) 약 1:17
620) 단 6:26
621) 욥 37:23
622) 욥 11:7

서 거주할지라도 거기서도 주의 손이 나를 인도하시며 주의 오른손이 나를 붙드시리이다."[623]

"여호와의 말씀이니라 사람이 내게 보이지 아니하려고 누가 자신을 은밀한 곳에 숨길 수 있겠느냐 여호와가 말하노라 나는 천지에 충만하지 아니하냐."[624]

"그들이 파고 스올에 들어갈지라도 내 손이 거기에서 붙잡아 낼 것이요 하늘로 올라갈지라도 내가 거기에서 붙잡아 내릴 것이며 갈멜 산 꼭대기에 숨을지라도 내가 거기에서 찾아낼 것이요 내 눈을 피하여 바다 밑에 숨을지라도 내가 거기에서 뱀을 명령하여 물게 할 것이요 그 원수 앞에 사로잡혀 갈지라도 내가 거기에서 칼을 명령하여 죽이게 할 것이라 내가 그들에게 주목하여 화를 내리고 복을 내리지 아니하리라 하시니라."[625]

(5) 하나님은 모든 것을 아시는 전지(全知)하신 분이시다.

"만물보다 거짓되고 심히 부패한 것은 마음이라 누가 능히 이를 알리요마는 나 여호와는 심장을 살피며 폐부를 시험하고 각각 그 행위와 그 행실대로 보응하나니."[626]

"의인을 시험하사 그 폐부와 심장을 보시는 만군의 여호와여 나의 사정을 주께 아뢰었사온즉 주께서 그들에게 보복하심을 나에게 보게 하옵소서."[627]

---

(623) 시 139:7-10
(624) 렘 23:24
(625) 암 9:2-4
(626) 렘 17:9-10
(627) 렘 20:12

"공의로 판단하시며 사람의 마음을 감찰하시는 만군의 여호와여...."[628]

"여호와의 눈은 어디서든지 악인과 선인을 감찰하시느니라."[629]

"스올과 아바돈도 여호와의 앞에 드러나거든 하물며 사람의 마음이리요."[630]

"사람의 행위가 자기 보기에는 모두 정직하여도 여호와는 마음을 감찰하시느니라."[631]

"악인의 악을 끊고 의인을 세우소서 의로우신 하나님이 사람의 마음과 양심을 감찰하시나이다."[632]

"지으신 것이 하나도 그 앞에 나타나지 않음이 없고 우리의 결산을 받으실 이의 눈 앞에 만물이 벌거벗은 것같이 드러나느니라."[633]

"너희에게는 머리털까지 다 세신 바 되었나니 두려워하지 말라 너희는 많은 참새보다 귀하니라."[634]

"여호와께서는 높이 계셔도 낮은 자를 굽어살피시며 멀리서도 교만한 자를 아심이니이다."[635]

"여호와여 주께서 나를 살펴보셨으므로 나를 아시나이다 주께서 내가 앉고 일어섬을 아시고 멀리서도 나의 생각을 밝히 아시오며 나의 모든 길과 내가 눕는 것을 살펴보셨으므로 나의 모든

---

[628] 렘 11:20
[629] 잠 15:3
[630] 잠 15:11
[631] 잠 21:2
[632] 시 7:9
[633] 히 4:13
[634] 마 10:30-31
[635] 시 138:6

행위를 익히 아시오니 여호와여 내 혀의 말을 알지 못하시는 것이 하나도 없으시니이다."[636]

"이는 우리 마음이 혹 우리를 책망할 일이 있어도 하나님은 우리 마음보다 크시고 모든 것을 아시기 때문이라."[637]

(6) 하나님은 무엇이나 하실 수 있는 전능(全能)하신 분이시다.

"여호와께 능하지 못한 일이 있겠느냐…."[638]

"슬프도소이다 주 여호와여 주께서 큰 능력과 펴신 팔로 천지를 지으셨사오니 주에게는 할 수 없는 일이 없으시니이다."[639]

"나는 여호와요 모든 육체의 하나님이라 내게 할 수 없는 일이 있겠느냐."[640]

"대저 하나님의 모든 말씀은 능하지 못하심이 없느니라."[641]

(7) 하나님은 선(善)하시고 정직(正直)하시고 인자(仁者)하신 분이시다.

"여호와는 선하시고 정직하시니 그러므로 그의 도로 죄인들을 교훈하시리로다."[642]

"여호와께 감사하라 그는 선하시며 그 인자하심이 영원함이로

---

636) 시 139:1-4
637) 요일 3:20
638) 창 18:14
639) 렘 32:17
640) 렘 32:27
641) 눅 1:37
642) 시 25:8

다."[643)]

"여호와께 감사하라 저는 선하시며 그 인자하심이 영원함이로다 이제 이스라엘은 말하기를 그의 인자하심이 영원하다 할지로다."[644)]

"여호와는 선하시니 그의 인자하심이 영원하고 그의 성실하심이 대대에 이르리로다."[645)]

"여호와를 찬송하라 여호와는 선하시며 그의 이름이 아름다우니 그의 이름을 찬양하라."[646)]

"여호와는 선하시며 환난 날에 산성이시라 그는 자기에게 피하는 자들을 아시느니라."[647)]

(8) 하나님은 은혜(恩惠)로우시고 의(義)로우시고 자비(慈悲)하신 분이시다.

"여호와는 은혜로우시며 의로우시며 우리 하나님은 긍휼이 많으시도다."[648)]

"여호와는 긍휼이 많으시고 은혜로우시며 노하기를 더디 하시고 인자하심이 풍부하시도다."[649)]

"여호와는 은혜로우시며 긍휼이 많으시며 노하기를 더디 하시

---

643) 시 107:1
644) 시 118:1-2
645) 시 100:5
646) 시 135:3
647) 나 1:7
648) 시 116:5
649) 시 103:8

며 인자하심이 크시도다."⁶⁵⁰⁾

"여호와께서는 그 모든 행위에 의로우시며 그 모든 일에 은혜로우시도다."⁶⁵¹⁾

(9) 하나님은 언약(言約)하신 것을 반드시 지키시는 신실(信實)한 분이시다.

"이는 하나님이 거짓말을 하실 수 없는 이 두 가지 변하지 못할 사실로 말미암아 앞에 있는 소망을 얻으려고 피난처를 찾은 우리에게 큰 안위를 받게 하려 하심이라."⁶⁵²⁾

"그런즉 너는 알라 오직 네 하나님 여호와는 하나님이시요 신실하신 하나님이시라 그를 사랑하고 그의 계명을 지키는 자에게는 천 대까지 그의 언약을 이행하시며 인애를 베푸시되."⁶⁵³⁾

"하나님은 사람이 아니시니 거짓말을 하지 않으시고 인생이 아니시니 후회가 없으시도다 어찌 그 말씀하신 바를 행하지 않으시며 하신 말씀을 실행하지 않으시랴."⁶⁵⁴⁾

(10) 하나님은 공의(公義)로운 분이시다.

"의와 공의가 주의 보좌의 기초라 인자함과 진실함이 주 앞에

---

650) 시 145:8
651) 시 145:17
652) 히 6:18
653) 신 7:9
654) 민 23:19

있나이다."655)

"구름과 흑암이 그를 둘렀고 의와 공평이 그의 보좌의 기초로다."656)

"자랑하는 자는 이것으로 자랑할지니 곧 명철하여 나를 아는 것과 나 여호와는 사랑과 정의와 공의를 땅에 행하는 자인 줄 깨닫는 것이라 나는 이 일을 기뻐하노라 여호와의 말씀이니라."657)

"공의로 판단하시며 사람의 마음을 감찰하시는 만군의 여호와여…."658)

"그가 땅을 심판하러 임하실 것임이로다 그가 의로 세계를 판단하시며 공평으로 그의 백성을 심판하시리로다."659)

"하나님이여 주의 보좌는 영원하며 주의 나라의 규는 공평한 규이니이다."660)

"그는 반석이시니 그가 하신 일이 완전하고 그의 모든 길이 정의롭고 진실하고 거짓이 없으신 하나님이시니 공의로우시고 바르시도다."661)

(11) 하나님은 심은 대로 거두게 하시는 분이시다.

"스스로 속이지 말라 하나님은 업신여김을 받지 아니하시나니

---

655) 시 89:14
656) 시 97:2
657) 렘 9:24
658) 렘 11:20
659) 시 98:9
660) 시 45:6
661) 신 32:4

사람이 무엇으로 심든지 그대로 거두리라."⁶⁶²⁾

(12) 하나님은 행(行)한 대로 갚아주시는 분이시다.

"하나님께서 각 사람에게 그 행한 대로 보응하시되."⁶⁶³⁾
"여호와께서 만국을 벌할 날이 가까웠나니 네가 행한 대로 너도 받을 것인즉 네가 행한 것이 네 머리로 돌아갈 것이라."⁶⁶⁴⁾
"주여 인자함도 주께 속하오니 주께서 각 사람이 행한 대로 갚으심이니이다."⁶⁶⁵⁾

(13) 하나님은 믿음대로 되게 하시는 분이시다.

"예수께서 백부장에게 이르시되 가라 네 믿은 대로 될지어다 하시니 그 즉시 하인이 나으니라."⁶⁶⁶⁾
"이에 예수께서 그들의 눈을 만지시며 이르시되 너희 믿음대로 되라 하시니 그 눈들이 밝아진지라...."⁶⁶⁷⁾
"이에 예수께서 대답하여 이르시되 여자야 네 믿음이 크도다 네 소원대로 되리라 하시니 그때로부터 그의 딸이 나으니라."⁶⁶⁸⁾
"그러므로 내가 너희에게 말하노니 무엇이든지 기도하고 구하

---

662) 갈 6:7
663) 롬 2:6
664) 욥 1:15
665) 시 62:12
666) 마 8:13
667) 마 9:29-30
668) 마 15:28

는 것은 받은 줄로 믿으라 그리하면 너희에게 그대로 되리라."[669]

(14) 하나님은 말씀으로 온 우주(宇宙)와 만물(萬物)을 창조하시되 빠짐이 없이 완벽(完璧)하게 창조하신 분이시다.

"여호와의 말씀으로 하늘이 지음이 되었으며 그 만상을 그의 입 기운으로 이루었도다."[670]

"믿음으로 모든 세계가 하나님의 말씀으로 지어진 줄을 우리가 아나니 보이는 것은 나타난 것으로 말미암아 된 것이 아니니라."[671]

"너희는 눈을 높이 들어 누가 이 모든 것을 창조하였나 보라 주께서는 수효대로 만상을 이끌어 내시고 그들의 모든 이름을 부르시나니 그의 권세가 크고 그의 능력이 강하므로 하나도 빠짐이 없느니라."[672]

"오직 주는 여호와시라 하늘과 하늘들의 하늘과 일월성신과 땅과 땅 위의 만물과 바다와 그 가운데 모든 것을 지으시고 다 보존하시오니 모든 천군이 주께 경배하나이다."[673]

"네 구속자요 모태에서 너를 지은 나 여호와가 이같이 말하노라 나는 만물을 지은 여호와라 홀로 하늘을 폈으며 나와 함께 한 자 없이 땅을 펼쳤고."[674]

---

[669] 막 11:24
[670] 시 33:6
[671] 히 11:3
[672] 사 40:26
[673] 느 9:6
[674] 사 44:24

"여호와는 천지와 바다와 그 중의 만물을 지으시며 영원히 진실함을 지키시며."[675]

"우주와 그 가운데 있는 만유를 지으신 하나님께서는 천지의 주재시니 손으로 지은 전에 계시지 아니하시고."[676]

"집마다 지은 이가 있으니 만물을 지으신 이는 하나님이시라."[677]

(15) 우주(宇宙)와 그 가운데 있는 만유(萬有)를 지으신 하나님은 만민에게 생명과 호흡과 만물을 친히 주시는 분이시다.

"우주와 그 가운데 있는 만유를 지으신 하나님께서는 천지의 주재시니 손으로 지은 전에 계시지 아니하시고 또 무엇이 부족한 것처럼 사람의 손으로 섬김을 받으시는 것이 아니니 이는 만민에게 생명과 호흡과 만물을 친히 주시는 이심이라."[678]

(16) 하나님은 사람을 창조하시고 생명을 주신 생명(生命)의 주인(主人)이시다.

"하나님이 이르시되 우리의 형상을 따라 우리의 모양대로 우리가 사람을 만들고 그들로 바다의 물고기와 하늘의 새와 가축과 온 땅과 땅에 기는 모든 것을 다스리게 하자 하시고 하나님이 자기 형상 곧 하나님의 형상대로 사람을 창조하시되 남자와 여

---

675) 시 146:6
676) 행 17:24
677) 히 3:4
678) 행 17:24-25

자를 창조하시고."[679)]

"여호와가 우리 하나님이신 줄 너희는 알지어다 그는 우리를 지으신 이요 우리는 그의 것이니 그의 백성이요 그의 기르시는 양이로다."[680)]

"야곱아 너를 창조하신 여호와께서 지금 말씀하시느니라 이스라엘아 너를 지으신 이가 말씀하시느니라 너는 두려워하지 말라 내가 너를 구속하였고 내가 너를 지명하여 불렀나니 너는 내 것이라."[681)]

"내가 땅을 만들고 그 위에 사람을 창조하였으며 내가 내 손으로 하늘을 펴고 하늘의 모든 군대에게 명령하였노라."[682)]

"그 두 사람이 엎드려 이르되 하나님이여 모든 육체의 생명의 하나님이여 한 사람이 범죄하였거늘 온 회중에게 진노하시나이까."[683)]

"여호와, 모든 육체의 생명의 하나님이시여 원하건대 한 사람을 이 회중 위에 세워서."[684)]

(17) 생명의 주인이신 하나님을 경외(敬畏)하는 것은 사람의 당연한 본분(本分)이다.

"여호와를 경외하는 것이 지혜의 근본이요 거룩하신 자를 아는

---

(679) 창 1:26-27
(680) 시 100:3
(681) 사 43:1
(682) 사 45:12
(683) 민 16:22
(684) 민 27:16

것이 명철이니라."[685]

"여호와를 경외하는 것은 사람으로 생명에 이르게 하는 것이라 경외하는 자는 족하게 지내고 재앙을 당하지 아니하느니라."[686]

"일의 결국을 다 들었으니 하나님을 경외하고 그의 명령을 지킬지어다 이것이 사람의 본분이니라."[687]

(18) 하나님은 영광(榮光)과 찬양(讚揚)을 받으시기 위하여 우주만물과 인간을 창조하셨다.

"내 이름으로 불려지는 모든 자 곧 내가 내 영광을 위하여 창조한 자를 오게 하라 그를 내가 지었고 그를 내가 만들었느니라."[688]

"이 백성은 내가 나를 위하여 지었나니 나를 찬송하게 하려 함이니라."[689]

"할렐루야 하늘에서 여호와를 찬양하며 높은 데서 그를 찬양할지어다 그의 모든 천사여 찬양하며 모든 군대여 그를 찬양할지어다 해와 달아 그를 찬양하며 밝은 별들아 다 그를 찬양할지어다 하늘의 하늘도 그를 찬양하며 하늘 위에 있는 물들도 그를 찬양할지어다 그것들이 여호와의 이름을 찬양함은 그가 명령하시므로 지음을 받았음이로다."[690]

---

(685) 잠 9:10
(686) 잠 19:23
(687) 전 12:13
(688) 사 43:7
(689) 사 43:21
(690) 시 148:1-5

(19) 하나님은 모든 것의 주인(主人)이시다.

"은도 내 것이요 금도 내 것이니라 만군의 여호와의 말이니라."[691]
"이는 삼림의 짐승들과 뭇 산의 가축이 다 내 것이며 산의 모든 새들도 내가 아는 것이며 들의 짐승도 내 것임이로다 내가 가령 주려도 네게 이르지 않을 것은 세계와 거기에 충만한 것이 내 것임이로다."[692]
"하늘이 주의 것이요 땅도 주의 것이라 세계와 그 중에 충만한 것을 주께서 건설하셨나이다."[693]
"누가 먼저 내게 주고 나로 하여금 갚게 하였느냐 온 천하에 있는 것이 다 내 것이니라."[694]

(20) 하나님은 우주(宇宙)와 세계의 역사(歷史)와 인생(人生)을 섭리하신다.

"여호와께 감사하라 그는 선하시며 그 인자하심이 영원함이로다 신들 중에 뛰어난 하나님께 감사하라 그 인자하심이 영원함이로다 주들 중에 뛰어난 주께 감사하라 그 인자하심이 영원함이로다 홀로 큰 기이한 일을 행하시는 이에게 감사하라 그 인자하심이 영원함이로다 지혜로 하늘을 지으신 이에게 감사하라 그 인자하심이 영원함이로다 땅을 물 위에 펴신 이에게 감사하

---

[691] 학 2:8
[692] 시 50:10-12
[693] 시 89:11
[694] 욥 41:11

라 그 인자하심이 영원함이로다."[695]

"애굽의 장자를 치신 이에게 감사하라 그 인자하심이 영원함이로다 이스라엘을 그들 중에서 인도하여 내신 이에게 감사하라 그 인자하심이 영원함이로다 강한 손과 펴신 팔로 인도하여 내신 이에게 감사하라 그 인자하심이 영원함이로다 홍해를 가르신 이에게 감사하라 그 인자하심이 영원함이로다 이스라엘을 그 가운데로 통과하게 하신 이에게 감사하라 그 인자하심이 영원함이로다 바로와 그의 군대를 홍해에 엎드러뜨리신 이에게 감사하라 그 인자하심이 영원함이로다 그의 백성을 인도하여 광야를 통과하게 하신 이에게 감사하라 그 인자하심이 영원함이로다 큰 왕들을 치신 이에게 감사하라 그 인자하심이 영원함이로다 유명한 왕들을 죽이신 이에게 감사하라 그 인자하심이 영원함이로다 아모리인의 왕 시혼을 죽이신 이에게 감사하라 그 인자하심이 영원함이로다 바산 왕 옥을 죽이신 이에게 감사하라 그 인자하심이 영원함이로다 그들의 땅을 기업으로 주신 이에게 감사하라 그 인자하심이 영원함이로다 곧 그 종 이스라엘에게 기업으로 주신 이에게 감사하라 그 인자하심이 영원함이로다."[696]

"우리를 비천한 가운데에서도 기억해 주신 이에게 감사하라 그 인자하심이 영원함이로다 우리를 우리의 대적에게서 건지신 이에게 감사하라 그 인자하심이 영원함이로다 모든 육체에게 먹을 것을 주신 이에게 감사하라 그 인자하심이 영원함이로다."[697]

---

(695) 시 136:1-6
(696) 시 136:10-22
(697) 시 136:23-25

(21) 하나님은 우리 인생들의 생사화복(生死禍福)을 주관(主管)하시며 정직한 자에게 좋은 것을 아끼지 않으시는 분이시다.

"여호와는 죽이기도 하시고 살리기도 하시며 스올에 내리게도 하시고 거기에서 올리기도 하시는도다 여호와는 가난하게도 하시고 부하게도 하시며 낮추기도 하시고 높이기도 하시는도다 가난한 자를 진토에서 일으키시며 빈궁한 자를 거름더미에서 올리사 귀족들과 함께 앉게 하시며 영광의 자리를 차지하게 하시는도다 땅의 기둥들은 여호와의 것이라 여호와께서 세계를 그것들 위에 세우셨도다."[698]

"이제는 나 곧 내가 그인 줄 알라 나 외에는 신이 없도다 나는 죽이기도 하며 살리기도 하며 상하게도 하며 낫게도 하나니 내 손에서 능히 빼앗을 자가 없도다."[699]

"여호와 하나님은 해요 방패시라 여호와께서 은혜와 영화를 주시며 정직하게 행하는 자에게 좋은 것을 아끼지 아니하실 것임이니이다."[700]

(22) 하나님은 우리의 목자(牧者)가 되시는 분이시다.

"여호와는 나의 목자시니 내게 부족함이 없으리로다."[701]

(23) 하나님은 말씀을 통하여 우리를 선하고 의로운 길로 인도하

---

698) 삼상 2:6-8
699) 신 32:39
700) 시 84:11
701) 시 23:1

신다.

"그의 마음에는 하나님의 법이 있으니 그의 걸음은 실족함이 없으리로다."[702]

"주의 말씀은 내 발에 등이요 내 길에 빛이니이다."[703]

"사람이 마음으로 자기의 길을 계획할지라도 그의 걸음을 인도하시는 이는 여호와시니라."[704]

"여호와여 내가 알거니와 사람의 길이 자신에게 있지 아니하니 걸음을 지도함이 걷는 자에게 있지 아니하니이다."[705]

"나의 발걸음을 주의 말씀에 굳게 세우시고 어떤 죄악도 나를 주관하지 못하게 하소서."[706]

(24) 하나님께서 우리 인생들을 위하여 행하신 일은 너무나 많아 그 수를 셀 수 없다.

"여호와 나의 하나님이여 주께서 행하신 기적이 많고 우리를 향하신 주의 생각도 많아 누구도 주와 견줄 수 없나이다 내가 널리 알려 말하고자 하나 너무 많아 그 수를 셀 수도 없나이다."[707]

"예수께서 행하신 일이 이 외에도 많으니 만일 낱낱이 기록된다면 이 세상이라도 이 기록된 책을 두기에 부족할 줄 아노라."[708]

---

702) 시 37:31
703) 시 119:105
704) 잠 16:9
705) 렘 10:23
706) 시 119:133
707) 시 40:5
708) 요 21:25

"여호와여 주께서 하신 일이 어찌 그리 많은지요 주께서 지혜로 그들을 다 지으셨으니 주께서 지으신 것들이 땅에 가득하니이다."[709]

(25) 하나님은 우리의 영혼(靈魂)은 물론 육체(肉體)까지 구원(救援)해 주시는 분이시다.

"몸은 죽여도 영혼은 능히 죽이지 못하는 자들을 두려워하지 말고 오직 몸과 영혼을 능히 지옥에 멸하실 수 있는 이를 두려워하라."[710]

"내가 여호와를 항상 내 앞에 모심이여 그가 나의 오른쪽에 계시므로 내가 흔들리지 아니하리로다 이러므로 나의 마음이 기쁘고 나의 영도 즐거워하며 내 육체도 안전히 살리니 이는 주께서 내 영혼을 스올에 버리지 아니하시며 주의 거룩한 자를 멸망시키지 않으실 것임이니이다."[711]

"나 곧 나는 여호와라 나 외에 구원자가 없느니라."[712]

"다른 이로써는 구원을 받을 수 없나니 천하 사람 중에 구원을 받을 만한 다른 이름을 우리에게 주신 일이 없음이라 하였더라."[713]

(26) 하나님은 우리의 기도(祈禱)를 들으시고 응답(應答)해 주시는

---

709) 시 104:24
710) 마 10:28
711) 시 16:8-10
712) 사 43:11
713) 행 4:12

분이시다.

"환난 날에 나를 부르라 내가 너를 건지리니 네가 나를 영화롭게 하리로다."[714]

"기도를 들으시는 주여 모든 육체가 주께 나아오리이다."[715]

"하나님이 이르시되 그가 나를 사랑한즉 내가 그를 건지리라 그가 내 이름을 안즉 내가 그를 높이리라 그가 내게 간구하리니 내가 그에게 응답하리라 그들이 환난 당할 때에 내가 그와 함께 하여 그를 건지고 영화롭게 하리라."[716]

"이에 그들이 그 환난 중에 여호와께 부르짖으매 그들의 고통에서 구원하시되 흑암과 사망의 그늘에서 인도하여 내시고 그들의 얽어 맨 줄을 끊으셨도다."[717]

"여호와께서 내 음성과 내 간구를 들으시므로 내가 그를 사랑하는도다 그의 귀를 내게 기울이셨으므로 내가 평생에 기도하리로다 사망의 줄이 나를 두르고 스올의 고통이 내게 이르므로 내가 환난과 슬픔을 만났을 때에 내가 여호와의 이름으로 기도하기를 여호와여 주께 구하오니 내 영혼을 건지소서 하였도다."[718]

"내가 고통 중에 여호와께 부르짖었더니 여호와께서 응답하시고 나를 넓은 곳에 세우셨도다."[719]

"여호와께서는 자기에게 간구하는 모든 자 곧 진실하게 간구하

---

714) 시 50:15
715) 시 65:2
716) 시 91:14-15
717) 시 107:13-14
718) 시 116:1-4
719) 시 118:5

는 모든 자에게 가까이 하시는도다 그는 자기를 경외하는 자들의 소원을 이루시며 또 그들의 부르짖음을 들으사 구원하시리로다."[720]

(27) 하나님만이 인간의 죄를 사하실 수 있는 권세(權勢)를 가지셨다. 하나님은 우리가 지은 죄를 깨닫고 회개하면 용서해 주신다.

"인자를 천 대까지 베풀며 악과 과실과 죄를 용서하리라 그러나 벌을 면제하지는 아니하고 아버지의 악행을 자손 삼사 대까지 보응하리라."[721]

"구하옵나니 주의 인자의 광대하심을 따라 이 백성의 죄악을 사하시되 애굽에서부터 지금까지 이 백성을 사하신 것같이 사하시옵소서 여호와께서 이르시되 내가 네 말대로 사하노라."[722]

"여호와께서 말씀하시되 오라 우리가 서로 변론하자 너희의 죄가 주홍 같을지라도 눈과 같이 희어질 것이요 진홍같이 붉을지라도 양털같이 희게 되리라."[723]

"오직 하나님은 긍휼하시므로 죄악을 덮어 주시어 멸망시키지 아니하시고 그의 진노를 여러 번 돌이키시며 그의 모든 분을 다 쏟아 내지 아니하셨으니 그들은 육체이며 가고 다시 돌아오지 못하는 바람임을 기억하셨음이라."[724]

"여호와 우리 하나님이여 주께서는 그들에게 응답하셨고 그들

---

720) 시 145:18-19
721) 출 34:7
722) 민 14:19-20
723) 사 1:18
724) 시 78:38-39

의 행한 대로 갚기는 하셨으나 그들을 용서하신 하나님이시니이다."[725]

"그가 네 모든 죄악을 사하시며 네 모든 병을 고치시며 네 생명을 파멸에서 속량하시고 인자와 긍휼로 관을 씌우시며 좋은 것으로 네 소원을 만족하게 하사 네 청춘을 독수리같이 새롭게 하시는도다."[726]

"이스라엘아 여호와를 바랄지어다 여호와께서는 인자하심과 풍성한 속량이 있음이라 그가 이스라엘을 그의 모든 죄악에서 속량하시리로다."[727]

(28) 하나님은 복(福)의 근원(根源)으로 사람들에게 복을 주시는 분이시다.

"여호와께서 우리를 생각하사 복을 주시되 이스라엘 집에도 복을 주시고 아론의 집에도 복을 주시며 높은 사람이나 낮은 사람을 막론하고 여호와를 경외하는 자들에게 복을 주시리로다."[728]

"하나님이 우리에게 복을 주시리니 땅의 모든 끝이 하나님을 경외하리로다."[729]

"헐몬의 이슬이 시온의 산들에 내림 같도다 거기서 여호와께서 복을 명령하셨나니 곧 영생이로다."[730]

---

725) 시 99:8
726) 시 103:3-5
727) 시 130:7-8
728) 시 115:12-13
729) 시 67:7
730) 시 133:3

(29) 하나님은 우리의 모든 짐을 맡아주시는 분이시다.

"날마다 우리 짐을 지시는 주 곧 우리의 구원이신 하나님을 찬송할지로다."[731]

"수고하고 무거운 짐 진 자들아 다 내게로 오라 내가 너희를 쉬게 하리라."[732]

"네 짐을 여호와께 맡기라 그가 너를 붙드시고 의인의 요동함을 영원히 허락하지 아니하시리로다."[733]

"너희 염려를 다 주께 맡기라 이는 그가 너희를 돌보심이라."[734]

(30) 하나님은 치료(治療)하시는 분이시다.

"이르시되 너희가 너희 하나님 나 여호와의 말을 들어 순종하고 내가 보기에 의를 행하며 내 계명에 귀를 기울이며 내 모든 규례를 지키면 내가 애굽 사람에게 내린 모든 질병 중 하나도 너희에게 내리지 아니하리니 나는 너희를 치료하는 여호와임이니라."[735]

(31) 하나님은 천국의 주인이시며, 우리를 영원한 천국으로 인도하시는 분이시다.

---

731) 시 68:19
732) 마 11:28
733) 시 55:22
734) 벧전 5:7
735) 출 15:26

"그들이 평온함으로 말미암아 기뻐하는 중에 여호와께서 그들이 바라는 항구로 인도하시는도다."[736)

(32) 하나님은 영원토록 신(神) 중의 신이시요, 만왕(萬王)의 왕이시며 만주(萬主)의 주이시다.

"여호와께서는 영원무궁하도록 왕이시니 이방 나라들이 주의 땅에서 멸망하였나이다."[737)

"여호와는 크신 하나님이시요 모든 신들보다 크신 왕이시기 때문이로다."[738)

"여호와는 위대하시니 지극히 찬양할 것이요 모든 신들보다 경외할 것임이여 만국의 모든 신들은 우상들이지만 여호와께서는 하늘을 지으셨음이로다."[739)

"여호와여 주는 온 땅 위에 지존하시고 모든 신들보다 위에 게시니이다."[740)

"내가 알거니와 여호와께서는 위대하시며 우리 주는 모든 신들보다 위대하시도다."[741)

"신들 중에 뛰어나신 하나님께 감사하라 그 인자하심이 영원함이로다 주들 중에 뛰어난 주께 감사하라 그 인자하심이 영원함이로다."[742)

---

736) 시 107:30
737) 시 10:16
738) 시 95:3
739) 시 96:4-5
740) 시 97:9
741) 시 135:5
742) 시 136:2-3

"오직 여호와는 참 하나님이시요 살아 계신 하나님이시요 영원한 왕이시라 그 진노하심에 땅이 진동하며 그 분노하심을 이방이 능히 당하지 못하느니라."[743]

"너희는 옛적 일을 기억하라 나는 하나님이라 나 외에 다른 이가 없느니라 나는 하나님이라 나 같은 이가 없느니라 내가 시초부터 종말을 알리며 아직 이루지 아니한 일을 옛적부터 보이고 이르기를 나의 뜻이 설 것이니 내가 나의 모든 기뻐하는 것을 이루리라 하였노라."[744]

"…하나님은 복되시고 유일하신 주권자이시며 만 왕의 왕이시며 만 주의 주시요."[745]

(33) 하나님은 우리의 죄(罪)를 사(謝)해 주시기 위해 자기의 독생자(獨生子)까지 십자가(十字架)에 죽게 하신 사랑의 하나님이시다.

"하나님이 세상을 이처럼 사랑하사 독생자를 주셨으니 이는 그를 믿는 자마다 멸망하지 않고 영생을 얻게 하려 하심이니라."[746]

(34) 하나님은 사랑하시는 성도(聖徒)와 늘 함께 하시며 지켜주신다.

"나를 눈동자같이 지키시고 주의 날개 그늘 아래에 감추사."[747]

"하나님의 도는 완전하고 여호와의 말씀은 순수하니 그는 자기

---

743) 렘 10:10
744) 사 46:9-10
745) 딤전 6:15
746) 요 3:16
747) 시 17:8

에게 피하는 모든 자의 방패시로다 여호와 외에 누가 하나님이며 우리 하나님 외에 누가 반석이냐."[748]

"여호와께서 환난 날에 나를 그의 초막 속에 비밀히 지키시고 그의 장막 은밀한 곳에 나를 숨기시며 바위 위에 두시리로다."[749]

"하나님은 우리의 피난처시요 힘이시니 환난 중에 만날 큰 도움이시라 그러므로 땅이 변하든지 산이 흔들려 바다 가운데에 빠지든지 바닷물이 솟아나고 뛰놀든지 그것이 넘침으로 산이 흔들릴지라도 우리는 두려워하지 아니하리로다(셀라)."[750]

"오직 그만이 나의 반석이시요 나의 구원이시요 나의 요새이시니 내가 흔들리지 아니하리로다 나의 구원과 영광이 하나님께 있음이여 내 힘의 반석과 피난처도 하나님께 있도다 백성들아 시시로 그를 의지하고 그의 앞에 마음을 토하라 하나님은 우리의 피난처시로다(셀라)."[751]

"여호와는 나의 요새이시요 나의 하나님은 내가 피할 반석이시라."[752]

"여호와를 경외하는 자들아 너희는 여호와를 의지하여라 그는 너희의 도움이시요 너희의 방패시로다."[753]

"여호와께 피하는 것이 사람을 신뢰하는 것보다 나으며 여호와께 피하는 것이 고관들을 신뢰하는 것보다 낫도다."[754]

---

748) 시 18:30-31
749) 시 27:5
750) 시 46:1-3
751) 시 62:6-8
752) 시 94:22
753) 시 115:11
754) 시 118:8-9

"주는 나의 은신처요 방패시라 내가 주의 말씀을 바라나이다."[755]

"산들이 예루살렘을 두름과 같이 여호와께서 그의 백성을 지금부터 영원까지 두르시리로다."[756]

"여호와는 나의 사랑이시요 나의 요새이시요 나의 산성이시요 나를 건지는 이시요 나의 방패이시니 내가 그에게 피하였고 그가 내 백성을 내게 복종하게 하셨나이다."[757]

"보라 하나님은 나의 구원이시라 내가 신뢰하고 두려움이 없으리니 주 여호와는 나의 힘이시며 나의 노래시며 나의 구원이심이라."[758]

"이스라엘을 지키시는 이는 졸지도 아니하시고 주무시지도 아니하시리로다."[759]

(35) 하나님은 진노(震怒)하시는 분이다.

"보라 여호와의 노여움이 일어나 폭풍과 회오리바람처럼 악인의 머리를 칠 것이라 여호와의 진노가 내 마음의 뜻하는 바를 행하여 이루기까지는 그치지 아니하나니 너희가 끝날에 그것을 완전히 깨달으리라."[760]

(36) 하나님은 심판(審判)하시는 분이다.

---

755) 시 119:114
756) 시 125:2
757) 시 144:2
758) 사 12:2
759) 시 121:4
760) 렘 23:19-20, 30:23-24

"여호와께서 세상을 심판하러 오실 때 세계 만민을 의와 진리로 심판하시리라."[761]

(37) 하나님은 회개(悔改)를 원하시는 분이다.

"사랑하는 자들아 주께는 하루가 천 년 같고 천 년이 하루 같다는 이 한 가지를 잊지 말라 주의 약속은 어떤 이들이 더디다고 생각하는 것같이 더딘 것이 아니라 오직 주께서는 너희를 대하여 오래 참으사 아무도 멸망하지 아니하고 다 회개하기에 이르기를 원하시느니라."[762]

(38) 신 중의 신이시요, 왕 중의 왕이신 하나님이 아닌 우상을 숭배하는 것은 헛되고 무익할 뿐이다.

"여러 나라의 풍습은 헛된 것이니 삼림에서 벤 나무요 기술공의 두 손이 도끼로 만든 것이라 그들이 은과 금으로 그것에 꾸미고 못과 장도리로 그것을 든든히 하여 흔들리지 않게 하나니 그것이 둥근 기둥 같아서 말도 못하며 걸어다니지도 못하므로 사람이 메어야 하느니라 그것이 그들에게 화를 주거나 복을 주지 못하나니 너희는 두려워하지 말라 하셨느니라."[763]
"너희는 이같이 그들에게 이르기를 천지를 짓지 아니한 신들은 땅 위에서, 이 하늘 아래서 망하리라 하라 여호와께서 그의 권

---

761) 시 96:13 (현대인의 성경)
762) 벧후 3:8-9
763) 렘 10:3-5

능으로 땅을 지으셨고 그의 지혜로 세계를 세우셨고 그의 명철로 하늘을 펴셨으며 그가 목소리를 내신즉 하늘에 많은 물이 생기나니 그는 땅 끝에서 구름이 오르게 하시며 비를 위하여 번개치게 하시며 그 곳간에서 바람을 내시거늘 사람마다 어리석고 무식하도다 은장이마다 자기의 조각한 신상으로 말미암아 수치를 당하나니 이는 그가 부어 만든 우상은 거짓 것이요 그 속에 생기가 없음이라 그것들은 헛것이요 망령되이 만든 것인즉 징벌하실 때에 멸망할 것이나 야곱의 분깃은 이같지 아니하시니 그는 만물의 조성자요 이스라엘은 그의 기업의 지파라 그 이름은 만군의 여호와시니라."[764]

"조각한 신상을 섬기며 허무한 것으로 자랑하는 자는 다 수치를 당할 것이라 너희 신들아 여호와께 경배할지어다."[765]

"그들의 우상들은 은과 금이요 사람이 손으로 만든 것이라 입이 있어도 말하지 못하며 눈이 있어도 보지 못하며 귀가 있어도 듣지 못하며 코가 있어도 냄새 맡지 못하며 손이 있어도 만지지 못하며 발이 있어도 걷지 못하며 목구멍이 있어도 작은 소리조차 내지 못하느니라 우상들을 만드는 자들과 그것을 의지하는 자들이 다 그와 같으리로다."[766]

"보라 그들은 다 헛되며 그들의 행사는 허무하며 그들이 부어 만든 우상들은 바람이요 허탄한 것뿐이니라."[767]

"열방 중에서 피난한 자들아 너희는 모여 오라 함께 가까이 나아오라 나무 우상을 가지고 다니며 구원하지 못하는 신에게 기

---

764) 렘 10:11-16
765) 시 97:7
766) 시 115:4-8, 135:15-18
767) 사 41:29

도하는 자들은 무지한 자들이니라."[768]

"벨은 엎드러졌고 느보는 구부러졌도다 그들의 우상들은 짐승과 가축에게 실렸으니 너희가 떠메고 다니던 그것들이 피곤한 짐승의 무거운 짐이 되었도다."[769]

"사람들이 주머니에서 금을 쏟아 내며 은을 저울에 달아 도금장이에게 주고 그것으로 신을 만들게 하고 그것에게 엎드려 경배하며 그것을 들어 어깨에 메어다가 그의 처소에 두면 그것이 서 있고 거기서 능히 움직이지 못하며 그에게 부르짖어도 능히 응답하지 못하며 고난에서 구하여 내지도 못하느니라."[770]

"새긴 우상은 그 새겨 만든 자에게 무엇이 유익하겠느냐 부어 만든 우상은 거짓 스승이라 만든 자가 이 말하지 못하는 우상을 의지하니 무엇이 유익하겠느냐 나무에게 깨라 하며 말하지 못하는 돌에게 일어나라 하는 자에게 화 있을진저 그것이 교훈을 베풀겠느냐 보라 이는 금과 은으로 입힌 것인즉 그 속에는 생기가 도무지 없느니라."[771]

(39) 우상(偶像)을 숭배(崇拜)하는 인생은 아침 구름, 이슬, 쭉정이, 연기와 같다.

"이제도 그들은 더욱 범죄하여 그 은으로 자기를 위하여 우상을 부어 만들되 자기의 정교함을 따라 우상을 만들었으며 그것은 다 은장색이 만든 것이어늘 그들은 그것에 대하여 말하기를

---

768) 사 45:20
769) 사 46:1
770) 사 46:6-7
771) 합 2:18-19

제사를 드리는 자는 송아지와 입을 맞출 것이라 하도다 이러므로 그들은 아침 구름 같으며 쉬 사라지는 이슬 같으며 타작마당에서 광풍에 날리는 쭉정이 같으며 굴뚝에서 나가는 연기 같으리라."[772]

(40) 하나님은 세상의 모든 신(神)들을 벌(罰)하시는 분이시다.

"내가 그 밤에 애굽 땅에 두루 다니며 사람이나 짐승을 막론하고 애굽 땅에 있는 모든 처음 난 것을 다 치고 애굽의 모든 신을 내가 심판하리라 나는 여호와라."[773]

12. 무엇을 선택할 것인가?

먼저 다윗의 고백을 들어보자.

"여호와는 나의 반석이시요 나의 요새시요 나를 위하여 나를 건지시는 자시요 내가 피할 나의 반석의 하나님이시요 나의 방패시요 나의 구원의 뿔이시요 나의 높은 망대시요 그에게 피할 나의 피난처시요 나의 구원자시라 나를 폭력에서 구원하셨도다."[774]

"여호와는 나의 목자시니 내게 부족함이 없으리로다 그가 나를

---

772) 호 13:2-3
773) 출 12:12
774) 삼하 22:2-3

푸른 초장에 누이시며 쉴 만한 물가로 인도하시는도다 내 영혼을 소생시키시고 자기 이름을 위하여 의의 길로 인도하시는도다 내가 사망의 음침한 골짜기로 다닐지라도 해를 두려워하지 않을 것은 주께서 나와 함께 하심이라 주의 지팡이와 막대기가 나를 안위하시나이다 주께서 내 원수의 목전에서 내게 상을 차려 주시고 기름을 내 머리에 부으셨으니 내 잔이 넘치나이다 나의 평생에 선하심과 인자하심이 반드시 나를 따르리니 내가 여호와의 집에 영원히 살리로다."[775]

인간의 삶은 선택의 연속이다. '이것을 택할 것인가, 아니면 저것을 택할 것인가? 무엇을 할 것인가, 아니면 안 할 것인가?'이다.

"보라 내가 오늘 생명과 복과 사망과 화를 네 앞에 두었나니 곧 내가 오늘 네게 명령하여 네 하나님 여호와를 사랑하고 그 모든 길로 행하며 그의 명령과 규례와 법도를 지키라 하는 것이라 그리하면 네가 생존하며 번성할 것이요 또 네 하나님 여호와께서 네가 가서 차지할 땅에서 네게 복을 주실 것임이니라 그러나 네가 만일 마음을 돌이켜 듣지 아니하고 유혹을 받아 다른 신들에게 절하고 그를 섬기면 내가 오늘 너희에게 선언하노니 너희가 반드시 망할 것이라 너희가 요단을 건너가서 차지할 땅에서 너희의 날이 길지 못할 것이니라 내가 오늘 하늘과 땅을 불러 너희에게 증거를 삼노라 내가 생명과 사망과 복과 저주를 네 앞에 두었은즉 너와 네 자손이 살기 위하여 생명을 택하고 네 하나님 여호와를 사랑하고 그의 말씀을 청종하며 또 그를 의지하라 그는

---

775) 시 23:1-6

네 생명이시요 네 장수이시니 여호와께서 네 조상 아브라함과 이삭과 야곱에게 주리라고 맹세하신 땅에 네가 거주하리라."[776]

지금까지 왜 하나님을 믿어야 하며, 하나님을 믿을 수밖에 없는가에 대하여 살펴보았다. 이제 잠시 생각해보자.

사람을 만물의 영장이라고 한다. 영장(靈長)은 '만물 중에서 가장 뛰어난 신령하고 기묘한 능력을 지닌 존재, 가장 빼어나고 뛰어난 존재'를 뜻한다. 그렇다면 누가 우리에게 영을 주었는가? 바로 하나님이시다.[777] 우리 인간은 다른 동물과는 달리 하나님이 주신 영을 소유함으로 만물을 다스리는 영장이 된다.

한편 사람은 사회적인 동물로서 함께 모여 서로 간에 다양한 관계를 맺고, 사회를 이루며 살아간다. 사회란 서로 협력하여 공동생활을 하는 인류의 집단이다. 사람은 서로 의지하며 산다. 한문의 '사람 인'(人) 자도 서로 기대어 서 있는 형상이다. 사람이 사람을 의지하지 않고는 살아갈 수 없기 때문이다. 부부간에, 부모와 자식 간에, 형제간에, 친척 간에, 친구 간에, 그리고 직장 동료 간에 의지한다.

'군중 속의 고독'이라는 말이 있다. 많은 사람들 가운데 살고 있지만, 내가 마음을 터놓고 이야기할 수 있음은 물론 진정으로 뜻을 같이하며 의지할 수 있는 대상이 없다는 말이다. 그 군중에는 부모, 부부, 자식, 형제, 친척, 친구, 그리고 직장동료도 포함된다. 군중 속의 고독이란 내가 진정으로 믿고 의지할 수 있는 영원한 대상을 잃어버린 인간의 심적 상태이다. 하나님의 말씀에 불순종한 결

---

776) 신 30:15-20
777) 창 2:7

과 하나님과의 관계가 단절된 아담과 하와의 마음이다.[778] 그들은 하나님의 말씀에 불순종하여 언약을 어김으로 죄를 지었고, 그 결과 두려움을 느꼈다. 그들은 이내 나무 사이에 숨고 말았다. 많은 사람들 가운데 살고 있지만, 하나님과의 관계가 단절됨으로 영원한 의지의 대상을 잃어버린 것이다.

사람은 이 땅에서 영원히 살지 못하는 유한적인 존재이기에 사람이 사람을 의지하는 것은 한계가 있다. 또 사람은 상황에 따라 변할 수밖에 없는 불완전한 존재이다. 성경은 숨결에 불과하여 셈할 가치가 없는 인생을 의지하지 말라고 했다.[779]

> "권력 있는 사람을 의지하지 말며 도울 힘이 없는 인간을 의지하지 말아라. 사람이 죽으면 흙으로 돌아가게 되는데 그날로 모든 계획이 수포로 돌아갈 것이다."[780]

인간이 추구하는 권력의 무상함을 말한다. '권불십년'(權不十年)이라는 말이 있다. 권세는 오래가지 못한다는 말이다. 한때 날아가는 새도 떨어뜨린다는 세도가(勢道家)도 그 권세가 끝나면 초라한 인생으로 바뀌고 만다.

이렇듯 연약한 사람은 무언가 의지할 수 있는 것을 찾기 위해 부단히 노력한다. 결재를 받으러 갈 때 상관의 눈치를 살피며 비위를 거스르지 않기 위해 노력한다. 심지어 상관의 사무실 생활 습관까지 고려한다. 이는 자기 상관을 계단삼아 올라가려는 치밀한 출세

---

[778] 창 3:8
[779] 사 2:22
[780] 시 146:3-4 (현대인의 성경)

작전이며, 권력의 줄타기 작전이다.

　물질에 의지하기 위해 물질의 축적에 혼신의 힘을 기울이는 사람도 있다. 그들의 마음은 여전히 공허할 뿐이다. 그것은 의지의 대상이 완전하지 못하기 때문이다. 권력도 잡고 물질도 가졌지만 텅 빈 마음을 채우지 못해서 먹고 마시며 즐기는 육적인 삶을 추구하기도 한다. 하지만 이내 허무함을 느끼고 자신의 생명을 끊는 사람도 있다.

　사람이 세상을 살아가면서 가장 견디기 힘든 것 세 가지가 있다고 한다. 첫째, 배가 고플 때 먹을 것이 없는 것, 둘째, 자야 할 때 잘 곳이 없는 것, 그리고 셋째, 가장 믿었던 친구에게 배신을 당하는 것이다. 그중에 가장 힘이 드는 것은 가장 믿었던 친구에게 배신을 당하는 것이라고 한다. 어쩌면 배신한 친구가 한없이 야속하게 생각될 수도 있다. 하지만 친구가 배신하는 것도 어쩔 수 없는 인간의 한계성 때문이다. 배신하지 않으면 살아갈 수 없는 극한 상황이라면 어쩔 수 없지 않은가? 그 이유는 자신이 손해를 보는 사소한 차원에서부터 죽을 자리까지 다양하지만, 결국은 친구를 대신해서 죽을 수 없기 때문이다.

　그렇다면 완전하고 영원하며 진정한 의지의 대상은 없을까? 나의 죽을 자리까지 대신해 주며, 영원히 동행할 수 있는 의지의 대상은 없을까? 그 대상은, 사람이 영적인 존재이기 때문에, 영적인 문제까지도 의지할 수 있는 대상이어야 한다.

　사람은 연약하기 때문에 여건에 따라 거짓말도 하고, 말을 바꾸기도 하며, 속이기도 하고, 약속을 어기기도 하며, 배신하기도 한다. 그러나 하나님은 결코 변치 않으시며 어제나 오늘이나 영원토

록 동일하신 분이시다.[781)]

하나님은 말씀하신 것을 반드시 지키는 진실한 분이시다.[782)] 하나님은 능히 돕기도 하시고 패하게도 하신다.[783)] 하나님은 사람을 죽이기도 하시며 살리기도 하신다. 하나님은 사람을 음부에 내리게도 하시고 음부에서 올리기도 하신다. 하나님은 사람을 가난하게도 하시고 부하게도 하신다. 하나님은 사람을 낮추기도 하시고 높이기도 하신다.[784)] 하나님은 사람을 상하게도 하시며 낫게도 하신다.[785)] 하나님은 모든 것을 할 수 있는 전지전능하신 분이시다.[786)] 하나님께서 단 한 가지 못하는 것이 있다면, 그것은 거짓말이다.[787)]

어두움의 세력이 사람을 죽일 수 있지만, 그 죽은 사람의 영혼은 죽이지 못한다.

> "몸은 죽여도 영혼은 능히 죽이지 못하는 자들을 두려워하지 말고 오직 몸과 영혼을 능히 지옥에 멸하실 수 있는 이를 두려워하라."[788)]

육신의 한계성 때문에 내 부모는 나를 버릴지라도 하나님은 나를 맞아주신다.

---

781) 히 13:8
782) 삼상 15:29; 시 117:2
783) 대하 25:8
784) 삼상 2:6-7
785) 신 32:39
786) 창 28:3; 요일 3:20
787) 히 6:18
788) 마 10:28

"내 부모는 나를 버렸으나 여호와는 나를 영접하시리이다."[789]

우리의 죽을 자리까지 대신해 주신 예수님은 우리와 늘 동행해 주겠다고 약속하셨다.[790] "이왕이면 다홍치마"라는 말이 있다. 믿음의 대상을 찾는다면 모든 신에 뛰어나신 하나님, 모든 신에게 벌을 내리시는 하나님, 신 중의 신이요 만 왕의 왕이시며 만 주의 주이신 하나님, 생명의 주인이신 하나님, 그리고 유일하신 참 하나님을 만나야 하지 않겠는가?[791]

인간은 영·혼·육이 모두 병들어 있다. 그것을 완치하실 수 있는 분은 오직 우리 인간을 영·혼·육의 존재로 만드셨으며, 우리의 과거와 현재 그리고 미래까지 주관하시는 하나님밖에 없다.[792] 어찌 이러한 하나님을 믿고 의지하지 않을 수 있겠는가?

---

789) 시 27:10
790) 마 28:20
791) 시 136:2; 출 12:12; 님선 6:15; 시 136:3
792) 대하 30:19-20

바른 삶이란?

내가 주께 범죄하지 아니하려 하여 주의 말씀을 내 마음에 두었나이다
/ 시 119:11

어떤 사람이 자기 아들에게 사람 '인(人)' 자 네 개 즉 '인인인인(人人人人)'이라 쓴 유언장을 남기고 죽었다. 무슨 뜻일까? 해석은 다음과 같다. '사람이면 다 사람이냐. 사람다워야 사람이다.' 사람으로서 사람답게 살라는 유언이었다.

만물의 영장이라는 사람으로 태어났으면 사람답게 살아야 한다. 사람답게 살지 못하기 때문에 '개 같은 자식, 돼지 같은 녀석, 여우 같은 놈, 독사 같은 놈' 등의 욕설과 속어가 있다. 언중유골(言中有骨)이라는 말이 있다. "말 속에 뼈가 있다"는 말이다. 모두 사람을 두고 한 말이다.

부도덕한 삶을 사는 자에게 '개 같은 놈', 자기 것만 챙기는 자에게 '돼지 같은 놈', 기회중심적이고 약삭빠른 자에게 '여우같은 놈,' 그리고 남을 물어뜯고 독을 풍기는 말을 하는 냉혈적인 자에게 '독사 같은 놈'이라 한다.

이제 사람이 사람답게 살 수 있도록 하나님께서 주신 십계명에 대하여 살펴보기로 한다. 십계명에서 '10'(열)이라는 숫자는 만수(滿數)로서, '부족함이 없이 꼭 필요한 만큼, 가득 찬 상태'를 뜻하며, 기본수의 종결(終結)을 상징하는 수이고, '되돌아가는 수(數)'이기도 하다. 십계명은 하나님께서 사람이 사람답게 살 수 있도록 주신 부족함이 없는 계명이라 할 수 있다.

십계명의 서문은 "하나님이 이 모든 말씀으로 말씀하여 이르시되 나는 너를 애굽 땅, 종 되었던 집에서 인도하여 낸 네 하나님 여호와니라"고 기록되어 있다.[793] 모든 법의 서문은 굉장히 중요하다. 이 서문에는 가장 먼저 "하나님이 이 모든 말씀으로 말씀하여 이르시되"[794]라고 선포함으로, 하나님 자신이 이 십계명("이 모든 말씀")의 출처요 입법자(立法者)이심을 밝혔다.

십계명은 하나님의 은혜와 사랑으로 시작되었고, 그 주신 과정이 신성하고 영광스러울 뿐 아니라 하나님의 권위로 강력하게 공포되고 수행되었으며, 십계명이 기록된 돌판은 지성소에 있는 법궤 속에 특별히 보관되었다.[795] 이로 볼 때, 십계명은 다른 모든 법보다 우월하다.

그러므로 십계명은 만고불변(萬古不變)의 명령이요, 영원한 효력을 지니는 법이다. 또한 이스라엘 백성뿐만 아니라 전 세계 만민을 위하여 선포하신 삶의 근본적 명령으로서, 영원히 폐해질 수 없는

---

793) 출 20:1-2
794) 출 20:1
795) 출 25:16, 21-22; 40:20; 신 10:1-5; 왕상 8:9; 히 9:4

만대의 명령[796]이다.[797]

인간은 보이지 않는 하나님과의 관계 속에서 살고 있으며, 또 많은 사람들과 관계를 맺으며 살아가고 있는데, 하나님께 죄를 짓고 사람들에게 죄를 지을 때가 있다. 마태복음 22장 40절에는 십계명의 큰 두 줄기를 말씀하고 있는데, 십계명의 첫 네 말씀은 '하나님을 사랑하라'는 명령이고[798], 나머지 여섯 말씀은 '이웃을 사랑하라'는 명령이다.[799]

이웃을 향한 모든 시기, 질투, 미움, 욕심으로부터 자기 마음을 자기 힘으로 지킨다는 것은 불가능하다. 그래서 십계명은 사랑 없이는 지켜질 수 없으며, 또 사랑으로만 십계명에 대한 완전한 해석이 가능하다.

모든 죄는 한결같이 사랑의 원칙과 반대된다. 하나님을 사랑하는 자는 결단코 다른 신을 섬기거나 우상을 만들거나 하나님의 이름을 망령되이 일컫지 않는다. 이웃을 사랑하는 자는 죽이거나, 훔치거나, 속이거나, 비난하지 않으며, 이웃의 소유를 탐하지도 않는다. 이웃을 사랑한다면 결코 악을 행치 않는다.[800] 이렇듯 하나님을 사랑하는 것과 이웃을 사랑하는 것이 율법을 지킬 수 있는 근본적인 힘이다.

사람으로서 사람답게 살기 위해서 지켜야 할 십계명 가운데 1~4계명은 이스라엘 백성과 하나님과의 관계에 대한 대신 계명

---

796) 마 5:17-19
797) 박윤식,《영원한 만대의 언약 십계명》(휘선, 2013), pp. 205-206.
798) 신 6:5
799) 레 19:18
800) 롬 13:10; 고전 13:5

(對神誡命)이요, 5~10계명은 언약 백성 이스라엘 상호 간의 관계에 대한 대인 계명(對人誡命)이다. 1~4계명에는 '여호와 너희 하나님'이라는 표현이 반복적으로 나오고 있는데, 이렇게 하나님과의 관계가 사람과의 관계보다 먼저인 것은, 하나님과의 관계가 온전하지 않고서는 인간관계가 온전할 수 없기 때문이다. 요한일서 4장 21절에 "우리가 이 계명을 주께 받았나니 하나님을 사랑하는 자는 또한 그 형제를 사랑할지니라"고 말씀하고 있다.

또한 제1계명부터 제4계명은 하나님께 드리는 '예배'를 중심으로 설명할 수 있다. 제1계명은 예배의 대상이 누구인지, 제2계명은 예배의 방법이 무엇인지, 제3계명은 예배드리는 정신이 무엇인지, 제4계명은 예배의 시간은 언제인지를 알려 주고 있다.

제5계명부터 제10계명까지는 '존엄함'을 중심으로 설명할 수 있다. 존엄함이란 '인물이나 지위 따위가 감히 범할 수 없을 정도로 높고 엄숙함'이라는 뜻이다. 제5계명은 부모 공경과 권위의 존엄함을, 제6계명은 생명의 존엄함을, 제7계명은 가정과 순결의 존엄함을, 제8계명은 타인 소유의 존엄함을, 제9계명은 진실의 존엄함을, 제10계명은 자족(自足)과 지족(知足)의 존엄함을 가르쳐 주고 있다.[801]

제일은, "너는 나 외에는 다른 신들을 네게 두지 말라"

제1계명이다. 신명기 5장 7절에서 "나 외에는 다른 신들을 네게 두지 말지니라"고 말씀하고 있다. 히브리어 원문으로는 출애굽기

---
801) 박윤식, 《영원한 만대의 언약 십계명》 (휘선, 2013), pp. 217-218.

20장 3절과 정확하게 일치한다. 경배의 대상으로 '하나님만 있게 하라'고 유일신 신앙의 원칙을 말씀하고 있다.

제1계명은 '예배의 대상'이 누구인지를 가르쳐 주고 있다. 예배의 절대적 대상은 오직 유일하신 하나님밖에 없다. 그 어떤 신(神)도, 부모도, 자식도, 그 누구도, 어떤 피조물도 예배의 대상이 될 수 없다. 열왕기하 17장 35절에서도 "…너희는 다른 신을 경외하지 말며 그를 경배하지 말며 그를 섬기지 말며 그에게 제사하지 말고"라고 말씀하고 있다.[802]

제1계명은 하나님의 유일성을 말씀하고 있다. 하나님 외에 다른 신은 다 거짓 신(神)이다.

성경은 눈에 보이는 우상 외에 하나님의 말씀을 불순종하여 완고한 것도 분명히 '사신 우상에게 절하는 것'이라고 말씀하고 있다.[803] 완고(頑固: 완고할 완, 굳셀 고)는 '성질이 융통성이 없고 고집이 세다'라는 뜻이다. '완고함'은 하나님께 도전적으로 불순종하는 사악한 행위이다. 이것은 하나님의 자리를 차지하는 것과 같아서, 하나님의 편에서 볼 때는 우상 숭배나 다름없는 큰 범죄이다.

완고한 자는 충고를 거절하며,[804] 마음에 하나님 두기를 싫어하고 하나님의 말씀을 듣지 않고 깨닫지도 못하며,[805] 불의를 계속하다가 결국은 하나님께 버림을 당한다.[806] 하나님 앞에 고집을 부리는 사람은 '교만'한 자이다. 교만은 멸망과 패망의 선봉이요, 수치

---

802) 렘 25:6, 35:15
803) 삼상 15:23
804) 왕상 12:12-15
805) 렘 22:21; 롬 1:28; 고후 3:14-15
806) 요 12:40; 계 22:11

와 멸시를 당하게 한다.[807]

사울 왕의 비참한 패망은, 하나님의 말씀에 불순종한 '완악함'이라는 사신 우상 숭배의 죄 때문이요, 신접한 여인을 찾아 하나님 외에 다른 신을 믿고 추종하고 하나님께 묻지 아니한 죄 때문이었다.[808]

아담은 에덴동산에서 제1계명을 범하였다. 여호와 하나님은 아담을 지으신 분이다. 그러나 아담은 여자를 통해 뱀을 자신의 새로운 신으로 받아들였다. 그리하여 "선악을 알게 하는 나무의 열매는 먹지 말라 네가 먹는 날에는 반드시 죽으리라" 하신 하나님의 말씀[809]을 듣지 않고, 결국에는 "너희가 결코 죽지 아니하리라" 하는 뱀의 말[810]을 들었다. 아담은 하나님의 말씀을 송두리째 잊어버리고 온 마음이 뱀의 말에만 쏠렸던 것이다.

하나님의 말씀 외에 다른 것을 간절히 사모하는 생각이나 사상은 모두 우상 숭배이다. 골로새서 3장 5절에서는 우상 숭배의 범위를 넓혀 "그러므로 땅에 있는 지체를 죽이라 곧 음란과 부정과 사욕과 악한 정욕과 탐심이니 탐심은 우상 숭배니라"고 말씀하고 있다.[811]

탐심이 시작되면 마음속에 근심과 염려가 가득하게 된다. 가룟 유다가 예수님을 잡아서 넘겨줄 때까지 쉬지 못하고 항상 불안해하며 탐심에 이끌려 다니다가 마침내는 스스로 목매달아 죽은 것

---

807) 잠 16:18, 18:12, 29:23
808) 대상 10:13-14
809) 창 2:17
810) 창 3:4
811) 참고-엡 5:5

처럼, 탐심을 버리지 못한 사람은 방향 없이 이리저리 끌려 다니다가 마지막에는 망(亡)하게 된다.

그래서 요한일서 5장 21절에서 "자녀들아 너희 자신을 지켜 우상(εἴδωλον, 에이돌론: 형상, 거짓 신, 허무한 것)에게서 멀리하라"고 말씀하고 있는 것이다.

예수님의 시대에도 마찬가지이다. 말씀이 육신이 되어, 하나님께서 사람으로 이 땅에 오셨으나 이스라엘 백성은 참 메시아로 오신 예수님을 거절하며 이상히 여기고 믿으려 하지 않았다.[812] 하늘에서 이 땅에 오신 참 하나님 예수 그리스도를 믿지 못하고 배척하는 불신은 가장 심각한 우상 숭배이다. 예수님께서는 유대인들에게 "하나님은 너희 아버지가 아니며, 너희 아비는 마귀"[813]라는 사실을 말씀하심으로, 하나님이 아닌 마귀를 섬기는 그들의 우상 숭배를 노골적으로 지적하셨다.[814] 사람은 하나님 이외의 경배의 대상을 두어서는 안 된다.

제이는, "너를 위하여 새긴 우상을 만들지 말고 또 위로 하늘에 있는 것이나 아래로 땅에 있는 것이나 땅 아래 물속에 있는 것의 어떤 형상도 만들지 말며 그것들에게 절하지 말며 그것들을 섬기지 말라"

제2계명이다. 출애굽기 20장 4-6절은 신명기 5장 8-10절의 원

---

812) 요 6:41-42, 7:25-27, 8:56-59
813) 요 8:42-44
814) 박윤식,《영원한 만대의 언약 십계명》(휘선, 2013), pp. 242, 263-264, 268-270, 272-273.

문과 일치한다. 제1계명은 유일하신 참 하나님만을 섬길 것을 명하였고, 제2계명은 그 하나님을 올바르게 경배하는 것을 말씀하고 있다.

제2계명은 어떻게 예배를 드릴 것인가 하는 '예배 방법'에 대하여 가르쳐 주고 있다. 예배의 대상이 올바를지라도 그 방법이 잘못되면 참된 예배가 될 수 없고, 잘못된 방법을 통해 오히려 타락하게 된다. 출애굽기 20장 5절에서 우상들에게 "절하지 말며 그것들을 섬기지 말라"고 말씀하고 있다.[815] 여기에서 '절하지'는 히브리어 '샤하'(שׁחה)로, '(납작하게) 엎드리다, 예배하다'라는 뜻이다. 그러므로 우리는 하나님께만 예배드리되, 하나님 앞에 완전히 엎드려 하나님의 자비와 은혜와 긍휼을 구해야 한다.

또한 제2계명은 하나님의 신령성을 강조한다. 하나님은 영이시다. 그러므로 우리는 신령과 진정으로 예배를 드려야 한다. 요한복음 4장 24절에서 "하나님은 영이시니 예배하는 자가 영과 진리로 예배할지니라"고 말씀하고 있다. 여기 '영'은 '영 안에서'(in spirit)라는 뜻이며, '진리로'는 '진리 안에서'(in truth)라는 뜻이다. 하나님의 말씀은 진리이다.[816] 그러므로 성령과 말씀 안에서 드리는 예배가 진정한 예배이다.

제2계명을 범한 자의 최후를 보여주는 대표적인 인물은, 금 신상을 만들어 절하게 한 바벨론의 '느부갓네살 왕'이다.

바벨론이 많은 열방을 손에 넣고 근동의 패권을 차지하자, 느부갓네살 왕은 하나님을 무시한 채 군사력 자체를 신격화하여 온갖

---

815) 출 23:24; 수 23:7
816) 요 17:17

잔악한 행위를 일삼았다. 극도로 교만해진 느부갓네살 왕은 자신의 모습을 형상화한 거대한 금 신상을 세우고 모든 사람으로 하여금 그 앞에 절하게 했다.[817]

　다니엘은 느부갓네살 왕의 꿈을 해몽해 주면서 그의 교만을 경고했다.[818] 그러나 느부갓네살 왕은 다니엘의 경고를 무시하고 교만하다가 왕위에서 쫓겨나 7년간 광인이 되어 짐승과 같이 사는 저주를 받았다.[819] 결국 주전 605년 느부갓네살이 세운 바벨론은, 주전 539년 메대의 다리오 왕과 바사의 고레스 2세의 연합 작전에 의해 건국 66년 만에 패망하고 말았다. 실로 우상을 만들어 절하고 섬기는 자의 최후가 얼마가 비참한지를 단적으로 보여주었다.

　아담은 에덴동산에서 제2계명을 범하였다. 여자가 뱀의 말을 듣고 선악을 알게 하는 나무를 본즉 "먹음직도 하고 보암직도 하고 지혜롭게 할 만큼 탐스럽기도 한 나무"였다.[820] 그 결과 선악을 알게 하는 나무는 여자에게 큰 우상이 되고 말았다. 그리고 여자가 먼저 그 실과를 따 먹고 아담에게 주매, 아담도 그 실과를 먹고 말았다.[821]

　사람은 보이지 않는 하나님을 형상화한 우상을 만들지 말아야 하며, 섬길 대상으로 우상의 형상을 만들지 말아야 한다. 하나님만이 유일한 경배의 대상이기 때문이다.

---

817) 단 3:1-5
818) 단 4:4-26
819) 단 4:28-33
820) 창 3:6
821) 박윤식, 《영원한 만대의 언약 십계명》(휘선, 2013), pp. 276, 288-289, 289-291, 292.

제삼은, "너는 네 하나님 여호와의 이름을 망령되게 부르지 말라"

제3계명이다. 출애굽기 20장 7절에서 "너는 네 하나님 여호와의 이름을 망령되게 부르지 말라 여호와는 그의 이름을 망령되게 부르는 자를 죄 없다 하지 아니하리라"고 말씀하고 있다. 이 구절은, 동일한 제3계명을 기록한 신명기 5장 11절의 히브리어 원문과 정확하게 일치한다.

제3계명은 '예배를 드리는 정신'에 대하여 가르쳐 주고 있다. 하나님께 예배드리는 자는 행동, 언어, 태도뿐만 아니라 그 정신도 올바르게 드려야 한다. 예배를 드리는 정신은 하나님의 이름을 높이는 데 있으며, 예배를 드리는 성전(교회)은 하나님의 이름을 두시려고 택하신 곳이다.[822]

그러므로 우리가 하나님의 말씀을 듣고 기도하고 찬송하며 참 예배를 드릴 때, 하나님의 이름이 높임을 받으시는 것이다. 시편 69편 30절에서는 "내가 노래로 하나님의 이름을 찬송하며 감사함으로 하나님을 위대하시다 하리니"라고 말씀하고 있다. 우리는 하나님의 이름이 이방인 가운데 모독을 받지 않고 오히려 영광을 받으시도록 해야 할 사명이 있다.[823]

사울 왕이 기브온 사람들을 죽인 일이 있다. 사울이 그들을 죽이려고 꾀한 것은 이스라엘과 유다 사람을 위해 '열심'이 있었기 때

---

822) 신 14:23-24; 16:2, 6, 11; 왕상 5:5, 8:20; 대상 22:7, 29:16; 대하 2:4, 6:7-10; 참고 왕상 3:2, 8:17-20, 44, 48; 대상 22:8; 대하 2:1, 6:34
823) 대상 17:23-24; 롬 2:24; 벧전 2:12, 4:11

문이라고 하였으나,[824] 이는 자기 공명심과 명예를 위한 '빗나간 열심'이었다.[825] 사울 왕이 기브온 사람들을 죽인 죄는 율법상으로도 변명할 여지없는 살인죄였으나,[826] 그보다 하나님의 이름을 모욕하고 망령되이 일컬은 죄가 더욱 컸다. 여호와의 이름으로 기브온 거민과 맺은 약조를 무시하고,[827] 하나님의 언약 속에 들어와 거하던 기브온 사람들을 이유 없이 죽인 행위는 하나님의 성호를 망령되이 일컬어, 하나님의 영광을 실추시킨 죄가 되었다.[828]

그 결과 사울과 세 아들은 블레셋과의 전쟁 중 길보아 산에서 죽었으며,[829] 사울 왕이 세 아들(요나단, 아비나답, 말기수아)과 함께 벧산 성벽에 목이 잘린 채 매달렸고,[830] 그 후 사울 왕의 자손 7명이 산 위에서 '여호와 앞에' 목매어 달려 한꺼번에 죽는[831] 사울 왕가의 비참한 최후를 볼 수 있다.

아담은 에덴동산에서 제3계명을 범하는 것과 같은 죄를 범하였다. 여자는 뱀과 대화를 하였다. 뱀이 "하나님이 참으로 너희에게 동산 모든 나무의 열매를 먹지 말라 하시더냐"라고 물었을 때,[832] 여자는 하나님의 이름을 내세우고 말했다. 창세기 3장 3절에서 "…하나님의 말씀에 너희는 먹지도 말고 만지지도 말라 너희가 죽을까 하노라 하셨느니라"고 대답하였다. 여자는 하나님의 말

---

824) 삼하 21:2
825) 참고-롬 10:2-3
826) 민 35:31; 참고-창 9:6
827) 수 9:3-27
828) 출 20:7; 신 5:11
829) 삼상 31:1-5
830) 삼상 31:7-13
831) 삼하 21:9
832) 창 3:1

씀이라고 하면서, 마음대로 말씀을 추가하고 말씀을 약화시켰다. "하나님"을 부르면서도, 하나님께 대한 두려움과 경외심은 이미 사라져 버린 것이다.

　제3계명은 역시 제1, 2계명과 연결되어 있다. 하나님을 영원부터 자존하시는 유일하신 절대 주권자로 믿는다면, 그 사람은 하나님의 이름을 망령되이 일컫지 않을 것이다. 그러나 그러한 믿음이 없는 자들은 자신도 모르게 하나님의 이름을 망령되이 일컫게 된다.

　제3계명을 지키는 자에게 큰 축복이 약속되어 있다. "내 이름을 경외하는 너희에게는 공의로운 해가 떠올라서 치료하는 광선을 비추리니 너희가 나가서 외양간에서 나온 송아지같이 뛰리라"[833]고 말씀하고 있다. 그러므로 우리의 남은 생애가 목숨을 다해 오직 하나님의 이름을 높이는 삶이 되도록 힘써야 하겠다.[834]

제사는, "안식일을 기억하여 거룩하게 지키라"

　제4계명이다. 출애굽기 20장 8절에서 "안식일을 기억하여 거룩하게 지키라"고 말씀하고 있다. 신명기 5장 12절에서는 "네 하나님 여호와가 네게 명령한 대로 안식일을 지켜 거룩하게 하라"고 말씀하고 있다.

---

833) 말 4:2
834) 박윤식, 《영원힌 민대의 인약 십계명》(휘선, 2013), pp. 295, 317-318, 319-322, 322-323, 324.

하나님께서는 네 번째 안식일 계명을 십계명 중에 가장 길게 말씀하셨다. 글자 수로 전체 십계명의 3분의 1 이상 되는 분량이다. 히브리어 자음 수(數)로는 신명기의 제4계명(254자)이 출애굽기의 제4계명(193자)보다 61자 더 많다. 기록된 분량만으로도 장차 가나안에 들어가서 지켜야 할 십계명 중에 안식일 계명이 차지하는 중요성을 가늠하게 한다.

제4계명은 다른 계명을 잘 지킬 수 있게 하는 신앙생활의 기초 원리요 중심이다. 십계명에 있어서 출애굽기와 신명기의 가장 두드러진 차이는 제4계명에서 나타난다.[835] 출애굽기에서는 안식일을 지켜야 하는 이유를 '하나님의 창조 사역'과 관련하여 설명하였고, 신명기에서는 '출애굽 역사'와 관련하여 설명하고 있는 것이다.

십계명 중 제1계명은 '예배의 대상'으로서 하나님만을 섬길 것을 명령하였고, 제2계명은 '예배의 방법'으로서 우상이나 다른 어떤 형상을 만들거나 섬기는 것을 금하였고, 제3계명에서는 '예배의 정신'으로서 하나님의 이름을 망령되이 일컫지 말고 거룩하게 불러 높일 것을 명령했다. 제4계명은 하나님께 드리는 '예배의 시간'을 말씀하고 있다.

예배의 시간은 안식일이다. 구약 시대에 수많은 제사가 안식일에 드려졌듯이,[836] 오늘날 주일은 무슨 일이 있어도 하나님께 예배하는 날로 드려져야 한다.

전 세계적으로 주일을 성수한 역사를 헤아려 보면, 약 2,000년이 된다. 이것은 참으로 하나님의 말씀이 살아서 역동한 결과로 남겨

---

835) 출 20:8-11; 신 5:12-15; 참고-신 15:1-18
836) 민 28:9-10; 대상 23:31

진 위대한 신앙 유산이며, 교회 역사가 이룬 금자탑이 아닐 수 없다. 물론 기독교를 말살하기 위해 '주일을 없애야 한다'고 거세게 주장하는 자가 없었던 것은 아니다. 무신론자 잉거졸(R. G. Ingersoll)은 "일요일은 악성 유행병이니 없애 버려야 한다"라고 말했다.[837]

또한 최근 무지한 교회 지도자들이 주일 성수를 강조하면 교인들이 교회를 떠나지 않을까 우려해서 이를 강조하지 못하고, "예배의 형식만 갖추고 주일이 꼭 아니더라도 1주일에 한 번만 예배를 드리면 된다"는 등 그럴듯한 타협점을 제시한다.

그러나 웨스트민스터 신앙고백서의 《소요리문답》에는 "세상 시작으로부터 그리스도가 부활하시기까지는 하나님께서 매주 일곱째 날을 안식일로 정하셨습니다. 그 후로부터 세상 끝 날에 이르기까지는 매주 첫째 날을 안식일로 정하셨습니다. 이날이 바로 그리스도인의 안식일입니다"[838]라고 기록하고 있다.

'주일'은 어떤 다른 요일로도 결코 대체될 수 없는 날이다. 왜냐하면 예수님께서 금요일에 십자가에 달려 돌아가시고 3일 만에 부활하신 "안식 후 첫날"이 바로 주일이기 때문이다.[839] 예수님께서는 안식 후 첫날 제자들에게 나타나셨고,[840] "주의 날"에 사도 요한에게도 나타나셨다.[841]

우리는 기록한 말씀 밖으로 넘어가서는 안 되며, 하나님의 말씀을 인간의 입맛에 따라 가감하거나 변질시키는 무서운 죄를 범해

---

837) P. B. Fitzwater, 《Christian Theology: A Systematic Presentation》(Grand Rapids, MI: Eerdmans Publishing Co., 1948), p. 373.
838) 창 2:2-3; 출 16:23; 행 20:7; 고전 16:1-2
839) 마 28:1; 막 16:2, 9; 눅 24:1; 요 20:1, 19; 행 20:7; 고전 16:2
840) 요 20:19
841) 계 1:9-10

서는 안 된다.[842]

주일 성수는 결코 무겁고 부담스러운 짐이 아니다. 하나님의 구속사적 경륜 속에 참 안식과 영원한 안식을 주시기 위해 구별된 거룩한 날이요, 복 주신 날이요, 즐거운 날이요, 존귀한 날이요, 예배의 날이다.[843]

이스라엘 민족이 바벨론 유수 생활을 한 것은, 안식일 계명을 지키지 못한 데 대한 징벌이었다.[844] 하나님께서는 하나님의 말씀에 순종하지 아니하는 자를 경멸히 여기시며,[845] "만일 그들이 나 보기에 악한 것을 행하여 내 목소리를 청종하지 아니하면 내가 그에게 유익하게 하리라고 한 복에 대하여 뜻을 돌이키리라"고 말씀하셨다.[846]

아담은 에덴동산에서 제4계명을 범하는 것과 같은 죄를 범하였다. 하나님께서는 창조사역을 끝내시고 일곱째 날에 안식하셨다.[847] 아담이 안식하시는 하나님의 낯을 피하여 숨은 것은, 하나님의 안식으로부터 도망치는 죄이다. 아담과 여자는 선악을 알게 하는 나무의 실과를 따 먹고 날이 서늘할 때에 여호와 하나님의 낯을 피하여 동산 나무 사이에 숨었다.[848] 히브리어 원문을 볼 때 와우 계속법을 사용하여, 이들이 숨은 이유가 하나님의 음성을 들었기 때문

---

842) 신 4:2, 12:32; 잠 30:6; 고전 4:6; 계 22:18-19
843) 사 58:13-14
844) 느 13:17-18; 참고-레 26:34-35; 대하 36:21
845) 삼상 2:29-30
846) 렘 18:10
847) 창 2:1-3
848) 창 3:8

이라고 밝히고 있다. 하나님의 음성을 들었으나 무시하고 도망감으로써, 하나님의 안식에서 떠난 것이다.

하나님께서는 하나님을 피하여 숨은 아담을 다시 찾아 부르시며 "네가 어디 있느냐"라고 하셨다.[849] 아담과 하와의 타락으로 하나님의 안식은 깨어지고 말았다.[850] 그 후 하나님은 타락한 인류를 구하기 위해 지금까지 일하고 계신다.[851] 그렇게 애타게 부르시는 하나님의 심령을 헤아려 이제 우리가 주일에는 하나님 앞에 나아가 신령과 진정으로 예배를 드려야 할 것이다.

제오는, "네 부모를 공경하라"

제5계명이다. 출애굽기 20장 12절에서 "네 부모를 공경하라 그리하면 네 하나님 여호와가 네게 준 땅에서 네 생명이 길리라"고 말씀하고 있으며, 신명기 5장 16절에서 "너는 네 하나님 여호와께서 명령한 대로 네 부모를 공경하라 그리하면 네 하나님 여호와가 네게 준 땅에서 네 생명이 길고 복을 누리리라"고 말씀하고 있다. 신명기에는 "너는 네 하나님 여호와께서 명령한 대로"와 "복을 누리리라"는 말씀이 추가되어 있다.

제5계명은 사회의 기본 질서를 바로 세우는 계명이다. 제5계명을 범하면 가정 질서뿐만 아니라 사회 질서가 파괴되고 무서운 결과를 초래한다. '효'(孝)는, 늙을 노(老) 밑에 아들 자(子)를 넣어 만

---

849) 창 3:9
850) 박윤식,《영원한 만대의 언약 십계명》(휘선, 2013), pp. 325, 334-336, 338-339.
851) 요 5:17

들 글자로서, 자식들이 늙은 부모를 떠받들고 정성껏 섬겨 자식 된 도리를 다하는 일이다. 효는 모든 질서의 시작이다. 불효 죄가 만연할 때 윤리와 도덕이 흔들리고 사회가 문란해지고, 가정과 나라의 장래는 캄캄할 수밖에 없다.[852] 남 유다 왕국의 멸망 원인 가운데 하나가 '부모를 업신여긴 죄'였다.[853]

"부모를 공경하라"라는 제5계명은 그 순서로 보아서도 으뜸이다. 십계명 가운데 5~10계명은 사람에 대한 계명, 즉 대인 관계에 대한 계명이다. 그 가운데 첫 번째 계명이 바로 부모 공경에 관한 것이다. 에베소서 6장 2절에서 "네 아버지와 어머니를 공경하라 이것은 약속이 있는 첫 계명이니"라고 말씀하고 있다. '첫 계명'의 '첫'이란 단어는 헬라어 '프로토스'($\pi\rho\hat{\omega}\tau o \varsigma$)로, '첫째의, 최고의'라는 뜻 외에 '중요한'이라는 뜻도 있다.

첫째, 부모 공경은 사람과 사람 사이에 지켜야 할 계명 중에 으뜸이 된다(가장 중요하다)는 뜻이다.

둘째, 불효의 죄는 사람과 사람 사이에 짓는 모든 죄의 근원이 된다는 뜻이다.

부모를 진정으로 공경하는 사람은 살인죄(제6계명)를 범할 수 없다. 또 부모를 진정으로 공경하는 사람은 간음죄(제7계명)를 지을 수도 없을 것이다. 또 부모를 진정으로 공경하는 사람은 도둑질(제8계명)이나 거짓 증거(제9계명)나 탐심의 죄(제10계명)를 지을 수 없을 것이다.

바꾸어 말하면, 부모에게 불효한 죄는 살인죄보다 크고, 간음죄

---

852) 잠 20:20
853) 겔 22:7

보다 크고, 도둑질한 죄보다 크고, 거짓말한 죄보다 크고, 탐심의 죄보다 더 크고 무서운 죄라는 것이다.

예수님께서는 부모를 공경하라는 계명을 신앙의 필수적인 기초로 보셨다. 당시 바리새인들과 서기관들이 "나는 하나님께 내 재산을 다 바쳤으니 부모를 공경할 수 없다"라고 하며 '고르반'이라는 장로들의 유전을 따르는 것을 보시고,[854] "너희는 어찌하여 너희의 전통으로 하나님의 계명을 범하느냐"[855]라고 책망하셨다.

예수님께서 자기 땅 이스라엘에 오셨을 때, 이스라엘 백성 사이에는 하나님의 거룩한 이름을 가지고 자기 욕심을 채우려고 하는 율법주의자들의 유전이 있었다. 그 가운데 하나가 고르반 제도였는데, '고르반'(κορβᾶν)은 히브리어 '코르반'(קָרְבָּן)의 헬라어 음역으로,[856] '하나님께 드리기 위하여 거룩하게 구별하고 따로 떼어 둔 헌물'을 가리킨다. 고르반은 '하나님께 바쳤다' 하여 사적인 용도로는 절대 쓸 수 없고, 어느 누구도 손댈 수 없었으므로, 당시 종교 지도자들은 바로 이 점을 악용하였다. 그들은 부모를 봉양할 재물을 하나님께 일부 바치면서 '고르반'이라고 선언하고 부모 부양의 책임을 회피했던 것이다.

마태복음 15장 4절에서 "하나님이 이르셨으되 네 부모를 공경하라 하시고 또 아버지나 어머니를 비방하는 자는 반드시 죽임을 당하리라 하셨거늘"이라고 말씀하시면서, 제5계명을 폐하는 자들을 책망하셨다.[857] 왜냐하면 그들은 부모의 권위를 인정하신 하나

---

854) 마 15:5-6; 막 7:11-13
855) 마 15:3
856) 레 1:2-3, 2:1, 3:1; 민 7:12-17
857) 막 7:9-13

님의 권위를 무시하고, 하나님께서 세우신 위계질서를 파괴하는 자들이기 때문이었다.

영생 얻기를 소원하고 예수께 나온 부자 청년에게도 "네가 생명에 들어가려면 계명들을 지키라"고 말씀하셨다.[858] 또 다시 어느 계명을 지켜야 하는지 되묻는 부자 청년에게, "살인하지 말라, 간음하지 말라, 도둑질하지 말라, 거짓 증언 하지 말라, 네 부모를 공경하라, 네 이웃을 네 자신과 같이 사랑하라 하신 것이니라"[859]고 말씀하셨다. 영생을 소원한다면 "네 부모를 공경하라"라는 계명을 비롯하여 대인 계명을 지켜야 한다는 말씀이다.[860] 하나님께서 천륜으로 엮어 주신 부모를 공경하지 않는 사람은 보이지 않는 하나님을 공경할 수 없다.

부친 다윗의 왕권을 찬탈하려 했던[861] 패역무도한 압살롬은 단명(短命)하고 말았다. 압살롬이 나귀를 타고 가던 중 머리털이 상수리나무 가지에 걸렸는데, 그때 아직 살아 있는 압살롬의 심장을 요압이 작은 창 셋으로 찌르고, 소년 열 명이 에워싸 그를 쳐 죽였다.[862] 그리고 그 시체를 수풀 속에 있는 큰 구멍에 던져 버리고, 그 위에 심히 큰 돌무더기를 쌓아버렸다.[863]

또한 당시 이스라엘의 최고 지도자인 대제사장 엘리의 책망을 듣고도 말을 도무지 듣지 않았던 두 아들 홉니와 비느하스는[864] 결

---

858) 마 19:17
859) 마 19:18-19
860) 막 10:19; 눅 18:20
861) 삼하 15:1-30
862) 삼하 18:9-15
863) 삼하 18:17
864) 삼상 2:22-25

국 하나님의 사람의 예언대로[865] 블레셋과의 전투에서 한 날 한 시에 죽고 말았다.[866]

또한 성경은 다음과 같이 말씀하고 있다.

"아비를 조롱하며 어미 순종하기를 싫어하는 자의 눈은 골짜기의 까마귀에게 쪼이고 독수리 새끼에게 먹히리라."[867]

"그 성읍 장로들에게 말하기를 우리의 이 자식은 완악하고 패역하여 우리 말을 듣지 아니하고 방탕하며 술에 잠긴 자라 하면 그 성읍의 모든 사람들이 그를 돌로 쳐 죽일지니 이같이 네가 너희 중에서 악을 제하라 그리하면 온 이스라엘이 듣고 두려워하리라."[868]

아담은 에덴동산에서 제5계명을 범하는 죄를 지었다. 당시 하나님께서는 아담에게 마치 아버지와 어머니처럼 말씀을 가르치셨다. 하나님께서는 아담과 행위언약을 체결하시고 아담에게 직접 언약을 전달하셨으며,[869] 아담은 여자에게 하나님께 받은 언약을 전했다. 그러나 아담과 여자는 하나님을 공경하지 않고, 하나님의 말씀에 순종하지도 않았다, 그 결과, 하나님께서 주신 땅 에덴에서 오래 살지 못하고 쫓겨났다.[870] 그리고 이내 죽는 존재들이 되고 말았다. 부모 공경은 곧 내가 잘되고 땅에서 장수하는 길이라는

---

865) 삼상 2:34
866) 삼상 4:11, 17
867) 잠 30:17
868) 신 21:20-21
869) 창 2:15-17
870) 박윤식,《영원한 만대의 언약 십계명》(휘선, 2013), pp. 343-344, 362-363, 364-365, 366.

것을 명심해야 한다.[871]

제육은, "살인하지 말라"

제6계명이다. 출애굽기 20장 13절에서 "살인하지 말라"라고 말씀하고 있다. 이는 히브리어 원문을 볼 때, 신명기 5장 17절과 동일하다. 제6계명부터 제10계명에 이르는 다섯 계명은, 이전에 나오는 다섯 계명에 비해 훨씬 간결하다. 또한 이 다섯 계명은 이웃과의 관계를 깊이 다루고 있다.

그중에서 첫 번째로 "살인하지 말라"고 명령하신 것은 매우 의미심장하다. '살인하지 말라'는 제6계명에 담긴 근본정신은, 모든 생명을 존귀하게 여기라는 것이다. 십계명은 무엇보다 생명의 존엄성을 앞세우고 있다. 오늘날 생명을 경시하고 무가치한 것으로 여겨 사람을 죽이거나 스스로 목숨을 끊는 일 등 끔찍한 살인 소식이 그칠 날이 없다. 참으로 살인과 살육이 가득해진 요즘, "살인하지 말라" 하신 명령은 십계명의 중요성을 더욱 크게 실감하게 한다.

예수님께서는 살인을 다음과 같이 해석해 주셨다.

"옛 사람에게 말한 바 살인하지 말라 누구든지 살인하면 심판을 받게 되리라 하였다는 것을 너희가 들었으나 나는 너희에게

---
[871] 엡 6:2-3

이르노니 형제에게 노하는 자마다 심판을 받게 되고 형제를 대하여 라가라 하는 자는 공회에 잡혀가게 되고 미련한 놈이라 하는 자는 지옥 불에 들어가게 되리라."[872]

즉 살인은, 근본적으로 다른 사람을 죽이는 것에 더하여 첫째, 형제에게 노하는 것이다. 둘째, 인격을 모독하는 것이다. 셋째, 하나님 자리에서 정죄하는 것이다.

요한계시록을 보면, 종말에 여섯 번째 나팔 재앙 가운데 죽지 않고 남은 사람들이 회개하지 않는 죄의 목록 가운데 '살인'이 들어 있다.[873] 살인자들은 요한계시록 21장 8절을 볼 때 "불과 유황으로 타는 못"에 들어가게 되고, 요한계시록 22장 15절을 볼 때 '새 예루살렘 성 밖'에 있게 될 것이라고 말씀하고 있다.

아담은 에덴동산에서 제6계명을 범하는 것과 같은 죄를 지었다. 여자는 선악을 알게 하는 나무의 실과를 자기만 먹은 것이 아니라 남편도 먹게 하여 남편을 죽게 만들었다.[874] 아담은 온 인류의 대표이다. 그런데 아담이 행위 언약을 어겼으므로 온 인류에게 사망이 찾아왔다.[875] 로마서 5장 12절에서 "그러므로 한 사람으로 말미암아 죄가 세상에 들어오고 죄로 말미암아 사망이 들어왔나니 이와 같이 모든 사람이 죄를 지었으므로 사망이 모든 사람에게 이르렀느니라"고 말씀하고 있다.[876] 살인은 지옥에 갈 수밖에 없는 죄목

---

872) 마 5:21-22
873) 계 9:20-21
874) 창 3:6하
875) 롬 5:14, 6:23
876) 박윤식,《영원한 만대의 언약 십계명》(휘선, 2013), pp. 369,383-385, 391-392.

중의 하나라는 것[877]을 명심하여 결코 다른 사람의 생명을 빼앗는 일은 물론 다른 사람에게 노하거나 인격을 모독하거나 자신이 하나님의 자리에서 남을 정죄하는 일을 해서는 안 될 것이다.

제칠은, "간음하지 말라"

제7계명이다. 출애굽기 20장 14절에서 "간음하지 말라"고 말씀하고 있다. 이 말씀은 히브리어 원문을 볼 때 신명기 5장 18절과 같다.

"간음하지 말라"고 하신 제7계명은, 하나님께서 창조하신 가정의 신성함을 지켜 주는 매우 중요한 계명이다. 배우자 외에 불법으로 애정을 나누는 간음은 정상적인 결혼 관계를 파괴하는 죄악으로, 하나님께서 세워 주신 가정을 파멸시켜 하나님의 구속사를 가로막는 매우 치명적인 죄악이다. 간음이 얼마나 큰 죄인지, 요셉은 보디발의 아내에게 "내가 어찌 이 큰 악을 행하여 하나님께 죄를 지으리이까"[878]라고 하였으며, 욥은 "그것은 참으로 음란한 일이니 재판에 회부할 죄악이요 멸망하도록 사르는 불이니 나의 모든 소출을 뿌리째 뽑기를 바라노라"[879]고 말했다.

예수님께서는 간음의 개념을 확대시켜 육적 간음뿐 아니라 마음에 음욕만 품어도 이미 간음한 것이라고 말씀하셨다. 마태복음 5장 27-28절에서 "또 간음하지 말라 하였다는 것을 너희가 들었으

---

877) 계 21:8, 22:15
878) 창 39:9
879) 욥 31:11-12

나 나는 너희에게 이르노니 음욕을 품고 여자를 보는 자마다 마음에 이미 간음하였느니라"고 선포하셨다. 여기 '보고'는 헬라어 '블레포'(βλέπω)의 현재능동형으로, '단순히 본' 정도가 아니라 '주의를 기울여 관찰한' 것이다.

예수님께서는 비록 육체적인 성관계를 갖지 않더라도, 여자를 성적(性的) 대상으로 삼아 음욕을 품고 주의를 기울여 관찰하는 행위를 간음이라고 말씀하신다. 간음을 범하는 동기를 제공하는 것은 마음의 문제라는 것이다. 마음을 파고들며 자극하는 눈과, 육체의 말초 신경을 자극하는 손끝에도, 반드시 하나님의 처벌이 있다는 것을 명백히 하셨다. "네 오른 눈이 너로 실족하게 하거든 빼어 내버리라", "네 오른손이 너로 실족하게 하거든 찍어 내버리라"고 단호하게 명령하셨다.[880] 마음속의 간음의 동기를 제거하지 않는 한, 누구든지 간음죄를 피하기 어렵다는 것을 정확하게 말씀해 주신 것이다.

잠언 6장 29절에서는 "그를 만지는 자마다 벌을 면하지 못하리라"고 말씀하고 있다. 그래서 사도 바울은 에베소서 5장 3절에서 "음행과 온갖 더러운 것과 탐욕은 너희 중에서 그 이름조차도 부르지 말라 이는 성도에게 마땅한 바니라"고 말씀하였다. 음행은 사망의 방으로 내려가는 길인 것이다.[881]

오늘날은 어린아이를 성폭행하는 것을 비롯하여 인간으로서는 도저히 상상할 수도 없는 성추문이 끊임없이 발생하고 있다. 성경에서는 간음죄를 짓지 않는 최선책으로 "성적 유혹의 상황을 피하

---

880) 마 5:29-30
881) 잠 7:24-27

라"[882]고 말씀하고 있다. 보디발의 아내가 매일 유혹했을 때, 요셉의 처신은 '피하는 것'이었다.[883] 대적하지 말고 '피하라'고 하신 것을 보면, 간음죄는 범죄할 상황이 닥치면 인간은 그 순간을 극복하기 어려운 것임을 말씀해 준다.

한편, 성경이 말씀하는 간음이 미치는 독은 너무나 엄청나다.
첫째, 자기 몸에게 죄를 범하게 된다.[884]
둘째, 자기 영혼을 망하게 하고, 상함(불명예)과 능욕을 받게 하고 부끄러움을 씻을 수 없게 한다.[885]
셋째, 간음하는 자는 하나님의 나라를 유업으로 받지 못한다.[886]
넷째, 간음하는 자는 창기의 몸이 되어, 하나님의 성령이 내주할 수 없게 된다.[887]
다섯째, 간음은 음녀에게 파산을 당하게 하고, 귀한 생명을 빼앗기게 한다.[888]
여섯째, 간음의 최종 종착지는 사망의 방이다.[889]
일곱째, 행음자는 불과 유황으로 타는 못에 참예하고,[890] 성 밖에 있게 되는 수치를 당한다.[891]
주의 재림이 가까울수록 음행의 유혹과 음행의 죄를 조심하여

---

882) 고전 6:18; 딤후 2:22
883) 창 39:7-12
884) 고전 6:18
885) 잠 6:32-33
886) 고전 6:9-10; 갈 5:19-21
887) 고전 3:16-17; 6:15-19
888) 잠 6:26; 눅 15:13
889) 잠 5:3-6, 7:27
890) 계 21:8
891) 계 22:15

성적 순결을 지키고, 우리의 영과 혼과 몸이 주 앞에 흠과 티가 없도록 깨끗하게 보전되기를 힘써야 할 것이다.[892]

아담은 에덴동산에서 제7계명을 범하는 것과 같은 죄를 지었다. 아담과 여자는 하나님보다 선악과에 마음을 더 빼앗겨 그것을 따 먹고 말았다. 보기에 아름답고 먹기에 좋은 나무는 각종 나무요,[893] 지혜롭게 하는 나무는 생명나무인데,[894] 선악을 알게 하는 나무가 그렇게 보였다는 것은 그들이 뱀의 유혹을 받고 거기에 마음을 빼앗겼기 때문이다. 이처럼 영적으로나 정신적으로 하나님보다 다른 것에 마음을 빼앗겨 살아간다면 그것도 간음에 해당된다.

야고보서 4장 4절에서 "간음한 여인들아 세상과 벗 된 것이 하나님과 원수 됨을 알지 못하느냐 그런즉 누구든지 세상과 벗이 되고자 하는 자는 스스로 하나님과 원수 되는 것이니라"고 말씀하고 있다. 하나님보다 세상과 더 친한 것 자체가 영적인 간음인 것이다.

제팔은, "도둑질하지 말라"

제8계명이다. 출애굽기 20장 15절에서 "도둑질하지 말라"고 말씀하고 있다. 이 말씀은 히브리어 원문을 볼 때 신명기 5장 19절과 똑 같은 말씀이다.

---

892) 엡 5:27; 살전 3:13, 5:23; 벧후 3:14
893) 창 2:9, 16
894) 창 3:6; 잠 3:18

제8계명에 "도둑질하지 말라"고 한 것은, 이웃의 재산권을 침해하지 말라는 명령이다. 도둑질은 보이는 것뿐만 아니라 보이지 않는 이웃의 생명과 복지를 빼앗는 것까지 모두 포함한다. 누구나 세상에 태어나면서 '내 것'이라는 것이 생기는데, 내게 속한 모든 것이 귀하듯이 이웃의 모든 소유도 그와 같이 귀하게 지켜져야 한다는 것을 가르쳐 주시는 계명이다.

제6계명에서 이웃의 생명의 존엄함을, 제7계명에서는 이웃의 가정의 존엄함을, 이제 제8계명에서는 이웃의 소유가 존엄함을 알려 준다.

성경에서는 보이는 물건뿐만 아니라 보이지 않는 것까지도 도둑질해서는 안 된다고 말씀하고 있다.

첫째, 말씀을 도둑질해서는 안 된다. 예레미야 23장 30절에서 "여호와의 말씀이라 그러므로 보라 서로 내 말을 도둑질하는 선지자들을 내가 치리라"고 말씀하고 있다. 예레미야 선지자 때에 많은 거짓 선지자들이, 참 선지자가 하나님께 받은 말씀을 마치 자신들이 받은 것처럼 철저하게 속이거나, 하나님께서 말씀하시지 않았음에도 마치 하나님의 말씀처럼 전하였음을 말해 준다. 하나님께서는 하나님의 말씀을 도둑질하는 자들을 그냥 내버려두지 않으시고 반드시 심판하신다.[895]

둘째, 마음을 도둑질해서는 안 된다. 사무엘하 15장 6절에서 "이스라엘 무리 중에 왕께 재판을 청하러 오는 자들마다 압살롬의 행함이 이와 같아서 이스라엘 사람의 마음을 압살롬이 훔치니라"고 말씀하고 있다. 다윗 왕에게 가야 할 백성의 마음을 자신에게로 돌

---

895) 렘 23:32

렸으니, 이것이 마음을 도둑질한 죄가 된 것이다.[896]

셋째, 시간을 도둑질해서는 안 된다. 모든 시간은 하나님께서 주신 것이다. 그러므로 시간을 낭비하고 헛되이 보내는 것은 시간을 도둑질하는 죄가 된다. 에베소서 5장 16절에서 "세월을 아끼라 때가 악하니라"고 말씀하고 있다.

넷째, 헌물과 십일조를 도둑질해서는 안 된다. 말라기 3장 8절에서 "사람이 어찌 하나님의 것을 도둑질하겠느냐 그러나 너희는 나의 것을 도둑질하고도 말하기를 우리가 어떻게 주의 것을 도둑질하였나이까 하는도다 이는 곧 십일조와 봉헌물이라"고 말씀하고 있다.

십일조는 소득의 10분의 1을 바침으로, 모든 재물의 소유주가 바로 하나님이시라는 신앙고백을 드리는 것이다. 열(10)이라는 숫자는 꽉 찬 만수(滿數)를 말한다. 그렇다면 십일조는 10분의 1을 바쳤지만 그 나머지 10분의 9도 하나님의 것으로 고백하는 것이며, 나아가 그 주인 역시 하나님이시므로 내 자신의 정욕을 위해 함부로 사용하지 않는 것이다.

하나님께 바친 물건을 도둑질하는 것은 큰 죄가 된다. 하나님께 바친 물건을 훔쳐 간 아간[897]과 그 식구, 그 소유 모든 것이 온 이스라엘 백성들에 의해 돌로 쳐지고 불살라졌다.[898] 하나님께 바친 물건을 도둑질하는 것은, 그 개인과 가정과 나라에까지 큰 해를 몰고 온다는 것을 크게 교훈해 주고 있다.

---

896) 삼하 15:5-6
897) 수 7:20-21
898) 수 7:25-26

또한 돈궤를 맡고 거기 넣는 것을 훔쳐 간 도둑 가룟 유다는[899] 물질에 눈이 어두워 자기 자신에게 속고, 종교 지도자들의 막강한 권력에 속고, 자신의 눈으로 파악한 대세에 또 한번 속아 이내 스승까지 은 30냥에 팔고 말았다.[900] 후에 양심에 가책을 느껴 종교 지도자들에게 가서 돈을 돌려주고 스스로 목매어 죽었으나,[901] 몸이 곤두박질하여 배가 터지고 창자가 쏟아져 나오는[902] 비참한 최후를 맞이했다.

하나님의 나라를 유업으로 받을 수 없는 자의 목록 중에 '도둑'이 포함되어 있다. 고린도전서 6장 10절에서 "도적이나 탐람하는 자나 술 취하는 자나 모욕하는 자나 속여 빼앗는 자들은 하나님의 나라를 유업으로 받지 못하리라"고 말씀하고 있다. 또한 요한계시록에 기록된 여섯 번째 나팔 재앙 가운데, 죽지 않고 남은 사람들이 있다. 이들은 그 손으로 행하는 일을 회개하지 않는데, 그 죄의 목록 속에 '도둑질'이 들어 있다.[903]

아담은 에덴동산에서 제8계명을 범하는 것과 같은 죄를 지었다. 원래 선악을 알게 하는 나무의 실과는 금지된 것이었다.[904] 그것의 소유권은 아담에게 있지 않았다. 그러나 아담과 여자는 금지된 선악을 알게 하는 나무의 실과를 몰래 따 먹음으로 하나님의 것을 도둑질하고 말았다. 결과적으로 그들의 도둑질은 전 인류를 사망으

---

899) 요 12:6
900) 마 26:14-16; 막 14:10-11; 눅 22:3-6
901) 마 27:5
902) 행 1:18
903) 계 9:20-21
904) 창 2:17

로 몰고 가서 생명을 빼앗은 가장 큰 도둑질이 되었다.

출애굽한 이스라엘 백성은 십계명과 율법의 교훈을 받았음에도, 모세의 지도권에 도전하였다. 고라와 다단과 아비람과 온이 당을 짓고 족장 250인과 함께 일어나 모세와 아론을 거스렸다.[905] 이들은 모세의 지도권을 도둑질하려고 했다. 그러나 땅이 입을 벌려 그들과 그 가족과 고라에게 속한 모든 사람과 그 물건을 삼켜 버렸다.[906] 그리고 고라의 일로 죽은 자 외에 염병으로 죽은 자가 14,700명이나 되었다.[907] 이 사건은 하나님께서 세우신 지도자의 지도권을 도둑질하는 것이 얼마나 큰 죄인지 단적으로 보여주고 있다.[908]

제구는, "네 이웃에 대하여 거짓 증거하지 말라"

세9계명이다. 출애굽기 20장 16절에서 "네 이웃에 대하여 거짓 증거하지 말라"고 말씀하고 있다. 여기 '거짓'에 해당하는 히브리어 '쉐케르'(שֶׁקֶר)를 신명기 5장 20절에서는 '샤베'(שָׁוְא)로 기록했다. '쉐케르'는 '거짓 맹세, 속임, 허위, 사기'라는 뜻이며,[909] '샤베'는 '텅 빔, 근거 없음, 무가치, 거짓말'이라는 뜻이다.[910]

거짓 증거는 진실된 언약 공동체를 파괴한다. 제9계명은 거짓을 배격하고 '진실의 존엄함'을 깨우쳐 주고 있다. 거짓 증거가 이

---

905) 민 16:1-3
906) 민 16:32
907) 민 16:49
908) 박윤식, 《영원한 만대의 언약 십계명》 (휘선, 2013), pp.422, 432-436, 437-442.
909) 출 5:9; 레 19:12; 렘 5:31, 20:6, 29:9
910) 욥 15:31; 시 31:6, 41:6; 사 1:13; 말 3:14

웃에게 끼치는 해악(害惡)이 얼마나 무서운가를 보여 준다. 특별히 9계명은 사회적으로 가장 힘없는 약자들(가난한 자, 객, 과부, 고아)이 거짓말 때문에 매도당하는 일이 없도록, 공동체 내에서 그들을 각별히 보호하게 해 주는, 극진한 사랑의 계명이다.

타락한 인간의 마음에서 나오는 모든 것은 사람을 더럽게 만든다. 예수님께서는 마태복음 15장 18-19절에서 "입에서 나오는 것들은 마음에서 나오나니 이것이야말로 사람을 더럽게 하느니라 마음에서 나오는 것은 악한 생각과 살인과 간음과 음란과 도둑질과 거짓 증언과 비방이니"라고 말씀하시면서, 사람을 더럽게 하는 것 가운데 '거짓 증거'를 말씀하셨다.

신약성경에서는 '거짓 증거'의 개념이 보다 확대되고 있다. 요한일서 2장 4절에서는 "그를 아노라 하고 그의 계명을 지키지 아니하는 자는 거짓말하는 자"라고 말씀하고 있으며, 요한일서 4장 20절에서는 "하나님을 사랑하노라 하고 그 형제를 미워하면 이는 거짓말하는 자"라고 말씀하고 있다.

엘리사 선지자의 사환 '게하시'는 자기의 주인 엘리사 선지자를 속이다가 문둥병자가 되고 말았다.[911] 거짓말은 자신과 가족들을 순식간에 망하게 하는 무서운 죄이다. 그래서 성경은 "…가난한 자는 거짓말하는 자보다 나으니라"[912]고 말씀하고 있다. 속임수를 쓰다가는 자기 꾀에 넘어지고 결국 망한다. 사람을 속일 수는 있어도, 불꽃 같은 눈을 가지신 하나님을 속일 수는 없다.[913] 정직하게

---

911) 왕하 5:15-27
912) 잠 19:22하
913) 계 1:4, 2:18, 19:12

살 때 하나님께서 완전한 지혜를 예비해 주시며,[914] 흑암의 권세가 물러가고,[915] 근심 없는 재물이 들어온다.[916] 정직한 자는 좋은 것을 아낌없이 받을 수 있다.[917] 그러나 거짓말로 남을 속여서 번 돈은 집안의 근심이요 재앙에 불과하다.

아나니아와 삽비라는 성령을 속이고 땅값 얼마를 감추었다가 부부가 한 날에 죽고 말았다.[918] 정직하지 못한 악인의 길은 당장은 화려하게 보일지 몰라도, 필경은 사망에 이르게 된다. 성경은 그러한 자를 가리켜 "웃을 때에도 마음에 슬픔이 있고 즐거움의 끝에도 근심이 있느니라"[919]고 말씀하고 있다. 정직하지 못한 악인의 웃음 속에는 애통과 슬픔과 근심의 그림자가 가득한 것이다. 예수님께서도 누가복음 6장 25절에서 "화 있을진저 너희 지금 웃는 자여 너희가 애통하며 울리로다"라고 말씀하셨다.

아담은 에덴동산에서 제9계명을 범하는 것과 같은 죄를 지었다. 여자는 뱀에게 "동산 중앙에 있는 나무의 열매는 하나님의 말씀에 너희는 먹지도 말고 만지지도 말라 너희가 죽을까 하노라"고 거짓말을 하였다.[920] 뱀도 여자에게 "너희가 결코 죽지 아니하리라"[921]고 거짓말을 하였다. 고린도후서 11장 3절에서 "뱀이 그 간계로 하와를 미혹한 것같이"라고 말씀하고 있다. 여기 '간계'는 헬라어

---

914) 잠 2:7
915) 시 112:4
916) 잠 10:22
917) 시 84:11
918) 행 5:1-10
919) 잠 14:13
920) 창 3:3
921) 창 3:4

'파누르기아'(πανουργία)로, '간사함, 거짓 지혜'를 의미한다.

하나님께서 아담에게 "내가 네게 먹지 말란 명한 그 나무 열매를 네가 먹었느냐"[922]라고 물으셨을 때, 아담은 "하나님이 주셔서 나와 함께 있게 하신 여자 그가 그 나무 열매를 내게 주므로 내가 먹었나이다"라고 대답하였다.[923] 여기에서 아담은 범죄의 일차적인 책임을 하나님께 돌리고 이차적인 책임을 여자에게 돌리고 있다. 이것은 거짓말이다. 범죄의 일차적인 책임은 바로 하나님의 말씀을 직접 받고서도 하와를 올바로 가르치지 못한 자기 자신에게 있는 것이다. 이처럼 에덴동산에서의 거짓말이 인류를 사망의 길로 이끌었던 것이다.

거짓말하는 자들의 최후는 비참하다. 요한계시록 21장 8절에서 불과 유황으로 타는 못에 참예하는 자들 가운데 "거짓말하는 모든 자들"이 들어 있다. 요한계시록 21장 27절을 볼 때 "무엇이든지 속된 것이나 가증한 일 또는 거짓말하는 자"는 결코 새 예루살렘 성 안으로 들어오지 못한다. 요한계시록 22장 15절에서도 새 예루살렘 성 밖에 있는 자들의 명단에 "거짓말을 좋아하며 지어내는 자"가 나온다.[924] 영원히 꺼지지 않는 불과 유황으로 타는 못에 참예하기를 원치 않거든 결코 거짓말을 해서는 안 될 것이다.

---

922) 창 3:11
923) 창 3:12
924) 박윤식, 《영원한 만대의 언약 십계명》 (휘선, 2013), pp. 443, 456-463.

제십은, "네 이웃의 집을 탐내지 말지니라"

제10계명이다. 출애굽기 20장 17절에서 "네 이웃의 집을 탐내지 말지니라 네 이웃의 아내나 그의 남종이나 그의 여종이나 그의 소나 그의 나귀나 무릇 네 이웃의 소유를 탐내지 말라"고 말씀하고 있다. 신명기 5장 21절에서 "네 이웃의 아내를 탐내지 말라 네 이웃의 집이나 그의 밭이나 그의 남종이나 그의 여종이나 그의 소나 그의 나귀나 네 이웃의 모든 소유를 탐내지 말지니라"고 말씀하고 있다. 신명기에서는 '이웃의 집'과 '아내'의 순서가 바뀌어 있고, '그의 밭이나'가 추가되어 있다.

제10계명은 십계명의 최후 결론이자 이웃 사랑을 위하여 주신 마지막 계명이다. 마지막 계명에서는 '탐심'(貪心)을 금하고 있다. 탐심은 지금 가지고 있는 것보다 더 가지려는 마음의 욕심이다. 현재 감사할 만큼 충분한데도 불구하고 만족하지 않고 더 원하는 것이다.[925] 마치 어린아이가 과자를 입안에 가득 물고 손에 과자를 잔뜩 쥐고도 다른 아이의 과자를 또 빼앗으려는 것과 같다.

탐심은 근본적으로 성도 개개인의 일평생을 섭리하시는 하나님의 은혜를 믿지 못하는 불신과 원망에서 나오는 것이다. 살아 계신 하나님의 섭리를 깨달으면, 무엇 하나 걸림이 없고 감사의 웃음꽃이 만발하며, 하나님의 영광을 높이 크게 드러낸다.[926] 그러나 하나님의 섭리에 무감각한 악인(惡人)은 자만하여 감사가 메마르고, 평강이 잠시도 머물지 못하고 매사에 걱정과 염려뿐이다.[927]

---

925) 잠 30:15
926) 시 8:4, 136:1, 144:3
927) 시 10:3-4, 32:10; 사 48:22, 57:21; 골 3:15

탐심은 마음에서 일어난 작은 욕심 같으나, 실상은 행동으로 옮겨 죄를 짓고 끝장을 보고야 마는 죄임에 틀림없다. 그 끝은 생명을 잃고야 마는 사망이다.[928] 잠언 1장 19절에서 "이익을 탐하는 모든 자의 길은 다 이러하여 자기의 생명을 잃게 하느니라"고 말씀하고 있다.

노아 때의 타락상은, 남자가 한 아내를 두어야 하는데, 여러 여자를 아내로 삼았던 것이다.[929] 이렇듯 노아 시대는 문란한 성생활, 은밀한 죄악에 매력을 느끼는 극도로 타락한 시대였다.[930] 결국 그들의 끝없는 탐욕(성적 타락)은 대홍수 심판을 부르고 말았다.

북 이스라엘의 극악한 왕 아합은, 나봇이 조상으로부터 유업으로 받은 포도원을 탐하다가 나봇을 모함하여 돌로 쳐 죽이고 그의 포도원을 취했다.[931] 나봇의 포도원을 탐했던 아합은 결국 전쟁에 나가 누군가 우연히 쏜 화살을 맞아 피를 많이 흘려 죽고 말았고 그 흘린 피를 개들이 핥는 비참한 최후를 맞았다.[932]

하나님께 바쳐진 물건을 탐한 대가로 아간과 그의 아들들과 딸들은 아골 골짜기에서 돌로 쳐 죽임을 당하였고, 그의 장막을 비롯한 모든 소유도 돌로 치고 불사름을 당했다.[933]

물질의 종이 된 가룟 유다는 대제사장들과 흥정하여 은 30을 받아 챙기고, 예수님을 팔아 넘겼다.[934] 그리고 자신은 목매어 자살하였고, 그 줄이 끊어져 몸이 곤두박질하므로 배가 터져 창자가 빠

---

928) 약 1:15
929) 창 6:2
930) 잠 9:17; 엡 5:12
931) 왕상 21:1-16
932) 왕상 22:34-38
933) 수 7:24-26
934) 마 26:14-16; 막 14:10-11; 눅 22:3-6

져나와 비참하게 죽었다.[935]

이와 같이 탐심이란 죄는 한결같이 무서운 심판과 죽음으로 끝을 보게 한다.[936]

아담은 에덴동산에서 제10계명을 범하는 것과 같은 죄를 지었다. 여자가 뱀의 말을 듣고 나서 선악을 알게 하는 나무의 실과를 보니 "먹음직도 하고 보암직도 하고 지혜롭게 할 만큼 탐스럽기도" 하였다.[937] 그리고 여자가 먼저 그 실과를 따 먹고 아담에게 주매 아담도 먹었다. "보암직도 하고"(תַאֲוָה־הוּא לָעֵינַיִם, 타아바 후 라에나임)는 직역하면 '눈에 즐거웠다'이다. 여기에 쓰인 히브리어 '타아바'(תַאֲוָה)는 본래 '욕구, 욕망, 갈망'이라는 뜻이며, '아바'(אָוָה: 사모하다, 신 5:21의 내적 탐심)에서 유래하였다.[938]

"탐스럽기도 한"(חָמַד, 하마드, 출 20:17의 외적 탐심)은 '탐내다, 갈망하다, 사모하다'라는 의미로, 사람들이 갖고 싶어 하고 집에 두고 싶어 하는 어떤 것을 가리킨다.[939] "보암직도 하고"와 "탐스럽기도 한"이라는 표현은, 선악과를 갖고 싶어 하는 여자의 내적·외적 욕망이 얼마나 대단했는지를 보여 준다. 여자는 올바른 판단이 불가능한 상태가 되어, 손을 내밀어 선악을 알게 하는 나무의 실과를 자기가 먼저 따 먹고, 남편에게도 주어서 먹게 하였다.

아담 부부의 탐욕은 하나님을 거역하게 하고, 하나님께서 창조하신 모든 질서를 무너뜨렸다. 탐욕 때문에 에덴동산에서 쫓겨나

---

935) 마 27:3-10; 행 1:16-18
936) 사 57:17; 롬 6:23; 약 1:14-15
937) 창 3:6
938) 잠 19:22; 사 26:8 등
939) 잠 21:20

고 말았다.[940] 십계명은, 하와가 선악과를 보고 그 마음이 걷잡을 수 없이 사로잡혔던 그 지독한 원죄의 실상을 적나라하게 드러내고 있다. 아담과 하와를 타락시킨 원죄의 뿌리가 탐심에 있었음을 명쾌히 밝히면서, 그것을 이길 수 있는 비결이 십계명 즉 하나님의 '열 말씀'을 올바로 지키는 데 있다는 사실을 보여 준다. 참으로 십계명은 믿는 자의 살 길이며[941] 사람이 사람답게 살 수 있는 길이다.[942]

1. 십계명의 대강령[943]

예수님의 십자가 죽음을 앞둔 고난주간 화요일에 한 율법사가 예수님을 시험하여 "선생님 율법 중에서 어느 계명이 크니이까"라고 물었다.[944] 당시 종교 지도자들은 율법을 총 613개 조항으로 분류하고, 그것을 보다 중요한 248개 조항과 덜 중요한 365개 조항으로 다시 분류했다. 그러나 과연 어느 것이 더 중요하고 덜 중요한지는 항상 논쟁거리였다. 이러한 배경에서 한 율법사가 예수님께 "어느 계명이 크니이까"라고 물었던 것이다.

예수님께서는 "네 마음을 다하고 목숨을 다하고 뜻을 다하여 주 너의 하나님을 사랑하라 하셨으니 이것이 크고 첫째 되는 계명이요 둘째도 그와 같으니 네 이웃을 네 자신같이 사랑하라 하셨으니

---

940) 창 3:22-24
941) 레 18:5; 신 4:4-6, 32:46-47
942) 박윤식, 《영원한 만대의 언약 십계명》 (휘선, 2013), pp. 464-465, 475, 483-487.
943) Ibid., 495-504
944) 마 22:35-36

이 두 계명이 온 율법과 선지자의 강령이니라"고 말씀하셨다.[945] 강령은 한자로 '벼리 강(綱), 거느릴 령(領)'으로, '일의 으뜸이 되는 줄거리, 정당 등의 단체에서 입장, 목적, 계획, 방침 및 운동의 차례, 규범 따위를 요약해서 적은 것'이라는 뜻이다.[946] 헬라어로는 '크레만뉘미'(κρεμάννυμι)로, '매달다, 의존하다, 기본 원칙'이라는 뜻이다. 당시 랍비들은 많은 도덕 법칙들을 몇 가지 원칙으로 축소시키려고 노력하였는데, 이때 축소된 것을 '크레만뉘미'라고 불렀다. "온 율법과 선지자"는 단순히 율법서와 선지서뿐만 아니라 구약성경 전체를 가리키는 표현으로,[947] 그 구약성경의 핵심은 바로 십계명이었다.

그리고 십계명의 대강령은 두 계명뿐이다.

첫 번째 계명은, '하나님을 사랑하라'이다.

이것은 첫 번째부터 네 번째 계명까지의 강령이다.

두 번째 계명은, '이웃을 사랑하라'이다.

이것은 다섯 번째부터 열 번째 계명까지의 강령이다.

(1) 하나님을 사랑하라

하나님은 우리의 유일한 사랑의 대상이다. 예수님께서 말씀하신 첫 번째 계명은 "네 마음을 다하고 목숨을 다하고 뜻을 다하여 주 너의 하나님을 사랑하라"는 것이다.[948] 이 말씀은 신명기 6장 5절의 "마음을 다하고 뜻을 다하고 힘을 다하여 네 하나님 여호와

---

945) 마 22:37-40
946) 시 119:160
947) 눅 24:27, 44
948) 마 22:37

를 사랑하라"는 말씀을 인용하신 것이다.[949] 이것은 하나님을 사랑하는 자가 십계명을 지킬 수 있기 때문이다.[950] 더 나아가, 하나님의 사랑을 받고 깨달았다면 마땅히 사랑하라는 명령이다. 하나님께 받은 사랑이 너무도 크고 무한하기 때문에 하나님께 드리는 사랑 역시 우리의 모든 것을 다 드려야 한다. 신명기 6장 5절에서 세 번 반복되는 '다하여'는 히브리어 '베콜'(בְּכָל)로, '할 수 있는 모든 것을 가지고'라는 뜻이다. 말하자면, 니의 모든 최선의 마음을 가시고 너의 하나님 여호와를 사랑하라는 뜻이다.

(2) 네 이웃을 사랑하라

(가) 하나님을 사랑하는 마음으로 사랑하라

예수님께서 말씀하신 두 번째 계명은 "둘째도 그와 같으니 네 이웃을 네 자신같이 사랑하라"는 것이다.[951] 여기 '같으니'는 헬라어 '호모이오스'(ὅμοιος)로, 동등한 두 사물을 비교할 때 사용되는 단어이다. 그러므로 이웃 사랑의 계명 역시 '하나님을 사랑하라'는 계명과 똑 같이 중요한 계명이다. 이웃을 내 몸과 같이 사랑하는 것은 하나님 사랑의 표현이며 척도이다.[952]

그러므로 하나님께 대한 사랑과 이웃에 대한 사랑은 서로 뗄 수 없는 불가분의 관계를 가지고 있다. 요한일서 4장 20-21절에서 "누구든지 하나님을 사랑하노라 하고 그 형제를 미워하면 이는 거짓

---

949) 신 10:12; 참고-왕하 23:25
950) 신 11:1; 요 14:15, 21, 23, 24, 15:10; 요일 5:2-3
951) 마 22:39
952) 참고-막 9:37

말하는 자니 보는 바 그 형제를 사랑하지 아니하는 자는 보지 못하는 바 하나님을 사랑할 수 없느니라 우리가 이 계명을 주께 받았나니 하나님을 사랑하는 자는 또한 그 형제를 사랑할지니라"고 말씀하고 있다.

한편, 마태복음 22장 39절의 "네 이웃을 네 자신같이 사랑하라"에서 '사랑하라'는 단어는, 마태복음 22장 37절에서 하나님을 사랑하라는 계명에 사용된 단어와 같은 헬라어 '아가파오'(ἀγαπάω)이다. 이것은 이웃을 사랑하되, 하나님을 사랑하는 마음으로 이웃을 사랑하라는 말씀이다. 하나님을 잘 섬기고 하나님을 사랑하는 사람은 내 이웃을 사랑할 수 있는 힘을 공급받는다.[953]

그러므로 우리는 이웃에게 사랑을 베풀되, 마음을 다하여 주께 하듯 하고 사람에게 하듯 해서는 안 된다.[954] 이웃을 섬기되, 눈가림만 하여 사람을 기쁘게 할 것이 아니요, 단 마음으로 주께 하듯 섬겨야 한다.[955]

(나) 자기 몸같이 사랑하라

예수님께서 마태복음 22장 39절에 "둘째도 그와 같으니 네 이웃을 네 자신같이 사랑하라"고 말씀하셨다.[956] 여기 "네 몸과 같이'는 헬라어 '호스 세아우톤'(ὡς σεαυτόν)으로, '네 자신과 같이'(as yourself)라는 뜻이다. 남(이웃)을 자기만큼 사랑한다면 남에 대해서는 그 위에 더 큰 사랑이 없다. 그래서 이웃 사랑을 내 몸과 같이

---

953) 요일 4:21
954) 골 3:23
955) 엡 6:6-7
956) 막 12:31, 33; 눅 10:27-28

하는 것이 "최고한 법"[957]이라고 하였고, "...다른 계명이 있을지라도 네 이웃을 네 자신과 같이 사랑하라 하신 그 말씀 가운데 다 들었느니라"고 말씀하셨다.[958] 갈라디아서 5장 14-15절에서도 "온 율법은 네 이웃 사랑하기를 네 자신같이 하라 하신 한 말씀에서 이루어졌나니 만일 서로 물고 먹으면 피차 멸망할까 조심하라"고 말씀하고 있다.

인간의 힘과 의지로는 하나님의 계명을 온전히 다 지킬 수 없다. 그러나 십자가에서 모든 계명을 완성하신 예수님의 십자가 대속의 사랑을 깨달아, 형제를 위하여 자기 목숨을 버리는 '최고의 사랑'을 실천할 수 있을 때,[959] 우리는 하나님의 주권으로 십계명을 실천한 것으로 인정받게 된다.[960] 왜냐하면 우리가 서로 사랑할 때, 우리가 하나님으로부터 났으며 하나님을 알고, 진리에 속해 있다는 것[961]을 알 수 있기 때문이다.

2. 순종에 대한 축복과 불순종에 대한 저주

(1) 순종에 대한 축복

사람이 하나님의 말씀에 순종하여 사는 것은, 가장 사람답게 사

---

957) 약 2:8
958) 롬 13:9
959) 요 15:13; 요일 3:16
960) 갈 5:14; 참고-롬 10:4
961) 요일 3:19, 4:7

는 길이며 사람으로서 당연한 도리이다. 그런데도 하나님께서는 하나님의 모든 명령을 지켜 행하면, 그러한 자를 세계 모든 민족 위에 뛰어나게 하시며, 하나님의 말씀에 순종하면 다음과 같은 복이 임한다고 말씀하고 있다.[962]

"성읍에서도 복을 받고 들에서도 복을 받을 것이며 네 몸의 자녀와 네 토지의 소산과 네 짐승의 새끼와 소와 양의 새끼가 복을 받을 것이며 네 광주리와 떡 반죽 그릇이 복을 받을 것이며 네가 들어와도 복을 받고 나가도 복을 받을 것이니라 여호와께서 너를 대적하기 위해 일어난 적군들을 네 앞에서 패하게 하시리라 그들이 한 길로 너를 치러 들어왔으나 네 앞에서 일곱 길로 도망하리라 여호와께서 명령하사 네 창고와 네 손으로 하는 모든 일에 복을 내리시고 네 하나님 여호와께서 네게 주시는 땅에서 네게 복을 주실 것이며 여호와께서 네게 맹세하신 대로 너를 세워 자기의 성민이 되게 하시리니 이는 네가 네 하나님 여호와의 명령을 지켜 그 길로 행할 것임이니라 땅의 모든 백성이 여호와의 이름이 너를 위하여 불리는 것을 보고 너를 두려워하리라 여호와께서 네게 주리라고 네 조상들에게 맹세하신 땅에서 네게 복을 주사 네 몸의 소생과 가축의 새끼와 토지의 소산을 많게 하시며 여호와께서 너를 위하여 하늘의 아름다운 보고를 여시사 네 땅에 때를 따라 비를 내리시고 네 손으로 하는 모든 일에 복을 주시리니 네가 많은 민족에게 꾸어줄지라도 너는 꾸지 아니할 것이요 여호와께서 너를 머리가 되고 꼬리가 되지 않게 하시며 위에만 있고 아래에 있지 않게 하시리니 오직 너

---

[962] 신 28:1-2

는 내가 오늘날 네게 명령하는 네 하나님 여호와의 명령을 듣고 지켜 행하며 내가 오늘 너희에게 명령하는 그 말씀을 떠나 좌로 나 우로나 치우치지 아니하고 다른 신을 따라 섬기지 아니하면 이와 같으리라."[963]

(2) 불순종에 대한 저주

반면에 하나님의 말씀에 순종하지 아니하여 하나님께서 명하시는 그 모든 명령과 규례를 지켜 행하지 아니하면 다음의 모든 저주가 임한다고 말씀하고 있다.[964]

"네가 성읍에서도 저주를 받으며 들에서도 저주를 받을 것이요 또 네 광주리와 떡 반죽 그릇이 저주를 받을 것이요 네 몸의 소생과 네 토지의 소산과 네 소와 양의 새끼가 저주를 받을 것이며 네가 들어와도 저주를 받고 나가도 저주를 받으리라 네가 악을 행하여 그를 잊으므로 네 손으로 하는 모든 일에 여호와께서 저주와 혼란과 책망을 내리사 망하여 속히 파멸하게 하실 것이며 여호와께서 네 몸에 염병이 들게 하사 네가 들어가 얻을 땅에서 마침내 너를 멸하실 것이며 여호와께서 폐병과 열병과 염증과 학질과 한재와 풍재와 썩는 재앙으로 너를 치시리니 이 재앙들이 너를 따라서 너를 진멸하게 할 것이라 네 머리 위의 하늘은 놋이 되고 네 아래의 땅은 철이 될 것이며 여호와께서 비 대신에 티끌과 모래를 네 땅에 내리시리니 그것들이 하늘에서 네 위

---

963) 신 28:3-14
964) 신 28:15

에 내려 마침내 너를 멸하리라 여호와께서 네 적군 앞에서 너를 패하게 하시리니 네가 그들을 치러 한 길로 나가서 그들 앞에서 일곱 길로 도망할 것이며 네가 또 땅의 모든 나라 중에 흩어지고 네 시체가 공중의 모든 새와 땅의 짐승들의 밥이 될 것이나 그것들을 쫓아줄 자가 없을 것이며 여호와께서 애굽의 종기와 치질과 괴혈병과 피부병으로 너를 치시리니 네가 치유 받지 못할 것이며 여호와께서 또 너를 미치는 것과 눈 머는 것과 정신병으로 치시리니 맹인이 어두운 데에서 더듬는 것과 같이 네가 백주에도 더듬고 네 길이 형통하지 못하여 항상 압제와 노략을 당할 뿐이리니 너를 구원할 자가 없을 것이며 네가 여자와 약혼하였으나 다른 사람이 그 여자와 같이 동침할 것이요 집을 건축하였으나 거기에 거주하지 못할 것이요 포도원을 심었으나 네가 그 열매를 따지 못할 것이며 네 소를 네 목전에서 잡았으나 네가 먹지 못할 것이며 네 나귀를 네 목전에서 빼앗겨도 도로 찾지 못할 것이며 네 양을 원수에게 빼앗길 것이나 너를 도와 줄 자가 없을 것이며 네 자녀를 다른 민족에게 빼앗기고 종일 생각하고 찾음으로 눈이 피곤하여지나 네 손에 힘이 없을 것이며 네 토지 소산과 네 수고로 얻은 것을 네가 알지 못하는 민족이 먹겠고 너는 항상 압제와 학대를 받을 뿐이리니 이러므로 네 눈에 보이는 일로 말미암아 네가 미치리라 여호와께서 네 무릎과 다리를 쳐서 고치지 못할 심한 종기를 생기게 하여 발바닥에서부터 정수리까지 이르게 하시리라 여호와께서 너와 네가 세울 네 임금을 너와 네 조상들이 알지 못하던 나라로 끌어 가시리니 네가 거기서 목석으로 만든 다른 신들을 섬길 것이며 여호와께서 너를 끌어 가시는 모든 민족 중에서 네가 놀람과 속담과 비방거리가 될 것이라 네가 많은 종자를 들에 뿌릴지라도 메뚜기가 먹으므로 거둘 것이 적을 것이며 네가 포도원을 심고 가꿀지라도 벌레가 먹으므로 포도를 따지 못하고 포도주를 마시지 못할 것이며 네 모든 경내에 감람나무가 있을지라도 그 열매가 떨어지므로 그 기름을 네 몸에 바르지 못할 것이며 네가 자녀를 낳을지라도 그들이 포로가 되므로 너와 함께 있지 못할 것이며 네 모든 나무와 토지 소산은 메뚜기가 먹을 것이며 너의 중에 우거하는 이방인은 점점 높아져서 네 위에 뛰어나고 너는 점점 낮아질 것이며 그는 네게 꾸어줄지라도 너는 그에게 꾸어주지 못하리니 그는 머리가 되고 너는 꼬리가 될 것이라 네가 네 하나님 여호와의 말씀을 청종하지 아니하고 네게 명령하신 그의 명령과 규례를 지키지 아니하므로 이 모든 저주가 네게 와서 너를 따르고 네게 이르러 마침내 너를 멸하리니 이 모든 저주가 너와 네 자손에게 영원히 있어서 표징과 훈계가 되리라 네가 모든 것이 풍족하여도 기쁨과 즐거운 마음으로 네 하나님 여호와를 섬기지 아니함으로 말미암아 네가 주리고 목마르고 헐벗고 모든 것이 부족한 중에서 여호와께서 보내사 너를 치게 하실 적군을 섬기게 될 것이니 그가 철 멍에를 네 목에 메워 마침내 너를 멸할 것이라 곧 여호와께서 멀리 땅 끝에서 한 민족을 독수리가 날아오는 것같이 너를 치러 오게 하시리니 이는 네가 그 언어를 알지 못하는 민족이요 그 용모가 흉악한 민족이라 노인을 보살피지 아니하며 유아를 불쌍히 여기지 아니하며 네 가축의 새끼와 네 토지의 소산을 먹어 마침내 너를 멸망시키며 또 곡식이나 포도주나 기름이나 소의 새끼나 양의 새끼를 위하여 남기지 아니하고 마침내 너를 멸절시키리라 그들이 전국에서 네 모든 성읍을 에워싸고 네가 의뢰하는 높고 견고한 성벽을 다 헐며 네 하나님 여호와께서 네게 주시는 땅의 모든 성읍에서 너를 에워싸리니 네가 적군에게 에워싸이고 맹렬한 공격을 받아 곤란을 당하므로 네 하나님 여호와께서 네게 주신 자녀 곧 네 몸의 소생의 살을 먹을 것이라 너희 중에 온유하고 연약한 남자까지도 그의 형제와 그의 품의 아내와 그의 남은 자녀를 미운 눈으로 바라보며 자기가 먹는 그 자녀의 살을 그 중 누구에게든지 주지 아니하리니 이는 네 적군이 네 모든 성읍을 에워싸고 맹렬히 너를 쳐서 곤란하게 하므로 아무것도 그에게 남음이 없는 까닭일 것이며 또 너희 중에 온유하고 연약한 부녀 곧 온유하고 연약하여 자기 발바닥으로 땅을 밟아 보지도 아니하던 자라도 자기 품의 남편과 자기 자녀를 미운 눈으로 바라보며 자기다리 사이에서 나온 태와 자기가 낳은 어린 자식을 남몰래 먹으리니 이는 네 적군이 네 생명을 에워씨고 맹렬히 쳐서 곤란하게 하므로 아무것두 얻지 못함이리라 네가 만일 이 책에 기록한 이 율법의 모든 말씀을 지켜 행하지 아니하고 네 하나님 여호와라 하는 영화롭고 두려운 이름을 경외하지 아니하면 여호와께서 너의 재앙과 네 자손의 재앙을 극렬하게 하시리니 그 재앙이 크고 오래고 질병이 중하고 오랠 것이라 여호와께서 네가 두려워하던 애굽의 모든 질병을 네게로 가져다가 네 몸에 들어붙게 하실 것이며 또 이 율법 책에 기록하지 아니한 모든 질병과 모든 재앙을 네가 멸망하기까지 여호와께서 네게 내리실 것이니 너희가 하늘의 별같이 많을지라도 네 하나님 여호와의 말씀을 청종하지 아니하므로 남는 자가 얼마 되지 못할 것이라 여호와께서 너희에게 선을 행하시고 너희를 번성하게 하시기를 기뻐하시던 것같이 이제는 여호와께서 너희를 망하게 하시며 멸하시기를 기뻐하시리니 너희가 들어가 차지할 땅에서 뽑힐 것이요 여호와께서 너를 땅 이 끝에서 저 끝까지 만민 중에 흩으시리니 네가 그곳에서 너와 네 조상들이 알지 못하던 목석 우상을 섬길 것이라 그 여러 민족 중에서 네가 평안함을 얻지 못하며 네 발바닥이 쉴 곳도 얻지 못하고 여호와께서 거기에서 네 마음을 떨게 하고 눈을 쇠하게 하고 정신을 산란하게 하시리니 네 생명이 위험에 처하고 주야로 두려워하며 네 생명을 확신할 수 없을 것이라 네 마음의 두려움과 눈이 보는 것으로 말미암아 아침에는 이르기를 아하 저녁이 되었으면 좋겠다 할 것이요 저녁에는 이르기를 아하 아침이 되었으면 좋겠다 하리라 여호와께서 너를 배에 싣고 전에 네게 말씀하여 이르시기를 네가 다시는 그 길을 보지 아니하리라 하시던 그 길로 너를 애굽으로 끌어가실 것이라 거기서 너희가 너희 몸을 적군에게 남녀 종으로 팔려 하나 너희를 살 자가 없으리라."[965]

물론 이상의 축복과 저주에 대한 말씀은 이스라엘 백성이 가나안 땅에 들어가기 전에 모세가 이스라엘 백성들에게 선포한 말씀이다. 하지만 하나님의 말씀은 시간을 초월하여 하나님의 백성들에게 동일하게 적용된다는 것이다.

혹자는 세상에는 다른 여러 신이 있고 나름대로 좋은 사상도 있는데 어찌하여 하나님은 당신만을 사랑하며 당신의 말씀에만 순종해야 한다고 하느냐며 이의를 제기하기도 한다.

성경은 하나님과 성도 사이의 관계를 남편과 아내로 표현하기

---

965) 신 28:16-68

도 한다.[966] 하나님은 성도들이 신령한 남편인 당신만을 사랑하기 원하시는 것이다. 사랑하는 아내가 자기 앞에서 다른 남자에게 한눈을 팔 때 그것을 용납하는 남편은 이 세상에 하나도 없을 것이다.

하나님도 마찬가지이다. 아울러 하나님은 인간을 통하여 당신이 영광을 받으시고 찬송을 받으시기 위해서 인간을 창조하셨으며,[967] 하나님 이외의 신이라고 하는 그 어떤 것도 모두 헛것이라고 말씀하셨다.[968] 하나님은 우리 인간을 창조하신 창조주요 우리 인간들은 피조체이다. 어찌 피조체가 창조주요 생명의 주인이신 하나님께 대꾸할 수 있겠는가? 언제라도 하나님께서 부르시면 한 줌의 흙이 되고 마는 허무한 존재들이 아닌가?[969] 이는 마치 도끼가 찍는 자에게, 톱이 켜는 자에게, 막대기가 자기를 든 자에게 시비를 거는 것과 같다.[970] 하나님의 말씀에 순종하여 사는 것이 사람답게 사는 길이요 행복한 길이며 영원히 사는 길이라는 것을 깨달아야 할 것이다.

---

966) 렘 3:8; 고후 11:12
967) 사 43:7, 21
968) 시 96:4-5
969) 창 3:19; 욥 34:14-15; 시 104:29; 전 3:20
970) 사 10:15

사랑의 자유 율법

새 계명을 너희에게 주노니 서로 사랑하라 내가 너희를 사랑한 것같이 너희도 서로 사랑하라
/ 요 13:34

사람이 사람답게 살아가기 위해 지켜야 할 하나님의 명령 즉 십계명에 대해서 살펴보았다. 십계명은 율법을 대표하는 가장 기본적인 도덕법이다. 십계명 외에도 많은 규례와 계명들이 있다. 그래서 성경은 율법을 만 가지로 기록했다고 말씀하고 있다.[971] 어찌 사람이 만 가지의 율법을 다 지킬 수 있겠는가?

그렇다면 지킬 수 없는 많은 율법을 주신 이유는 무엇일까? 그것은 바로 타락한 인간이 자신의 죄를 깨닫고 하나님께 돌아오게 하기 위해서이다. 율법의 기능 중의 하나는 '죄의 고발성'이다.[972] 즉 율법을 통해서 자신이 죄인이라는 것을 깨닫게 하는 것이다. 모든 사람은 인류의 시조 아담의 원죄를 안고 태어난다. 그래서 인간

---

971) 호 8:12
972) 롬 3:20

은 그 죄의 속성 때문에 하나님의 뜻 가운데 살아갈 수 없다고 바울 사도(使徒)는 다음과 같이 고백하고 있다.

> "내가 원하는 바 선은 행하지 아니하고 도리어 원하지 아니하는 바 악을 행하는도다 만일 내가 원하지 아니하는 그것을 하면 이를 행하는 자가 내가 아니요 내 속에 거하는 죄니라 그러므로 내가 한 법을 깨달았노니 곧 선을 행하기 원하는 나에게 악이 함께 있는 것이로다 내 속사람으로는 하나님의 법을 즐거워하되 내 지체 속에서 한 다른 법이 내 마음의 법과 싸워 내 지체 속에 있는 죄의 법으로 나를 사로잡는 것을 보는도다."[973]

죄는 인간을 사망으로 끌고 간다. 그렇다면 죄로부터 해방되고 영원한 생명을 얻을 수 있는 길은 없을까? 그것은 바로 예수님이 이룩하신 사랑의 자유 율법이다.

십계명의 대강령에서 이미 살펴보았지만, 율법 중에 어느 계명이 크냐는 한 율법사의 질문에 예수님은 십계명을 단 두 가지의 내용으로 요약하여 대답하셨다. "첫째는 하나님 사랑이요, 둘째는 네 이웃을 네 몸과 같이 사랑하는 것"이라고 말씀하셨다.[974] 하나님을 사랑하고 이웃을 내 몸과 같이 사랑하면 모든 율법이 다 지켜지는 것이다. 그래서 사랑은 율법의 완성[975]이라 했다. 사랑으로 모든 율법이 지켜지기 때문에 사랑의 율법은 구약의 모든 율법을 수용한다. 예수님은 이 세상을 떠나가시기 전에 제자들에게 새 계

---

973) 롬 7:19-23
974) 마 22:34-40
975) 롬 13:10

명을 주셨다.

"새 계명을 너희에게 주노니 서로 사랑하라 내가 너희를 사랑한 것같이 너희도 서로 사랑하라."976)

사랑의 율법을 담고 있는 예수님의 교훈에는 가끔 이해하기 어려운 말씀이 있다.

"나는 너희에게 이르노니 너희 원수를 사랑하며 너희를 박해하는 자를 위하여 기도하라."977)
"너는 구제할 때에 오른손이 하는 것을 왼손이 모르게 하여."978)

사람이 어찌 원수를 사랑할 수 있으며, 같은 몸에 붙어 있는 오른손의 하는 것을 어찌 왼손이 모르게 할 수 있다는 말인가?

사람의 영적 형성(spiritual formation) 과정은 네 단계로 나눌 수 있다. 그 과정은 계속적으로 전진하는 것만이 아니며 언제라도 반전(反轉) 할 수 있다. 영적 형성은 방향과 목적을 갖는 동적인 과정이다. 그 진행은 항상 형성과정 중에 있으며, 언제나 미완성의 상태이다. 그러나 온전한 형성 가능성이 충분한 과정이다. 우리 각자는 우리 자신 스스로의 교과과정이 된다.

가장 기본적인 단계는 무의식적인 무능력(unconscious incompetence)의 단계로 깨닫지도 못하고 수행능력도 없는 상태의 단계이다.

---

976) 요 13:34
977) 마 5:44
978) 마 6:3

두 번째는 의식적인 무능력(conscious incompetence)의 단계로 깨닫지만 수행능력이 없는 상태의 단계이다.

세 번째는 의식적인 능력(conscious competence)의 단계로 깨닫고 수행할 수 있는 능력도 있는 단계이다.

마지막 단계는 의식의 변화(transformation)가 일어난 상태로 무의식적인 능력(unconscious competence)의 단계이다. 이 단계는 선행(善行)이 내면화되어 무의식적인 상태에서 행해지는 상태로 바로 예수님과 같은 상태이며, 영적 형성 과정의 최종 단계이다.

죄의 속성에 젖어 있는 인간은 스스로 사랑의 율법을 실천할 수 있는 능력이 없으며, 그 실천이 사람으로서는 불가능하다. 그러나 하나님은 할 수 있다. 따라서 비단 죄의 속성을 지닌 사람이지만, 하나님의 도우심으로, 하나님과 같이 온전해질 때 원수까지도 사랑할 수 있게 되는 것이다. 예수님은 우리에게 하나님과 같이 온전해지라고 명령하고 계신다.[979] 그러할 때 예수님과 같이 그 고통의 십자가에서 자기를 죽이는 원수들을 위해서도 기도할 수 있게 된다.[980] 원수까지도 사랑할 수 있는 마음은 온전한 사랑 가운데 거하는 결과이며, 그러한 사랑의 실천은 하나님의 말씀과 기도 가운데 살아가는 생활 그리고 하나님의 영(靈)이 내 속에 거할 때 나타날 수 있는 현상이다.[981]

사랑의 실천이 가능하기 위해서는 각자 깊숙한 의식 속의 복잡한 생각, 느낌, 신념, 그리고 계획 등이 사랑으로 충만해야 한다. 그러한 훈련은 말씀과 기도를 통해서만 가능하며, 각자의 의식에 실

---

979) 마 5:48
980) 눅 23:34
981) 딤전 4:5

제적인 변화가 일어나야 한다. 그렇지 않으면 사랑의 자유 율법의 실천은 결코 쉬운 일이 아니다. 의식의 변화가 일어나면 무의식적인 무능력(Unconscious incompetence)이 무의식적인 능력(Unconscious competence)의 상태로 바뀐다. 그러할 때 원수에게 복수하던 이전의 삶은 오히려 어렵게 되며, 사랑의 실천인 구제의 손길은 너무나 자연스러워진다. 그 결과 자기도 의식하지 못하는 사이에 선행이 이루어지며, 오른손의 하는 것을 왼손이 모르게 된다.

예수님의 충만한 사랑에 의한 실제적인 의식변화는, 구제와 선행은 물론 원수까지도 사랑하는 마음이 자연스럽게 나타나는 상태라 할 수 있다. 마치 자기가 항상 운전하는 승용차를 운전할 때나 자신의 모국어를 사용할 때와 같은 상태라 할 수 있다. 자신의 차를 운전할 때 상황에 따른 모든 조작이 반사적이며 무의식적으로 이루어지는 것을 느낄 수 있다. 모국어를 사용할 때도 외국어를 사용할 때와 같이 적절한 단어와 어순 및 문법을 생각할 필요가 없이 거의 무의식적으로 대화가 이루어지는 것을 알 수 있다. 그러한 무의식적인 언행은 그것이 내적으로 배어 있기 때문이다.

내적인 의식 변화를 받은 사람들은 선행에 많은 생각이 필요 없는 자들이다. 그들의 선행은, 그들의 삶이 하나님과 주위 사람들에 대한 사랑에 젖어 있기 때문에, 다른 사람들을 의식하지 않는다. 자신들이 하는 것에 주의하지 않으며 기억하지도 않는다. 그들은 단지 은밀한 중에 보시며 갚아 주시는 하나님을 바라보며 하나님의 뜻을 위해 살아갈 뿐이다.[982]

이처럼 내적 의식의 변화를 받아 선행을 실천하는 사람들은 자기들이 하는 것에 주의하지 않을뿐더러 기억도 하지 않기 때문에

---

982) Willard, D., 『The Divine Conspiracy』 (미국: Harper, San Francisco, 1997), pp.192-193.

자기들이 언제 선행을 했는지도 모른다. 그것은 예수님이 말씀하신 마태복음 25장의 천국의 비유에 잘 나타나 있다. 주님은 재림 시에 주님의 오른편에 서는 의인들에게 창세로부터 예비된 나라를 상속하라고 말씀하신다. 그리고 이어 의인들의 선행을 말씀하신다. 그때 의인들은 언제 자신들이 그렇게 하였는지 되물을 것을 말씀하고 있다.

"이에 의인들이 대답하여 이르되 주여 우리가 어느 때에 주께서 주리신 것을 보고 음식을 대접하였으며 목마르신 것을 보고 마시게 하였나이까 어느 때에 나그네 되신 것을 보고 영접하였으며 헐벗으신 것을 보고 옷 입혔나이까 어느 때에 병드신 것이나 옥에 갇히신 것을 보고 가서 뵈었나이까 하리니 임금이 대답하여 이르시되 내가 진실로 너희에게 이르노니 너희가 여기 내 형제 중에 지극히 작은 자 하나에게 한 것이 곧 내게 한 것이니라."[983]

예수님은 십자가 위에서 자기를 죽이는 원수들을 위해 기도하셨다.

"아버지 저들을 사하여 주옵소서 자기들이 하는 것을 알지 못함이니이다."[984]

십자가의 극심한 고통 가운데서도 그러한 기도는 예수님에게

---

983) 마 25:37-40
984) 눅 23:34

어려운 것이 아니었다. 오히려 예수님에게 어려운 것은, 그와 함께 십자가에 못 박혔던 좌우편 강도들이 한 것과 같이, 그를 십자가에 못 박는 자들을 저주하며, 모든 사람과 하나님, 그리고 세상을 향하여 욕설과 저주를 퍼붓는 것이다. 예수님은 자신의 사랑을 나누어주기 위해서 우리를 부르셨다.

  예수님은 우리가 사랑이 충만했던 자신과 같이 되기를 원하신다. 그러한 부르심을 받고 그의 사랑 안에 거할 때 그가 했던 언행은 우리의 자연스러운 표현이 될 것이며, 그러할 때 사랑의 자유 율법은 지켜질 수 있을 것이다.

자녀교육은 어떻게 해야 하는가?

어버이들은 자녀의 마음에 상처를 입히지 말고 주님의 정신으로 교육하고 훈계하며 잘 기르십시오.
/ 엡 6:4 (공동번역)

　교육은 나라의 백년지계(百年之計)라는 말이 있다. 교육의 중요성을 강조하는 말이다. 앞으로 나라를 짊어지고 나갈 아이들을 어떻게 잘 가르치느냐에 나라의 장래가 달려 있기 때문이다. 이 땅에서 하나님의 나라를 확장하여 가는 것도 마찬가지이다.
　교육이라 하면 대개의 경우 학교 교육을 생각한다. 엄밀한 의미에서 교육은 교양 교육과 지식 교육으로 나눌 수 있다. 즉 인성 교육과 지식 교육이다. 두 가지 다 중요한 교육의 요소이다. 하지만 인성 교육이 더욱 중요하다 할 수 있다. 왜냐하면 잘 다져진 인성 교육의 바탕 위에 지식 교육이 이루어져야 그 지식이 사람의 삶에 보탬이 되도록 잘 활용될 수 있으며, 그렇지 못하면 그 지식은 오히려 악을 행하는 일에 활용될 수 있기 때문이다.
　그렇다면 자녀교육은 어떻게 해야 하는가? 인성 교육의 기반은 바로 가정이다. 인간 성장 과정의 터전이 가정이기 때문이다. 가정교육의 가장 좋은 방법은 부부간의 화목이라고 한다. 즉 가장인 아버지와 어머니가 화목하게 살아가는 것이다. 그것을 보며 자라는 자녀들의 정서가 안정되며, 그렇게 사는 것이 가정인 것으로 받아들임으로 제2의 화목한 가정을 잉태하는 과정이 되기 때문이다.

자녀교육 가운데 중요한 요소 중의 하나는 바로 안정된 정서를 제공하는 가정환경이다. 부부간의 갈등이나 이혼 등으로 빚어지는 정서 불안은 자녀들의 방황을 가져오며, 그것을 보며 자란 아이들이 차후에 가정을 이루었을 때도 그렇게 되기 쉽기 때문이다.

"보면서 따라 하고, 싫어하면서 배운다"는 말이 있다. 안정된 정서 위에 올바른 교양 교육이 이루어진다면 금상첨화가 될 것이다. 자녀들은 부모님을 보고 배우며 자라기 때문에, 부모님들의 건전한 삶이 바람직한 가정교육의 첫째 조건이 될 수 있다. 자녀는 부모의 자화상이다. 부모의 모습이 자녀에게 나타나기 때문이다. 열매로 나무를 안다는 말이 있다. 부모의 모습이란 바로 부모의 언행과 삶의 방식이다.

자녀들이 반항적이며 부모의 속을 태우는 때가 있다. 사춘기 때는 눈에 거슬리는 언행을 할 수도 있다. 그러할 때 부모는 행여나 나의 모습이 자녀들에게 잘못 반영되지는 않았는지 자신을 돌아보아야 한다. 하나님을 믿는 자라면 '내가 행여나 하나님의 뜻을 제대로 살피지 못한 것은 없는가? 내가 하나님의 속을 태우지는 않았는가?'를 살펴보아야 한다. 원인 없는 결과는 없기 때문이다.

목회자의 자녀가 부모의 속을 태우는 경우가 많다고 한다. 그 이유는 무엇일까? 목회자의 이중성 때문이라고 한다. 강단에서는 불꽃 튀는 하나님의 말씀을 선포하지만, 사생활로 돌아온 아버지의 모습은 그렇지 못하기 때문에 아버지의 이중적 삶에 대한 반항이라 할 수 있다. 목사도 사람이다. 어찌 육신을 입고 사는 인생이 온전할 수 있겠는가? 그러나 자녀에게는 그 나름대로 판단하는 목회자 아버지의 수준이 있다는 것이다.

어찌 자기 자식이 귀엽지 않은 자가 있겠는가? 동물도 자기 새끼를 극진히 아끼며 보호하는데, 하물며 사람은 어떠하겠는가? 문제는 그렇게 귀여운 자녀를 어떻게 양육해야 하느냐이다. 기왕이면 자녀를 잘 길러서 보람도 느끼게 된다면 금상첨화일 것이다. 자식이 잘 할 때 부모가 칭찬을 받고 보람을 느끼는 것은 전 세계적인 공감사항일 것이다.

가끔 앞에 가는 차의 뒤 범퍼나 유리창에 'Honor Student'라는 데칼이 붙어 있는 것을 본다. 내용인즉 우리 아이는 학교에서 모범학생이라는 자랑스러운 데칼이다. 그때 뒤에 있어서 앞에 가는 차의 운전자 얼굴은 보지 못해도 그분에게 존경심을 느낀다.

성경에 기록된 자녀교육에 대한 대표적인 두 가지 내용을 소개한다.

첫째, 성경은 자녀를 주의 교양과 훈계로 양육하되 노엽게 하지 말라고 했다.

> "아비들아 너희 자녀를 노엽게 하지 말고 오직 주의 교훈과 훈계로 양육하라."[985]

여기에서 교양은 헬라어의 '파이데이아'($\pi\alpha\iota\delta\epsilon\acute{\iota}\alpha$)를 번역한 말이다. '파이데이아'는 훈련과 연단을 통하여 교육하는 것을 의미한

---
985) 엡 6:4

다. 또 훈계는 타일러서 경계하는 것을 뜻한다. 즉 자녀는 오직 주의 교양과 훈계로 길러야 하는데, 그것은 곧 훈련과 연단 및 훈계가 필요하다는 것이다. 즉 아이들이 잘못된 길을 가지 않도록 잘 타이르면서 길러야 한다는 것이다.

교양과 훈계의 과정에서 자녀의 마음이 분하고 섭섭하게 해서는 안 된다. 즉 정도가 지나치게 꾸중하거나 타일러서는 안 된다. 다시 말하면 교양과 훈계의 과정에서 자녀의 인격을 손상시켜서는 안 된다는 것이다.

자녀는 결코 부모의 소유물이 아니며, 아무리 어린아이라 해도 자기 나름대로 생각하고 판단하는 인격적인 존재이다. 이는 부모님이 유의해야 할 점이다. 따라서 자녀를 징계할 때 너무 지나친 꾸중이나 정도를 벗어난 언행은 삼가야 한다. 반항심을 불러일으켜서 오히려 역효과를 가져올 수 있기 때문이다.

둘째, 성경은 매로 자식을 가르치라고 말씀하고 있다.

비슷한 내용의 말씀이 구약의 잠언서에 여러 번 나온다. 그 대표적인 내용의 말씀은 다음과 같다.

> "매를 아끼는 사람은 자식을 미워하는 자요, 자식을 사랑하는 사람은 징계를 게을리하지 않는다."[986]
>
> "어린이의 마음에는 어리석음이 있으나, 훈계의 매가 그것을 멀리 쫓아낸다."[987]
>
> "아이를 훈계하는 데 주저하지 마라. 네가 매질하여도 그는 죽지 않을 것이다. 네가 그를 회초리로 때리면 그의 생명을 스올

---

986) 잠 13:24(바른성경)
987) 잠 22:15(바른성경)

에서 구해낼 것이다."[988]

"매와 꾸지람은 지혜를 얻게 해 주지만, 자기 생각대로 하도록 버려둔 아이는 그 어머니를 부끄럽게 한다."[989]

"아들에게 채찍을 대어라. 그래야 걱정이 사라지고 마음에 기쁨을 얻는다."[990]

영어 사전에도 '매를 아끼면 자식을 망친다'(Spare the rod and spoil the child)는 속담이 수록되어 있다.

어찌 자기 자식을 때리면서 마음 아프지 않은 부모가 있겠는가? 그러나 바르게 자라가도록 필요할 때는 매도 들어야 한다. 마치 나무가 성장해갈 때 옆으로 뻗쳐 나가는 곁가지를 쳐주는 것이나 다름이 없다. 때를 따라 곁가지를 제대로 쳐주지 못한 나무는 곧게 자라지 못하고 굽어지며 제멋대로 자라 그 모양이 아름답지 못하다. 자녀의 교육도 마찬가지다. 성경은 "범사에 기한이 있고 천하 만사가 다 때가 있나니"[991]라고 말씀하고 있다. 때를 놓치면 안 된다.

아이들을 때리는 것이 법으로 금지되어 있는 나라도 있으며, 그러한 나라에서는 나름대로 아이들을 가르치는 방법이 있을 것이다. 그러나 성경 말씀에 입각하여 아이들을 매로 꾸짖는 방법을 생각해 보자. 아이를 꾸짖을 때는 결코 아이의 인격을 손상시켜서는 안 된다. 매로 때리는데 어떻게 아이의 인격을 손상시키지 않을 수 있는가? 인격을 손상시킨다는 것은 체벌의 정도가 지나친 상태를

---

988) 잠 23:13-14(바른성경)
989) 잠 29:15(바른성경)
990) 잠 29:17(공동번역)
991) 전 3:1

의미한다.

성경에서도 사십까지만 때리라고 말씀하고 있으며, 그것을 넘겨 과다히 때리면 맞는 자가 천히 여김을 받게 된다고 말씀하고 있다.[992] 즉 과도한 매는 맞는 사람의 인격을 손상시킨다는 말씀이다. 사도 바울도 유대인들에게 사십에 하나 감한 매를 다섯 번 맞았다.[993]

아이 나름대로 자기가 잘못한 정도를 알고 있다. 따라서 정노 이상 꾸짖거나 모욕적인 언사를 사용하거나, 정도가 지나친 체벌을 가하면 아이는 굴욕감을 느낀다. 그 순간 대꾸하지 못한다 해도 반항심을 느낀다. 매가 아닌 주먹질이나 뺨을 때리는 등의 손찌검은 금물이다. 손이나 주먹 또는 발을 사용하는 체벌은 인격의 손상을 피할 수 없기 때문이다.

잘못을 반복하는 아이들을 꾸짖는 간격은 어떻게 유지할 것인가? 잘못할 때마다 매번 꾸짖을 것인가, 아니면 잘못의 누적 건수에 따라 꾸짖을 것인가? 꾸짖을 때의 환경 조건은 어떠해야 하는가? 체벌 방법을 설명하거나 정의해 놓은 서적은 많지 않다.

그래서 필자가 보아온 어떤 한 분의 자녀에 대한 체벌 방법을 소개하고자 한다. 그분의 방법이 표준이 된다거나 좋은 방법이라는 것은 아니며, 단지 참고가 되었으면 한다. 그것은 일명 '체벌 정산제'이다. 즉 아이가 무엇을 잘못했을 때마다 아이에게 잘못한 것을 환기시키며 그 건수를 기억해 두었다가, 일정한 횟수에 도달하면 체벌을 가하여 정산하는 방법이다. 일명 '5건 정산제'이다. 즉 잘못한 것이 누적되어 5건이 되었을 때 체벌을 가한다는 것이다. 그때

---

992) 신 25:3
993) 고후 11:24

유의할 점 몇 가지가 있다. 매를 무엇으로 할 것인가? 꾸짖을 때의 태도는? 그리고 환경은?

매는 맞으면 따끔하게 느껴지면서도 흉터를 남기지 않는 것이 좋다. 매듭이 잘 다듬어진 회초리나 두껍지 않은 플라스틱 자도 괜찮다. 때리는 부위는 종아리를 생각해 볼 수 있겠으나, 매 자국이 남을 수 있기 때문에 바람직하지 못하며, 손바닥이 합당할 듯하다. 때리는 횟수는 한 가지 잘못에 한 개를 때릴 수도 있지만, 너무 과하면 두 개 내지 세 개로 감해 줄 수도 있다. 특별히 고려해야 할 사항은 매를 때리기 전후의 훈계와 매를 때리는 환경의 선택이다.

매를 때리기 전에 훈계의 대화가 있어야 한다. 비단 아이가 잘못해서 맞는 것을 알고 있지만, 다시 한 번 왜 맞는지를 일러주는 것이다.

예를 들어 "오늘 네가 맞는 것은 아빠(엄마)와 약속한 대로 무엇무엇을 다섯 번 잘못했기 때문이다. 아빠(엄마)가 때리는 것은 네가 미워서가 아니라 너를 사랑하기 때문이다. 앞으로 같은 잘못을 반복하지 않도록 하기 위해서다. 알겠니? 오늘 몇 개를 맞으면 좋겠니?" 하면 대개의 경우 하나만 맞는다고 할 것이다. 그러면 "원래가 다섯 개인데 세 개는 감해 주고 두 개는 맞아야 하겠지?" 하면 동의할 것이다.

대신 그 두 개는 사랑의 눈물을 머금고 아픔을 느끼도록 때린다. 잘못한 것을 상기시키기 위해서이다. 동일한 잘못을 다시는 반복하지 않도록 강한 기억을 남겨 주기 위해서이다.

매를 맞고 난 아이는 아픔을 못 이겨하며 울면서 눈물을 흘린다. 아픔을 견디느라 얼마간 손을 마주 만지기도 하며, 이내 시간이 지나면 흐느낀다. 그때 매를 맞고 아파하며 눈물 흘리는 자식을 지켜

보는 부모의 심정이 결코 편하지는 않다. 어찌 자기 살과 같은 자식을 때려 놓고 마음 아파하지 않는 부모가 있겠는가? 그러나 감정을 억제하며 묵묵히 지켜본다. 시간이 흐르면 아픔이 사라지며, 아이가 눈물을 그치는 때가 된다. 그때 다시 한 번 타일러 준다.

"오늘 아빠(엄마)가 너를 때린 것은 너를 사랑하기 때문이다. 다시는 그러한 잘못을 해서는 안 된다. 알겠니?" 하면서 맞은 손을 만져주며, 눈물을 닦아준다. 그리고 힌번 힘껏 안아 준다. 아이들은 단순하기 때문에 곧 정상으로 되돌아간다.

매를 때리는 장소는 아이 자신의 방이나 다른 사람이 직접 볼 수 없는 폐쇄된 장소가 바람직하다. 비단 잘못해서 맞지만, 맞는 것을 제삼자가 보면 창피함을 느끼기 때문이다. 비단 훈계와 때리고 맞는 소리가 들린다 해도, 제삼자가 보지 않는 것이 좋다. 그것이 곧 자녀를 섭섭하지 않게 하는 인격적인 훈계법이라 할 수 있다.

한 가지 추가할 것이 있다면, 자신의 감정이 안정되지 못한 상태에서는 결코 매를 들어서는 안 된다. 아이가 잘한 일이 있을 때는 칭찬과 더불어 잘못한 횟수를 감해주는 방법도 좋다. 그것은 착한 일을 하도록 유도하는 방법이다. 매를 들지 않고도 아이를 잘 기를 수만 있다면 그 이상 바람직한 방법이 없을 것이다.

자녀교육에 대한 참고 자료는 많이 있다. 가장 대표적인 책으로는 성경을 들 수 있으며, 부차적으로는 이스라엘의 전통적인《탈무드》등을 들 수 있다. 문제는 자료가 없어서가 아니라 부모님의 자녀에 대한 관심과 실천이다. 그것이 잘 되지 않기 때문에 학교에 모든 것을 맡기려 하지 않는가?

교회 생활과 군 생활은 가정과 학교에서 다 배우지 못한 것을 보완하는 훌륭한 교양 교육의 수단이 된다. 교회의 유년부, 유치부,

중고등부, 대학부 등에서 세상의 교양 교육과는 차원이 다른 탁월한 인성교육이 이루어진다. 교회에 다니지 않은 사람이라도 군 생활을 거치는 동안 인간미가 갖추어진다. 서로 개성이 다른 사람들이 만나서 단체 생활을 하는 동안 전우애가 싹트고, 상관을 존경할 줄 알게 되며, 부하를 사랑할 줄 알게 된다. 또 명령에 복종할 줄 알게 된다. 단체생활을 통하여 서로 간의 모난 부분들이 깨어져 나가며, 원만한 사람이 되어 간다. 이처럼 자의든 타의든, 군 생활을 통한 완만한 인격의 형성은 만국의 공통 사항일 수도 있다. 따라서 필자는 남자라면 한 번쯤 군 생활을 해보는 것이 좋다고 생각한다.

개인적인 의견이 용납된다면, 부모님들에게 권하고 싶은 한 마디가 있다. 비단 자신의 믿음이 없어서 교회에는 가지 않는다 해도, 자녀들이 교회에 가는 것을 막지 말라는 것이다. 교회는 결코 자녀가 잘못되도록 가르치는 곳이 아니다. 인간의 심장을 살피며 폐부를 시험하시는 하나님을 두렵고 떨림으로 섬기도록 가르침을 받는 자가 결코 잘못된 길을 갈 수 없기 때문이다.[994]

누구나 자기 자녀를 잘 가르치고자 한다. "천재를 만드는 교육법은 신앙교육에서 출발한다"는 한 기사의 내용을 소개한다. 전체 인구가 1,600만 명 정도에 불과한 유대민족은 역대 노벨상 수상자들 중 3분의 1을 차지하며 여러 분야에서 수많은 천재들을 배출해 왔다. 이러한 유대인의 저력이 그들의 독특한 교육 방식 특히 영재교육을 기반으로 한다는 것은 널리 알려진 사실이다. 태어날 때부터 천재는 없으며, 리더십과 창의력을 키우는 유대인의 교육은 '신앙교육을 바탕으로 한 교육'이다. 곧 이스라엘은 선민의식을 바탕으로 하나님이 주신 재능(탤런트)을 키우는 교육 환경이 조성되어

---

994) 렘17:9-10

있다. '하나님의 특별한 뜻이 있어 이 땅에 태어난 하나님이 택하신 백성'이라는 자긍심을 계속 넣어 주면서 끝까지 믿어 주어야 한다. 이렇게 할 때에 어떤 상황에서도 스스로 만들어 해결하려고 노력하고 애쓰는 가운데 창의력이 싹트게 된다는 것이다.

온 우주 만물을 창조하시고 그 가운데 특별히 자기의 형상대로 사람을 창조하셨으며, 사람이 사람답게 살 수 있는 지침으로 모세를 통하여 십계명을 주신 하나님의 가정교육을 알아보기로 한다. 하나님의 가정교육에 대한 말씀은 다음과 같다.

> "아브라함은 강대한 나라가 되고 천하 만민은 그로 말미암아 복을 받게 될 것이 아니냐 내가 그로 그 자식과 권속에게 명하여 여호와의 도를 지켜 의와 공도를 행하게 하려고 그를 택하였나니 이는 나 여호와가 아브라함에게 대하여 말한 일을 이루려 함이니라."[995]

이 말씀은 하나님께서 아브라함을 택하신 목적과 가정교육 방법을 알려주고 있다. 하나님께서는 아브라함이 전혀 생각하지도 못하고 있을 때에 그에게 자녀를 계획하셨고, 아브라함을 통해서 그 자식과 권속에게 '의와 공도'를 가르쳐 행하게 함으로써 강대한 나라를 만들고자 하는 계획을 가지시고 아브라함을 택하셨던 것이다. 아브라함이 육신의 부모이긴 하지만 하나님은 아브라함이 전혀 생각하지 못한 때에, 생각하지 못한 엄청난 계획을 미리 세워 놓으셨다. 100세나 된 늙은이의 몸에서 자녀를 낳고, 무엇으로, 어떻게 가르쳐야 할지 다 준비해 놓으셨다. 그러므로 아브라함의 가

---

[995] 창 18:18-19

정의 교육은 하나님께서 직접 계획하시고 행하시는 주체가 된다.

자식은 부모의 소유물이 아니라 하나님의 기업이며 상급이다.[996] 그러므로 부모 된 자의 사명은 자녀들에게 올바른 세상 교육뿐 아니라 하나님의 말씀으로 잘 양육하는 것이다. 그 자녀들이 만물의 탄식의 대상[997]이 아니라 주인이 될 수 있도록 하나님의 말씀의 도를 가르치고, 의와 공도를 가르쳐야 한다. 이를 위해 하나님은 당신의 '기업'을 부모들에게 맡긴 것이다. 하나님께 부여받은 '가정교육'의 사명에 충성하는 것, 그것이 부모의 책임이고 마땅히 해야 할 일이다.

아브라함은 자신을 택하신 하나님의 뜻에 맞게 자식과 권속에게 하나님의 말씀으로 의와 공도를 잘 가르쳐 믿음의 3대를 이루었을 뿐만 아니라 믿음의 조상이 되었으며, 예수님의 육적 조상이 되는 최고의 명예를 얻었다. 실로 아브라함은 자기 아들 이삭 그리고 손자 야곱과 더불어 같은 장막에서 지내면서[998] 하나님의 말씀으로 끊임없이 양육한 결과 이내 그들은 이스라엘 백성의 조상의 하나님이 아브라함의 하나님, 이삭의 하나님, 야곱의 하나님이라는 믿음의 가문을 이루었으며, 예수님의 족보에 그들의 이름이 가장 먼저 오르는 명예로운 자들이 되었다.[999]

잠언서 기자는 "마땅히 행할 길을 아이에게 가르치라 그리하면 늙어도 그것을 떠나지 아니하리라"고 기록하고 있다.[1000] 참으로 자식은 천하를 주고도 바꿀 수 없는 보물이다. 부모들은 위대한 재

---

996) 시 127:3
997) 롬 8:19-22
998) 히 11:9
999) 마 1:1-2
1000) 잠 22:6

산을 위탁받은 청지기이다. 자식은 자기의 소유가 아니라, 하나님이 주신 기업이요 상급이라고 했다.[1001] 그러므로 자식에게 자신의 욕구나 가치를 전수하려 하기에 앞서 먼저 하나님의 말씀으로 가르치고 양육해야 한다.

구약성경에서 이러한 부모의 사명과 역할을 율법으로 규정한 것을 히브리어 '쉐마'(שמע)라고 하며, 이스라엘 백성들이 자기 자녀들에게 가르쳐야 할 하나님의 명령과 규례와 법도에 관한 기록이다. '쉐마'(שמע)는 '들으라'는 뜻으로 귀를 기울여 경청할 뿐만 아니라 그 말씀을 순종하는 것을 가르치는 것이다. 그래서 유대인들이 아침저녁으로 암송하는 성경 구절들이 있다. 즉 제1쉐마,[1002] 제2쉐마[1003] 그리고 제3쉐마[1004]이다.

신약에서는 예수님께서 "모든 민족을 제자로 삼아...내가 너희에게 분부한 모든 것을 가르쳐 지키게 하라"[1005]고 말씀하셨다. 실제로 예수님은 전 공생애 기간을 오직 당신의 백성들에게 '마땅히 행할 것'을 가르치기 위해 헌신하셨다. "온 갈릴리에 두루 다니사 그들의 회당에서 가르치시며 천국 복음을 전파"[1006]하셨으며, 고향에서, 회당에서, 성전에서 입을 열어 하나님의 도를 가르치셨다. '마땅히 행할 것에 대한 가르침'이 예수님께서 우리에게 보여주신 전부이다. 그리고 우리에게 남겨두신 과제이다. 그 명령에 순종하는 것이 참된 부모의 도리인 것이다.

1001) 시 127:3
1002) 신 6:4-9
1003) 신 11:18-21
1004) 민 15:37-41
1005) 마 28:19-20
1006) 마 4:23

특히 부모는 자녀들이 하나님을 경외하며 부모를 공경하도록 가르쳐야 한다. 자녀를 둔 부모라면 누구나 자녀들이 이 땅에서 도 잘되며 오래 살기를 원할 것이다. 자녀들이 이 땅에서 하는 일마다 형통하며 거기에 더하여 오래 살 수 있다면 그 이상 바랄 것이 없을 것이다.

첫째는, 하나님을 경외하는 것이다. 성경은 가장 큰 장수의 비결을 '하나님을 경외하는 일'이라고 말씀하고 있다.[1007] 잠언 10장 27절에서 "여호와를 경외하면 장수하느니라 그러나 악인의 수명은 짧아지느니라"고 말씀하고 있다. '경외한다'는 것은 하나님을 두려운 존재로 알아, 거짓 것이 없이 공경하며 온 마음을 다하여 섬기는 것이다. 전도서의 결론은 "하나님을 경외하고 그 명령을 지킬지어다 이것이 사람의 본분이니라"고 말씀하고 있다.[1008]

하나님을 경외하는 일은 하나님의 명령이라고 성경 여러 곳에시 자주 기록하고 있다.[1009] 하나님을 경외하는 것이 모든 지혜의 근본이다.[1010] 하나님을 경외할 때 악을 피하고 악에서 떠나게 된다.[1011] 하나님을 경외하는 일은 온갖 부족함이 없는 축복이 쏟아지는 통로이다.[1012] 잠언 22장 4절은 "겸손하고 여호와를 두려운 마음으로 섬기면 부와 명예를 얻고 장수하게 된다"(현대인의 성경)고 말씀하고 있다.[1013]

1007) 신 4:40, 5:16, 6:2-3, 11:9, 22:7; 출 20:12; 왕상 3:14; 욥 22:15-16; 시 21:4, 55:23, 91:16; 잠 3:1-2, 7-8, 16, 4:20-23,9:11, 10:27, 16:31; 전 7:17, 8:12-13; 엡 6:1-3.
1008) 전 12:13
1009) 레 19:14, 32; 신 5:29, 6:2, 10:12, 20; 잠 3:7, 23:17
1010) 욥 28:28; 시 111:10; 잠 1:7, 9:10
1011) 잠 3:7, 8:13, 16:6, 17; 욥 28:28
1012) 사 33:6; 시 34:7-9, 128:1; 잠 14:26-27
1013) 박윤식, 《창세기의 족보》(서울: 휘선, 2011, 3판 7쇄), pp. 256-257

둘째는, 부모를 공경하는 것이다. 성경은 부모를 공경하면 장수한다고 말씀하고 있다.[1014] 십계명의 다섯 번째 계명에서도 "네 부모를 공경하라 그리하면 네 하나님 여호와가 네게 준 땅에서 네 생명이 길리라"고 말씀하고 있다.[1015]

그렇다면 부모를 공경하는 것이 왜 중요한가? 그것은 부모를 공경하는 것이 바로 우리들 자신의 존재 근원을 기억하는 것이기 때문이다. 부모를 공경하는 것은 더 나아가 부모를 만드신 하나님을 공경하는 것이다. 십계명 가운데 다섯 번째부터 열 번째까지의 계명은 사람과 관련된 계명이다.

그런데 이 중에서 거룩하신 '하나님 여호와'라는 칭호가 들어간 것은 "네 부모를 공경하라"는 다섯 번째 계명뿐이다. 이것은 부모 공경이 곧 하나님의 공경으로 이어지기 때문이다. 우리는 부모 공경을 통하여 우리에게 생명을 주시고 그 존재 근원이신 하나님을 기억해야 하는 것이다. 에베소서 6장 1-3절은 "자녀들아 주 안에서 너희 부모에게 순종하라 이것이 옳으니라 네 아버지와 어머니를 공경하라 이것이 약속이 있는 첫 계명이니 이로써 네가 잘되고 땅에서 장수하리라"고 말씀하고 있다.[1016]

그러므로 부모는 자녀들이 어려서부터 부모를 공경하는 습관을 길들이는 것도 바람직하다. 예를 들어, 사리를 분별할 수 있는 나이가 되면, 자녀들에게 맛있는 것이 있으면 자기들이 먹기 전에 먼저 아빠나 엄마의 입에 넣어드리도록 가르치거나 좋은 일이 있으면 먼저 부모님께 보고하여 부모를 기쁘게 해드리는 것 등이다.

1014) 신 5:16
1015) 출 20:12
1016) 박윤식,《창세기의 족보》(서울: 휘선, 2011, 3판 7쇄), p. 259.

대부분의 부모들은 그저 좋은 것, 맛있는 것이 있으면 자녀를 먼저 생각하는 경향이 있다. 그것은 부모의 자식에 대한 당연한 사랑이며 관심이다. 그러나 그렇게 자라다 보면 부모는 당연히 자식들에게 주는 분이라는 인식 속에 자라감으로, 성장해서도 부모를 생각할 줄 모르며 자기밖에 모르는 불효자가 될 수 있다. 비단 사소한 일에 대한 예를 들었지만, 자녀를 사람답게 가르치며 부모를 공경할 줄 아는 자녀로 양육하기 위해서는 범사에 먼저 부모를 생각할 줄 아는 자녀로 교육하는 것이 바람직할 것이다.

성경은 믿음으로 왕의 명령을 무서워하지 않고 아이를 석 달 동안 숨겨 길렀던 모세의 어머니 요게벳을 소개하고 있다.

"믿음으로 모세가 났을 때에 그 부모가 아름다운 아이임을 보고 석 달 동안 숨겨 왕의 명령을 무서워하지 아니하였으며."[1017]

오늘날 기독교는 무신론적이며 우상적인 세속적 사상의 영향 때문에 큰 위기를 맞고 있으며, 자녀들의 양육에도 큰 위기를 맞이하고 있다. 그러나 모세의 어머니 요게벳은 믿음으로 가장 어려운 여건 속에서도 가장 훌륭한 자녀로 모세를 양육할 수 있었다.

모세의 어머니 요게벳은 바로 왕의 명령을 무서워하지 않고 하나님만 두려워하는 신앙으로 모세를 3개월 동안 숨겨 길렀다. 모세의 부모는 자식의 얼굴에서 거룩한 하나님의 뜻을 볼 줄 알았고, 생각할 줄 알았으며, 그것이 아름다운 것, 희망적인 것을 깨달았다. 그래서 그녀는 아이를 함부로 애굽인에게 빼앗길 수 없어서 석 달이나 숨기는 가운데 믿음으로 길렀던 것이다. 그들은 모

[1017] 히 11:23

세를 혈육의 자식으로 보지 않고 영적 통찰력으로 아이를 바라보았다.[1018] 하나님이 아름답게 보고 계시는 아이라는 것을 깨달았다. 아름다움이란 하나님의 아름다움, 즉 하나님의 형상인 거룩, 참된 지식, 참된 의지를 말한다. 그들은 모세를 볼 때 하나님의 하실 일을 발견할 줄 알았으니 이는 그들의 풍성한 영감 속에 비추어진 지혜였다.

과연 그 부모의 믿음대로 모세는 출애굽의 기수, 광야교회의 아버지로 이스라엘 법치국가의 창시자로 하나님께 쓰임 받았다. 우리도 하나님께서 허락하신 자녀들의 얼굴에서 하나님의 형상을 찾고 하나님의 뜻을 찾아내어 그 아름다움을 중심으로 자녀를 양육해야 한다. 신앙의 눈으로 자녀의 얼굴에서 하나님의 형상, 하나님의 뜻을 발견해야 한다. 왜냐하면 누구나 이 세상에 나올 때는 하나님의 형상을 가지고 하나님께서 기대하시는 뜻을 가지고 나오기 때문이다.

또 성경은 거짓이 없는 믿음의 일꾼이었던 디모데를 소개하고 있다. 다음은 사도 바울이 디모데를 가리켜 한 말씀이다.

"내가 밤낮 간구하는 가운데 쉬지 않고 너를 생각하여 청결한 양심으로 조상 적부터 섬겨 오는 하나님께 감사하고 네 눈물을 생각하여 너 보기를 원함은 내 기쁨이 가득하게 하려 함이니 이는 네 속에 거짓이 없는 믿음이 있음을 생각함이라 이 믿음은 먼저 네 외조모 로이스와 네 어머니 유니게 속에 있더니 네 속에도 있는 줄을 확신하노라."[1019]

1018) 출 2:2; 행 7:20
1019) 딤후 1:3-5

신약에서 대표적인 신앙의 모델을 꼽으라면 단연 디모데를 추천하게 된다. 그는 안정된 신앙의 가정에서 올바른 교육을 받고 사도 바울의 믿음의 아들이자 동역자로 쓰임 받은 일꾼이다. 그러나 디모데라는 믿음의 일꾼이 만들어진 것은 결코 우연이나 단기간의 노력만으로 된 것이 아니다. 그의 어머니와 외조모까지 거슬러 올라가는 부모들의 노력과 본인의 간절함이 어우러진 열매요 결실인 것이다.

사도 바울은 디모데의 훌륭한 믿음의 비결을 청결한 양심과 눈물, 그리고 거짓이 없는 믿음에서 찾았다. 첫 번째, 청결한 양심은 디모데 자신뿐 아니라 그의 조상 때부터 내려오는 훌륭한 신앙의 유산이었다. 어머니와 외조모에 이르는 조상들의 청결한 양심이 디모데에게까지 전수되어 하나님의 신실한 일꾼이 될 수 있었던 것이다.

두 번째로, 디모데의 이러한 청결한 양심은 곧 그의 거짓 없는 믿음을 형성케 해주었다. 거짓 없는 믿음이란 위선과 과장이 없이 성실하고 순수한 믿음을 말한다. 마치 노아가 방주를 지어 역청을 바름으로 물이 방주 안에 들어오지 못한 것처럼 세상 죄악의 물결이 디모데 안에 들어오지 못한 것이다.

세 번째 비결은 디모데의 '눈물'이다. "마른 눈을 가지고는 천국에 갈 수 없다"고 말한 스펄전 목사의 말처럼 디모데는 늘 젖은 눈을 가지고 있었기에 사도 바울의 믿음의 아들이 되어 함께 동역할 수 있었던 것이다. 아무리 좋은 신앙의 환경 속에서 자랐다 해도 본인의 노력과 간절함이 없다면 결코 훌륭한 열매를 맺을 수 없다. 그런 의미에서 디모데는 좋은 신앙의 환경과 노력을 통해 하나님께 쓰임 받는 행복한 사명자가 되었다.

예수님은 골고다 언덕을 향하여 십자가를 걸머지고 가는 자신을 따르며 우는 여자들에게, "너희 자녀를 위하여 울라"[1020]고 말씀하셨다.

남부럽지 않은 유복한 가정에 눈에 넣어도 아프지 않을 두 아들을 둔 아버지가 있었다. 종종 아들들의 잘못에 대한 소리가 들렸지만 '설마...' 하는 마음으로, 또 '우리 아들들이 어떤 아들들인데...' 하는 마음이 그 모든 소리에 귀를 닫게 했다.

그러나 결국 아들들은 자신들이 지은 죄로 인해 전쟁터에서 한 날에 죽고, 그 소식을 들은 아버지는 의자에 앉아 있다가 충격에 넘어져서 목이 부러져 죽고 말았다. 구약성경에 나오는 '엘리' 제사장 집안의 이야기이다. 두 아들 홉니와 비느하스를 눈물로 교육하지 못한 결과 이내 가장 비극적인 피눈물을 흘린 가족의 모습이다.[1021] 이러한 엘리 제사장의 가정의 이야기가 바로 나의 가정의 이야기도 될 수 있다.

예수님은 자신을 따르며 우는 여자들을 향해 "너희와 너희 자녀를 위해 울라"고 말씀하셨다. 엘리 제사장의 가정처럼, 지금 우리 가정에 자녀문제로 인해 당하게 될 앞날의 큰 화를 보시고 말씀하시는 내용이다. 자녀를 위해 눈물을 뿌리지 않으면 "미련한 아들은 어미의 근심"[1022]이 되며 결국 부모의 재앙이 된다. 부모의 신앙과 올바른 교육을 통하여 자녀들의 죄가 억제되지 않으면 결국 근심과 재앙의 씨가 되기 때문이다.

지금까지 우리는 자녀를 위해서 얼마나 울었는가? 어거스틴의

[1020] 눅 23:28
[1021] 삼상 2:12-17, 27-34, 3:10-14, 4:10-18
[1022] 잠 10:1

어머니 모니카의 눈물이 중세를 환하게 비친 위대한 신학자를 만든 것처럼, 우리의 자녀들을 위해 눈물로 기도하는 것, 살아 계신 하나님의 말씀으로 가르치고 그 마음에 영혼의 등불을 켜서 의의 길로 가도록 인도하는 것이 참된 교육이다.

사무엘의 어머니 한나의 눈물어린 기도가 멸망의 위기에 놓인 나라와 민족을 구원할 '사무엘'을 만든 것처럼, 남을 탓하기 전에 먼저 자기 자식을 위해 눈물의 기도로 씨앗을 뿌려야 할 것이다. 왜냐하면 자식이 바른 길을 가도록 가르치는 것은 부모의 당연한 의무이지만, 그들이 부모의 가르침을 받고 바른 길을 가도록 기르시는 분은 하나님이시기 때문이다. 그래서 우리는 자녀들이 바른 길을 가도록 자라게 해 주시기를 하나님께 기도해야 한다.[1023]

1023) 고전 3:7

나라를 위해 기도하라

 그러므로 내가 첫째로 권하노니 모든 사람을 위하여 간구와 기도와 도고와 감사를 하되 임금들과 높은 지위에 있는 모든 사람을 위하여 하라 이는 우리가 모든 경건과 단정함으로 고요하고 평안한 생활을 하려 함이라
/ 딤전 2:1-2

기도는 인간보다 능력이 뛰어나다고 생각하는 어떠한 절대적인 존재에게 비는 것으로, 기독교에서는 하나님을 믿는 성도가 하나님께 자기의 소원을 아뢰는 것이다. 이러한 기도는 성도를 향한 하나님의 명령이요, 성도의 영적 호흡과도 같다.

따라서 성도라면 기도를 쉬지 말아야 하며, 기도를 쉬는 것은 영혼의 호흡이 멎어 영적으로 죽은 것과 같다. 또 기도를 쉬는 것은 하나님의 명령을 거역하는 죄를 범하는 것과도 같다. 성경은 "쉬지 말고 기도하라"[1024]고 명령하고 있다.

사무엘 선지자는 자기 백성들을 위해 기도하기를 멈추는 것을 죄로 여기며, 자신은 이스라엘 백성을 위하여 기도하기를 쉬는 죄

1024) 살전 5:17

를 하나님 앞에 결단코 범하지 않겠다고 하였다.[1025]

성도의 기도 제목에는 나라의 평안이 포함된다. 왜냐하면 하나님께서는 나라의 평안을 위해 기도하라고 하셨기 때문이다. 그것은 나라가 평안해야 그 나라에 사는, 하나님의 자녀가 되는 성도들이 조용하고 평화롭게 살면서 아주 경건하고 근엄한 신앙생활을 할 수 있기 때문이다. 나라의 평안을 위한 기도에는 나라의 지도자들도 포함된다. 왜냐하면 지도자들이 나라를 잘 다스려야 그 나라가 평안하기 때문이다.

하나님께서는 자기가 사는 나라가 비단 자기 고국이 아니고 적국이라 하더라도 그 나라의 평안을 위하여 기도하라고 하셨다. 이스라엘 백성은 하나님의 말씀에 불순종하여 우상을 숭배하고 안식일과 안식년을 지키지 않은 죗값으로 바벨론에 끌려가서 70년의 포로생활을 해야 했다. 그때에도 하나님은 '너희들이 잡혀간 바벨론 나라가 평안하기를 힘쓰고 위하여 기도하라'고 하셨다.

"너희는 내가 사로잡혀 가게 한 그 성읍의 평안을 구하고 그를 위하여 여호와께 기도하라 이는 그 성읍이 평안함으로 너희도 평안할 것임이라."[1026]

"그러므로 내가 첫째로 권하노니 모든 사람을 위하여 간구와 기도와 도고와 감사를 하되 임금들과 높은 지위에 있는 모든 사람을 위하여 하라 이는 우리가 모든 경건과 단정함으로 고요하고 평안한 생활을 하려 함이라."[1027]

1025) 삼상 12:23
1026) 렘 29:7
1027) 딤전 2:1-2

가정에는 그 가정을 책임지는 가장이 중요하듯 나라에는 그 나라를 다스리는 지도자가 중요하다. 성경에서 이스라엘의 역사를 보면 왕이 어떻게 하느냐에 따라 나라가 흥하기도 하고 망하기도 하는 것을 볼 수 있다. 하나님을 의지하는 가운데 하나님의 뜻을 따라 치리하며 국민을 잘 보살폈던 왕은 나라를 흥하게 했고, 하나님을 무시하고 자기의 생각대로 치리하며 국민을 억압했던 왕들은 모두 나라를 도탄에 빠뜨리고 이내 자신도 비참한 종말을 맞이한 것을 볼 수 있다.

나라가 평안하기 위해서는 나라의 지도자가 그 나라의 평안을 위한 정치, 경제, 사회, 문화 및 국방 등이 조화를 이루며 나아갈 수 있도록 다스리기 위한 하늘의 지혜를 구하는 기도의 사람이 되어야 한다. 왜냐하면 실로 세상 역사의 주관자는 나라를 세우기도 하시고 폐하기도 하시는, 전지전능하신 하나님이시기에, 나라의 지도자는 그 나라가 평안하게 유지되게 해 주시라는 기도와 더불어 필요한 지혜도 구해야 하기 때문이다. 성경은 누구든지 지혜가 부족하거든 하나님께 구하라고 말씀하고 있다.

> "너희 중에 누구든지 지혜가 부족하거든 모든 사람에게 후히 주시고 꾸짖지 아니하시는 하나님께 구하라 그리하면 주시리라."[1028]

실로 국가의 안위와 평안의 기초는 국방력이다. 그러므로 주변국과 대치하는 나라치고 국방을 소홀히 하는 나라는 없을 것이다. 이스라엘도 지정학적인 위치상 수많은 전쟁이 발발한 지역이다.

1028) 약 1:5

그러므로 통치자의 입장에서 국방의 문제를 최우선 순위로 고려할 수밖에 없다. 그러나 성경은 나라를 지키는 방패와 무기, 즉 진정한 국방력은 하나님에 대한 절대적인 신뢰와 기도라고 말씀하고 있다.

이와 관련하여 성경에 기록된 몇 가지 사례를 들 수 있다. 유다 여호사밧 왕 때 암몬과 모압과 세일산 사람들이 연합하여 침략해 왔다. 이때 하나님은 아하시엘을 통해서 여호사밧 왕에게 "전쟁은 여호와께 속한 것"임을 일깨워주며 두려워하지 말 것을 권면하셨다. 그리고 군대의 선두에 찬송하는 자들을 배치하여 하나님께 찬송하기를 시작할 때 여호와께서 복병을 두어 그들을 쳐서 승리하게 하셨다.[1029]

엘리사 선지자 시대에 세계적인 강대국 아람 나라에게 조그마한 이스라엘은 늘 걸림돌이 되었다. 그래서 아람 왕은 만군의 주 여호와밖에 다른 신이 없다고 하는 이스라엘 백성의 씨를 말려 버리려고 했다. 아람 왕은 이스라엘을 치기 위해 신복들과 작전을 세웠다. 하지만 이스라엘에는 그들이 침실에서 한 말까지도 하나님의 계시로 알고 왕에게 말하여 대응하게 하는 기도의 사람 엘리사 선지자가 있었기에 그들의 작전은 번번이 실패로 돌아가고 말았다.

이 사실을 알게 된 아람 왕이 엘리사를 생포하기 위해 말과 병거와 많은 군사를 도단 성으로 보내서 포위하였다. 그때 엘리사에게 수종하는 자가 그것을 보고 두려워했다. 그러자 엘리사 선지자가 여호와께 기도함으로 여호와께서 그 사환의 눈을 여시매 불 말과 불 병거가 산에 가득하여 엘리사 선지자를 두른 것을 보고 안심

[1029] 대하 20:1-23

하였다. 그 후 엘리사 선지자가 아람 군대를 향해 기도하여 저들의 눈을 어둡게 했고 이내 그들을 물리친 일이 있다.[1030]

유다 히스기야 왕 때 앗수르 왕 산 헤립이 유다를 침략하였다. 그때 히스기야 왕은 여호와의 전에 올라가서 여호와 하나님께 구원해 주실 것을 간절히 기도했으며, 이사야 선지자에게도 기도를 부탁하였다. 히스기야 왕과 이사야 선지자의 간절한 기도를 들으신 하나님께서는 그 밤에 사자를 보내서 앗수르 진에서 군사 십팔만 오천 명을 치셨다. 아침에 일찍이 일어나 보니 다 송장이 되어 앗수르 왕이 떠나 돌아감으로 승리한 역사가 있다.[1031]

이와 같은 사례들은 '전쟁이란 군사력의 싸움이기도 하지만, 전쟁의 승패는 군사력의 문제가 아니라 기도와 찬송의 능력에 있음'을 깨닫게 해준다. 기도와 찬송의 능력을 가진 한 사람의 힘이 백만 대군을 능가한다. 그래서 엘리사 선지자는 엘리야가 승천하는 순간 "이스라엘의 병거와 그 마병이여!"[1032]라며 절규했던 것이다. 그러므로 찬송과 기도로 무장한 참 성도가 그 나라의 신령한 병거와 마병이 되는 것이다. 그때 하나님의 사람들의 기도를 듣고 응답하신 하나님은 지금도 살아서 변함없이 역사하시는 동일한 하나님이시다.[1033]

그렇다면 우리는 나라의 지도자를 위해 어떻게 기도해야 되는가? 그것은 나라의 지도자가 성경이 말씀하는 바람직한 모습의 지도자가 되어 나라를 다스려 나가도록 기도하면 될 것이다.

첫째, 지도자는 겸손해야 한다. 지도자가 겸손할 때 그 누구도

1030) 왕하 6:8-23
1031) 왕하 18:13-19:35
1032) 왕하 2:11-12
1033) 히 1:12; 13:8

그 지도자를 탓할 수 없을 것이다. 성경에서 대표적인 지도자 하면, 200~250만 명의 이스라엘 백성을 애굽에서 약속의 땅 가나안 직전까지 약 40년간 광야에서 인도했던, 모세를 들 수 있다. 모세의 모습을 한마디로 요약하기는 어렵다. 그러나 모세에 대해 성경에서는 "모세는 실상 매우 겸손한 사람이었다. 땅 위에 사는 사람 가운데 그만큼 겸손한 사람은 없었다"[1034]라고 평가하고 있다. 이는 바람직한 지도자의 자질에 대한 말씀이다.

둘째, 지도자는 공의로워야 한다. 공의(公義)란 공정한 도의로, 선악의 제재를 공평하게 하는 하나님의 적극적인 품성의 하나이다.

> "공정하고 의로운 왕은 나라를 안정되게 하지만 뇌물을 강요하는 왕은 나라를 망하게 한다."[1035]
> "왕이 가난한 사람의 권리를 옹호해 주면 그의 왕위가 오랫동안 지속될 것이다."[1036]
> "의로운 사람이 권력을 잡으면 백성들이 즐거워하지만 악한 자가 권력을 잡으면 백성들이 탄식한다."[1037]

셋째, 지도자는 탐욕을 멀리해야 한다. 탐욕(貪慾)이란 지나치게 탐하는 욕심을 말한다. 지도자의 위치에 있으면 그 자리에 합당한 급여가 따르기 마련이다. 그것이면 족하지 않는가? 그리고 그 지위를 마치고 나면 평생 삶이 보장되며 대접도 받지 않는가? 탐욕

1034) 민 12:3 (공동번역)
1035) 잠 29:4 (현대인의 성경)
1036) 잠 29:14 (현대인의 성경)
1037) 잠 29:2 (현대인의 성경)

이 필요 없는 자리이다.

"어리석은 통치자는 자기 백성을 탄압하여도 청렴한 통치자(탐욕을 미워하는 자[1038])는 정치 생명이 길 것이다."[1039]

넷째, 지도자는 술에 취하지 않아야 한다. 지도자라면 늘 맑은 정신으로 모든 일을 생각하고 판단하며 결심해야 하기 때문이다.

"왕은 포도주를 마셔도 안 되고 통치자는 독주를 찾아서도 안 된다. 왕이 술을 마시게 되면 법을 잊어버리고 고난당하는 사람들의 인권을 짓밟기 쉽다."[1040]

다섯째, 지도자는 명철과 지식이 있어야 한다. 명철(明哲)이란 총명하고 사리에 밝은 것을 말한다. 한 나라의 대소사를 처리해야 하는 데 필요한 명철과 지식은 다 헤아릴 수 없을 것이다. 지도자에게 명철과 지식이 필요함을 성경은 다음과 같이 말하고 있다.

"나라 안에 죄가 있으면 정권이 자주 교체되어도 총명하고 지식 있는 지도자가 있으면 나라가 오랫동안 안정을 유지한다."[1041]

지도자에게 필요한 명철과 지혜는 어떻게 구비할 수 있는가? 성경은 그 방법을 명쾌히 말씀하고 있다.

1038) 잠 28:16의 개역성경 일부(이해를 돕기 위해 삽입)
1039) 잠 28:16 (현대인의 성경)
1040) 잠 31:4-5 (현대인의 성경)
1041) 잠 28:2 (현대인의 성경)

"여호와를 경외하는 것이 지혜의 근본이요 거룩하신 자를 아는 것이 명철이니라."[1042]

하나님을 아는 것이 곧 명철이라는 말씀이다.

여섯째, 기도하는 지도자이다. 이스라엘의 역대 왕들을 볼 때 선한 왕으로 평가된 왕들은 한결같이 하나님께 기도하며 나라를 다스렸던 자들이다.

우리는 늘 나라와 지도자를 위해서, 그리고 자신의 고요하고 평안한 삶을 위해서 기도해야 한다. 그것이 하나님의 명령이기 때문이다. 그렇게 될 때 하나님의 영광을 위해 영원히 존재하는 나라, 하나님의 뜻을 이루어드리는 나라가 가 될 것이다.

[1042] 잠 9:10

Ⅶ. 영원한 삶

영생은 곧 유일하신 참 하나님과 그가 보내신 자
예수 그리스도를 아는 것이니이다
- 요 17:3 -

왜 성경에 기록된
하나님의 말씀을 믿어야 하는가?

주의 말씀은 내 발에 등이요 내 길에 빛이니이다
／ 시 119:105

    어떤 이는 말하기를 세상에는 좋은 교양서적도 많고 본받아야 할 좋은 사상도 많은데, 왜 하필이면 이스라엘의 역사서인 성경에 기록된 하나님의 말씀을 믿어야 하느냐고 반문한다. 하지만 꼭 그렇지만은 않다. 성경은 표면과 이면이라는 이중 구조로 되어 있으며, 표면적으로는 이스라엘의 역사로 이루어져 있지만, 이면적으로 해석되는 과정을 통해 우리 각자의 삶에 적용되는 실제적인 의미를 갖기 때문이다. 이처럼 성경은 전혀 다른 두 가지 개념을 통해 생명의 메시지를 전달하고 있는 것이다. 이면적인 측면의 예를 들면 다음과 같다.

    첫째, 성경은 일반적인 도덕책이 아니다. 성경은 거룩한 글로써 온 우주만물을 창조하시고 우리 인생들의 생사화복을 주장하시는

하나님의 말씀을 모은 책이다.[1]

둘째, 성경에 이스라엘의 역사가 담긴 것은, 하나님의 섭리를 온 인류에게 알리시기 위해서 하나님께서 이스라엘이라는 한 작은 민족을 통해서 역사하신 결과이다.[2] 성경에 담긴 모든 역사적 사실들은, 죄지은 인생들을 구원하시기 위한, 하나님의 섭리, 경륜, 뜻, 비밀, 계획 그리고 목적 등을 대변하는 것들이다. 따라서 성경은 이스라엘의 역사에 국한되지 않을 뿐 아니라 모든 인류에게 또는 우리 각자에게 적용되는 하나님의 말씀이다. 그래서 성경은 우리 각자 '나의 이야기'(my story)가 되는 것이다. 성경의 모든 내용이 내 삶의 지침과 경계가 되기 때문이다.

한편 인간은 타락으로 인하여 하나님이 주신 총명을 상실하고 말았다. 그렇게 타락한 인간은 자연계시 즉 자연 만물을 통한 계시로는 더 이상 하나님의 뜻을 깨달을 수 없게 되었다. 하나님께서 그러한 인간에게 당신의 뜻을 깨닫게 하기 위해서 주신 것이 특별계시인 성경이다. 하나님께서 자연계시에 더하여 특별계시인 성경을 우리 인간에게 주신 목적은 다음과 같다.

첫째, 예수님이 하나님의 아들 그리스도라는 것을 믿게 하기 위해서이다.

> "오직 이것을 기록함은 너희로 예수께서 하나님의 아들 그리스도이심을 믿게 하려 함이요 또 너희로 믿고 그 이름을 힘입어 생명을 얻게 하려 함이니라…"[3]

---

1) 사 34:16; 딤후 3:16-17; 벧후 1:21
2) 신 7:7
3) 요 20:31

둘째, 인간에게 소망을 주기 위해서이다.

"무엇이든지 전에 기록된 바는 우리의 교훈을 위하여 기록된 것이니 우리로 하여금 인내로 또는 성경의 위로로 소망을 가지게 함이니라."[4]

셋째, 인간에게 일어날 모든 일을 경계하기 위해서이다.

"그들 중의 어떤 사람들이 음행하다가 하루에 이만 삼천 명이 죽었나니 우리는 그들과 같이 음행하지 말자 그들 가운데 어떤 사람들이 주를 시험하다가 뱀에게 멸망하였나니 우리는 그들과 같이 시험하지 말자 그들 가운데 어떤 사람들이 원망하다가 멸망시키는 자에게 멸망하였나니 너희는 그들과 같이 원망하지 말라 그들에게 일어난 이런 일은 본보기가 되고 또한 말세를 만난 우리를 깨우치기 위하여 기록되었느니라."[5]

넷째, 인간에게 영생이 있음을 알려 주기 위해서이다.

"내가 하나님의 아들의 이름을 믿는 너희에게 이것을 쓰는 것은 너희로 하여금 너희에게 영생이 있음을 알게 하려 함이라."[6]

사람이 사람답게 살기 위해서는 하나님의 말씀대로 살아가야

---

4) 롬 15:4
5) 고전 10:8-11
6) 요일 5:13

한다. 그렇게 할 때 하나님의 말씀은 내 발에 등이 되어 주고 내 길에 빛이 되어 줌으로 영적으로 칠흑같이 캄캄한 세상에서 실족하지 않고 바른 길을 가며 살아갈 수 있게 된다. 성경에 기록된 하나님의 말씀을 믿고, 그 말씀대로 순종하며 살아가는 것이 바로 내 영과 혼과 육이 사는 길이요, 영원히 사는 길이라는 것을 알아야 한다.

하나님을 모르는 인생들은
영원히 망해야 하는가?

주 예수를 믿으라 그리하면 너와 네 집이 구원을 받으리라
/ 행 16:31

하나님을 모르는 인생은 영원히 망해야 하는가? 아니다. 하나님은 이 순간도 죄지은 인생들이 회개하고 돌아오기를 기다리고 계신다. 하나님은 마치 집 나간 아들이 돌아오기를 기다리는 아버지의 심정으로, 밤마다 문 열어 놓고, 마음 졸이며 우리를 기다리신다.

"하나님은 모든 사람이 구원을 받으며 진리를 아는 데에 이르기를 원하시느니라."[7]

"사랑하는 자들아 주께는 하루가 천 년 같고 천 년이 하루 같다는 이 한 가지를 잊지 말라 주의 약속은 어떤 이들이 더디다고 생각하는 것같이 더딘 것이 아니라 오직 주께서는 너희를 대하

---

[7] 딤전 2:4

여 오래 참으사 아무도 멸망하지 아니하고 다 회개하기에 이르기를 원하시느니라."[8]

하나님은 죄지은 인생들이 망하지 않고 오히려 영생복락의 삶을 살아갈 수 있는 길을 마련해 놓으시고 다 구원받기를 기다리고 계신다.

---

[8] 벧후 3:8-9

구원받을 수 있는 방법

그러므로 여러분은 회개하고 하나님께 돌아오십시오. 그러면 여러분의 죄가 씻음을 받고 주님 앞에서 새로워지는 때가 올 것입니다.
/ 행 3:19 (현대인의 성경)

1. 지은 죄를 용서받아야 한다.

우리는 죄에 대한 하나님의 용서가 없이는 결코 기쁘고 즐거운 삶을 살 수가 없으며, 죄의 형벌을 피할 수도 없다. 그러나 우리는 예수 그리스도를 통하여 죄를 용서받을 수 있다고 성경은 말씀하고 있다.

"우리는 하나님의 풍성하신 은혜를 따라 그리스도 안에서 그분의 피로 죄 사함을 받고 구원을 얻었습니다."[9]

예수 그리스도는 우리의 죄를 사해 주기 위해서 우리 대신 십

---
9) 엡 1:7 (현대인의 성경)

자가에 죽으셨다. 이제 그분을 믿으면 우리의 죄를 용서받을 수 있다.

여기에 우리가 예수 그리스도를 믿어야 하는 당위성이 있다. 예수 그리스도의 이름 외에는 이 땅의 무엇을 통해서도 죄를 해결 받을 수 없기 때문이다. 또 죄를 용서받지 못하면 그 누구도 죄의 형벌을 면할 수 없다.

> "이분에게 힘입지 않고는 아무도 구원받을 수 없습니다. 사람에게 주신 이름 가운데 우리를 구원할 수 있는 이름은 이 이름 밖에는 없습니다."[10]

2. 죄를 용서받을 수 있는 길이 열려 있다.

사랑의 하나님은 우리가 죄를 용서받을 수 있는 길을 마련해 놓으셨다. 즉 죄를 용서받을 수 있는 길이 열려 있다.

> "하나님이 세상을 이처럼 사랑하사 독생자를 주셨으니 이는 그를 믿는 자마다 멸망하지 않고 영생을 얻게 하려 하심이라."[11]

하나님은 예수를 믿기만 하면 죄를 용서받고 영원한 생명을 얻을 수 있는 길을 열어 놓으셨다. 죄지은 인생들에게 '용서받는 것'보다 더 기쁜 일이 있을 수 없다.

---

10) 행 4:12 (공동번역)
11) 요 3:16

그러나 죄를 용서받는 것은 저절로 되는 것이 아니며, 죄를 용서받기 위해서는 우리의 죄를 대신해서 죽으신 예수를 믿어야 한다.

3. 전능하신 하나님도 죄인을 천국에 받아들이는 것은 불가능하시다.

하나님은 무엇이나 다 하실 수 있는 전지전능하신 분이시다. 하지만 죄인을 천국에 받아들이는 것은 불가능하시다. 그래서 사랑의 하나님은 자기의 독생자 예수 그리스도를 이 땅에 보내서 죄인들을 대신해서 죽게 하심으로, 죄인들이 용서받을 수 있는 길을 열어 놓으셨다. 하지만 하나님의 공의(公義)의 성격상 죄의 심판에는 자비가 없으시다.[12]

"모든 사람이 죄를 범하였으매 하나님의 영광에 이르지 못하더니"[13]라고 말씀하고 있다. 우리 인생들은 모두 죄인들이다. 따라서 죄를 용서받지 못하고는 결코 천국에 들어갈 수 없다. 그렇다면 죄지은 인생이 구원받고 천국에 들어가기 위해서는 어떻게 해야 하는가?

4. 죄를 회개해야 한다.

회개는 '천국의 열쇠'라고 한다. 천국에는 죄가 없는 의인들이

---

12) 시 97:2; 롬 6:23
13) 롬 3:23

가는 곳이다. 따라서 비단 죄인이라도 예수 그리스도의 이름으로 죄를 회개하고 용서받으면 의인이 되어 천국에 들어갈 수 있다. 회개란 죄의 길을 가다가 죄를 짓지 않는 길로 돌아서는 것이며, 죄를 향한 길에서 180도 방향전환을 하여 하나님께로 향하는 마음가짐과 더 이상 죄를 짓지 않는 말과 행동까지를 포함한다. 그러나 죄인이 죄를 회개하지 않으면 망하는 길밖에 없다.

> "너희에게 이르노니 아니라 너희도 만일 회개하지 아니하면 다 이와 같이 망하리라."[14]

그러나 구원의 길은 열려 있다.

> "네가 만일 네 입으로 예수를 주로 시인하며 또 하나님께서 그를 죽은 자 가운데서 살리신 것을 네 마음에 믿으면 구원을 받으리라 사람이 마음으로 믿어 의에 이르고 입으로 시인하여 구원에 이르느니라."[15]

먼저 죄를 회개하는 가운데 예수 그리스도를 내 구원의 주로 믿고, 그것을 입으로 시인하면 구원을 얻는다는 말씀이다.

---

14) 눅 13:3
15) 롬 10:9-10

5. 그리하면 구원을 받고 천국을 선물로 받을 수 있다.

천국은 영원히 기쁘고 즐거운 곳이요 지극히 안락한 곳이다.[16] 그 천국을 우리에게 선물로 주시기 위해서 예수 그리스도가 이 땅에 오셨다.

"도둑이 오는 것은 도둑질하고 죽이고 멸망시키려는 것뿐이요 내가 온 것은 양으로 생명을 얻게 하고 더 풍성히 얻게 하려는 것이라."[17]

예수님은 우리에게 약속하셨다.

"가서 너희를 위하여 거처를 예비하면 내가 다시 와서 너희를 내게로 영접하여 나 있는 곳에 너희도 있게 하리라."[18]

---

16) 시 43:4
17) 요 10:10
18) 요 14:3

하나님의 선물인 예수 그리스도를
구원의 주로 영접해야 하는 시기는?

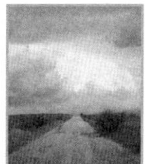
이르시되 내가 은혜 베풀 때에 너에게 듣고 구원의 날에 너를 도왔다 하셨으니 보라 지금은 은혜 받을 만한 때요 보라 지금은 구원의 날이로다
/ 고후 6:2

바로 지금이다. 어떤 사람들은 젊은 인생의 즐거움과 세상 재미를 추구하다가 나이가 들면 교회도 나가고 신앙생활도 할 것이라고 한다. 하나님은 그러한 자들에게 말씀하신다.

"범사에 기한이 있고 천하 만사가 다 때가 있나니."[19]

세상에 오는 순서는 있지만 가는 순서는 없다. 늙었다고 먼저 가고 젊었다고 나중에 가는 것이 아니라, 생명의 주인이신 하나님이 부르시면 누구나 갈 수밖에 없는 것이 인생이다. 생명의 주인이신 하나님께서 그 생명을 회수하시겠다는데 누가 무어라 항변할 수 있는가?

---
19) 전 3:1

그렇다면 왜 바로 지금이어야 하는가? 하나님께서 당신의 생명을 언제 거두어 가실지 모르기 때문이다. 한 치 앞을 알 수 없는 인간들이 아닌가? 왜냐하면 하나님은 장래 일을 헤아려 알지 못하게 인간을 창조하셨기 때문이다.

"형통한 날에는 기뻐하고 곤고한 날에는 되돌아 보아라 이 두 가시를 하나님이 병행하게 하사 사람이 그의 장래 일을 능히 헤아려 알지 못하게 하셨느니라."[20]

자기를 위하여 재물을 쌓아 두고 하나님께 대하여 부요하지 못한 자에게 하신 하나님의 말씀은 인생의 허무함을 더욱 실감나게 하신다.

"어리석은 자여 오늘 밤에 네 영혼을 도로 찾으리니 그러면 네 준비한 것이 누구의 것이 되겠느냐."[21]

회개하지 못하고 하나님이 부르시는 때를 맞이하면 안 된다. 회개할 기회를 놓침으로 구원의 길이 막히기 때문이다.

세상이 되어가는 것을 보면서 사람들은 말세 또는 종말이라는 말을 많이 한다. '인류의 종말' 하면 세상이 한꺼번에 망하는 것을 생각하거나, 온 인류에게 동시에 미치는 재앙을 생각할 수 있다. 그것도 맞는 말이며, 성경도 그렇게 말씀하고 있다.[22]

---

20) 전 7:14
21) 눅 12:20
22) 벧후 3:10-13

그러나 인류의 총체적인 종말 이전에 각자에게 다가오는 개인적인 종말도 있다. 우리는 간혹 순간적으로 죽을 수 있는 교통사고를 피해가기도 하는데, 실로 그 순간은 개인적인 종말을 모면한 것과 같다. 그런데도 우리는 일상적인 삶에서 직면하는 개인적인 종말의 순간들을 가볍게 여기며 살아가고 있다.

그러나 죽을 수 있는 교통사고, 예상하지 못했던 장소에서 테러에 의한 사고, 비행기 추락사고, 태풍에 의한 배의 전복 사고를 맞이할 수도 있다. 또 전쟁터에서 적의 총탄에 맞아 죽을 수 있고, 지뢰의 폭발과 박격포탄의 폭발 등에 생명을 잃을 수도 있다. 그 사람은 그 순간에 자신의 종말을 맞이하는 것이다.

우리는 죽는 것을 남의 일로만 생각하며, 자신은 영원히 살 것이라는 착각 속에 살아가고 있다. 우리는 서슬이 시퍼런 칼날에 올라타서 곡예를 하는 것과 같은 이 세상의 위험한 환경 가운데 나날을 살아간다. 그 누가 언제 어느 곳에서 변을 당하지 않는다고 장담할 수 있겠는가?

지구를 50회나 폭발시키고도 남을 원자 폭탄이 이미 제작되어 사용될 날을 기다리고 있으며, 그것들이 언제 터질지도 모른다. "죄지은 인생들은 결국 자기들이 만든 불 가운데로 들어가서 죽을 것이라"고 성경은 말씀하고 있다.

> "그런데 너희는 하나같이 불을 피우고 화살을 달구는구나. 너희는 모두 스스로 피운 불 속에 뛰어 들어라. 스스로 달군 화살이 날아오는 속으로 들어가거라. 너희는 이것을 내 손에서 받아야 한다. 그리하여 견딜 수 없는 괴로움으로 뒹굴리라."[23]

---

23) 사 50:11 (공동번역)

바로 지금 예수 그리스도를 구주로 영접해야 한다. 그리하면 모든 것을 하나님께 맡기고 믿음 가운데 평안을 누리며 살아갈 수 있다. 스피노자의 말과 같이 비록 내일 이 세상이 끝난다 할지라도, 구원의 확신과 평안 가운데 오늘 한 그루의 사과나무를 심는 평안한 삶을 살아갈 수 있다. 비단 오늘이 마지막이라 해도 하나님께서 나의 육체는 물론 영혼까지도 다 책임져 주시기 때문이다. 그것이 예수 그리스도를 구원의 주로 믿고 영접한 자의 축복이요 행복이다. 어찌 그러한 축복과 행복을 더 미룰 수 있겠는가?

영생에 이르는 길

 내가 진실로 진실로 너희에게 이르노니 내 말을 듣고 또 나 보내신 이를 믿는 자는 영생을 얻었고 심판에 이르지 아니하나니 사망에서 생명으로 옮겼느니라
/ 요 5:24

    예수님께서 이 땅에 오신 것은 '영원한 생명'을 잃어버린 인류에게 영원한 생명을 주시기 위해서이다. 영원한 생명, 즉 영생은 영원히 계속되는 시간 속에서 복되고 행복한 삶을 누리는 것이다. 지금도 우리는 이 땅에서 믿음으로 영생을 맛보며 살고 있지만, 장차 우리 몸의 구속이 이루어지는 날부터는 영원토록 완전한 영생복락의 삶을 누리며 살게 될 것이다.[24]

    영생은 자기 형상대로 창조하신 사람을 향한 하나님의 소망이기도 하며, 하나님이 우리 인간에게 약속하신 것이다.

    "그가 우리에게 약속하신 것은 이것이니 곧 영원한 생명이니

---

24) 롬 8:23; 빌 3:21; 고전 15:51-52; 살전 4:16-17

라."[25]

1. 영생의 시작

영생은 언제 시작되는가 하는 문제이다. 영생은 살아 있는 자에게만 해당되는 밀이기에 죽은 자에게는 해당되지 않는다. 그렇다면 영생은 언제 시작되는가? 영생은 예수 그리스도를 영접함으로부터 시작된다. 예수님은 "내 말을 듣고 또 나 보내신 이를 믿는 자는 영생을 얻었다"[26]라고 말씀하셨다. 예수 그리스도를 영접함으로써 영생이 시작되는 것을 알 수 있다. 성경은 죄와 허물로 죽었던 인간의 영적 상태를 지적하고 있다.

"그는 허물과 죄로 죽었던 너희를 살리셨도다."[27]

성경은 사람을 여러 가지로 구분하고 있다.
첫째, 남자와 여자[28]
둘째, 산 자와 죽은 자[29]
셋째, 하나님께 속한 자와 마귀에게 속한 자[30]
넷째, 의인과 악인[31]

---

25) 요일 2:25
26) 요 5:24
27) 엡 2:1
28) 창 5:1-2
29) 계 3:1; 딤전 5:6; 행 10:42
30) 요일 4:1-4, 6
31) 시 1:1-6

다섯째, 사람의 딸들과 하나님의 아들들이다.[32]

여기에서 말하고자 하는 것은 산 자와 죽은 자이다.

한 사람은 두 주인을 섬길 수 없다.[33] 하나님은 영광과 찬송을 받으시기 위해서 사람을 창조하셨다.[34] 즉 하나님은 사람이 하나님만을 섬기도록 창조하신 것이다. 그러나 뱀의 유혹에 넘어간 아담은 뱀에게 정복당한 자가 됨으로써 뱀의 말을 듣지 않으면 안 되었다. 정복을 당한 자는 누구든지 정복자의 종이 되기 때문이다.[35] 아담은 뱀에게 통째로 삼킴을 당한 것이다. 그 순간 아담 안에 있던 하나님의 영은 떠나갈 수밖에 없다. 아담에게 다른 주인이 생겼기 때문이다. 그 결과 아담은 하나님의 영이 떠나간 속빈 껍데기가 되었다. 하나님과의 영적 단절이 온 것이다. 아담은 그 순간 영적으로 죽은 자가 되었다.

예수님의 제자 중 하나가 "나로 먼저 가서 내 부친을 장사하게 하옵소서"라고 하자 예수님은 다음과 같이 말씀히셨다.

"죽은 자들이 그들의 죽은 자들을 장사하게 하고 너는 나를 따르라."[36]

이해가 되지 않는 말씀이다. 어떻게 죽은 자들이 죽은 자를 장사할 수 있다는 말인가? 여기서 말하는 '죽은 자들'은 비단 육신적으로는 살았다 하나 아직 하나님의 아들(예수님)의 음성을 듣지 못하

---

32) 창 6:1-4
33) 마 6:24
34) 사 43:7, 21
35) 벧후 2:19 (공동번역)
36) 마 8:22

여 영적으로 죽어 있는 자들을 말하며, '죽은 자'는 영적으로 죽은 자일 뿐만 아니라, 지금 육체적으로 죽은 자를 가리킨다.

예수님은 유대인들에게 다음과 같이 말씀하셨다.

"진실로 진실로 너희에게 이르노니 죽은 자들이 하나님의 아들의 음성을 들을 때가 오나니 곧 이때라 듣는 자는 살아나리라."[37]

예수님이 말씀하시는 '하나님의 아들'은 예수님 자신을 간접적으로 지칭하는 말씀이다. 예수님은 사람이 예수님의 말씀을 들을 때 그 사람의 죽었던 영혼이 다시 살아날 것을 말씀하고 있다. 왜냐하면 아담의 후예들은 모두 영적으로 죽어 있는 자들이기 때문이다. 즉 예수님은 죽었던 영혼이 다시 사는 영적인 중생(重生)을 말씀하신 것이다. 따라서 예수 그리스도를 구원의 주로 믿고 영접하는 순간 영적으로 산 자가 되어 영생이 시작되는 것을 알 수 있다.

2. 구원의 과정과 완성

우리는 예수 그리스도를 영접함으로써 다시 산 자가 되었다. 즉 우리는 영원히 죽을 자리에서 영생의 자리로 옮긴 것이다.

"내가 진실로 진실로 너희에게 이르노니 내 말을 듣고 또 나 보내신 이를 믿는 자는 영생을 얻었고 심판에 이르지 아니하나니

---

37) 요 5:25

사망에서 생명으로 옮겼느니라."³⁸⁾

여기 '얻었고'는 헬라어 '엑세이'(ἔχει)로, 그 시제는 과거형이 아닌 현재형이다. 따라서 영생을 얻었다는 것은 예수 그리스도를 영접하는 순간 이미 구원을 받았고 현재도 그 구원을 누리며 유지하고 있다는 말이다. 구원이란 죄악에서 건져내는 것을 말한다. 예수 그리스도를 영접함으로써 죄에서 해방되어 사망에서 생명으로 옮김으로 다시 산 자가 된 것이다.

구원 사역은 삼위(三位) 중의 한 분이신 성령(聖靈)의 사역이다. 성령이 성도의 마음을 감화 감동하셔서 성도들이 영적으로 자라가게 한다. 하나님은 성도들이 예수 그리스도의 분량까지 자라가기를 원하신다.

"오직 사랑 안에서 참된 것을 하여 범사에 그에게까지 자랄지라 그는 머리니 곧 그리스도라."³⁹⁾

구원의 과정은 우리의 죽을 몸이 영광의 몸으로 변화되어 천국에 들어가는 단계까지이다.

"그는 만물을 자기에게 복종하게 하실 수 있는 자의 역사로 우리의 낮은 몸을 자기 영광의 몸의 형체와 같이 변하게 하시리라."⁴⁰⁾

---

38) 요 5:24
39) 엡 4:15
40) 빌 3:21

영생에 이르는 길

구원의 과정에는 단계가 있다. 그 단계를 아홉 가지로 나누어 설명하기도 한다. 그 과정은 단계적으로 일어나기도 하지만, 성령의 역사로 일시에 일어나기도 한다. 여기에서는 단계 및 각 단계별 의미를 간략하게 살펴보기로 한다.

첫째, 소명(召命)으로, 하나님이 우리를 불러주신 것을 말한다.[41]

둘째, 중생(重生)으로, 영적으로 다시 새 사람이 되는 것 즉 거듭나는 것을 말한다.[42]

셋째, 회심(回心)이다. 회심이란 죄의 노예가 되어 영원한 죽음과 멸망의 길로 나아가던 인생이 그 발걸음을 돌이켜 영원한 생명과 축복의 근원이신 하나님의 품으로 돌아오는 것을 말한다. 또한 회심은 최초의 회개를 말한다.[43] 따라서 회심은 예수 그리스도를 영접함으로 일어나는 현상으로 일생 동안 단 1회적이며, 회개는 믿음생활을 하는 동안 수없이 반복된다. 그래서 믿음생활은 회개의 연속이라 할 수 있다.

넷째, 신앙(信仰)으로, 하나님의 진실성에 대해서 확신하며, 하나님의 말씀을 믿음으로 받아들이고 신뢰하여, 예수 그리스도를 개인의 구세주로 붙잡는 영혼의 행위를 말한다.[44]

다섯째, 칭의(稱義)로, 의롭게 되는 것을 말한다.[45] 칭의란 하나님께서 예수 그리스도의 완전한 의를 근거하여 죄인을 의롭다 선언하시는 하나님의 법적 행위이며, 죄인의 위치에서 의인의 위치

---

41) 고전 1:9
42) 딛 3:5-7; 요 3:4-5
43) 마 3:11; 시 51:17
44) 히 11:6; 롬 1:17; 합 2:4; 히 11:1
45) 롬 3:20-24

로 신분 변화이다.[46]

여섯째, 수양(收養)으로, 천국 시민으로 등록되어 완전한 하나님의 자녀로서 특권을 누리는 것을 말한다.[47]

일곱째, 성화(聖化)로, 하나님의 은총에 의하여 의(義)를 받은 자가 성령을 받아 신성한 인격을 완성하는 것을 말한다. 성화란, 자기 자신을 죄로부터 보호하며 그리스도와 연합하여 그리스도를 닮아가는 부단한 영적 정화운동이다.[48] 믿는 자의 일생은 성화의 과정이라 할 수 있다. 이 세상은 학교요 교사는 성령이시며, 교재는 하나님의 말씀이다. 따라서 성화는 영적 성장의 과정이다.

여덟째, 견인(堅忍)으로, 참고 꼭 붙잡는 행위를 말한다. 견인은 사람의 행위가 아닌 신적 행위의 힘으로, 하나님께서 우리를 붙잡고 계시는 것을 말한다.[49]

아홉째, 마지막 영화(榮化)의 단계로, 우리의 몸이 영광의 몸으로 변화되어 천국에 입성하는 것을 말한다. 영화는 모든 구속사건의 완성이다.[50]

또 구원에는 세 시제가 있다.

첫째, 과거적 구원으로, 예수 그리스도를 영접함으로써 이루어지는 구원을 말한다. 이는 이스라엘 백성이 애굽을 탈출하는 것과 같다. 하나님의 부르심을 받은 자가 애굽으로 비유되는 세상을 탈출하여 교회생활을 시작함으로 천국으로 비유되는 가나안을 향해 내딛는 첫 걸음과 같다.

---

46) 갈 2:16; 롬 4:24, 5:18
47) 롬 8:15; 빌 3:20
48) 엡 4:13-15, 2:21-22
49) 골 1:11-12; 마 10:22; 고전 13:7
50) 롬 8:30; 빌 3:20-21; 살전 4:16-18

둘째, 현재적 구원으로, 현재 구원을 완성해 가는 것을 말한다. 이스라엘 백성의 광야 노정에 비유될 수 있다. 이는 곧 교회생활을 의미한다. 그러나 현재적 구원은 보증 구원이며 구원이 완성되고 확정된 것은 아니다.

셋째, 미래적 구원 또는 구원의 완성으로, 천국에 입성하는 것을 말한다. 이스라엘 백성이 천국을 상징하는 가나안에 입성하는 것으로 비유될 수 있다. 이때 보증 구원이 확정 구원으로 완성된다.

3. 영화의 단계에 이르는 길

영화는 영생에 돌입하는 관문이기도 하다. 영화에 들어가면 영생을 위해 더 이상 거쳐야 할 관문이 없기 때문이다. 영생이란 단어의 의미는 과거, 현재, 미래가 함께 있고 시작과 끝을 포함한다. 즉 영생은 시작과 끝이 없는 무한한 시간의 개념을 갖는다. 따라서 영생은 과거도 현재도 미래도 아니며, 분초의 시간과도 비교될 수 없다. 그러나 영생이라는 단어를 영화의 단계와 연관시키는 것은 죽음의 문제가 있기 때문이며, 영생은 이 세상(this age)에서의 삶은 물론 오는 세상(the age to come)[51]과 연결되기 때문이다. 중요한 것은 성화의 완성 단계에서 영화의 단계로 어떻게 연결되느냐이다.

(1) 알아야 산다.

성경은 영생의 정의를 다음과 같이 말하고 있다.

---

51) Matthew12:32 (NIV: New International Version)

"영생은 곧 유일하신 참 하나님과 그가 보내신 자 예수 그리스
도를 아는 것이니이다."[52]

예수님이 직접 하신 말씀이다. '영생은 아는 것'인데 그 앎의 대상이 '참 하나님과 그의 보내신 자 예수 그리스도'라는 말씀이다. 영원히 살기 위해서는 하나님과 하나님이 보내신 예수 그리스도를 알아야 한다는 것이다. 즉 하나님이 말씀하시는 영생의 길을 잘 알아야 그 길을 따라갈 수 있다는 말이다. 우리가 오래된 친구를 신뢰하는 것은 그 친구를 잘 알기 때문이다. 하나님도 마찬가지다. 하나님의 말씀을 잘 알아야 하나님을 잘 믿을 수 있고 영생의 길을 잘 갈 수 있는 것이다. 믿는 것은 아는 것에 비례한다. 왜냐하면 아는 것만큼 믿어지기 때문이다.

예수님은 유대인들에게 다음과 같이 말씀하셨다.

"너희가 성경에서 영생을 얻는 줄 생각하고 성경을 연구하거니
와 이 성경이 곧 내게 대하여 증언하는 것이니라."[53]

우리가 영생을 얻기 위해서는 한 분뿐이신 참 하나님을 알고 그가 보내신 예수 그리스도를 잘 알아야 한다. 유대인들도 성경에 영생의 길이 있는 것을 알았기에, 그 길을 알기 위해서 성경을 연구했음을 알 수 있다.

참 하나님(true God)과 그분이 보내신 예수 그리스도를 아는 것이 영생인데, 하나님 앞에 '참'(true) 자가 붙은 것은, 이 세상에는 이

---

[52] 요 17:3
[53] 요 5:39

미 가짜 하나님도 많이 있다는 말이다. 가짜 참기름이 있기 때문에 '진짜 참기름'이라는 말이 있으며, 가짜 복음이 있기 때문에 '순 복음'이라는 말이 나왔는지도 모른다. 성경이 그것을 증거하고 있다.

"비록 하늘에나 땅에나 신이라 불리는 자가 있어 많은 신과 많은 주가 있으나 그러나 우리에게는 한 하나님 곧 아버지가 계시니 만물이 그에게서 났고 우리도 그를 위하여 있고 또한 한 주 예수 그리스도께서 계시니 만물이 그로 말미암고 우리도 그로 말미암아 있느니라."[54]

"만일 누가 가서 우리가 전파하지 아니한 다른 예수를 전파하거나 혹은 너희가 받지 아니한 다른 영을 받게 하거나 혹은 너희가 받지 아니한 다른 복음을 받게 할 때에는 너희가 잘 용납하는구나."[55]

"아이들아 지금은 마지막 때라 적그리스도가 오리라는 말을 너희가 들은 것과 같이 지금도 많은 적그리스도가 일어났으니 그러므로 우리가 마지막 때인 줄 아노라."[56]

"이것은 이상한 일이 아니니라 사탄도 자기를 광명의 천사로 가장하나니 그러므로 사탄의 일꾼들도 자기를 의의 일꾼으로 가장하는 것이 또한 대단한 일이 아니니라 그들의 마지막은 그 행위대로 되리라."[57]

모르면 죽는다. 왜냐하면, 잘 모르면 하나님을 가장하는 사탄을

---

54) 고전 8:5-6
55) 고후 11:4
56) 요일 2:18
57) 고후 11:14-15

좇아갈 수 있기 때문이다. 빈 수레가 요란하듯 가짜가 진짜인양 더욱 시끄럽게 떠든다. 아직도 기사와 이적을 좇는 사람들이 적지 않은데, 기사와 이적은 믿지 못하는 자들에게 보여 주시는 하나님의 미소한 능력에 불과하다. 사탄도 자기를 광명의 천사로 가장하며, 기사와 이적을 일으킨다. 그래서 예수님은 음란한 세대가 표적을 구한다고 하셨다.[58]

음란한 세대란 영적으로 음란한 자들을 말한다. 예수님 당시의 세대가 영적인 남편인 하나님께 불신앙적이었음을 지적한 것이다. 온 우주 만물을 창조하신 하나님의 능력의 말씀을 믿지 못하고, 기사와 이적이나 좇는 어리석은 믿음을 지적하시는 말씀이다. 그렇다고 하나님의 기사와 이적을 결코 부인하는 것은 아니다. 아직도 믿음이 연약한 자들에게는 하나님의 능력을 보여 주시는 기사와 이적이 나타나고 있으며, 치유의 은사 등 성령의 역사는 계속되고 있다. 하나님은 지금도 일을 하고 계시기 때문이다.[59]

사탄이 베푸는 가짜 기사와 이적을 보자.

"악한 자의 나타남은 사탄의 활동을 따라 모든 능력과 표적과 거짓 기적과 불의의 모든 속임으로 멸망하는 자들에게 있으리니 이는 그들이 진리의 사랑을 받지 아니하여 구원함을 받지 못함이라."[60]

심지어 하늘에서 불이 내려오게까지 한다.

---

58) 마 12:39, 16:4
59) 요 5:17
60) 살후 2:9-10

"큰 이적을 행하되 심지어 사람들 앞에서 불이 하늘로부터 땅에 내려오게 하고."[61]

마지막 때 땅에서 올라오는 짐승이 베푸는 이적이다. 따라서 참 하나님과 그의 보내신 자인 예수 그리스도를 잘 알아야 사탄 마귀에게 속지 않고 살 수 있다.

(2) 영생에 이르는 길

① 부활

부활은 죽었다가 다시 살아나는 것이다. 그러나 부활은 이 세상으로의 귀환이 아니라 영적인 본향으로의 귀환이다. 부활은 죽음을 전제로 한다. 죽음에는 두 종류가 있다.

첫째, 영적인 죽음이다. 영적인 죽음이란, 아담이 하나님의 말씀에 불순종함으로 타락하여, 하나님과 영적으로 단절된 상태를 말한다. 하지만 아담은 타락 후에도 죽지 않고 살면서 자녀를 낳았으며 930세를 향수하고 죽었다.[62]

둘째, 육적인 죽음이다. 영혼과 육의 분리 상태를 말한다.
부활의 첫 열매는 예수 그리스도이시다.

"아담의 죄로 모든 사람이 죽은 것같이 그리스도로 모든 사람이 다시 살게 될 것입니다. 그러나 부활에는 각자 자기 차례가 있습니다. 첫째는 첫 열매이신 그리스도이고 다음은 그리스도께

---

[61] 계 13:13
[62] 창 5:1-5

서 다시 오실 때 그분을 믿었던 모든 성도들입니다."[63]

부활하여 승천하신 예수님은 다시 오신다. 그때 예수 그리스도 안에서 죽었던(잠자던) 자들이 모두 부활하여 영화의 단계에 돌입하게 되며, 이내 천국에 입성하게 된다.

"주께서 호령과 천사장의 소리와 하나님의 나팔 소리로 친히 하늘로부터 강림하시리니 그리스도 안에서 죽은 자들이 먼저 일어나고."[64]

예수님이 다시 오실 때의 현상으로, 그때 죽었던(잠자던) 자들이 부활하는 것을 말씀하고 있다. 이때의 부활은 영화 단계에 돌입하는 부활로서 영생이 실현되는 부활이다.

그렇다면 부활 때까지 죽은 자의 영혼은 어떤 상태에 있을까? '왜 인간은 오래 살기를 원하며 죽는 것을 두려워하는가?'의 주제에서 일부 언급한 바 있지만, 죽은 자의 영혼은 바로 낙원이나 지옥(음부)으로 가게 되며, 부활 때까지 낙원과 지옥의 삶을 영적으로 체험하게 된다.

종말론의 개인적 종말에서 '중간 상태'에 대한 교리를 살펴보자. 중간 상태란 개인의 죽음과 부활의 중간기에 인간이 어떠한 상태에 놓여 있는가에 관한 교리로서, 개신교의 교리는 다음과 같다.

신약시대의 신자는 사후에 즉시 '낙원'에 가서 하나님과 예수 그

---

63) 고전 15:22-23(현대인의 성경)
64) 살전 4:16

리스도와 영적 교통을 즐긴다.[65]

구약시대의 성도들은 죽어 열조에게로 돌아갔다.[66]

반면에 불신자는 음부에서 고통 중에 있다가 부활하여 마귀와 함께 '불못'에 던져진다.[67]

예수님은 다음과 같이 말씀을 하셨다.

> "나는 부활이요 생명이니 나를 믿는 자는 죽어도 살겠고 무릇 살아서 나를 믿는 자는 영원히 죽지 아니하리니 이것을 네가 믿느냐."[68]

나사로의 누이 마르다에게 하신 말씀으로, 살아서 예수님을 믿는 자는 영원히 죽지 않는다는 말씀을 믿느냐고 확인하고 계신다. 또 이 말씀은 하나님을 믿는 모든 자들에게 확인하시는 말씀이기도 하다.

'무릇 살아서 나를 믿는 자는 영원히 죽지 않는다'는 예수님의 이 말씀이 믿어지며, 믿을 수 있는가? 사람이 모두 죽는 것만을 보아온 우리가 이 말씀을 믿는다는 것이 결코 쉽지는 않다. 그래서 믿음은 모든 사람의 것이 아니라 하나님의 선물이며, 삼위일체(성부, 성자, 성령) 하나님의 한 위(位)이신 성령께서 주시는 아홉 가지 은사 중의 하나요, 예수 그리스의 말씀을 들음에서 난다고 했다.[69]

---

[65] 눅 16:19-31, 23:43; 행 7:59; 고후 5:8; 빌 1:23; 계 6:9, 7:9, 20:4
[66] 창 25:8, 17, 35:29, 49:29, 33
[67] 계 20:10, 14-15
[68] 요 11:25-26
[69] 살후 3:2; 엡 2:8; 고전 12:8-10; 롬 10:17

하나님의 말씀은 믿는 자 속에서 역사한다고 했다.[70] 즉 하나님은 하나님의 말씀을 믿지 못하는 자에게는 아무것도 하실 수 없다. 하지만 하나님의 말씀을 성경에 기록된 그대로 믿을 때 말씀대로 이루어지며, 그것이 바로 신기한 하나님의 말씀의 능력이다. 나를 신뢰하지 않는 친구를 위해서 무엇을 할 수 있으며, 아버지의 말을 믿지 않는 아들에게 아버지가 무엇을 해줄 수 있겠는가?

그렇다면 영원한 천국에 입성하기 위해서는 부활의 과정을 거쳐야만 하는가? 부활은 죽음을 전제한다고 했기 때문에, 죽은 자에게만 해당되는 말이다. 그리고 부활의 과정을 거쳐야만 천국에 갈 수 있다면, 이토록 고통스러운 세상에서 사는 것보다 차라리 **빨리 죽는 것이 낫지 않는가**? 죽은 후 낙원에 가서 완전 부활 때까지 하나님과 영적 교통을 즐길 수 있는데, 왜 더 오래 살려고 몸부림을 치며, 고통스러운 세상에서 살아야 하는가?

죄지은 인생은 이마에 땀을 흘려야 먹고 살 수 있기 때문에 이 세상에 사는 자체가 고통이다.[71] 하지만 사람은 영원히 사시는 하나님의 형상대로 창조되었기 때문에 죽음은 비 본래적인 것이라 할 수 있다. 그래서 성경은 하나님께서 사람에게 영원을 사모하는 마음을 주셨다고 했다.[72]

그러나 타락한 인간은 비 본래적인 죽음의 행진을 계속하고 있으며, 이제는 죽음을 당연한 것으로 받아들이고 있다. 하지만 죽는다고 생각하는 자는 이미 영적으로 죽어 있는 자이며, 죽는 때는 그 죽음이 집행되는 시각에 불과하다. 이미 영적으로 죽어 있는 사

---

70) 살전 2:13
71) 창 3:19
72) 전 3:11

람은 자신이 살아 있다고 생각하며 활동하지만, 하나님이 보시기에는 무덤들이 돌아다니는 것과 같다고 할 수 있다.

하나님은 죽은 자의 하나님이 아니요 산 자의 하나님이라고 했다. 따라서 살아 계신 하나님을 만나기 위해서는 먼저 산 자가 되어야 한다.

> "나는 아브라함의 하나님이요 이삭의 하나님이요 야곱의 하나님이로라 하신 것을 읽어 보지 못하였느냐 하나님은 죽은 자의 하나님이 아니요 살아 있는 자의 하나님이시니라 하시니 무리가 듣고 그의 가르치심에 놀라더라."[73]

아브라함과 이삭 그리고 야곱은 이미 오래전에 죽었지만, 그들의 믿음은 아직도 하나님 앞에 살아 있다. 하나님은 우리의 살아 있는 믿음과 순종 그리고 행함을 원하신다. 믿음은 바라는 것들의 실상이라고 했다.[74] 아브라함은 독자 이삭을 번제물로 드리라는 하나님의 명령에 아들을 아끼지 아니하고, 믿음으로 드렸고,[75] 이삭은 자신이 제물로 드려질 줄 알면서도 믿음으로 순종했으며,[76] 야곱은 믿음으로 자신의 죄와 싸워 승리함으로 이스라엘이라는 새로운 이름을 받았다.[77]

"무릇 살아서 나를 믿는 자는 영원히 죽지 아니하리라"[78]고 하

---

[73] 마 22:32-33
[74] 히 11:1
[75] 창 22:1-12
[76] 창 22:7-12
[77] 창 32:24-28
[78] 요 11:26

신 예수님의 말씀을 확신하는 산 자의 믿음을 가지고 이제 변화의 내용을 살펴보자.

② 변화

사람의 몸은 세 종류로 분류될 수 있다.

첫째, 육체다. 육체는 혼과 영을 수용하며 존재하는 몸으로, 우리가 살아 있는 동안의 몸이다. 그러나 육체는 시간과 공간의 제한을 받기 때문에 시간이 가면 늙고 병이 들며 공간을 초월하지 못하여 죽는다. 따라서 육체는 언젠가는 영혼과의 분리를 일으킴으로, 영원히 존재할 수 없는 유한적인 모습이다.

둘째, 시체다. 시체는 사람이 죽으면 영혼과 분리되어 썩어지는 몸이다.

셋째, 신령한 몸이다. 신령한 몸은 부활체, 변화체 또는 신령체라고도 하며, 변화되거나 부활한 후의 모습으로 예수님께서 부활하신 후의 모습과 같다. 신령한 몸은 시공을 초월하는 몸으로 시간과 공간의 제한을 받지 않기 때문에 죽으려 해도 죽을 수 없는 몸이다. 그러나 신령체는 영과 혼과 몸을 근거로 한다. 예수님이 다시 오실 때까지 우리의 영과 혼과 몸을 잘 보존하라고 한 이유가 여기에 있다.[79]

부활하신 예수님을 살펴보자. 예수님은 부활하셨기 때문에 예수님의 시신이 묻혔던 무덤에는 시체가 없다. 다른 종교는 창시자의 무덤을 자랑하지만, 기독교는 무덤이 없는 것을 자랑한다. 무덤은 시체가 매장되어 있는 곳이므로 시체가 없으면 더 이상 무덤이 아니다.

---

[79] 살전 5:23

부활하신 예수님은 공간을 초월하심으로, 문이 잠긴 방의 벽을 통과하여 방에 들어오셨다.[80] 예수님이 부활하여 제자들에게 처음 나타나셨을 때 제자 중의 하나인 도마는 그 자리에 없었다. 도마는 부활하신 예수님을 보았다고 말하는 다른 제자들에게 "내가 그 손의 못 자국을 보며 내 손가락을 그 못 자국에 넣으며 내 손을 그 옆구리에 넣어 보지 않고는 믿지 아니하겠노라"고 했다.

여드레를 지나서 제자들이 다시 집 안에 있을 때에 도마도 함께 있고 문들이 닫혔는데 예수께서 오사 가운데 서서 이르시되 "너희에게 평강이 있을지어다" 하시고, 예수님은 8일 지각생인 도마에게 자신의 부활을 증거하셨다. 예수님은 도마에게 손의 못 자국을 만져보고, 옆구리의 창 자국을 만져보게 하셨다.[81] 예수님은 갑자기 시야에서 사라지기도 하셨다.[82] 부활하신 예수님은 시공을 초월하는 존재임을 알 수 있다.

성경은 신령한 몸이 있음을 다음과 같이 말씀하고 있다.

"죽은 자의 부활도 그와 같으니 썩을 것으로 심고 썩지 아니할 것으로 다시 살아나며 욕된 것으로 심고 영광스러운 것으로 다시 살아나며 약한 것으로 심고 강한 것으로 다시 살아나며 육의 몸으로 심고 신령한 몸으로 다시 살아나나니 육의 몸이 있은즉 또 영의 몸도 있느니라."[83]

성경에는 신비한 일들이 기록되어 있다. 그것은 죽음을 보지 않

---

80) 요 20:19
81) 요 20:24-29
82) 눅 24:30-31
83) 고전 15:42-44

고 변화를 받아 승천함으로 이 세상에 무덤을 남기지 않은 사람들에 대한 기록이다. 그들은 에녹과 엘리야이다.

에녹은 아담의 7대 손이다. 에녹에 대한 성경의 기록을 보자.

"에녹은 육십오 세에 므두셀라를 낳았고 므두셀라를 낳은 후 삼백 년을 하나님과 동행하며 자녀들을 낳았으며 그는 삼백육십오 세를 살았더라 에녹이 하나님과 동행하더니 하나님이 그를 데려가시므로 세상에 있지 아니하였더라."[84]

히브리 기자는 죽음을 극복한 그의 믿음을 다음과 같이 말하고 있다.

"믿음으로 에녹은 죽음을 보지 않고 옮겨졌으니 하나님이 그를 옮기심으로 다시 보이지 아니하였느니라 그는 옮겨지기 전에 하나님을 기쁘시게 하는 자라 하는 증거를 받았느니라."[85]

유다서의 기자는 그의 영적 통찰력을 다음과 같이 말하고 있다.

"아담의 칠대 손 에녹이 이 사람들에 대하여도 예언하여 이르되 보라 주께서 그 수만의 거룩한 자와 함께 임하셨나니 이는 뭇사람을 심판하사 모든 경건하지 않은 자가 경건하지 않게 행한 모든 경건하지 않은 일과 또 경건하지 않은 죄인들이 주를 거슬러 한 모든 완악한 말로 말미암아 그들을 정죄하려 하심이

---

84) 창 5:21-24
85) 히 11:5

라 하였느니라."86)

에녹은 구약 때의 사람이지만 이미 예수님의 재림을 예언했다. '임하셨나니'는 과거형이다. 이것은 과거형으로서 미래를 나타내는 표현법으로, 소위 예언을 나타내는 과거형이라 불린다. 이처럼 에녹은 '하나님을 기쁘시게 하는 자'라는 증거를 받아 죽음을 맛보지 않고 바로 변화를 빕아 승천한 자이다.

엘리야는 성경에 나타난 신비한 인물 중의 하나다. 성경에는 그의 출생에 대한 기록이 없으며, 단지 '디셉 사람 엘리야'라고만 기록되어 있다.87) 엘리야는 요단 강가에서 회오리바람을 타고 하늘로 올라간 자로, 변화를 받아 승천함으로, 에녹과 같이 죽음을 맛보지 않은 사람이다.

"이렇게 그들이 말을 주고받으며 걸어가고 있었는데 갑자기 불말들이 끄는 불수레 하나가 나타나 그들 사이를 지나가며 두 사람을 갈라 놓았다. 그러자 순식간에 엘리야가 회오리바람을 타고 하늘로 올라가 버렸다."88)

이상 두 사람에 대한 기록은 무엇을 뜻하는가? 세상에 뜻 없는 소리가 없다고 했는데,89) 어찌 하나님의 말씀에 뜻이 없겠는가? 이는 주님이 다시 오실 때 이루어지는 변화에 대한 예언적 내용이라 할 수 있다. 즉 주님이 다시 오실 때 죽지 않고 변화를 받을 사람들

---

86) 유 1:14-15
87) 왕상 17:1, 21:17, 28; 왕하 1:3, 8, 9:36
88) 왕하 2:11 (현대인의 성경)
89) 고전 14:10

이 있다는 것이다. 사도 바울도 의미 있는 말을 했다.

"우리는 땅에 있는 우리 육체의 집이 무너지면 사람의 손으로 지은 것이 아닌 하나님이 지으신 하늘의 영원한 집을 소유하게 될 것을 압니다. 우리는 이 육체의 집에서 탄식하며 하늘의 몸을 입게 될 날을 고대하고 있습니다. 우리가 그 몸을 입게 되면 벗은 자가 되지 않을 것입니다. 우리가 이 육체의 집에 있는 동안 짐을 진 것처럼 탄식하는 것은 이 몸을 벗고 싶어서가 아니라 하늘의 몸을 입어서 죽을 몸이 영원히 살기 위한 것입니다."[90]

하늘의 몸을 입는 것은 변화를 의미한다. 즉 우리의 육신이 변화체 곧 신령체로 변화되면 영원히 산다는 말이다.

사도 바울은 또한 생명이 사망을 호통치는 때가 온다고 했다.

"보라 내가 너희에게 비밀을 말하노니 우리가 다 잠 잘 것이 아니요 마지막 나팔에 순식간에 홀연히 다 변화되리니 나팔 소리가 나매 죽은 자들이 썩지 아니할 것으로 다시 살아나고 우리도 변화되리라 이 썩을 것이 반드시 썩지 아니할 것을 입겠고 이 죽을 것이 죽지 아니함을 입으리로다 이 썩을 것이 썩지 아니함을 입고 이 죽을 것이 죽지 아니함을 입을 때에는 사망을 삼키고 이기리라고 기록된 말씀이 이루어지리라 사망아 너의 승리가 어디 있느냐 사망아 네가 쏘는 것이 어디 있느냐."[91]

---

90) 고후 5:1-4 (현대인의 성경)
91) 고전 15:51-55

부활과 변화를 동시에 말씀하고 있다. 즉 '죽은 자들이 썩지 아니할 것으로 다시 사는 것'은 부활을 말하며, '우리도 변화하리라'는 마지막 나팔 소리가 날 때 살아 있는 자가 변화되는 변화를 말한다.

부활과 변화에 대한 다른 기록을 보자.

> "주께서 호령과 천사장의 소리와 하나님의 나팔 소리로 친히 하늘로부터 강림하시리니 그리스도 안에서 죽은 자들이 먼저 일어나고 그 후에 우리 살아남은 자도 그들과 함께 구름 속으로 끌어올려 공중에서 주를 영접하게 하시리니 그리하여 우리가 항상 주와 함께 있으리라."[92]

여기에서도 부활과 변화를 동시에 말씀하고 있다. 죽은 자들이 먼저 일어나는 것은 부활을 의미하며, 살아남은 자가 구름 속으로 끌어올려 가는 것은 변화를 받아 휴거되는 것을 의미한다. 휴거란 변화된 성도의 몸이 하늘로 끌려 올라가는 현상을 말한다.

또 변화에 대한 말씀은 직접 간접으로 성경의 여러 곳에 기록되어 있다.

> "그분이 오시면 모든 것을 자기에게 복종시키실 수 있는 그 능력으로 우리의 천한 몸을 변화시켜 자기의 영광스러운 몸과 같게 하실 것입니다."[93]

---

92) 살전 4:16-17
93) 빌 3:21 (현대인의 성경)

여기 영광스러운 몸은 변화체를 말씀하고 있다.

"그러므로 너희가 그리스도와 함께 다시 살리심을 받았으면 위의 것을 찾으라 거기는 그리스도께서 하나님 우편에 앉아 계시느니라 위의 것을 생각하고 땅의 것을 생각하지 말라 이는 너희가 죽었고 너희 생명이 그리스도와 함께 하나님 안에 감추어졌음이라 우리 생명이신 그리스도께서 나타나실 그때에 너희도 그와 함께 영광 중에 나타나리라."[94]

여기 '위의 것'은 영광스러운 변화체를 말씀하고 있다.

"사랑하는 자들아 우리가 지금은 하나님의 자녀라 장래에 어떻게 될지는 아직 나타나지 아니하였으나 그가 나타나시면 우리가 그와 같을 줄을 아는 것은 그의 참모습 그대로 볼 것이기 때문이니."[95]

여기 "그와 같이 된다"는 것은 주님 재림 시에 우리의 몸도 변화를 받아 주님의 몸과 같은 신령한 몸이 된다는 말씀이다.

이스라엘의 출애굽 역사에 담긴 내용도 간과해서는 안 된다. 출애굽 시 이스라엘 백성의 수를 약 200~250만 명으로 추산한다. 20세 이상의 장정만 603,550명[96]이었기 때문에, 여자와 노약자 그리고 어린아이들까지 포함하면 전체의 수를 추산할 수 있다.

---

94) 골 3:1-4
95) 요일 3:2
96) 출 38:24-26; 민 1:44-46

20세 이상의 장정 603,550명 중 하나님의 말씀에 순종했고 모세를 끝까지 따랐던 여호수아와 갈렙 두 사람만 가나안에 들어갔고, 나머지 603,548명은 모두 광야에서 죽었다.[97] 가나안에 들어가지 못한 603,548명은 하나님의 말씀을 믿지 아니하므로 가나안에 들어가지 못했던[98] 불신의 무리들이다. 그래서 가나안 땅에 들어간 자들은 여호수아와 갈렙 두 사람과 광야에서 태어난 2세들이었다.

애굽은 세상을 상징[99]하며, 광야생활은 교회생활을 상징한다.[100] 또 가나안은 영원한 하나님의 나라 천국을 상징한다. 20세 이상의 장정 603,550명 중 하나님의 말씀을 믿고 끝까지 순종했던 자는 여호수아와 갈렙 두 사람뿐이었으므로 300,000대 1이 넘는 비율이다. 또 여호수아와 갈렙이 살아서 가나안에 들어간 것은, 바로 주님 재림 때 죽지 않고 변화를 받아 천국에 입성하는 자들의 예표라 할 수 있으며, 그 수가 많지 않다는 예언적인 말씀으로 볼 수 있다. 그래서 신약에서 종말장이라고 하는 마태복음 24장 13절은 "그러나 끝까지 견디는 자는 구원을 얻으리라"고 말씀하고 있다. 주님이 다시 오시는 그날까지 끝까지 하나님의 말씀을 믿고 순종해야 천국에 들어갈 수 있다는 말씀이다.

이처럼 영생에 이르는 길은 부활과 변화가 있음을 알 수 있다. 우리는 예수님이 언제 다시 오실지 알 수 없다. 그것은 하나님 아버지만 아시기 때문이다.

---

97) 민 26:63-65
98) 히 3:19, 4:2
99) 계 11:8
100) 행 7:38

"그러나 그날과 그때는 아무도 모르나니 하늘의 천사들도, 아들도 모르고 오직 아버지만 아시느니라."[101]

하지만 주님은 주님이 다시 오실 때의 징조를 말씀해 주셨다.

"노아의 때와 같이 인자의 임함도 그러하리라 홍수 전에 노아가 방주에 들어가던 날까지 사람들이 먹고 마시고 장가들고 시집 가고 있으면서 홍수가 나서 그들을 다 멸하기까지 깨닫지 못하였으니 인자의 임함도 이와 같으리라."[102]

그렇다면 노아 때의 형편은 어떠했는가? 노아가 살던 시대는 홍수에 멸절되기까지 노아를 포함하여 노아의 식구들인 노아의 아내, 세 아들과 세 자부 8명을 제외하고는, 단 한 사람도 노아가 선포한 경고의 말씀을 진심으로 받아들이거나 깨닫는 자가 없었던 불경건한 때였다.[103] 이와 마찬가지로 마지막 때 불경건한 시대에도 하나님이 경건한 자를 찾으실 것이다. 그때에 노아처럼 하나님의 은혜를 충만히 받아 능히 인자 앞에 설 수 있는 성도가 되어야 할 것이다.[104]

창세기 6장 2절에서는 "하나님의 아들들이 사람의 딸들의 아름다움을 보고 자기들이 좋아하는 모든 여자를 아내로 삼는지라"고 말씀하고 있다. 이것은 경건한 셋의 후손들(창 5장)과 타락한 가인의 후손들(창 4장)이 통혼을 하고 하나님을 떠나 육체주의 인간들

---

101) 마 24:36
102) 마 24:37-39
103) 마 24:39; 벧전 2:5
104) 시 12:1; 미 7:2; 눅 21:36

이 되었음을 의미한다. 이로 말미암아 하나님은 "나의 영이 영원히 사람과 함께 하지 아니하리니"[105]라고 선포하셨다.

그 이후에 세상은 빠른 속도로 타락하고 온갖 죄악이 관영하였다.[106] '관영'은 한자로 볼 때, '꿰뚫을 관(貫), 찰 영(盈)'으로 '죄가 가득 찼다, 미치지 않은 곳이 없다'라는 뜻이다. '죄악이 세상에 관영했다' 함은 죄악이 인간의 마음속까지 깊이 파고 들어가서 그 죄악이 무르익이 넘쳐흐른다는 뜻이다. 마음의 생각의 모든 계획이 항상 불신앙적이어서,[107] 악으로 시작해서 악으로 끝나는 상태요 전적으로 하나님의 통치를 거부하며 간섭 받기를 싫어하는 상태인 것이다.

또한 창세기 6장 11절을 개역한글성경으로 보면, 노아 당시의 타락상에 대하여 "하나님 앞에 패괴하여 강포가 땅에 충만한지라"고 말씀하고 있다. '패괴'는 한자로 볼 때 '거스를 패(悖), 무너질 괴(壞)'로서, '부서지고 무너짐'이란 뜻이다. '강포'는 한자로 볼 때, '굳셀 강(強), 사나울 포(暴)'로서, '완강하고 포악하고 우악스럽고 사납다'는 뜻이다. 개역개정성경을 보면 "부패하여 포악함이 땅에 가득한지라"라고 되어 있다. 남을 해치고 빼앗아가는 것, 살인, 강도, 폭력이 난무한 것을 의미한다. 그래서 하나님은 "그 끝 날이 내 앞에 이르렀으니"[108]라고 하시면서, 홍수 직전의 시대가 심판이 불가피한 최악(最惡)의 시대임을 선언하셨던 것이다.

이와 같이 노아가 살던 홍수 직전의 타락상은, 하나님이 한탄하

---

105) 창 6:3
106) 창 6:9
107) 창 6:5
108) 창 6:13

시고 근심하실 정도였다.[109] 참으로 충격적인 선언이다. 한마디로 '홍수 심판'은 하나님을 전혀 마음에 두지 않았던 방탕한 세대에 대한 무서운 형벌이었다.

그러나 이렇게 타락한 시대 속에서 노아는 하나님의 은혜를 입었다.[110] 또 창세기 6장 9절에서는 "노아는 의인이요 당세에 완전한 자라 그는 하나님과 함께 동행"하였다고 말씀하고 있다.

오늘 우리가 사는 시대도 노아의 시대와 같이 극심한 타락의 길을 걷고 있으며, 죄가 관영하여 하나님 앞에 패괴하고 강포가 가득 찬 세상이 되어 가고 있다.[111]

성경은 말세, 즉 주님이 다시 오시는 때의 현상을 다음과 같이 증거하고 있다.

"너는 이것을 알라 말세에 고통하는 때가 이르러 사람들이 자기를 사랑하며 돈을 사랑하며 자랑하며 교만하며 비방하며 부모를 거역하며 감사하지 아니하며 거룩하지 아니하며 무정하며 원통함을 풀지 아니하며 모함하며 절제하지 못하며 사나우며 선한 것을 좋아하지 아니하며 배반하며 조급하며 자만하며 쾌락을 사랑하기를 하나님 사랑하는 것보다 더하며 경건의 모양은 있으나 경건의 능력은 부인하니 이 같은 자들에게서 네가 돌아서라."[112]

실로 죄악의 먹구름이 온 세계를 덮고 있는 오늘, 우리가 사는

---

109) 창 6:6
110) 창 6:8
111) 박윤식,《창세기의 족보》(도서출판 휘선, 2015), pp. 176-177.
112) 딤후 3:1-5

시대를 지적하고 있는 말씀이 아닌지 자신부터 살펴보아야 할 것이다.

예수님의 눈물[113]

예수께서 이르시되 나는 부활이요 생명이니 나를 믿는 자는 죽어도 살겠고 무릇 살아서 나를 믿는 자는 영원히 죽지 아니하리니 이것을 네가 믿느냐

/ 요 11:25-26

    예수님은 신(神)이시자 완전한 사람으로서 신성(神性)과 인성(人性)을 동시에 가지신 분이다. 예수님이 눈물을 흘리신 적이 있는데, 이는 예수님이 인성을 가지셨음을 증거하기도 한다. 이 밖에도 예수님이 인성을 가지신 것을 입증하는 여러 가지 증거들이 있다.
    예수님이 인성 즉 사람으로서의 성품을 가지셨다는 대표적인 증거는 다음과 같다.
    첫째, 사람의 몸을 입고 오셨다.[114]
    둘째, 아이처럼 자라나셨다.[115]
    셋째, 길을 가시다가 피곤을 느끼셨다.[116]

---

113) 본 제목은 요 11:1-44의 내용을 주제로 한 것임
114) 요 1:14
115) 눅 2:40
116) 요 4:6

넷째, 배 안에서 주무시기도 하셨다.[117]

다섯째, 울기도 하셨다.[118]

예수님이 신성 즉 하나님 본체로서의 성품을 가지셨다는 대표적인 증거는 다음과 같다.

첫째, 처녀의 몸을 빌려 성령으로 잉태되어 탄생하셨다.[119]

둘째, 물로 포도주를 만드셨다.[120]

셋째, 죽은 자를 살리셨다.[121]

넷째, 사람의 마음을 다 아셨다.[122]

다섯째, 떡 다섯 개와 물고기 두 마리로 오천 명을 먹이셨다.[123]

이 외에도 떡 일곱 개와 생선 두 마리로 사천 명을 먹이신 것과 각종 병자를 고치신 것 등 예수님이 베푸신 기사와 이적은 이루 다 말할 수 없다.[124] 그래서 요한복음을 기록한 사도 요한은 "만일 낱낱이 기록된다면 이 세상이라도 이 기록된 책을 두기에 부족할 줄 안다"라고 말하였다.[125]

이처럼 신성과 인성을 동시에 가지신 예수님의 행적에는 우리 인간의 생각으로는 가끔 이해하기 어려운 부분이 있다. 예수님이 우신 것에 대한 기록은 신약에서 두 곳을 찾아볼 수 있다.

첫 번째, 예수님은 멸망하는 예루살렘 성을 보시고 우셨다.[126] 예

---

117) 마 8:24
118) 요 11:35
119) 마 1:18
120) 요 2:1-11
121) 막 5:35-43; 눅 7:11-17; 요 11:1-44
122) 요 2:24-25; 눅 19:1-7
123) 요 6:1-15; 눅 9:10-17
124) 마 15:32-38; 막 8:1-10
125) 요 21:25
126) 눅 19:41. 예수님이 예루살렘을 보고 우신 것은, 비단 동일한 상황이지만, 신약의 공관

수님이 예루살렘 성을 보고 우셨던 것은 그 이유가 분명하며, 그 눈물은 예루살렘의 멸망을 안타까워하시는 눈물이었다.

> "가까이 오사 성을 보시고 우시며 이르시되 너도 오늘 평화에 관한 일을 알았더면 좋을 뻔하였거니와 지금 네 눈에 숨겨졌도다 날이 이를지라 네 원수들이 토둔을 쌓고 너를 둘러 사면으로 가두고 또 너와 및 그 가운데 있는 네 자식들을 땅에 메어치며 돌 하나도 돌 위에 남기지 아니하리니 이는 네가 보살핌 받는 날을 알지 못함을 인함이니라 하시니라."[127]

두 번째, 예수님은 나사로가 죽은 베다니에 오셔서 우셨다.[128] 나사로는 예수님이 평소에 자주 들리며 절친한 관계를 이루었던, 마르다와 그 형제 마리아의 오라비이다. 베다니(Bethany)[129]는 예루살렘에서 여리고로 가는 길의 3km 지점 정도에 있는 마을로 감람산 기슭에 위치한 곳이다.[130] 히브리어로는 '베트 아니야'(Beth 'aniyyah)로 '가난한 자의 집', '고뇌자의 집'을 뜻한다. 탈무드에 의하면 '베트히니'(beth hini)로 '푸른 과실의 집'을 뜻한다고 한다. 현재 이곳에 사는 회교도 주민들은 나사로를 성인으로 모시고 이곳을 나사로의 이름을 따서 '엘 아자리예'(el-Azariyeh: 나사로의 곳)로 부른다. 이곳에는 나사로의 납골소가 있으며 비잔틴 시대와 십자군 시대에 세워진 교회의 유적도 발견되었다고 한다.

복음(마태, 마가, 누가복음) 중 누가복음만이 기록하고 있다.
127) 눅 19:41-44
128) 요 11:35
129) 하용조, 《간추린 비전성경사전》(서울: 도서출판 두란노, 2001), p.225.
130) 요 11:18; 눅 19:29

예수님이 베다니에서 우신 것에 대한 이유는 분명하지 않다. 그렇다면 예수님은 왜 우셨으며, 그 눈물은 무엇을 의미하는가? 그리고 예수님은 왜 그들이 우는 것을 보시고 심령에 통분히 여기시고 민망히 여기셨는가?

> "예수께서 그의 우는 것과 또 함께 온 유대인들이 우는 것을 보시고 심령에 비동히 여기시고 불쌍히 여기사."[131]

어느 해설 성경은, 나사로의 죽음에 대한 예수님의 심정과 울음에 대해서 다음과 같이 설명하고 있다.[132]

> 예수님이 통분히 여기신 것은 단지 그들이 우는 것에 연민의 정을 느끼거나 마음이 움직였다는 것이 아니다. "통분히"라는 그리스어 원어의 뜻은 항상 '분노, 격분, 또는 감정적인 분개'를 의미한다.[133] 예수님은 부활과 일시적인 죽음의 자연현상을 믿지 못하는 사람들의 감정적인 슬픔에 화가 나신 것 같다. 무리들은 소망이 없는 불신자들과 같이 행동하고 있었다.[134] 슬픔은 이해할 수 있지만, 무리들의 절망적인 행동은 부활과 그것을 약속한 성경에 대한 무언의 부정을 나타내고 있다.
> 예수님은 또한 죄가 인간에게 가져다 준 죽음의 고통과 슬픔에 분개하셔서 화를 내셨다. 예수님이 눈물을 흘리셨다는 것은, 여기에 사용된 그리스어 원어의 뜻에서 볼 때, 무리들이 소리 내어 우

---

131) 요 11:33
132) MacArthur, John., 《The MacArthur Study Bible》 (미국: Word Publishing, 1997), p.1607.
133) 마 9:30; 막 1:43, 14:5
134) 살전 4:13

는 것에 반하여 조용히 눈물을 흘리셨다는 의미이다. 예수님의 눈물은 나사로를 살리실 것이므로 애도에서 나온 것이 아니며, 죄로 인한 슬픔과 죽음에 얽힌 타락한 세상에 대한 슬픔에서 나온 것이다. 예수님은 슬픔의 사람이며 비통에 익숙한 사람이다.[135]

참으로 동감이 가는 해설이다. 그러나 전체적인 상황과 문맥을 고려할 때 더욱 새겨볼 내용이 있다. 예수님은 베다니에 오시기 전에 평소 사랑하는 나사로가 병들었다는 전갈을 받았다. 모든 것을 아시는 예수님은 전갈을 받기 전에 이미 나사로의 상태를 아셨다. 나사로는 소식을 전하는 자가 예수님에게 도착하기 전에 이미 죽었음을 알 수 있다. 왜냐하면 예수님이 베다니에 도착하셨을 때 나사로가 죽은 지 이미 나흘이 되었으며, 그 나흘은 심부름꾼이 베다니에서 예수님에게 오는데 소요되는 시간이 하루(예수님이 계셨던 트란스요르단과 베다니 사이의 거리 고려), 예수님이 소식을 들으신 뒤 계시던 곳에서 더 유(留)하신 이틀, 그리고 베다니까지 가는 데 소요되는 하루, 이렇게 계산되는 시간이다.

전갈을 받은 예수님은 다음과 같이 말씀하셨다.

"이 병은 죽을병이 아니라 하나님의 영광을 위함이요 하나님의 아들이 이로 말미암아 영광을 받게 하려 함이라."[136]

나사로가 병든 것은, 나사로의 소생을 통하여, 하나님의 아들이 영광을 얻게 하려는 것이라는 말씀이다.

---

135) 요 3:16; 사 53:3
136) 요 11:4

전갈을 받은 후 예수님은 계시던 곳에 이틀을 더 머무셨다. 예수님이 이틀을 더 머물기로 하신 결정은 결코 나사로의 죽음을 초래하지는 않았다. 왜냐하면 예수님은 이미 그 곤경을 아셨으며, 심부름꾼이 예수님께 알리기 위해 도착했을 때 나사로는 이미 죽었기 때문이다. 예수님이 계시던 곳에서 이틀을 더 지체하신 것은 나사로의 가족을 사랑하여 믿음을 더욱 강하게 하기 위해서였으며, 그것은 죽은 나사로가 소생함으로써 그들의 믿음이 더욱 강해진 것으로 입증된다. 죽은 나사로의 소생으로 예수님에 대한 그들의 믿음이 강해진 것은 말할 것도 없기 때문이다.

또 예수님이 지체하신 것은 그 누구도 나사로가 살아난 기적을 가짜이거나 단순한 소생이라고 말하지 못하도록, 나사로가 죽은 지 오래된 것을 확실하게 하기 위해서였다고 할 수 있다.

예수님은 제자들에게 말씀하셨다.

> "내가 거기 있지 아니한 것을 너희를 위하여 기뻐하노니 이는 너희로 믿게 하려 함이라 그러나 그에게로 가자."[137]

예수님이 베다니에 가시기 전에 제자들에게 하신 말씀이다. 이는 나사로의 소생이 유대인들의 강력한 반발에 직면한 예수님을 메시아로, 그리고 하나님의 아들로 믿는 제자들의 믿음을 강하게 하기 위해서 예정된 것임을 알 수 있게 한다.

메시아(Messiah)는 '기름 부음을 받은 자'라는 뜻으로, 신약성경에서는 일반적으로 '그리스도'(Christos)라고 번역되었다. 초대교회 당시의 신자들은 '그리스도인들'(혹은 그리스도의 사람들)이라 불렸

---

[137] 요 11:15

으며, 그 후부터 이 말은 교회에서 일반적으로 사용되는 어휘가 되었다.[138]

제자들과 함께 베다니에 오신 예수님은 나사로가 무덤에 있은 지 이미 나흘이 되었음을 보셨다. 여기에서 무덤은 팔레스타인 지역에서 흔히 볼 수 있는 무덤으로 돌무덤을 말한다. 동굴이나 바위 지역을 쪼아내서 만든 굴로 내부의 바닥은 평면이며 약간 내려가도록 경사져 있다. 무덤의 내부에는, 가족을 추가로 매장할 수 있도록, 벽을 도려내서 단을 만들거나 축조한다. 무덤 입구는 들짐승의 접근이나 도둑이 들어가는 것을 방지하기 위해서 하나의 큰 바위로 굴려 막는다.

예수님이 오신다는 말은 듣고 곧 나가 맞은 마르다는 예수님에게 "주께서 여기 계셨더라면 내 오라버니가 죽지 아니하였겠나이다"[139]라고 말했다. 이는 마르다의 불평이 아니라 예수님의 치유 능력에 대한 믿음의 간증이라 할 수 있다. 마르다는 말을 계속했다.

> "그러나 나는 이제라도 주께서 무엇이든지 하나님께 구하시는 것을 하나님이 주실 줄을 아나이다."[140]

마르다가 두 번째 한 말을 보면, 마르다는 예수님이 죽은 나사로를 살리실 수 있다고 믿은 것이 아니라, 다만 하나님과 특별한 관계를 갖는 예수님이 기도하시면, 무언가 이 슬픈 상황에서 좋은 일

---

138) 행 11:26
139) 요 11:21
140) 요 11:22

이 있을 수 있다는 것으로 알았다고 할 수 있다.

그러한 마르다에게 예수님은 말씀하셨다.

"네 오라비가 다시 살아나리라."[141]

마르다는 예수님의 말씀이, 마지막 날의 부활을 의미하는 것으로 오해했다. 그래서 마르다는 "마지막 날 부활 때에는 다시 살아날 줄을 내가 아나이다"[142]라고 말했다.

그러한 마르다에게 예수님은 다시 말씀하셨다.

"나는 부활이요 생명이니 나를 믿는 자는 죽어도 살겠고 무릇 살아서 나를 믿는 자는 영원히 죽지 아니하리니 이것을 네가 믿느냐."[143]

이는 요한복음에 나타나는 위대한 7 가지의 "나는"(I AM)이라고 하신 예수님의 다섯 번째 말씀이다.[144] 이 세상에서 "나는"이라고 천명할 수 있는 분은 오직 하나님뿐이시며, 이는 곧 예수님 자신이 하나님 되심을 의미하는 것이다.

예수님은 마르다에게 부활과 변화를 동시에 말씀하고 있으며, 그것을 믿느냐는 예수님의 질문에 마르다는 "주여 그러하외다 주는 그리스도시요 세상에 오시는 하나님의 아들이신 줄 내가 믿나

---

141) 요 11:23
142) 요 11:24
143) 요 11:25-26
144) 요 6:35, 8:12, 10:7, 9, 10:11, 14, 11:25-26

이다"[145]라고 대답했다. 마르다의 고백은 예수님의 마음을 흡족하게 했던 베드로의 고백과 흡사[146]하지만, 마르다는 실상 예수님의 권세와 능력을 온전히 믿지 못했다.

이어 마리아가 그의 형제 마르다의 말을 듣고 예수님께 나아와 예수님의 발 앞에 엎드리어 말했다.

"주께서 여기 계셨더라면 내 오라버니가 죽지 아니하였겠나이다."[147]

마리아는 언니 마르다와 동일한 말을 했다. 평소 예수님이 자기들의 집에 오셨을 때 언니 마르다보다 더욱 예수님의 말씀을 열심히 들었던 마리아였지만 그녀의 믿음 역시 예수님에게는 불합격이었다.[148]

이어 소리 내어 우는 마리아와 또 함께 온 유대인들이 우는 것을 보신 예수님은 심령에 통분히 여기시고 민망히 여기시며 눈물을 흘리셨다. 여기에서 함께 와서 우는 유대인들이란, 유대인의 구전 전통에 의하면 가난한 가족이라도 죽은 사람을 위해 최소한 두 명의 피리 부는 사람과 한 명의 직업적인 울음꾼 여자를 고용해야 하는 유대인의 장례 풍습을 가리키고 있다.

다시 한 번 통분히 여기신 예수님은 나사로의 무덤으로 가셨으며, 무덤을 막아 놓은 돌을 옮기라고 하셨다. 그때 마르다는 다시 한 번 예수님의 마음을 서운하게 하는 말을 했다.

---

145) 요 11:27
146) 마 16:16
147) 요 11:32
148) 눅 10:38-42

"주여, 죽은 지가 나흘이 되었으매 벌써 냄새가 나나이다."[149]

이는 예수님의 권세와 능력을 불신하는 말이다. 예수님이 부활과 변화에 대한 말씀을 하시고 "이것을 네가 믿느냐?"라고 물으셨을 때 "주여 그러하외다"라고 대답했던 그녀의 말이 실상 예수님의 전능하심을 온전히 믿지 못한 것이었음을 확인할 수 있는 대목이다.

예수님은 그동안 수많은 기사와 이적을 보이셨으며, 자신이 곧 하나님이라는 것도 간접적으로 알려주셨음을 찾아볼 수 있다. 예수님은 유대인들과의 대화에서 다음과 같이 말씀하셨다.

"그러므로 내가 너희에게 말하기를 너희가 너희 죄 가운데서 죽으리라 하였노라 너희가 만일 내가 그인 줄 믿지 아니하면 너희 죄 가운데서 죽으리라."[150]

여기에서 예수님이 말하는 '그'란 바로 하나님을 가리킨다. 예수님은 "나와 아버지는 하나이니라"[151]고 분명히 말씀하셨다. 또한 아버지를 보여주시라는 제자 빌립의 말에 예수님은 다음과 같이 말씀하셨다.

"빌립아 내가 이렇게 오래 너희와 함께 있으되 네가 나를 알지 못하느냐 나를 본 자는 아버지를 보았거늘 어찌하여 아버지를

---

149) 요 11:39
150) 요 8:24
151) 요 10:30

보이라 하느냐 내가 아버지 안에 거하고 아버지는 내 안에 계신 것을 네가 믿지 아니하느냐 내가 너희에게 이르는 말은 스스로 하는 것이 아니라 아버지께서 내 안에 계셔서 그의 일을 하시는 것이라."[152]

이는 예수님 자신이 곧 하나님이시라는 말씀이다. 전지전능하신 하나님은 단 한 가지, 거짓말을 하실 수 없는 것을 제외하고는, 능치 못하심이 없다.[153]

예수님은 이어 마르다에게 말씀하셨다.

"내 말이 네가 믿으면 하나님의 영광을 보리라 하지 아니하였느냐."[154]

여기에서 우리는 믿음의 세계와 세상의 차이점을 알 수 있다. 하나님의 나라는 믿음으로 보고 믿음으로 가는 세계이다. 즉 하나님의 나라는 믿으면 보는 세계이지만, 세상은 보여주어야 믿는 세계이다.

예수님은 둘러선 무리에게 믿음을 주기 위해서 하나님께 공개적인 기도를 올리셨다. 예수님의 기도는 청원의 기도가 아니며 아버지에 대한 감사의 기도였다. 죽은 나사로를 살리는 기적은 그가 메시아이심과 하나님의 아들이라는 것을 증명하는 것이기 때문이다.

---

152) 요 14:9-10
153) 히 6:18; 창 18:14; 눅 1:37
154) 요 11:40

하나님께 대한 감사의 기도 후 예수님은 "나사로야 나오라"[155]고 큰 소리로 외치셨다. 그러자 죽은 자가 수족을 베로 동인 채로 나오는데 그 얼굴은 수건에 싸여 있었다. 그러자 예수께서 이르시되 풀어 놓아 다니게 하라고 하셨다.[156] 이처럼 예수님은 한마디의 말씀으로 죽은 지 나흘이 되어 썩은 냄새가 나는 나사로를 소생시키셨다. 이는 예수님의 권세와 능력을 나타내는 기적이며, 죽음을 호령하시는 예수님의 권세와 능력의 말씀이다. 나사로가 소생하는 모습은, 모든 죽은 자들이 하나님의 아들의 음성을 듣고 살아나는 것과 최후 부활에서 완전히 나타나게 될 예수님의 능력의 예고편이라 할 수 있다.

실로 예수님이 심령에 통분히 여기시고 민망히 여기셨으며 눈물을 흘리신 것은, 위에 언급한 한 해설 성경의 내용도 있지만, 예수님을 진정한 그리스도로 믿어 주지 못하는 자들에 대한 예수님의 안타까움이라 할 수 있다.

실로 예수님이 이 땅에 오신 것은 묘지를 향한 죽음의 행렬을 멈추기 위해서였다. 실로 예수님은 십자가에 달리시지 않아도 죄를 사할 수 있는 권세를 가지신 분이다.[157] 따라서 그분을 알고 믿고, 그분 앞에 나아와 죄를 용서받으면 죽음의 행렬은 멈추는 것이다. 죄의 삯이 사망이기 때문이다.[158]

예수님은 그것을 깨닫게 하기 위해서 수많은 기사와 이적을 베푸셨다. 나인 성에서는 죽어서 매장하기 위해 메고 나오는 한 과부의 독자를 살리심으로써 죽음의 행렬을 멈추시는 기적을 베푸

---

155) 요 11:43
156) 요 11:44
157) 마 9:6; 막 2:10; 눅 5:24
158) 롬 6:23

셨다.[159]

 그러나 마지막으로 죽어 가는 십자가에서 자신의 죄를 회개하고 오히려 예수님을 변호하며 자신을 부탁하는 한 강도를 보시기까지 그 누구 하나 예수님을 믿어 주었던가? 하나님의 말씀은 믿는 자 속에서 역사하신다고 했다.[160] 지금도 예수님은 마르다에게 하신 말씀을 우리에게 하고 계신다.

> "무릇 살아서 나를 믿는 자는 영원히 죽지 아니하리니 이것을 네가 믿느냐."[161]
> "진실로 진실로 너희에게 이르노니 사람이 내 말을 지키면 영원히 죽음을 보지 아니하리라."[162]

 그리고 앞에서도 언급한 바 있지만, 에녹은 믿음으로 죽음을 보지 않았다고 했다.

> "믿음으로 에녹은 죽음을 보지 않고 옮겨졌으니 하나님이 그를 옮기심으로 다시 보이지 아니하였느니라 그는 옮겨지기 전에 하나님을 기쁘시게 하는 자라 하는 증거를 받았느니라 믿음이 없이는 하나님을 기쁘시게 하지 못하나니 하나님께 나아가는 자는 반드시 그가 계신 것과 또한 그가 자기를 찾는 자들에게 상 주시는 이심을 믿어야 할지니라."[163]

---

159) 눅 7:11-17
160) 살전 2:13
161) 요 11:26
162) 요 8:51
163) 히 11:5-6

행여나 우리는 아직도 예수님이 하신 말씀을 믿지 못함으로써 예수님을 울게 하고 있지는 않는가? 이제 우리는 다시 예수님을 울게 해서는 안 된다. 이제 우리는 살아 계시는 하나님의 말씀을 확신하고 이내 사망을 호통치는 자, 사망을 삼켜 버리는 자, 그리고 하나님의 뜻을 이루어 드리는 소원물이 되어야 할 것이다.[164]

---

164) 고전 15:53-55; 빌 2:13

천국은 어디에 있을까?

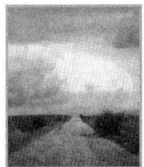

하나님의 나라는 볼 수 있게 임하는 것이 아니요 또 여기 있다 저기 있다고도 못하리니 하나님의 나라는 너희 안에 있느니라

/ 눅 17:20-21

　국어사전은 기독교석 의미의 천국을 "하나님이 지배하는 은총과 축복의 나라" "천당" 또는 "하늘나라"로 정의하고 있다. 천국에 관한 내용은 이미 "천국과 지옥"이라는 주제에서 일부 이야기한 바 있다. 그러나 여기에서 다시 천국을 이야기하는 것은 믿는 자나 믿지 않는 자가 공히 궁금하게 생각할 수 있는, 천국의 소재에 대해서 같이 생각해 보기 위해서이다. 그렇다면 과연 천국은 어디에 있을까?

　성경에 등장하는 최초의 천국 모형은 에덴동산이다. 국어사전은 에덴을 "인류의 시조 아담과 이브가 죄짓기 전에 살던 낙원"으로 정의하고 있다. 영영사전은 그 뜻을 어떤 기쁜 장소나 그 상태 (any delightful place or state) 또는 파라다이스(paradise), 즉 낙원으로 번역하고 있다. 에덴이라는 단어는 구약성경에 20회 등장하지만 신약성경에는 나타나지 않는다. 그렇다면 성경에서 말하는 에덴동산은 어디에 있는가?

성경은 에덴에서 네 강이 시작되었다고 한다.[165] 강들의 이름은 '비손'(Pishon), '기혼'(Gihon), '힛데겔'(Hiddekel), 그리고 '유브라데'(Euphrates)이다. 그중 오늘날 그 이름이 증명되는 두 강은 대부분이 티그리스(Tigris)로 번역하는 힛데겔(Hiddekel) 강과 유브라데 강이며, 고고학자들은 그 두 강을 근거로 하여 에덴동산의 소재지를 추정하기도 한다. 혹자는 에덴이 중동의 어느 지역 지하에 묻혀 있다고도 한다. 그러나 아직 에덴의 소재지로 확인된 것은 없다.

성경은 에덴을 하나님의 동산, 하나님의 성산 또는 하나님의 산이라고도 한다.[166] 하나님은 하늘에 계신다.

> "하늘에 계신 우리 아버지여 이름이 거룩히 여김을 받으시오며."[167]

에덴이 하나님의 동산이라면 에덴은 하늘에 있는 동산이라고도 생각해 볼 수 있다. 창세기 1~11장의 내용을 시적인 표현이라고 보는 견해도 이러한 경우가 있기 때문인 것 같다.

예수님은 천국 곧 하나님의 나라가 우리 안에 있다고 하셨다.

> "하나님의 나라는 볼 수 있게 임하는 것이 아니요 또 여기 있다 저기 있다고도 못하리니 하나님의 나라는 너희 안에 있느

---

165) 창 2:10-14
166) 겔 28:13-16
167) 마 6:9

니라."[168]

본 성경구절을 배경으로, 예수 그리스도로 말미암아 구속 받은 성도들이, 현재적으로 누리는 하늘나라의 기쁨을 노래한 찬송시가 있다.[169]

"높은 산이 거친 들이 초막이나 궁궐이나
내 주 예수 모신 곳이 그 어디나 하늘나라"

성경에서 말하는 하나님 나라, 또는 하늘나라는 모두 같은 개념을 나타내는 표현이다. 성경에서 '하나님의 나라'가 기본적으로 뜻하는 것은 하나님의 통치 작용이 미치는 영역이나 범위가 아니라 하나님의 왕적 통치, 즉 하나님의 통치권을 말한다.

에덴은 낙원 즉 안락하게 살 수 있는 기쁘고 즐거운 곳이다. 하나님의 말씀을 대할 때 우리의 마음이 기쁘고 즐거움을 느낀다. 따라서 어디에 있든지 하나님의 말씀이 우리 안에 거할 때 우리는 천국에 있는 것과 같은 기쁨과 즐거움을 누리는 것이다.

하나님이 계시는 천국은 과연 어디에 있을까? 천국을 '하나님 나라' 또는 '하늘나라'라 했다. 그렇다면 하늘나라는 하늘의 어디에 있는가? 저 푸른 하늘의 어느 지점에 있는 것일까? 비행기를 타고 온 지구를 돌아도 천국은 보이지 않는다. 인공위성을 타고 지구를 돌았거나 지금도 우주 정거장에 머물고 있는 사람들이 천국을 보았다는 말은 하지 않는다. 달에 착륙했던 우주비행사도 지구에서

---

168) 눅 17:20-21
169) 한국찬송가공회, 《오픈찬송》(서울: 아가페, 1983), p. 495.

멀어져 가는 동안 지구의 아름다움은 이야기했지만 천국을 보았다는 말은 하지 않았다.

지금도 각종 우주 탐사 위성은 혹성들을 향해 날아가면서 각종 사진을 전송해 오고 있다. 하지만 천국이라는 곳의 사진을 보내온 것은 없다. 혹자는 북극 하늘의 어디에 있다고 하며, 그 규모까지 말한다. 그것은 그분이 환상 중에 본 천국일 수도 있다. 그러나 아직 과학적으로 확인된 것은 없다.

성경은 하나님이 하늘과 하늘들의 하늘 위에 계신 분이라고 한다.[170] 사도 바울은 그가 셋째 하늘에 이끌려갔다고 했다.[171] 그렇다면 육안으로 보는 푸른 하늘에 층이 있다는 말인가? 물론 과학적으로 분류하는 몇 개의 하늘들이 없는 것은 아니다.

기독교를 삼층 천의 종교라고도 한다. 사도 바울도 셋째 하늘을 언급하고 있다.[172] 이는 '하늘과 하늘들의 하늘'에서 유래된 말로도 생각된다. 그 삼층 천도 하늘들이라는 중간층의 복수하늘은 몇 층인지도 모르기에, 실로 헤아릴 수 없는 하늘이라고도 할 수 있다. 각 종교마다 하늘을 다르게 말하고 있다. 유대교는 7층의 하늘, 불교는 33층의 하늘, 그리고 유교는 9층의 하늘을 말한다.

하늘과 층들은 무엇을 말하는가? 모두가 깨달음의 도(道)적 하늘과 그 층이라 할 수 있다. 즉 하늘과 그 층들은 나름대로 깨닫고 설정한 도(道)적 하늘의 차원을 표현하는 말이라 할 수 있다. 따라서 종교에서 말하는 하늘은 눈에 보이는 저 푸른 하늘이 아님을 유

---

170) 왕상 8:27; 대하 2:6
171) 고후 12:2
172) 고후 12:2

추해 볼 수 있다.

성경은 예수님이 재림할 때, 죽었던 자는 부활하고 살아 있는 자는 변화를 받아, 구름 속으로 끌어올려 공중에서 예수님을 영접할 것을 말씀하고 있다.

> "주께서 호령과 천사장의 소리와 하나님의 나팔 소리로 친히 하늘로부터 강림하시리니 그리스도 안에서 죽은 자들이 먼저 일어나고 그 후에 우리 살아 남은 자들도 그들과 함께 구름 속으로 끌어올려 공중에서 주를 영접하게 하시리니 그리하여 우리가 항상 주와 함께 있으리라."[173]

공중은 어디를 가리키는가? 예수님의 재림에 관한 성화를 보면 많은 성도들이 순간 변화를 받아 하얀 옷을 입고, 공중의 구름 위에 서 있는 예수님을 향해 끌려 올라가는 것을 볼 수 있다. 그것은 휴거(携擧: 끌 휴, 들 거)의 모습이다. 휴거란 기독교의 종말론 중 하나로 예수님이 재림하여 공중에 임할 때 선택받은 사람들이 하늘로 올라가 그와 만난다는 것을 말하며, 한자 뜻을 해석하면 '이끌어 가다'라는 뜻이다. 그리고 그들이 입은 하얀 옷은 부활 받거나 변화를 받은 성도에게 입혀주시는 영광의 옷이라 할 수 있다.

그렇다면 공중이란 성화에서 볼 수 있는 공간적인 푸른 하늘의 한 지점을 가리키는가? 하늘과 공중의 개념을 생각해 보자. 지구도, 우주의 공간에 떠 있는 한 지점의 하늘이며,[174] 공중이 될 수 있다. 다른 위성에서 보거나 우주의 공간에 떠서 보면 지구도 공간

---

173) 살전 4:16-17
174) 욥 26:7

적 하늘의 한 지점이 되기 때문이다. 그러나 이 지구도 때가 되면 세 갈래로 갈라져 없어지고, 새 하늘과 새 땅이 도래한다고 했다.[175]

하늘, 구름, 공중 등의 단어 사용은, 세상의 언어로 설명될 수 없는 하늘의 차원을 설명하기 위해 땅에서 높이 보이는 하늘의 개념을 도입한 것이라 생각할 수 있다. 성경은 오히려 거룩한 성 예루살렘이 하늘에서 내려오는 것을 말씀하고 있다.[176]

사도 바울이 기도 중에 체험했던 셋째 하늘이 있다. 사도 요한도 주의 날 유배지 밧모 섬에서 하늘나라를 보았다.[177] 그들이 체험한 그 아름다운 하늘나라는 과연 어디에 있다는 말인가? 입신상태(기도 중 자신이 몸 안에 있었는지 몸 밖에 있었는지 모르는 상태)의 기도를 했거나 잠시 숨이 멈추었다가 다시 살아난 사람들은 영적 체험을 이야기한다. 기독교를 체험의 종교라고도 한다. 그들은 모두 자기가 본 아름다운 천국을 이야기한다. 혹자는 천국의 아름다움을 표현할 수 있는 언어가 아직 이 세상에서는 개발되지 않았다고 한다. 사도 바울도 천국의 경험을 다음과 같이 말하였다.

"사람이 가히 이르지 못할 말이로다."[178]

사도 요한은 천국의 아름다움을 이 세상에서 아름답다는 보석을 예로 들어가며 설명하고자 했다.[179]

하나님의 나라는 우리가 존재하는 삼차원의 공간 세계에서 찾

---

175) 계 16:19-20, 21:1
176) 계 21:10
177) 계 4:1
178) 고후 12:4
179) 계 21:18-21

을 수 있는 곳이 아닌 듯싶다. 우리는 1차원부터 무한대의 차원(영적인 차원 포함)까지 공존하는 우주공간에서 살고 있다고 할 수 있다. 따라서 영적인 차원의 세계도 우리와 공존할 수 있다. 그러나 그 세계는 아직 인간의 말로 표현될 수 없으며, 굳이 과학적인 용어를 빌린다면 4차원 이상의 세계라 할 수 있을 것이다.

오래전에 읽었던 한 단편의 내용이 생각난다. 소설인지 신문 기사인지 잘 기억이 나지 않는다. 그 내용은 다음과 같다. 철로 위를 달리던 열차가 갑자기 이상한 세계로 진입되었다. 지상에서는 기차가 흔적도 없이 사라졌다. 그 열차에 탔던 사람들은 몇 시간 내지 며칠 정도 달리는 기차 속에 있었다. 어느 순간 열차는 다시 본래의 삼차원 세계로 진입했다. 그들이 열차 속에서 보던 신문은 몇 백 년 전의 것이었다. 하늘나라와는 전혀 다를 수 있고 궁색한 비교가 될 수도 있지만, 4차원 이상의 세계에 대한 비유가 될 수도 있다.

또한 천국과 이 세상은 원리의 세계와 현상 세계로도 비유될 수 있다. 창조주 하나님이 계시는 세계는 눈에 보이지 않는 원리의 세계라 할 수 있고, 우리가 존재하는 이 세상은 눈에 보이는 현상 세계라 할 수 있다. 원리의 세계에는 이 세상에 존재하는 것들이 하나님의 말씀으로 창조될 수 있는 모든 종류의 원소가 존재한다. 그래서 이 세상에 필요한 것들이 하나님의 말씀에 의해 창조됨으로 현상 세계에 나타난다고 할 수 있다.

예를 들어 물은 눈에 보이지 않는 수소 두 개(H_2)와 산소 하나(O)로 구성된다. 수소와 산소가 분리되어 존재할 때는 눈에 보이지 않는다. 그러나 그것이 하나님의 말씀에 따라 결합되면 물(H_2O)로 현상 세계에 나타나는 것과 같다고 할 수 있다. 그것은 물뿐만이 아니라 이 세상에 존재하는 모든 것도 마찬가지라 할 수 있다. 이 또한 천국을 설명하기에는 옹색한 표현일 수 있을 것이다.

한편 그 좋은 천국에 들어가기 위해서는 우리 몸이 그 나라에 적합한 모습으로 바뀌어야 한다. 그 모습은 예수님이 부활하신 후의 모습으로 신령체라 할 수 있다. 신령체는 시공에 제한받지 않기 때문에 죽음을 초월하는 몸이다. 부활하신 예수님은 유대인들을 두려워하여 제자들이 모여 문들을 닫았던 곳의 벽을 통과하여 그들의 가운에 나타나기도 하셨고,[180] 원하시는 곳(갈릴리)으로 먼저 가 계시기도 했다. 주님은 약속하신 대로 지금도 우리와 늘 동행하고 계시지만, 단지 우리의 눈에 보이지 않을 뿐이다.

"볼지어다 내가 세상 끝날까지 너희와 항상 함께 있으리라."[181]

육적인 세계와 영적인 세계는 공존한다고 할 수 있다. 하지만 서로 간의 영역이 다르기 때문에 감지하지 못하며 살아가는 지도 모른다. 그들은 서로 다른 세계이기 때문에 거리감을 느낄 수 있으며, 오고 갈 수 없을 수도 있다. 마치 부자와 거지 나사로의 사후 세계에서 보듯이, 서로 보이지만 오갈 수 없는 큰 구렁이 끼어 있는 것과 같다고 할 수 있다.[182] 이상의 내용은 나름대로 생각해 보는 천국의 소재이다.

하지만 중요한 것은, 천국이 어디에 있든 우리는 그곳에 가야 한다는 것이다. 왜냐하면 영원히 고통스러운 지옥은 갈 곳이 못 되기

---

180) 요 20:19
181) 마 28:20
182) 눅 16:19-26

때문이다. 그렇다면 우리는 어떻게 해야 천국에 갈 수 있는가? 우리가 하나님의 말씀을 온전히 믿고 순종하는 삶을 살아야 한다. 왜냐하면 에녹도 믿음으로 죽음을 보지 않고 하늘로 옮겨갔으며, 믿음이 없이는 하나님을 기쁘시게 할 수 없기 때문이다.[183]

'이왕이며 다홍치마'라고, 이왕이면 에녹과 같이 살아서 죽음을 보지 않고 변화를 받아 그 좋은 천국에 가야 하지 않겠는가?

---

183) 히 11:5-6

VIII. 영혼의 목욕

그리스도께서는 물로 씻는 예식과 말씀으로
교회를 거룩하게 하시려고 당신의 몸을 바치셨습니다.
— 엡 5:26 (공동번역) —

교회란?

너희가 하나님의 성전인 것과 하나님의 성령이 너희 안에 계시는 것을 알지 못하느냐
/ 고전 3:16

교회는 여러 가지로 정의될 수 있다.

첫째, 예수 그리스도를 구원의 주로 믿는 사람들의 단체

둘째, 하나님의 은혜로 구원받은 사람들의 모임

셋째, 예수님의 피로 값을 주고 산 자들이 모이는 단체이다. 더 나아가 우리가 하나님을 모실 때 우리 각자가 곧 하나님의 성전이 된다.[1]

교회는 절대자이신 하나님 앞에 자신의 부족함을 느끼며 자신의 죄를 자각하는 사람들이, 맑은 물로 비유되는 하나님의 말씀으로, 죄라는 자신의 영적인 때를 벗겨내는 '신령한 목욕탕'이라 할 수 있다.[2]

---

1) 고전 3:16, 6:19
2) 엡 5:26

교회는 영적인 환자들이 나와서 치료를 받는 '신령한 병원'이기도 하다. 교회에서는 믿음에 따라 질병이 낫고 앉은뱅이가 일어나는 기적도 일어난다. 더욱 중요한 것은 죄로 인해 오염되고 망가진 영혼을 치료받는 것이다. 대부분의 경우, 세상에서 스스로 잘나고 부족함이 없다고 생각하는 사람은 교회에 나오지 않는다. 그들은 세상에서의 삶에 부족함을 느끼지 않기 때문이다. 예수님도 말씀하셨다.

"나는 의인을 부르러 온 것이 아니요 죄인을 부르러 왔노라."[3]

교회는 완전한 사람들이 모이는 곳이 아니며, 스스로 부족하다고 느끼는 사람들이 모이는 곳이다. 교회는 각자의 부족한 부분을 하나님의 말씀으로 고쳐 나가는 신령한 영적 도장(道場)이라 할 수 있다. 교회는 잡음도 생기고 말썽도 일어날 수 있는 곳이다. 믿는 사람도 예수님을 닮아가는 과정의 존재이기 때문에, 허물과 실수가 있기 마련이다. 어찌 육신을 입고 이 땅에 거하는 자 중에 완전한 자가 있겠는가? 그래서 성경에서 "의인은 없나니 하나도 없다",[4] "죄를 짓지 않는 사람은 없다",[5] "주의 목전에는 의로운 인생이 하나도 없다",[6] "선을 행하고 죄를 범치 아니하는 의인은 세상에 아주 없다"[7]라고 말씀하고 있다.

교회는 구약성경에 나오는 노아의 방주에 비유될 수 있다. 방주

---

[3] 마 9:13
[4] 롬 3:10
[5] 왕상 8:46
[6] 시 143:2
[7] 전 7:20

안에는 부정한 짐승, 정결한 짐승 그리고 사람들이 함께 기거했다. 교회 안에도 부정한 짐승, 정한 짐승 그리고 사람다운 부류의 사람들이 함께 있음을 암시한다.

그러한 교회의 구성요소를 이해하지 못하는 사람들은, 사람들이 교회에 나오면 그저 하루아침에 완전한 성인이 되는 것으로 오해하기도 한다. 교회에서 조금이라도 불미한 소식이 들리면, "믿는 것들이…"라고 비방한다. 그러나 그렇게 말하는 자신은 믿는 사람을 비방하고 평가할 수 있는 의로운 자인가도 생각해 보아야 한다. 믿는 사람은 자신의 잘못을 깨달을 때 예수 그리스도의 이름으로 회개한다.

교회에서 잡음이 생겨 세상 사람들의 비방을 받는 일이 있어서는 안 된다. 그것은 분명 하나님의 말씀에 온전히 순종하지 못한 결과이며, 사랑과 용서와 회개가 결여되어 나타나는 현상이다. 그것은 하나님의 영광을 가리는 잘못된 것이다. 그것은 집안에서 아이들이 잘못하여 말썽을 피우면 아버지의 명예가 손상되는 것과 같다고 할 수 있다. 그래서 성경은 다음과 같이 말씀하고 있다.

"사랑하는 자들아 거류민과 나그네 같은 너희를 권하노니 영혼을 거슬러 싸우는 육체의 정욕을 제어하라 너희가 이방인 중에서 행실을 선하게 가져 너희를 악행한다고 비방하는 자들로 하여금 너희 선한 일을 보고 오시는 날에 하나님께 영광을 돌리게 하려 함이라."[8]

"이같이 너희 빛이 사람 앞에 비치게 하여 그들로 너희 착한 행

---

8) 벧전 2:11-12

실을 보고 하늘에 계신 너희 아버지께 영광을 돌리게 하라."[9]

교회 생활 즉 믿음 생활은 신(神)이자 완전한 사람(人)이신 예수님을 닮아가기 위한 도적(道的)인 몸부림이라 할 수 있다.

"오직 사랑 안에서 참된 것을 하여 범사에 그에게까지 자랄지라 그는 머리니 곧 그리스도라."[10]

교회생활의 최종 목적은 하나님처럼 완전해짐으로 이내 하늘나라에 들어가서 하나님과 함께 영생 복락의 삶을 누리는 것이다. 믿음 생활의 결국은 자신의 영혼 구원에 있다.[11]

승려는 절에서 도를 깨우치고 있다. 성도는 교회라는 영적 도장에서 하나님의 형상을 닮아 가기 위해 말씀의 도를 닦고 있는 자들이다. 타락한 아담의 후예인 인간은 피 속에 흐르는 죄의 속성 때문에 하나님의 말씀이 없이는 결코 완전해질 수가 없다. 사람이 죄 짓기 전 창조 본연의 모습으로 돌아가기 위해서는 하나님의 말씀이 선포되는 교회에 나와서 죄의 문제를 해결 받아야 한다. 예수 그리스도의 피와 하나님의 말씀이 아니고는 결코 죄의 문제를 해결 받을 수 없기 때문이다.

"태산이 높다 하되 하늘 아래 뫼이로다"라는 말이 있다. 인간이 아무리 많은 도를 닦아서 깨달은들 어찌 그 깨달은 도가 인간을 창조하신 하나님의 말씀과 비교될 수 있겠는가? 도를 깨달았다는 사

---

9) 마 5:16
10) 엡 4:15
11) 벧전 1:9

람이 아무리 날고뛰어 보아야 한낱 피조물이 아니던가? 깨달았다는 것은 아마 하늘과 하늘들의 하늘 위에 계신 하나님의 도(道)에 비하여 중간 하늘인 하늘들의 어느 층에나 다다랐을까?[12] 제대로 깨달았다면 오히려 자신의 부족함을 깨닫고 겸손히 지고하신 하나님을 경외하는 자가 되었어야 할 것이다. 성경은 말하고 있다.

> "이는 내 생각이 너희의 생각과 다르며 내 길은 너희의 길과 다름이니라 여호와의 말씀이니라 이는 하늘이 땅보다 높음같이 내 길은 너희의 길보다 높으며 내 생각은 너희의 생각보다 높으니라."[13]

교회 생활을 통하여 하나님의 말씀으로 자신의 죄 문제를 온전히 해결 받고 이내 예수 그리스도의 장성한 분량이 충만한 데까지 이르러 하늘나라의 주인공이 됨으로 하나님과 더불어 영생복락의 삶을 누리는 자들이 되지 않겠는가?

---

12) 왕상 8:27; 대하 6:18
13) 사 55:8-9

마음의 문을 열어야 한다

들어라. 내가 문 밖에 서서 문을 두드리고 있다. 누구든지 내 음성을 듣고 문을 열면 나는 그 집에 들어가서 그와 함께 먹고, 그도 나와 함께 먹게 될 것이다.
/ 계 3:20 (공동번역)

마음을 비우기보다는 마음의 문을 여는 것이 쉬울 것이다. 마음에 가득 찬 욕망을 버리고 마음을 비우기 위해서도 버리기 위한 출구가 필요하다. 간혹 보는 일이지만, 한국의 정치인들이 정치적 투쟁을 벌일 때 사용하는 방법 중의 하나로 단식을 선언하며 마음을 비운다고 한다. 그렇게 해서 얼마나 마음이 비워졌고 개과천선(改過遷善)을 했는지는 모르겠으나, 오히려 불타오르는 욕망을 승화시키기 위한 가장된 몸짓은 아닐까?

불교의 승려는 심산에 거하며 벽을 마주 대하고 앉아 무념무상의 경지에 이르는 수련을 한다. 그것은 마음을 비우는 훈련이다. 몇 십 년 동안 도를 닦았던 한 주지 스님은 "산은 산이요 물은 물이로다"라는 말을 남겼다. 그렇게 오랜 기간의 도를 닦고 남긴 말을 감히 어떻게 해석해야 할지 모르지만, 마음을 다 비우고 보니 자연이 자연답게 보인다는 말이 아닐까 생각해 본다. 그리고 그가 깨달은즉 자신은 지옥에 갈 수밖에 없는 존재라고 했다.

그렇게 오랜 세월을 몸부림쳤던 깨달음의 결과가 자신의 발견뿐이었고, 그러한 자신의 영혼을 위해 아무것도 할 수 없었다면, 너무나 아까운 세월이 아닐 수 없다. 하기야 하나님의 형상대로 지음 받아 존귀하게 된 것도 깨닫지 못하고 짐승처럼 살다가 죽어 가는 인생에 비하면 위대한 발견이 아닐 수 없다.[14]

구원을 받아 그 좋은 천국에 가기를 원한다면, 이제 마음의 문을 열고 예수 그리스도를 내 구원의 주로 영접하면 된다. 그리하면 예수 그리스도께서 내 마음 가운데 들어오셔서, 죄로 오염되고 망가진 내 영혼을 다 고쳐주시고, 이내 하나님의 자녀로 만들어 주신다. 얼마나 간단한 방법인가?

> "볼지어다 내가 문 밖에 서서 두드리노니 누구든지 내 음성을 듣고 문을 열면 내가 그에게로 들어가 그와 더불어 먹고 그는 나로 더불어 먹으리라."[15]
>
> "그러나 그분은 자기를 영접하고 믿는 사람들에게는 하나님의 자녀가 되는 특권을 주셨다."[16]

마음의 문을 열고 예수 그리스도를 내 구원의 주로 받아들임으로 천국을 향한 발걸음을 내딛지 않겠는가?

---

14) 시 49:20
15) 계 3:20
16) 요 1:12 (현대인의 성경)

IX. 하나님을 영접하고자 하는 자의 결심

아, 하나님, 내 속에 깨끗한 마음을 새로 지어 주시고
내 안에 정직한 새 영을 넣어 주십시오.
— 시 51:10 (표준새번역) —

세 가지의 질문

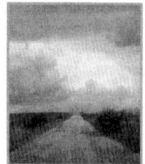

1. 지금까지 이야기한 것들을 이해하셨습니까?
2. 당신은 지금 죄로부터 돌이키고 예수님을 믿을 의사가 있습니까?
3. 거저 주시는 하나님의 선물인 영생을 받아들이지 못할 특별한 이유라도 있습니까?

성경은 "누구든지 주의 이름을 부르는 자는 구원을 받으리라"[1]고 말씀하고 있습니다. 당신은 이제 예수님께 당신을 구원해 주시도록 요청하시면 됩니다. 아래 기도문을 읽어보시거나 당신 자신의 기도를 드려도 됩니다.

---

1) 롬 10:13

"오, 주님 나는 당신이 하나님의 아들이신 것과 십자가에서 죽으셨을 뿐만 아니라 죽음으로부터 살아나신 것을 믿습니다. 나는 죄인인 것을 알고 있으며, 주님의 용서가 필요한 것을 알고 있습니다. 나는 나의 죄로부터 돌아서서 예수님을 나의 구주, 나의 하나님으로 영접합니다. 나를 구원해 주심을 감사합니다. 예수님의 이름으로 기도합니다. 아멘."

중요한 것은 기도의 끝에 "예수님의 이름으로 기도합니다. 아멘"을 꼭 붙여야 합니다.[2] 왜냐하면 죄인의 기도는 하나님께서 듣지도 않으시지만 자기의 독생자 예수 그리스도의 이름으로 기도할 때는 들으시고 응답해 주시기 때문입니다. 그래서 예수 그리스도가 구원의 주가 되는 것입니다.

---

2) 요 14:13

신령한 결심

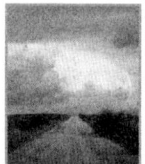

사람은 이 땅에 영원히 머무를 수 없는 나그네요, 이 땅에 우거(寓居)하는 자, 즉 잠깐 붙어사는 존재이다.

그것을 깨달은 이스라엘 왕 다윗은 "우리는 우리 조상들과 같이 주님 앞에서 이방 나그네와 거류민들이라 세상에 있는 날이 그림자 같아서 희망이 없나이다"[3]라고 했다.

모세는 "우리의 연수가 칠십이요 강건하면 팔십이라도 그 연수의 자랑은 수고와 슬픔뿐이요 신속히 가니 우리가 날아가나이다"[4]라고 했다.

모든 사람이 끊임없이 길을 가고 있다. 그 길은 하나님이 부르실 때까지 가야 한다.

---

3) 대상 29:15
4) 시 90:10

나그네는 두 종류가 있다. 하나는, 어디를 가는지도 모르고 맹목적으로 가다가 사라지고 마는, 허무한 나그네이다. 또 하나는, 비단 이 땅의 나그네이지만 가는 목표를 분명히 알고 소망 가운데 하늘의 영원한 도성을 향해 힘차게 나아가는, 신령한 나그네이다. 신령한 나그네를 거룩한 순례자(巡禮者)[5]라고도 한다. 성경은 신령한 나그네의 바람직한 삶을 다음과 같이 말씀하고 있다.

> "각 사람이 행한 대로 공정하게 심판하시는 분을 아버지라고 부른다면 여러분은 이 세상에서 나그네 생활을 하는 동안 두려운 마음으로 살아가십시오."[6]
> "이제부터 여러분은 남은 생애를 인간적인 욕망을 위해 살지 말고 하나님의 뜻을 위해 사십시오."[7]

이제 인생이 무엇이고, 인생이 존재하는 목적이 무엇이며, 인생이 어떠한 삶을 살아야 하며, 어디로 가야 하는가를 알았다. 이제 결심을 해야 할 시간이 되었다. 어디로 가는지도 모르고 무작정 가다가 무의미하게 사라져 가는 허무한 자가 되겠는가? 아니면 비단 이 땅의 나그네이지만 전지전능하신 하나님의 뜻을 헤아려 살아감으로써 저 극락의 천성을 향해 나아가는 신령한 나그네가 되겠는가?

신령한 결심이 결코 쉽지는 않다. 왜냐하면 온갖 수단을 다 동원하여 하나님 앞에 나아가는 것을 방해하는 어두움의 세력이요,

---

[5] 순례자: 종교적인 목적으로 성지를 순례하는 사람
[6] 벧전 1:17 (현대인의 성경)
[7] 벧전 4:2 (현대인의 성경)

온 세상을 유혹하는 사탄 마귀[8]가 있기 때문이다. 사탄 마귀는 이미 자기의 때가 얼마 못 된 줄을 알고[9] 온갖 방해 공작을 펴며, 한 사람이라도 더 지옥 자식을 만들기 위해서 몸부림을 치고 있다.

그래서 사탄은 우리가 하나님께 나아가고자 하는 순간부터 우리에게 회의감을 느끼게 하며, 하나님이 어디에 있느냐는 의문이 들게 한다. 그리고 사탄은 우리에게 세상 삶이 얼마나 재미있느냐고 회유하며, 그 따분하고 재미없는 교회생활을 왜 하느냐고 묻는다.

아울러 사탄 마귀의 방해 공작은 거룩한 순례자의 길이 끝나는 순간까지 계속된다. 따라서 어두운 세력과의 영적 투쟁은 이 세상이라는 강을 건너는 마지막 순간까지 계속된다. 그러나 두려워할 것은 없다. 예수님의 십자가 승리로 머리에 치명타를 입은 뱀 곧 사탄 마귀는 결코 두려움의 대상이 아니며, 대적해야 할 대상[10]이기 때문이다. 사탄 마귀를 대적하기 위해서는 신령한 무기 곧 하나님의 말씀으로 무장해야 한다.[11]

우리가 이 세상에서 먹고살기 위해서도 이마에 땀을 흘려야 한다. 하물며 그 좋은 천국에 어찌 힘쓰지 않고 갈 수 있겠는가? 바울 사도는 "우리가 하나님의 나라에 들어가려면 많은 환난을 겪어야 할 것이라"[12]고 했다. 그 길이 영원히 사는 길이고, 영원한 형벌을 피하는 길이며, 영원히 기쁘고 즐거운 천국에 가는 길이라면 어찌 마다할 수 있겠는가?

---

8) 계 12:9
9) 계 12:12
10) 벧전 5:8-9; 약 4:7
11) 엡 6:10-17
12) 행 14:22

다음은 '순례자의 노래'라는 제목의 복음 성가와 '하늘 가는 밝은 길이'라는 제목의 찬송가 가사이다. 마지막 신령한 결심의 권면과 더불어 이 찬송가를 소개한다.

순례자의 노래

저 멀리 뵈는 나의 시온 성 오 거룩한 곳 아버지 집
내 사모하는 집에 가고자 한밤을 새웠네
저 망망한 바다 위에 이 몸이 상할지라도
오늘은 이곳 내일은 저곳 주 복음 전하리.

아득한 나의 갈 길 다 가고 저 동산에서 편히 쉴 때
내 고생하는 모든 일들을 주께서 아시리
빈들이나 사막에서 이 몸이 곤할지라도
오 내 주 예수 날 사랑하사 날 지켜주시리.

언약된 주의 백성 남은 자 예루살렘 성 입성할 때
천군 천사가 수를 세시니 장자의 총회라
짐승의 수를 이긴 자 생명의 면류관 받아
창세로부터 예비된 나라 상속받으라네.

하늘 가는 밝은 길이

하늘가는 밝은 길이 내 앞에 있으니
슬픈 일을 많이 보고 늘 고생하여도
하늘 영광 밝음이 어둔 그늘 헤치니
예수 공로 의지하여 항상 빛을 보도다.

내가 염려하는 일이 세상에 많은 중
속에 근심 밖에 걱정 늘 시험하여도
예수 보배로운 피 모든 것을 이기니
예수 공로 의지하여 항상 이기리로다.

내가 천성 바라보고 가까이 왔으니
아버지의 영광 집에 나 쉬고 싶도다
나는 부족하여도 영접하실 터이니
영광 나라 계신 임금 우리 구주 예수라.

본 가사는 한국에서 48년간 선교사로 활동했던 스왈른(한국명: 소안론) 목사의 찬송시다.[13] 그는 이 찬송시를 1905년에 작시하여 당시 일제의 압제 하에서 고통당하던 한국 교회 성도들에게 용기와 소망을 불어넣었다.

예수님은 요한복음 14장 1-2절에서 "너희는 마음에 근심하지 말라 하나님을 믿으니 또 나를 믿으라 내 아버지 집에 거할 곳이 많

---

13) 한국찬송가공회, 《오픈찬송》(서울: 아가페, 1983), p. 495.

도다"라고 말씀하셨다. 여기에서 '내 아버지 집'이란 하늘나라를 가리킨다. 그곳은 건축자이신 하나님께서 기초하시고 거주하시는 신령한 도성(都城)[14]이요, 우리가 돌아가야 할 영원한 본향이다.

---

14) 히 13:14

구속사적 관점에서 본 나그네

1판 1쇄 인쇄 _ 2019년 8월 5일
1판 1쇄 발행 _ 2019년 8월 10일

지은이 _ 윤병삼
펴낸이 _ 이형규
펴낸곳 _ 쿰란출판사

주소 _ 서울특별시 종로구 이화장길6
편집부 _ 745-1007, 745-1301~2, 747-1212, 743-1300
영업부 _ 747-1004, FAX 745-8490
본사평생전화번호 _ 0502-756-1004
홈페이지 _ http://www.qumran.co.kr
E-mail _ qrbooks@gmail.com / qrbooks@daum.net
한글인터넷주소 _ 쿰란, 쿰란출판사
등록 _ 제1-670호(1988.2.27)
책임교열 _ 김영미·최진희

ⓒ 윤병삼 2019 ISBN 979-11-6143-274-8 93230

책값은 뒤표지에 있습니다.
이 출판물은 저작권법에 의해 보호를 받는 저작물이므로 무단 복제할 수 없습니다.
파본(破本)은 구입처에서 교환해 드립니다.